구성 및 특징

핵심이론

시험에 출제되는 핵심 내용만을 모아 효율적인 학습이 가능하도록 구성하였습니다. 반드시 알아야 할 내용에 대한 충실한 이해와 체계적 정리가 가능합니다.

빈출개념

시험에서 자주 출제되는 개념들을 표시하여 중요한 부분을 한눈에 들어올 수 있도록 하였습니다. 합격에 필요한 핵심이론을 깔끔하게 학습하시기 바랍니다.

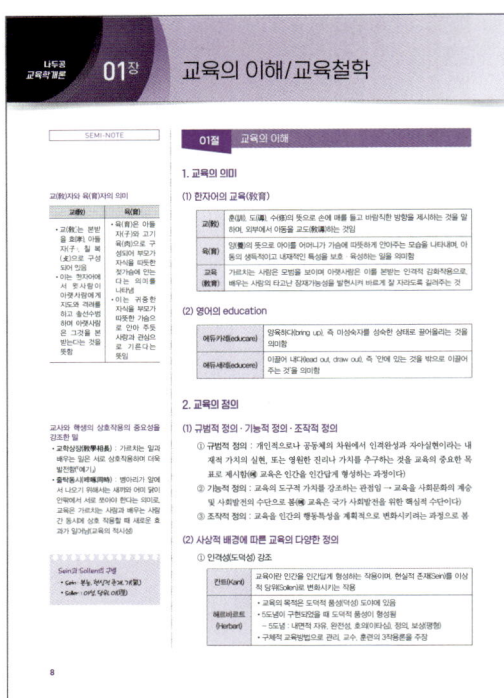

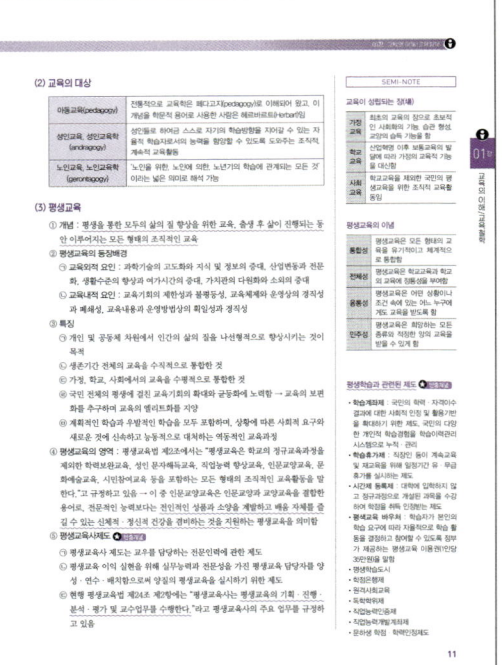

한눈에 쏙~

흐름이나 중요 개념들이 한눈에 쏙 들어올 수 있도록 도표로 정리하여 수록하였습니다. 한눈에 키워드와 흐름을 파악하여 수험에 도움이 되도록 하였습니다.

실력 up

더 알아두면 좋을 내용을 실력 up에 배치하고, 보조단에는 SEMI - NOTE를 배치하여 본문에 관련된 내용이나 중요한 개념들을 수록하였습니다.

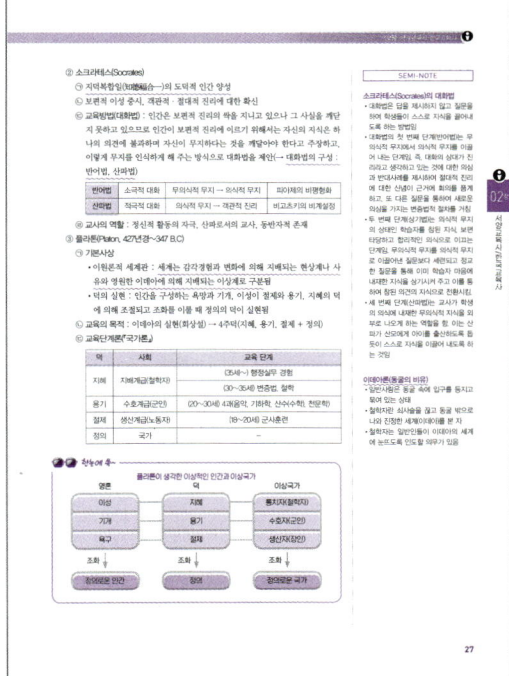

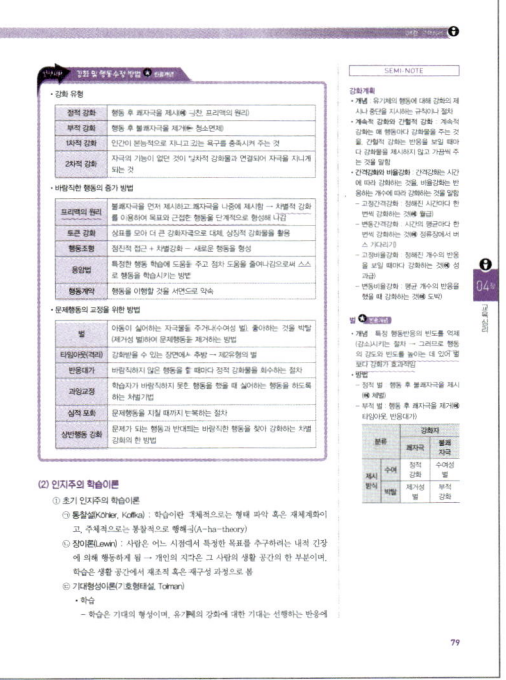

목 차

01장 교육의 이해/교육철학
- 01절 교육의 이해 ········· 8
- 02절 교육철학 ········· 16

02장 서양교육사/한국교육사
- 01절 서양교육사 ········· 26
- 02절 한국교육사 ········· 41

03장 교육사회학
- 01절 교육사회학 이론 ········· 50
- 02절 교육과 환경 ········· 55
- 03절 사회이동과 교육 및 학력상승과 학교 팽창론 ········· 59
- 04절 교육평등과 사회평등 ········· 61

04장 교육심리
- 01절 교육심리학의 기초 ········· 66
- 02절 인지발달 및 성격·도덕성·언어 발달 ········· 67
- 03절 지능과 창의성 ········· 72
- 04절 학습 및 적응과 부적응 ········· 77

05장 생활지도 및 상담
- 01절 생활지도 ········· 92
- 02절 상담 및 청소년 비행이론 ········· 96

06장 교육과정

- 01절 교육과정의 의미와 유형 ·········· 106
- 02절 교육과정 설계 모형 ·········· 110
- 03절 일반적인 교육과정의 계획 ·········· 114
- 04절 교육과정의 통합 및 잠재적 교육과정과 영 교육과정 ·········· 116
- 05절 교육과정 재개념주의 및 우리나라 교육과정 개발과 정책 ·········· 119
- 06절 우리나라 교육과정의 변천과정 ·········· 121

07장 교수방법 및 교육공학

- 01절 교수이론과 교수모형 ·········· 128
- 02절 교수–학습의 방법적 원리 ·········· 143
- 03절 교육공학 및 교수설계 ·········· 147
- 04절 교수매체 및 컴퓨터·멀티미디어·인터넷 ·········· 152

08장 교육평가 / 교육연구법 및 통계

- 01절 교육평가 ·········· 162
- 02절 교육연구법 및 통계 ·········· 174

09장 교육행정 및 교육경영 / 교육법

- 01절 교육행정의 의미 ·········· 188
- 02절 교육행정이론의 발달 ·········· 190
- 03절 교육행정 조직 및 동기 이론 ·········· 193
- 04절 지도성 이론 및 교육기획과 교육정책 ·········· 199
- 05절 의사결정 및 교원인사 행정과 장학론 ·········· 201
- 06절 교육재정 ·········· 207
- 07절 학교경영과 학급경영 및 교사론 ·········· 209
- 08절 교육법 ·········· 212

9급공무원

교육학개론

나두공

01장 교육의 이해/교육철학

01절 교육의 이해

02절 교육철학

01장 교육의 이해/교육철학

01절 교육의 이해

1. 교육의 의미

(1) 한자어의 교육(敎育)

교(敎)	훈(訓), 도(導), 수(修)의 뜻으로 손에 매를 들고 바람직한 방향을 제시하는 것을 말하며, 외부에서 아동을 교도(敎導)하는 것임
육(育)	양(養)의 뜻으로 아이를 어머니가 가슴에 따뜻하게 안아주는 모습을 나타내며, 아동의 생득적이고 내재적인 특성을 보호·육성하는 일을 의미함
교육(敎育)	가르치는 사람은 모범을 보이며 아랫사람은 이를 본받는 인격적 감화작용으로, 배우는 사람의 타고난 잠재가능성을 발현시켜 바르게 잘 자라도록 길러주는 것

(2) 영어의 education

에듀카레(educare)	양육하다(bring up), 즉 미성숙자를 성숙한 상태로 끌어올리는 것을 의미함
에듀세레(educere)	이끌어 내다(lead out, draw out), 즉 '안에 있는 것을 밖으로 이끌어 주는 것'을 의미함

2. 교육의 정의

(1) 규범적 정의·기능적 정의·조작적 정의

① 규범적 정의 : 개인적으로나 공동체의 차원에서 인격완성과 자아실현이라는 내재적 가치의 실현, 또는 영원한 진리나 가치를 추구하는 것을 교육의 중요한 목표로 제시함(예 교육은 인간을 인간답게 형성하는 과정이다)
② 기능적 정의 : 교육의 도구적 가치를 강조하는 관점임 → 교육을 사회문화의 계승 및 사회발전의 수단으로 봄(예 교육은 국가 사회발전을 위한 핵심적 수단이다)
③ 조작적 정의 : 교육을 인간의 행동특성을 계획적으로 변화시키려는 과정으로 봄

(2) 사상적 배경에 따른 교육의 다양한 정의

① 인격성(도덕성) 강조

칸트(Kant)	교육이란 인간을 인간답게 형성하는 작용이며, 현실적 존재(Sein)를 이상적 당위(Sollen)로 변화시키는 작용
헤르바르트(Herbart)	• 교육의 목적은 도덕적 품성(덕성) 도야에 있음 • 5도념이 구현되었을 때 도덕적 품성이 형성됨 　- 5도념 : 내면적 자유, 완전성, 호의(이타심), 정의, 보상(평형) • 구체적 교육방법으로 관리, 교수, 훈련의 3작용론을 주장

SEMI-NOTE

교(敎)자와 육(育)자의 의미

교(敎)	육(育)
• 교(敎)는 본받을 효(孝), 아들 자(子), 칠 복(攴)으로 구성되어 있음 • 이는 한자어에서 윗사람이 아랫사람에게 지도와 격려를 하고 솔선수범하며 아랫사람은 그것을 본받는다는 것을 뜻함	• 육(育)은 아들 자(子)와 고기 육(肉)으로 구성되어 부모가 자식을 따듯한 젖가슴에 안는다는 의미를 나타냄 • 이는 귀중한 자식을 부모가 따뜻한 가슴으로 안아 주듯 사랑과 관심으로 기른다는 뜻임

교사와 학생의 상호작용의 중요성을 강조한 말
- 교학상장(敎學相長) : 가르치는 일과 배우는 일은 서로 상호작용하며 더욱 발전함(『예기』)
- 줄탁동시(啐啄同時) : 병아리가 알에서 나오기 위해서는 새끼와 어미 닭이 안팎에서 서로 쪼아야 한다는 의미로, 교육은 가르치는 사람과 배우는 사람 간 동시에 상호 작용할 때 새로운 효과가 일어남(교육의 적시성)

Sein과 Sollen의 구별
- Sein : 본능, 현실적 존재, 기(氣)
- Sollen : 이성, 당위, 이(理)

피터스 (Peters)	• 교육은 바람직한 정신상태를 도덕적 방법으로 다음 세대에 전수시켜 주는 활동 • 교육에 있어서 가치지향성과 방법의 도덕성을 강조
공자	교육의 본질을 인격의 소유자를 양성하는 것으로 봄

② 자연성 강조

루소(Rousseau)	• 합자연의 원리, 성선설적 입장, 아동중심주의, 교육가능설 등을 주장 • 교육에 대한 대표적 저서로 『에밀』을 집필
엘렌 케이(Ellen Key)	"교육의 비결은 교육을 하지 아니하는 것이다."라고 역설
맹자	교육은 각 개인의 자연적 본성에 따라 베풀어서 점차 다른 방향으로 나가도록 해야함

③ 문화성 강조

슈프랑거(Spranger)	교육 작용의 본질은 문화의 번식에 있다고 하였음
케르켄슈타이너(Kerschensteiner)	교육은 문화의 전달과 갱신의 과정이라고 하였음
딜타이(Dilthey)	'인간은 자연의 학생이고, 지구는 인간의 교사'라며 문화적 환경과 무의도적 교육을 강조

④ 사회성 강조

페스탈로치(Pestalozzi)	개인의 인간성을 완성하여 인간개선을 도모하고, 그 개선된 인간을 통하여 사회개혁을 하는데 교육의 목적을 둠
브라멜드(Brameld)	교육을 통해 사회개혁을 함으로써 위기에 처한 인류사회를 구원해야 함(재건주의 입장)
듀이(Dewey)	'교육은 생활'이며, '교육은 사회적 과정'이며, '교육은 경험의 계속적인 재구성의 과정'이라고 하였음

⑤ 종교성 강조

코메니우스(Comenius)	교육의 목적은 신과 더불어 영원한 행복을 가지는 데 있음
프뢰벨(Fröbel)	교육의 목적은 인간에게 내재한 신성을 자각하고 생명력을 발전시키는 데 있다고 보았음
마리땡(Maritain)	'교육은 신의 모방으로서의 인간영혼을 완성하는 것, 교육은 인간을 형성 내지 완성에로 지향케 하는 과정'이라고 주장

3. 교육관의 유형

(1) 주형으로서의 교육관

① 교육이란 사회, 문화적으로 확립된 틀로 인간을 기르고자 하는 것을 말함
② 개인은 미리 설정된 형태에 동화되도록 '조형'된다고 보며, 전통적 교육관을 반영함
③ 행동주의 심리학의 교육관도 여기에 속한다고 볼 수 있음

SEMI-NOTE

피터스(R.S.Peters)의 교육의 준거

규범적 준거	• 교육성립의 당위적 조건 • 인간의 내재적 가치를 실현하는 것
인지적 준거	• 교육목적 달성을 위한 구체적 내용의 명시 • 지식을 아는 것이 아니라 지적 안목을 가지는 것
과정적 준거	• 도덕적으로 온당한 방법으로 교육을 실현하는 것 • 학습자의 자발성·의도성을 전제로 해야 함

듀이(Dewey)의 교육원리

• **교육은 생활임**: 아동이 사회와 더불어 여러 사람과 함께 생활하는 과정이 곧 교육임. 즉 교육은 미래의 삶을 위한 준비가 아니라 현재적 삶의 과정 그 자체임
• **교육은 성장임**: 유기체인 아동이 생명을 가지고 성장 발달하는 과정이 교육임. 인간은 태어나면서부터 연속적으로 발전하고 성장하는 존재이므로 그 과정이 곧 교육임
• **교육은 경험의 계속적인 재구성임**: 교육은 경험의 의미를 증가시킬 뿐만 아니라, 뒤따르는 경험을 지도하는 힘을 증가시키는 경험의 재구성임
• **교육은 사회화의 과정임**: 교육은 사회적 환경 속에서 영위되어야 하며, 이때 사회적 환경은 정비된 환경이어야 함

교육관의 유형

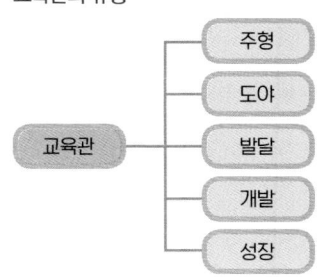

(2) 도야로서의 교육관

① 교육이란 마음속에 갖추어진 능력을 연습하여 그 능력들이 철저하게 확립된 습관으로 조직되도록 하는 일로 봄
② 도야로서의 교육관을 다른 말로 형식도야 혹은 정신도야설이라고도 함

(3) 발달(발현)로서의 교육관

① 발달(발현)이란 아동 속에 내재해 있는 힘을 밖으로 실현시키는 일을 말함
② 대표적으로 루소의 교육관이 있음

(4) 개발로서의 교육관

① 교육을 아동내부의 성장과 후천적 요소의 개발의 조화적 발달로 봄
② 페스탈로치는 교육이란 인간성 속에 있는 여러 능력을 조화롭게 개발하는 일이라고 봄

(5) 성장으로서의 교육관

① 듀이(Dewey)에 의해 강조된 것으로 교육을 경험의 성장 혹은 경험의 끊임없는 재구성 과정으로 봄
② 듀이의 성장이란 교육의 내재적 목적을 말하며, 교육의 과정은 그 자체 이외의 다른 목적을 가지지 않으며 교육 그 자체를 목적으로 간주함

(6) 발달적 교육관과 선발적 교육관

발달적 교육관	• 모든 학습자에게 각각 적절한 교수-학습 방법이 제시된다면, 누구나 의도하는 바의 주어진 교육목표를 달성할 수 있을 것이라는 신념을 가진 교육관 • 준거지향적 평가를 강조하며, 교육의 1차적 책임은 교사에게 있다고 봄
선발적 교육관	• 교육을 통해 달성하고자 하는 교육목적이나 일정한 교육수준에 도달할 수 있는 사람은 어떤 교육방법을 동원하든지 다수 중 일부이거나 소수에 지나지 않는다는 신념을 가진 교육관 • 규준지향적 평가를 강조하며, 교육에 대한 1차적인 책임은 학습자에게 있다고 봄

4. 교육의 형태 분류

(1) 형식적 교육과 비형식적 교육

① 형식적 교육 : 일정한 목적과 계획 속에서 이루어지는 교육으로 학교교육이 대표적
② 비형식적 교육 : 일정한 목적이나 계획이 없이 이루어지는 교육으로 가정교육이나 생활교육을 말하며, 기능적 교육이라고도 함

SEMI-NOTE

교육의 가능성과 한계
• 교육의 가능성
 - 인간의 변화는 환경에 의해 결정된다는 입장. 즉 인간발달의 환경성을 기초로 함
 - 로크(Locke)의 백지설, 야생아(野生兒)의 예 등에서 찾아볼 수 있음
 - 교육의 가능성은 인간의 잠재 가능성과 과학적 이해 가능성을 전제로 함
• 교육의 한계
 - 인간의 변화는 그가 지닌 유전적 요인에 의해 결정된다는 입장. 즉 인간발달의 유전 결정론을 기초로 함
 - 인간 게놈(Genome), 갈톤(Galton)의 가계(家系) 연구, 딜(Diehl) 등의 쌍생아 연구 등이 대표적인 유전설을 강조한 것

고등학교의 교육목적(초·중등교육법 제45조)

고등학교는 중학교에서 받은 기초위에 중등교육 및 기초적인 전문교육을 하는 것을 목적으로 한다.

(2) 교육의 대상

아동교육(pedagogy)	전통적으로 교육학은 페다고지(pedagogy)로 이해되어 왔고, 이 개념을 학문적 용어로 사용한 사람은 헤르바르트(Herbart)임
성인교육, 성인교육학 (andragogy)	성인들로 하여금 스스로 자기의 학습방향을 지어갈 수 있는 자율적 학습자로서의 능력을 함양할 수 있도록 도와주는 조직적, 계속적 교육활동
노인교육, 노인교육학 (gerontagogy)	'노인을 위한, 노인에 의한, 노년기의 학습에 관계되는 모든 것'이라는 넓은 의미로 해석 가능

(3) 평생교육

① 개념 : 평생을 통한 모두의 삶의 질 향상을 위한 교육, 출생 후 삶이 진행되는 동안 이루어지는 모든 형태의 조직적인 교육

② 평생교육의 등장배경
  ㉠ 교육외적 요인 : 과학기술의 고도화와 지식 및 정보의 증대, 산업변동과 전문화, 생활수준의 향상과 여가시간의 증대, 가치관의 다원화와 소외의 증대
  ㉡ 교육내적 요인 : 교육기회의 제한성과 불평등성, 교육체제와 운영상의 경직성과 폐쇄성, 교육내용과 운영방법상의 획일성과 경직성

③ 특징
  ㉠ 개인 및 공동체 차원에서 인간의 삶의 질을 나선형적으로 향상시키는 것이 목적
  ㉡ 생존기간 전체의 교육을 수직적으로 통합한 것
  ㉢ 가정, 학교, 사회에서의 교육을 수평적으로 통합한 것
  ㉣ 국민 전체의 평생에 걸친 교육기회의 확대와 균등화에 노력함 → 교육의 보편화를 추구하며 교육의 엘리트화를 지양
  ㉤ 계획적인 학습과 우발적인 학습을 모두 포함하며, 상황에 따른 사회적 요구와 새로운 것에 신속하고 능동적으로 대처하는 역동적인 교육과정

④ 평생교육의 영역 : 평생교육법 제2조에서는 "평생교육은 학교의 정규교육과정을 제외한 학력보완교육, 성인 문자해득교육, 직업능력 향상교육, 인문교양교육, 문화예술교육, 시민참여교육 등을 포함하는 모든 형태의 조직적인 교육활동을 말한다."고 규정하고 있음 → 이 중 인문교양교육은 인문교양과 교양교육을 결합한 용어로, 전문적인 능력보다는 전인적인 성품과 소양을 계발하고 배움 자체를 즐길 수 있는 신체적·정신적 건강을 겸비하는 것을 지원하는 평생교육을 의미함

⑤ 평생교육사제도 ★ 빈출개념
  ㉠ 평생교육사 제도는 교육를 담당하는 전문인력에 관한 제도
  ㉡ 평생교육 이익 실현을 위해 실무능력과 전문성을 가진 평생교육 담당자를 양성·연수·배치함으로써 양질의 평생교육을 실시하기 위한 제도
  ㉢ 현행 평생교육법 제24조 제2항에는 "평생교육사는 평생교육의 기획·진행·분석·평가 및 교수업무를 수행한다."라고 평생교육사의 주요 업무를 규정하고 있음

SEMI-NOTE

교육이 성립되는 장(場)

가정 교육	최초의 교육의 장으로 초보적인 사회화의 기능, 습관 형성, 교양의 습득 기능을 함
학교 교육	산업혁명 이후 보통교육의 발달에 따라 가정의 교육적 기능을 대신함
사회 교육	학교교육을 제외한 국민의 평생교육을 위한 조직적 교육활동임

평생교육의 이념

통합성	평생교육은 모든 형태의 교육을 유기적이고 체계적으로 통합함
전체성	평생교육은 학교교육과 학교 외 교육에 정통성을 부여함
융통성	평생교육은 어떤 상황이나 조건 속에 있는 어느 누구에게도 교육을 받도록 함
민주성	평생교육은 희망하는 모든 종류와 적정한 양의 교육을 받을 수 있게 함

평생학습과 관련된 제도 ★ 빈출개념

- **학습계좌제** : 국민의 학력·자격이수 결과에 대한 사회적 인정 및 활용기반을 확대하기 위한 제도, 국민의 다양한 개인적 학습경험을 학습이력관리시스템으로 누적·관리
- **학습휴가제** : 직장인 등이 계속교육 및 재교육을 위해 일정기간 유·무급 휴가를 실시하는 제도
- **시간제 등록제** : 대학에 입학하지 않고 정규과정으로 개설된 과목을 수강하여 학점을 취득 인정받는 제도
- **평색교육 바우처** : 학습자가 본인의 학습 요구에 따라 자율적으로 학습 활동을 결정하고 참여할 수 있도록 정부가 제공하는 평생교육 이용권(1인당 35만원)을 말함
- 평생학습도시
- 학점은행제
- 원격사회교육
- 독학학위제
- 직업능력인증제
- 직업능력개발계좌제
- 문하생 학점·학력인정제도

SEMI-NOTE	
평생교육과 유사한 용어 ★ 빈출개념	
계속교육	일생을 통해 인간 유기체의 학습 활동을 도와준다는 이상적이고 시간의 제약을 받지 않는 개념으로 사용되고 있음
순환교육	OECD에 의해 구상된 혁신적 교육프로그램으로 의무교육을 마치고 사회에 진출한 사람들을 다시 정규교육 기관에 입학하게 하여 재학습의 기회를 주는 교육
생애교육	인간의 교육은 가정, 학교, 사회에서 전 생애에 걸쳐 이루어져야 한다는 교육관
성인교육	연령상의 성인을 대상으로 하는 교육으로, 청년이나 성인기의 개인이 사회적 역할을 보다 잘 수행하고 개인적 성장을 추구하기 위하여 지식, 기술, 태도의 변화를 지향하는 학습 활동 과정을 말함

ⓔ 평생교육사 2급 자격은 대학원에서 평생교육 관련 교과목 중 필수과목을 15학점 이상 이수하고 석사 또는 박사 학위를 취득함으로써 부여받을 수 있으며, 평생교육사 3급은 대학의 학부 수준이나 그 이상의 학력을 인정할 수 있는 기관 또는 학점은행제를 통해 평생교육 관련 교과목을 21학점 이상 이수하고 학위를 취득함으로써 자격을 취득할 수 있음

⑥ 우리나라의 평생교육

대분류	중분류	
6대 영역	18진 분류	목적
기초문해 교육	내국인 한글 문해 프로그램	비문해자가 한글을 읽고 쓸 수 있도록 지원
	다문화 한국어 프로그램	다문화인이 한국어를 읽고 쓸 수 있도록 지원
	생활문해 프로그램	문자해득 이후의 기초생활 교육을 지원
학력보완 교육	초등학력 보완 프로그램	유아·초등학생의 교과연계 교육 및 역량 개발
	중등학력 보완 프로그램	중·고등학생의 교과연계 교육 및 역량 개발
	고등학력 보완 프로그램	(전문)학사 학력 인증
직업능력 교육	직업준비 프로그램	취업 및 창업을 준비
	자격인증 프로그램	취업을 위한 해당 분야의 전문 자격증 취득
	현직 직무역량 프로그램	현재 수행 중인 직무역량 향상
문화예술 교육	레저생활 스포츠 프로그램	여가 활용 및 체력 증진
	생활 문화예술 프로그램	문화예술 기술을 익혀 일상에 접목함으로써 삶의 질을 높임
	문화예술 향상 프로그램	문화 예술적 가치를 추구하며, 창작 활동 및 심미적 욕구를 충족
인문교양 교육	건강 심성 프로그램	신체적 건강 및 심리적 안정에 필요한 상담 및 활동을 지원
	기능적 소양 프로그램	일상생활에서 갖추어야 하는 소양 및 역할수행을 지원
	인문학적 교양 프로그램	인문학적 지식과 경험을 확장할 수 있도록 지원
시민참여 교육	시민 책무성 프로그램	시민이 갖추어야 할 인권·시민성·공동체 형성을 지원
	시민 리더역량 프로그램	공익적 활동을 지원하기 위한 시민활동가 양성 및 역량 강화
	시민 참여활동 프로그램	지역사회 참여와 실천

⑦ 유네스코
  ㉠ 1960년대 : 계속교육에 관한 랭그랑(Lengrand, 처음으로 평생교육의 개념을 소개)의 논문(사람의 일생이라고 하는 시계열 차원의 수직적 통합과 개인 및 사회생활전반에 걸친 공간적 측면의 수평적 통합이 이루어져야 함)을 검토한 후, 평생교육 개념을 유네스코의 중요정책에 반영할 것을 건의

- ⓒ 1970년대
  - 1970년, 랭그랑(Legrand) : 유네스코의 평생교육 구상, 랭그랑의 저서 『평생교육에 대한 입문』을 통해서 평생교육의 필요성을 주장
  - 1972년, 포르(Faure) : 『존재를 위한 학습(Learning To Be)』 보고서 출간
  - 1976년, 데이브(Dave) : 평생교육은 형식교육(학교교육, 졸업장이 나오는 교육, 제도적으로 교육시키는 것), 비형식교육(형식교육과 똑같지만 졸업장이 없는 것), 무형식교육(교사도 없고 학생도 없으며 내용도 없음) 등 모두를 포함하는 것
  - 1979년, 겔피(Gelpi) : 해방을 위한 평생교육, 소외계층에 대한 교육적 관심
- ⓒ 1990년대 : 들로어(Delors)가 Learning to be의 구체화를 제시(학습의 4가지 기둥 → 알기 위한 학습(learning to know), 행동하기 위한 학습(learning to do), 함께 살기 위한 학습(learning to live together), 존재하기 위한 학습(learning to be))

(4) 전인교육

① 개념
  - ㉠ 지·덕·체의 조화로운 발달을 추구하는 교육
  - ㉡ 풍부한 지식과 높은 지적 능력을 갖춘 인간, 건전한 정서와 확고한 신념, 도의적 태도, 종교적 정조 등을 갖춘 인간, 운동적·기능적 능력을 갖춘 인간(전인)을 양성하는 교육

② 전인교육의 역사
  - ㉠ 한국과 동양의 전인교육 : 한국의 전인교육의 유래는 일반적으로 '선비상'에서 찾으며, 동양적 형태의 전인교육으로 육예(六藝)가 대표적임
  - ㉡ 서양의 전인교육 : 플라톤(Platon)의 철인교육론(지육·덕육·체육·美育), 아리스토텔레스(Aristoteles)의 신체, 덕성, 이성의 조화로운 발달론, 르네상스 시대의 고전적 전인교육론, 로크(Locke)의 신사상, 루소(Rousseau)의 자연인, 페스탈로치(Pestalozzi)의 조화로운 인간발달, 20세기 초의 슈타이너(Steiner)의 인지학에 기초한 교육론, 실존적 교육론, 니일(Neil)과 일리치(Illich)의 비인간화 극복의 교육론 등은 인간교육의 가치를 강조했다는 점에서 전인교육론의 대표적 예라고 할 수 있음

(5) 열린교육

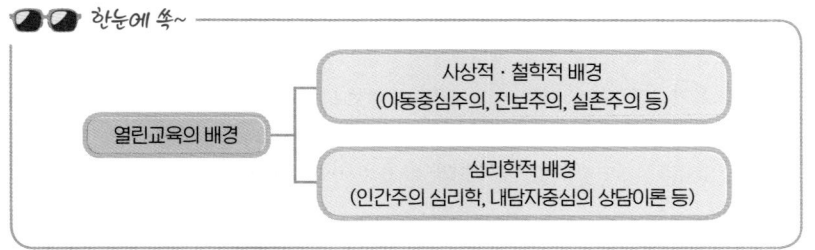

SEMI-NOTE

평생교육 문헌
- 랭그랑(Lengrand)의 『평생교육에 대한 입문』 : 평생교육 개념 확산에 크게 기여, 국제교육의 해와 개발연대를 맞아서 전 세계적으로 보급, 평생교육의 개념 정립보다는 평생교육의 대두 배경을 제시한 입문서
- 다베의 『평생교육과 학교 교육과정』 : 평생교육을 공식화된 학교교육과 학교 외 교육을 모두 포괄하는 전 생애에 관련된 교육임을 강조
- 포르(Faure)의 『존재를 위한 학습』 : 새 시대 교육제도의 개혁 방향으로 '학습사회 건설'을 제안, 초·중등 및 고등교육 제도와 교육의 틀을 개혁함으로써 교육의 지평을 넓힐 것을 강조
- 경제협력개발기구(OECD)의 『순환교육 : 평생학습의 전략』 보고서 이후 순환교육의 개념이 널리 사용됨

전인교육의 배경

철학적 배경	실존주의 철학, 진보주의 교육철학
심리학적 배경	인본주의 심리학
교육관	발달적 교육관

전인교육의 필요성
- 학문중심 교육과정의 단점을 보완
- 학교교육 환경의 미비점을 보완
- 정의적 측면의 보완
- 청소년의 비행 예방에 대처
- 비인간화와 인간소외 현상에 대처
- 인간의 자아실현의 도모

SEMI-NOTE

열린교육의 성공 조건
- 개별화 : 학습내용과 방법, 속도와 평가의 개별화
- 자율화 : 교사와 학생에게 선택의 여지 부여, 자기주도적 학습
- 적극적인 교수 및 학습 : 학생의 능동적 참여와 교사의 적극적 수업운영, 대집단·소집단에서의 강의, 토론, 개별과제학습의 감독과 학생활동의 점검, 개별지도 등
- 다양화 : 학습내용·방법, 학습자료, 교실환경, 평가방법, 특별활동 등의 다양화
- 융통성 : 교과과정 구성, 수업운영 등의 융통성 발휘

열린교육의 필요성
- 지적 능력 및 의사소통 기능의 향상
- 성공적 발견의 경험
- 긍정적 자아 형성
- 자신감 육성
- 전이력과 파지력 획득

대안학교의 등장배경
- 근대 공교육의 성립 이래 그 한계, 제약 및 폐해가 교육의 본질적 기능을 위협하게 됨
- 공교육의 공공성 상실 및 사용가치보다 교환가치를 중시하는 경향이 강해짐
- 기존의 학교체제는 사회 및 시대적 요청에 부응하지 못하는 경직된 체제임
- 학부모 및 학생의 학교선택권 요구가 강해지고 있음
- 학교안전이 심각한 문제로 대두되고 있음

대안교육의 유형
- 홈스쿨링(재택학교)
- 협약학교(헌장학교)
- **협약학교의 비교모형**
  - 교부금 지원학교(영국)
  - 자립형 사립고(우리나라)
  - 특성화 고등학교(우리나라)

---

① 개념 : 교육과정을 유연하게 편성·운영하는 총체적 자율화 교육(학습자 중심의 개별화·자율화가 기본 조건)

② 기본 목표 : 인간교육, 전인교육, 개성교육, 공동체 교육, 자기주도교육, 교육의 기회균등 등을 통해 능동적이고 창의적인 아동을 육성

③ 특징
  ㉠ 교과서를 최대한 활용하되, 교과서에만 의존하지 않음
  ㉡ 학습자(학생)의 선택 가능성 보장(스스로 교육적 활동을 선택하여 활동)하며, 각자의 존엄성을 인정
  ㉢ 조력자로서의 교사(가르치고 하나하나 지시하기보다는 학생 스스로 무엇을 어떻게 할 것인지를 결정·실행하도록 조력하는 교사)

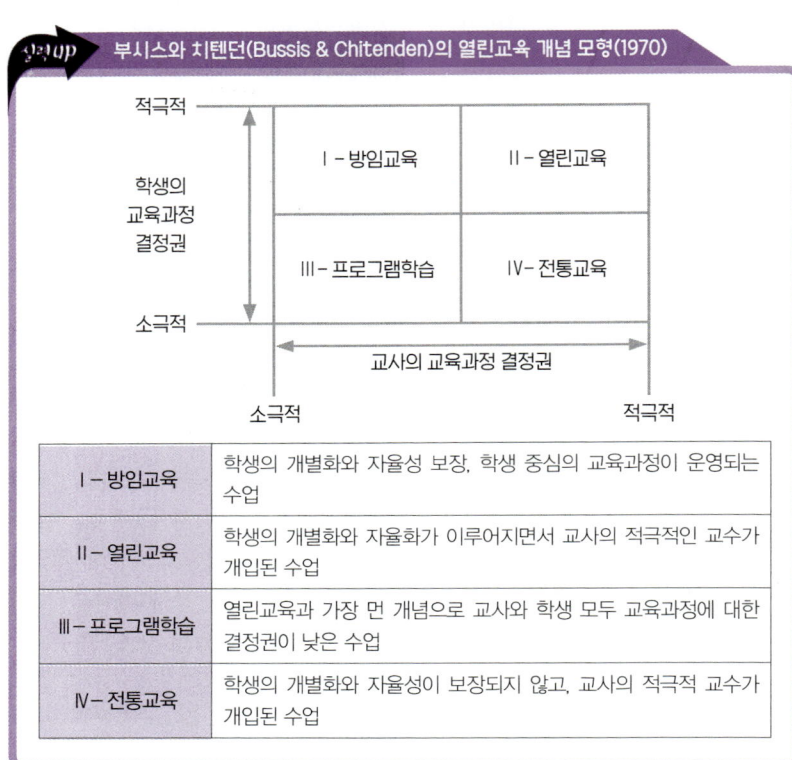

부시스와 치텐던(Bussis & Chitenden)의 열린교육 개념 모형(1970)

(6) 대안교육과 대안학교

① 개념
  ㉠ 대안교육이란 기존의 제도교육에서 규정한 학교의 형태와 내용에서 벗어나 독자적인 교육이념에 따라 새롭고 다른 교육을 실현하고자 하는 것을 말함
  ㉡ 현재 우리나라의 대표적인 대안적 형태의 학교가 '자율학교'임

② 교육이념 : 능동적 학습, 노작교육, 공동체 가치의 강조, 생명존중, 사회적 협동

③ 특징 : 정규학교로 인가된 대안적 형태, 상설학교의 형태이지만 인가 받지 않은 학교, 다양한 형태의 계절제 혹은 방과 후 프로그램을 운영, 재가교육(재택교육,

Home-Schooling)으로 실시되기도 함

④ 운영실태

학생의 모집과 생활	• 입학은 지역, 성별, 종교, 능력에 관계없이 자유로움. 그러나 수용 규모의 한계상 선착순으로 학생을 모집하는 경우도 있음 • 대부분의 대안학교들은 무학년제, 무학급제로 운영하며, 전원 기숙제를 실시하기도 함
교육과정 운영	대안학교의 교육과정은 기존의 일반학교와는 다르게 자율적으로 다양한 교육과정을 운영함
교원의 구성	• 대안학교의 교원은 다양한 사회적 경험의 소유자를 교원으로 활용하기도 함 • 특성화고등학교의 경우 산학겸임 교사 규정 등을 통해 일정 비율의 교사를 자격증이 없더라도 임용할 수 있음

(7) 특수교육

① 개념 : 특수교육대상자의 교육적 요구를 충족시키기 위하여 특성에 적합한 교육과정 및 특수교육 관련서비스 제공을 통하여 이루어지는 교육

② 특수교육의 형태

특수학급	특수교육대상자의 통합교육을 실시하기 위하여 일반학교에 설치된 학급
순회교육	특수교육교원 및 특수교육 관련서비스 담당 인력이 각급학교나 의료기관, 가정 또는 복지시설 등에 있는 특수교육대상자를 직접 방문하여 실시하는 교육
통합교육	특수교육대상자가 일반학교에서 장애유형·장애정도에 따라 차별을 받지 않고 또래와 함께 개개인의 교육적 요구에 적합한 교육을 받는 것
개별화 교육	각급학교의 장이 특수교육대상자 개인의 능력을 개발하기 위하여 장애유형 및 장애특성에 적합한 교육목표·교육방법·교육내용·특수교육 관련서비스 등이 포함된 계획을 수립하여 실시하는 교육

(8) 영재교육

① 개념 : 영재를 대상으로 각 개인의 능력과 소질에 맞는 내용과 방법으로 실시하는 교육

② 영재성 개발의 요인

개인적 요인	주어진 기회를 활용하거나 기회를 찾거나 만드는 개인의 동기 및 성격 특성(흥미, 끈기, 자율성, 자기 확신, 자신감 등)을 말함
사회적 요인	영재성을 발휘할 수 있도록 도와주는 주변 인물, 성장 지역, 교육기회 등이 있음
영재학업부진아	잠재능력과 학업성취도 간의 차이를 보이는 아동을 의미함. 자신감 결여, 끈기 부족, 목적 의식과 동기 부족, 열등감, 가족 간의 갈등 등이 원인임

SEMI-NOTE

마그넷학교(Magnet School) 제도
- 공립학교로서 다양한 교육을 실시하는 직업기술학교
- 학생들의 관심을 끄는 수학, 과학, 철학 등의 과목을 특성화 시킨 교육과정으로 모든 학생들을 자석처럼 끌어당기는 학교라는 의미를 지님
- 교육의 질을 개선하고자 하는 중등학교 프로그램, 과학탐구·창조예술과 공연예술·국제연구 등의 주제를 연계시킨 프로그램 등이 있음

통합교육(Mainstreaming, 최소제한적 환경)
- 의미 : 특수교육 대상자의 정상적인 사회적응 능력의 발달을 위해 일반학교에서 특수교육대상자를 교육하거나 특수교육 기관의 재학생을 일반학교의 교육과정에 일시적으로 참여시켜 교육하는 것
- 특징
  - 장애아동을 매일 최소 반나절 이상을 정규학급에 통합시키는 것이 이상적임
  - 정규 학급의 일반교사가 일차적으로 그들의 학습에 책임을 져야 함
  - 장애정도가 정규학급 내에서 적절한 교육을 받을 수 없을 정도로 심각하면 적용할 수 없음

렌줄리(Renzulli)의 영재 특성모형 ★ 빈출개념

- 영재성은 평균 이상의 능력, 창의성, 과제 집착력의 상호작용을 통해 나타남
  - 평균 이상의 능력 : 평균 이상 정도의 지적 능력이면 뛰어난 성취를 하기에 충분
  - 창의성 : '새로우면서도 유용한 것을 생각해내거나 만들어내는 특성'으로, 개인의 아이디어나 산출물의 독창성, 유창성, 융통성, 정교성을 기준으로 창의성 정도를 평가
  - 과제집착력 : 어떤 한 가지 과제 또는 영역에 자신의 에너지를 집중시키는 성격 특성으로, 과제 집착력이 없이는 높은 성취가 불가능
- 세 가지 특성 모두에서 85% 이상이거나 적어도 한 가지 특성에서는 98% 이상일 때, 뛰어난 성취를 할 가능성이 높아짐

(9) 양성평등교육과 페미니즘 운동

① **양성평등교육** : 남녀 모두에게 잠재되어 있는 특성을 충분히 발현하여 자신의 자유의지로 삶을 계획하고 세상을 볼 수 있도록 촉진하는 교육
② **페미니즘 운동** : 여성에 대한 성차별문화를 극복하고, 여성의 정치적·경제적·사회적 평등을 달성하는데 관심을 갖는 여성해방운동을 말함

(10) 다문화 교육

① 개념
  ㉠ **뱅크스(Banks)** : 다문화 교육은 교육 철학이자, 교육 개혁운동으로 교육기관의 구조를 바꾸어 학생들에게 평등한 교육 기회를 제공하는 것이 중요한 목표라고 봄
  ㉡ **베넷(Bennett)** : 다문화 교육을 네 가지 구성요소(평등교육, 교육과정 개혁, 다문화적 능력, 사회정의를 향한 교육)로 구분해서 다문화 교육은 평등교육을 목표로 교육과정 개혁을 통하여 주류집단과 소수집단의 모든 사람이 다문화적 능력을 배양하여 사회정의의 실현에 참여할 수 있도록 하는 교육이라 정의

② 다문화교육의 5가지 차원(Banks)

내용통합	이론을 설명하고자 다양한 문화 및 사례를 가져와 활용하는 정도
지식구성과정	특정 학문 영역의 암묵적인 문화적 가정, 준거틀, 편견 등이 해당 학문 영역에서 지식이 형성되는 과정에서 어떠한 영향을 미치는지를 의미
편견감소	학생들의 인종적 태도의 특징들을 구별하고 그것이 교수법, 교재에 의해 어떻게 변화될 수 있는가를 중점을 둠
공평한 교수법	교사가 다양한 인종, 민족, 사회계층 집단에서 온 학생들의 학업성취도를 향상시키기 위해 학생들의 학습양식에 맞춰 수업을 수정하는 것
학생의 역량을 강화하는 학교 문화와 조직	모든 집단의 학생들을 유능하게 하는 학교문화를 만들고자 집단구분과 낙인의 관행, 스포츠 참여, 성취의 불균형, 인종과 민족 경계를 넘나드는 교직원과 학생의 상호작용 등을 검토하는 것

02절 교육철학

1. 교육철학의 의미

(1) 교육철학의 의미

① **일반철학의 응용으로서의 교육철학** : 교육철학이란 교육 현상을 일관하고 있는 몇 가지 대전제(보편적 원리)로 교육 현상을 고찰하거나 혹은 교육의 보편적인 원리를 제시하고자 하는 분야
② **듀이(Dewey)의 견해** : 교육철학은 교육목적, 내용, 방법 등의 근거와 기준과 방향을 제시

SEMI-NOTE

양성평등교육의 목표
- 각자의 개성과 능력의 발휘
- 자립적인 마음과 태도 및 능력의 배양
- 타인의 특성과 개성을 존중하는 마음의 배양
- 사회·국가적으로 잠재되어 있는 인력의 개발

다문화접근법(Banks)
- 기여적 접근법 : 소수 집단들이 주류 사회에 기여한 점을 부각시켜 그들의 자긍심을 길러줌
- 부가적 접근법 : 교육과정의 기본적인 구조, 목표, 특성을 변화시키지 않으면서 소수 집단의 관련된 내용, 개념, 주제, 관점을 교육과정에 첨가함
- 변혁적 접근법 : 교육과정의 구조를 변화시켜 다양한 집단의 관점에서 개념, 이슈, 사건들을 조명해보도록 함
- 사회적 행동 접근법 : 변혁적 접근법의 요소에 덧붙여 실천과 행동의 문제를 강조함

철학의 탐구영역(교육의 분야와 관련된 영역)
- **형이상학** : 무엇이 실재하는가를 탐구하는 영역
- **인식론** : 지식의 근거와 본질, 지식의 구조와 방법 및 가치를 탐구하는 분야
- **가치론**
  - 윤리학 : 선과 악, 정과 부정 등에 관한 판단의 논리와 근거의 문제를 다룸
  - 미학 : 어떤 대상이 아름다운가 추한가의 문제, 우리가 내리는 미와 추를 판단하는 근거의 문제에 관한 질문을 탐구
  - 교육 : 그 개념과 본질상 가치의 문제를 전제로 한 활동인 이상, 가치의 본질과 기준에 의해 통제될 수밖에 없고, 이점에서 가치론적 논의는 밀접하게 관련됨

(2) 철학의 기능과 교육의 관계(J.Kneller)

사변적 기능	새로운 가설이나 제언을 하는 정신적 기능으로 교육이론이나 실천에서 교육 문제 해결의 새로운 방향을 모색하고 새로운 아이디어를 창출하는 일
규범적 기능	교육에 관한 이론이나 실천, 원리, 주장 등을 어떤 기준이나 준거에 의해 판단하는 일
분석적 기능	교육에서 사용하는 개념이나 용어의 의미를 명료화하고 논리적 모순점을 가려내는 일
비판적 기능	이론과 실천 속에 숨겨진 이데올로기를 드러내는 일

2. 교육의 목적

(1) 교육목적의 의미

① 의미 : 교육 활동이 주의 집중해야 할 것 혹은 추진해야할 것을 말하며, 교육목적의 수준은 일반적으로 교육이념, 교육목적, 교육 목표 등으로 구분됨
② 교육의 내재적 목적과 외재적 목적

내재적 목적	교육목적을 교육이 이루어지는 활동 안에서 찾고자하는 관점
외재적 목적	문제되는 활동의 외부에서 주어지는 목적

(2) 듀이와 피터스의 교육목적관

① 교육목적의 개념
  ㉠ 듀이(Dewey)의 좋은 교육목적에서 발견되는 특징
    • 교육목적은 교육받을 특정한 개인의 내재적 활동과 필요에 기초를 두어야 함
    • 교육목적은 학생들의 능력을 이끌어내고 조직하는데 필요한 환경이 무엇인가를 시사하는 것이어야 함
    • 일반적이고 궁극적인 목적을 경계하여야 함
  ㉡ 피터스(Peters)의 교육목적에 관련된 특징
    • 교육목적들은 바람직하다고 생각되는 발달의 특징을 지시해야 함
    • 교육목적들은 표제와 같이 특수한 목표들을 지시해야 함
    • 교육의 이상과는 달리 교육목적은 달성할 수 있는 목표들을 제시해야 함
② 공통점 : 듀이와 피터스의 교육목적관은 내재적 목적을 강조한 것임

3. 교육철학의 탐구분야

(1) 존재론과 교육

① 존재론 : 존재하는 것을, 존재하는 것 그 자체로서 일반적으로 그 근본적 규정을 연구하는 분야
② 형이상학(metaphysics) : 사변철학이라고도 하며 세계의 본성과 세계 속에서의 인간의 위치에 관한 근본적인 물음을 연구하는 철학의 분야

SEMI-NOTE

내재적 목적과 외재적 목적의 예
• 내재적 목적 : 교육의 개념을 명백히 함으로써 그 해답을 찾고자 하는 것으로 피터스가 제시한 교육의 3가지 개념적 준거를 통해 교육인 것과 교육이 아닌 것을 구분하고자 한 것이 예임
• 외재적 목적 : 교육활동을 수단으로 하여 다른 것을 추구하는 것을 의미하며 직업을 위한 준비, 산업화를 위한 인적 자원의 육성 등이 대표적인 외재적 목적의 예임

좋은 목적의 특징(Dewey)
• 설정된 목적은 현존하는 조건들에서 나와야 함. 목적은 이미 진행 중인 것에 기초를 두어야 하며 현재 사태의 자연적인 산물로부터 나와야 함
• 목적은 융통성이 있어야 하며, 좋은 목적은 현재의 경험을 조사하여 그것을 다룰 잠정적인 계획을 세운 뒤에 그 계획을 염두에 두되, 새로운 조건이 발생함에 따라 수정되어 나갈 수 있어야 함

교육이념 · 교육목적 · 교육목표
• 교육이념 : 교육목적 달성을 위한 이론적·철학적 기반과 관점
• 교육목적 : 교육의 지향방향·지침, 교육이념의 구체적 상태
• 교육목표 : 학생의 행동변화를 지칭하며, 교육전문가 수준에서 요청되는 구체적이고 협소한 목적의식

SEMI-NOTE

지식의 종류

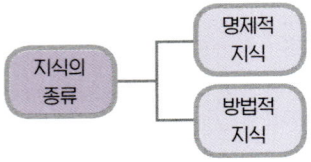

오크쇼트의 실제적 지식
- 오크쇼트는 방법적 지식을 실제적 지식이라고 함
- 그는 규칙이나 원리 등 명제로 표현될 수 있는 지식을 '기법적 지식'으로, 구체적인 실천을 불러일으키는 지식을 실제적 지식이라고 함

선험적 정당화
- 피터스의 선험적 정당화 논의를 한마디로 표현하자면 '교과는 자유, 평등 등의 윤리학적 원리와 마찬가지로 교과에 대한 정당화 요구 그 자체의 논리적 가정에 의하여 정당화된다.'로 요약할 수 있음
- 만약 자신의 질문을 의미 있는 것으로 생각한다면, 의식적으로 받아들이든지 않든지 간에 그 논리적 가정을 받아들이지 않으면 안 됨

허스트가 말하는 사회적 실제에 기반을 둔 교육
- 좋은 삶이란 사회적 실제에 종사함으로써 실천적 이성에 입각한 인간욕구를 장기적인 안목에서 최대한 만족시키는 일임
- 좋은 삶을 향상시키기 위해서는 교육과정이 자신이 속해 있는 사회의 주요하고 지배적인 사회적 실제에 비추어 조직되어야 함

(2) 인식론과 교육

① **인식론** : 지식의 본질, 근원, 방법, 구조, 가치 등을 탐구하는 분야

② **지식의 종류**

명제적 지식	• '~을 안다'로 표현되는 지식으로, 어떤 명제가 참임을 아는 지식 • 서술적 진술이 가능하며, 진위판단이 가능하므로 명제에 해당함 • 명제적 지식의 종류 : 사실적 지식(경험적 지식), 논리적 지식, 규범적 지식 - 사실적 지식 : 대부분의 자연과학, 사회과학의 지식은 사실적 지식임(예 지구는 둥글다. 물은 100℃에서 끓는다) - 논리적 지식 : 분석적 문장으로 표현되는 지식으로 이는 새로운 지식을 알려주기 보다는 문장을 구성하는 요소들의 의미상의 관계를 나타내 줌(예 할아버지는 아버지의 아버지이다. 삼각형의 내각의 합은 180°이다) - 규범적 지식 : 가치나 규범을 나타내는 지식으로 평가적 문장으로 구성되며, 모든 가치판단·도덕 판단에 관한 지식을 포함함. 분석철학자들은 규범적 지식을 지식의 논의에서 제외시킴(예 민주주의는 바람직한 사회제도이다. 남녀는 평등하게 취급되어야 한다)
방법적 지식	• '~을 할 줄 안다'로 표현되는 지식으로, 어떤 과제의 방법과 절차에 대한 지식 • 주관적인 경험에 해당되며, 반드시 언어로 표현되는 것은 아님 • 다양한 지식과 정보를 효과적으로 활용할 수 있는 능력이 요구되는 지식기반사회에서 중요시됨(예 나는 수영을 할 줄 안다. 나는 자전거를 탈 줄 안다)

③ **지식의 형식**
  ㉠ **허스트(Hirst)** : 발달된 지식의 형식은 독특한 중심 개념, 분명한 논리적 구조, 특유의 표현이나 진술, 검증의 기법 등을 지니게 된다고 함
  ㉡ **피터스(Peters)** : 전통적으로 학교에서 가르쳐온 교과를 지식의 형식이라는 용어로 규정하고 이를 선험적 논의라는 방식에 의해 정당화함

실력UP '사회적 실제로 입문'으로서의 교육 ★ 빈출개념

- **사회적 실제에 기반을 둔 교육의 의미**
  - 허스트는 피터스와 더불어 자유교육의 정신을 반영한 '지식의 형식에의 입문'을 강조하였으나 후기에 이르러 이에 대한 대안으로 '사회적 실제에 기반을 둔 교육'을 강조함
  - 허스트가 말하는 '사회적 실제' 기반을 둔 교육은 보편적인 합리성을 추구하는 자유교육과 개인의 자율성을 강조하는 자유교육에 대한 대안으로 제시함
- **자유교육과 사회적 실제에 기반을 둔 교육의 비교**
  - 자유교육 : 이론적 교과나 지식을 가르침으로써 이론적 합리성을 기름
  - 사회적 실제에 기반을 둔 교육 : 학생을 사회적으로 발달된 합리적인 실제에 입문시킴으로서 실천적 이성에 의한 전반적인 욕구만족을 장기적 관점에서 극대화시킴

교육의 구분 비교항목	자유교육	사회적 실제에 기반을 둔 교육
좋은 삶	이론적 이성 혹은 합리성을 추구하는 삶	인간의 전반적인 욕구를 장기적인 안목에서 최대한 만족시키는 삶
교육목적	합리적 마음의 발달	실천적 이성에 따른 실제적 좋은 삶
교육내용	지식의 형식	지배적이고 성공적인 합리적 실제
정당화	선험적 정당화	실제적 정당화

(3) 가치론과 교육

① **가치론** : 가치 인식의 문제, 가치와 사실의 관계 등에 대한 연구 분야
② **가치의 뜻** : 좋다, 나쁘다, 싫다 따위와 같은 욕구나 관심의 대상이 되는 성질
③ **도덕교육에서의 내용과 형식**

내용	특정사회에서 요구되는 도덕적 규범들과 가치들 또는 인간이 갖추어야 할 품성적 특성인 덕목들을 학생들에게 가르치고 내면화해야 한다는 입장
형식	도덕성을 이루고 있는 형식적 특성, 특히 도덕적 판단과 관련된 합리적 능력을 길러주어야 한다는 입장

④ **가치명료화** : 아동 개인이 자신의 가치와 접촉하여 그것을 밖으로 드러낸 다음, 그것에 대해 다시 생각해 보도록 하는 방법

4. 전통적(고전적) 교육철학

(1) 관념론(Idealism)과 교육

① **개념** : 가장 완전한 모습(형상)을 본다는 의미의 그리스어 'idea'에서 유래한 말로 인격과 인류의 완성 가능성을 신뢰하고 이에 입각해 현실과 실천을 규제하려는 사고방식
② **특징** : 개인의 의식을 넘어선 비물질적인, 영원 불멸의 것을 가리키며(고대), 외부의 세계에 대립하는 의식내의 표상을 가리키기도 함(근세)
③ **교육원리**
  ㉠ 교육은 아동을 정신적 존재로 북돋아 주어야 하며, 스스로 지니는 힘에 의해 윤리적 존재, 이상적 인격적 존재로 성장해야 함
  ㉡ 교육의 목표는 개성을 완성함과 동시에 사회를 혁신하는데 두어야 함
  ㉢ 교육 과정은 기본적으로 개념화하고 관념화한 지식위주의 교과목이나 학습내용임

(2) 실재론(Realism)과 교육

① **개념** : 라틴어 'realis'에서 유래한 말로서, 우리의 의식과 주관으로부터 독립된 실재를 인정하는 철학
② **특징** : 보편은 개물(個物)에 앞서 실재하며, 인식 주관으로부터 독립해 있는 객관적 실체를 인정함
③ **교육원리**
  ㉠ 교육은 우주의 이치를 깨우칠 수 있는 핵심적 지식과 경건한 마음가짐을 갖추게 하는 일이며, 학생은 고도의 지성을 발로할 수 있는 자질을 충분히 지니고 있는 존재로 존중되어야 함
  ㉡ 교육목표는 자기결정, 자기실현, 자기통합과 같은 이상적 생활을 즐기게 하는데 목적을 둠
  ㉢ 교육과정은 진리를 알고, 사용하고, 즐기는 습관과 경향성을 갖추게 해주는 일임

SEMI-NOTE

도덕교육

- 도덕교육의 공동체주의
  - 사회적 결합을 강화할 것을 목적으로 하며 공동체적 규범을 강조함
  - 아리스토텔레스, 뒤르케임의 도덕적 사회화 이론, 최근의 인격교육운동 등
- 도덕교육의 자유주의
  - 개인의 자율적 판단능력을 강조함
  - 콜버그(Kohlberg)의 도덕적 인지 발달론

관념론의 대표적 사상가
- 플라톤(Platon)
- 데카르트(Descartes)
- 버클리(Berkeley)
- 칸트(Kant)
- 헤겔(Hegel)

실재론의 대표적 사상가
- 아리스토텔레스(Aristoteles)
- 토마스 아퀴나스(Thomas Aquinas)
- 베이컨(Bacon)
- 홉스(Hobbes)
- 로크(Locke)
- 코메니우스(Comenius)

(3) 프래그마티즘(Pragmatism)와 교육

① 개념 : 그리스어 'pragma'에서 유래한 것으로, 원래 행위나 사실, 활동, 상호작용 등을 의미
② 특징 : 세상에 영원·불변한 것은 없고 변화만이 실재하며, 가치는 상대적임
③ 교육원리
  ㉠ 교육은 넓은 의미에서 생명을 사회적으로 지속시키는 일이며, 아동은 미숙하지만 수용력과 잠재적 능력을 지닌 성장 가능성의 존재임
  ㉡ 고정된 교육목적은 존재하지 않으며, 아동 밖으로부터 주어져서도 안 됨
  ㉢ 교육의 과정은 끊임없는 경험의 재구성 과정임

5. 현대의 교육철학

(1) 진보주의(Progressivism)

① 개념 : 실용주의 철학에 근거하여 전통적인 형식주의 교육을 반대하며 경험의 체계를 중시한 아동중심·생활중심·경험중심의 교육이념
② 교육관

교육목적	• 전인교육 : 현실생활에 적응할 수 있는 전인양성 • 경험의 계속적 재구성을 통한 계속적 성장과 현실 변화에 대한 적응 • 아동의 성장을 도와주는 것
교육내용	• 현실의 생활경험이나 사회기능, 사회문제에 관심을 둠 • 아동의 필요·흥미·요구 중시
교육방법	문제해결학습, 구안법, 협력학습
교육과정	경험중심 교육과정
교육평가	절대평가 중심(목표지향적, 준거지향적)

(2) 본질주의(Essentialism)

① 개념 : 1930년대 후반~1940년대 발달하며 본질적인 문화유산과 지식의 체계를 중시하는 교육이념
② 교육관

교육목적	아동들의 장래생활을 준비하는 것으로, 본질적인 문화유산의 전달과 전통적 지식의 습득, 지적 엘리트의 육성 등을 추구
교육내용	• 지식의 논리적 계열성을 중시, 특별활동·레크레이션·직업교육 등은 경시 • 인문학과 자연과학을 강조 : 독·서·산의 기본지식(초등), 문학·역사·수학·과학(중등)을 강조
교육방법	강의법, 발견학습, 탐구학습

SEMI-NOTE

프래그마티즘(Pragmatism)의 대표적 사상가
- 퍼어스(Pierce) : 19세기 중엽 미국 실용주의 창시자
- 제임스(James) : 20세기 중엽 실용주의 발전을 이끔
- 듀이(Dewey) : 실용주의를 완성시킨 실용주의 사상의 대표자

진보주의의 대표적 사상가
- 듀이(Dewey)
- 킬패트릭(Kilpatrick)
- 파아커(Parker)
- 보데(Bode)

진보주의 교육에 대한 비판
- 변화나 상대성에 치중하여 절대적 진리를 경시하며, 지적발달이 곤란
- 아동 중심의 학교교육은 현실성이 없으며, 지나친 경우 이기주의·개인주의 등을 초래
- 문화유산을 경시

본질주의의 대표적 사상가
- 배글리(Bagley)
- 모리슨(Morrisons)
- 브릭스(Briggs)
- 베스토(Bestor)

본질주의 교육에 대한 비판
- 지적인 진보성과 창의성을 저해할 위험이 있음
- 문화유산의 본질적인 것을 보존한다고 할 때, 습관과 전통, 전통과 본질적인 것으로 구분하는 기준을 설정하기 어려움

(3) 항존주의(Perennialism)

① 개념 : 급격한 현대문명의 변화와 위기 속에서 영원하고 절대적인 진리를 추구, 고대·중세의 절대적 가치인 진·선·미의 원리를 추구

② 교육관

교육목적	• 장래생활의 모방이 아닌 준비를 강조하고 인간을 진리에 적응시킴 • 정신과 지성의 훈련, 영구적인 진리의 규명
교육내용	고대 그리스·로마의 문학, 철학, 역사, 자연과학 등을 중시하며, 일반교육·교양교육을 강조(고전과 형이상학을 중시)
교육방법	교사중심 수업
교육과정	고전 중심의 교육과정
교육평가	상대평가

SEMI-NOTE

항존주의의 대표적 사상가
- 허친스(Hutchins)
- 아들러(Alder)
- 마리땡(Maritain)

항존주의 교육에 대한 비판
- 절대적 원리에 근거를 두므로 상대적 성격의 민주주의에 위배되는 교육이 될 수 있음
- 엘리트교육, 귀족교육으로 환원될 가능성이 존재
- 지적인 측면만을 강조하여 전인교육에 위배될 수 있음

(4) 재건주의

① 개념 : 교육을 통한 현실사회의 위기극복을 주장하는 미래 중심의 교육철학으로 현대문명의 위기와 급변하는 사회에 대처하기 위해 교육을 통해 이 세계를 재건하고 교육의 과정을 통해 이상사회를 건설하려고 함

② 교육관

교육목적	민주적인 사회건설과 사회적 자아실현을 강조
교육내용	초·중등교육은 일반교육을 지향하며, 자아실현이 가능한 내용을 강조
교육방법	협동학습, 지역사회 연계 활동
교육과정	미래중심 교육과정
교육평가	상대평가와 절대평가

재건주의의 대표적 사상가
- 브라멜드(Brameld)
- 카운츠(Counts)

재건주의 교육에 대한 비판
행동과학 업적을 지나치게 신봉하는 것은 인간이 믿어야할 최상의 가치가 무엇이며, 이를 실현하기 위한 최상의 사회제도는 무엇인가와 같은 가치판단은 무시될 수 있음

👓 한눈에 쏙~

(5) 분석철학

① 개념 : 종래의 사변적·선험적·종합적 철학방법을 거부하고 과학과 일상적 지식의 개념 및 명제의 의미를 분석적 방법에 의해 명료하게 밝히려는 방법의 철학

② 교육에의 영향
  ㉠ 교육에서 사용하는 용어나 논의를 명백히 함으로써 사고나 행위의 명확성, 일관성을 기하도록 함
  ㉡ 교육학의 연구 대상을 명확히 하는데 그리고 교육학의 성격을 규명하는데 기여함. 즉, 교육학을 '사실과학'으로 규정해서 '가치'의 문제를 배제함

분석철학의 대표적 사상가
- 하디(Hardie)
- 피터스(Peters)
- 슐릭(Schlick)
- 러셀(Russell)

분석철학 교육에 대한 비판
- 언어의 투명성을 지나치게 신뢰
- 교육적 언어의 역사적·사회적 측면에 소홀
- 교육의 가치지향성을 충분히 고려하지 못함

SEMI-NOTE

실존주의의 대표적 사상가
- 사르트르(Sartre)
- 부버(Buber)
- 볼노브(Bollnow)
- 퐁티(Ponty)
- 로저스(Rogers)

실존주의 교육에 대한 비판
- 인간의 사회적 존재 양상의 측면을 분석하는 데 소홀함
- 지나치게 개인주의적 입장을 강조함
- 개인을 구속하는 사회제도나 사회 발전적 교육에 대해 저항적임

실존주의에서 강조하는 교사의 자질
- 학생을 도울 수 있는 경험을 지닌 교사
- 심적 갈등과 어려움 등에 대한 공감적 이해를 가진 교사
- 학생 스스로의 생활방식을 통해 개성을 표현하도록 하는 교사

현상학의 대표적 사상가
- 후설(Husserl)
- 하이데거(Heidegger)
- 사르트르(Sartre)
- 퐁티(Ponty)
- 부버(Buber)

③ 분석철학의 교육원리
 ㉠ 교사가 주장하는 지식은 신뢰할 수 있는 것이어야 하며, 객관적이어야 함
 ㉡ 모든 규범적 명제를 검토하여 그 의미를 밝혀야 함
 ㉢ 귀납법과 개연성의 법칙이 가설·개념·이론을 실증하는데 적용되어야 함

(6) 실존주의
① 개념 : 인간 실존의 본질과 구조를 밝히려는 철학. 현대 대중사회 속에서 인간이 진정한 나를 상실한 비(非)본래적 삶을 산다고 보고, 진정한 '나'의 새로운 탄생과 '나 자신'의 주체성과 개체성을 찾을 것을 추구
② 특징
 ㉠ 인간의 내적 세계와 인간(개인) 자신의 문제에 집중
 ㉡ 자아의 발견, 자유·선택·책임 등을 강조
 ㉢ 삶의 긍정적·부정적 측면을 통해 학습자가 스스로 삶의 문제를 해결하고 주체적으로 성장할 수 있음
 ㉣ 실존이 본질에 선행함 – 샤르트르 –
 ㉤ 만남이 교육에 선행함 – 볼노브, 마틴 부버 –
③ 교육관

교육목적	인간이 본질적 삶을 살도록 함으로써 자기 존재의 의미와 가치를 찾게 함
교육내용	자아실현, 인간의 정서 및 심미적·도덕적 성향의 계발이 가능한 인문과학(철학, 역사 등)과 예술을 강조
교육방법	촉진적 방법, 비연속적 형식의 교육을 강조

④ 실존주의 교육원리
 ㉠ 개인의 중요성을 강조 : 개성·주체성을 최대한 존중하는 교육
 ㉡ 집단에 대한 동화나 사회적 적합성을 거부하며, 국가·사회에 적합한 교육을 비판
 ㉢ 인격교육·도덕교육·전인교육 중시 : 지적교육보다 인간주의 교육을 강조
 ㉣ 교사와 학생 간의 인격적 관계를 중시
 ㉤ 비연속적 형식의 교육 및 자아인식을 위한 학습 강조

(7) 현상학
① 개념 : 현상은 정신세계의 일부분. 인간의 마음속에 비추어진 현상을 기술하려는 철학
② 교육에의 영향
 ㉠ 교육현상 자체가 지닌 본질적인 의미를 구체적으로 밝히는 일의 필요성을 일깨우는 계기가 됨
 ㉡ 교육연구에서 지금까지 지배적이었던 실증주의적 전제를 문제시하고 주관적 의미구성 작용, 교육적 맥락의 이해, 교육 참여자들의 상호주관적 관계 등을 파악하도록 해줌

(8) 해석학

① 개념 : 인간정신의 모든 소산을 널리 이해하는 해석과 그 해석의 방법, 거기서 파생되는 철학적 문제를 다루는 학문

② 해석학의 입장

딜타이(Dilthey)의 실천적 합리성에 대한 재해석	• "자연은 설명하고 정신은 이해한다"라는 말을 통해 자연과학적 방법에 의해 평준화되어버린 경험의 왜곡을 비판하였고, 인간의 이해는 역사, 문화, 객관화의 산물인 법률, 관습, 언어 등에 의존한다고 봄 • 해석학적 순환 : 체험한 것을 표현하고 표현된 것을 이해하는 것, 이러한 순환적 이해(체험-표현-이해)에서 해석학적 순환이론을 도출함
가다머 (Gadamer)	• 딜타이(Dilthey)의 해석학적 순환이 가다머(Gadamer)의 선(先)단단 또는 선입견 개념으로 전환됨 • 인간의 삶은 이해를 토대로 해서만 가능하며, 인간의 삶 속에서 존재에 대한 이해를 미리 가지고 있음. 선(先)판단 · 선입견이 이해의 발판이 됨

③ 교육에의 영향 : 인간의 삶의 현실로서의 교육현실을 과정인 동시에 생성으로 보고 아르키메데스적인 기점은 존재할 수 없다고 봄

(9) 비판철학

① 개념 : 현대사회와 인간의 문제를 분석하고 그 모순을 지적했던 이론

② 특징 : 인간의 의식이나 지식은 사회적, 경제적, 정치적 제약 하에서 형성된다고 보고 인간의 자유로운 의식의 형성을 억압하고 왜곡시키는 사회적, 경제적, 정치적 제약요인들을 분석하고 비판하는 일을 통해 인간 의식을 억압의 영향에서 해방시키는 것을 교육의 목적으로 봄

(10) 포스트모더니즘

① 개념 : 20세기 후반(1960년대 이후)에 새롭게 나타난 사회적 · 문화적 · 학문적 현상들을 포괄적으로 지칭하는 용어로 이 시기 문학 · 건축 · 미술 등의 예술분야를 비롯하여 철학 · 미학 · 사회학 · 정치학 등의 학문분야 전반에서 나타난 기본적인 인식체계의 변화 현상을 아우르는 개념

② 포스트모더니즘의 특징 ★ 빈출개념

진리의 우연성과 상호비교 불가능설	세계와 사물에 대한 우리의 인식을 가능하게 하는 개념적 틀은 하나밖에 없는 것으로 주어지는 것이 아닌 여러 가지가 있을 수 있으며, 그 각각은 세계와 사물을 이해하는 하나의 독특한 관점과 틀을 제공함
소여성 부정과 가치부하설	이성, 자아, 개념과 언어, 실재라는 것이 우리에게 주어지는 것, 즉 소여된 것이며 그것들이 어떠한 불변의 내재적 본질을 지니고 있다는 전통철학적 생각을 부정
대서사에 대한 거부	보편적인 큰 틀에 의해 무시되고 소외되어 왔던 특수하고 지엽적인 문제들을 공론화시킴

SEMI-NOTE

해석학의 대표적 사상가
• 샤이어마허(Scheiermacher)
• 딜타이(Dilthey)
• 가다머(H. Gadamer)

해석학적 교육
• 해석학은 작품 · 인간행위 그 자체를 이해하는 데서 출발하며, 여기서의 이해는 하나의 텍스트를 읽는 것과 같음
• 학교에서 교사와 학생 간의 대화와 토론을 통해 새로운 이해에 도달할 수 있음
• 교과 및 학습내용을 절대적인 것으로 보지 않음
• 이해는 감정이입을 통해 이루어지므로 학생에 대한 진정한 이해를 위해서는 학생의 눈으로 돌아가야 함

비판철학의 대표적 사상가
• 보울스와 긴티스(Bowles & Gintis)
• 프레이리(Freire)

포스트모더니즘의 대표적 사상가
• 료타르(Lyotard)
• 데리다(Derrida)
• 푸코(Foucault)

포스트모더니즘의 철학적 특징
• 진리의 상대성 및 다원성 : 영원한 진리는 없으며 항상 그것은 부분적이며 불완전하여, 세계를 다양한 각도에서 해석하고 이해하려는 노력이 필요
• 실천적 주체성의 강조 : 진리나 합리성의 역사성과 상대성에 대한 올바른 인식은 곧 세계를 이해하고 파악하는 데 있어서 인간이 갖는 주체적이며 능동적인 역할과 능력에 대한 새로운 인식을 우리에게 요구

반정초주의의 표방	사람들은 일반적으로 도덕성을 불변하고 보편적인 기초, 삶의 기본원리를 이루는 것으로 이해하지만, 포스트모더니스트는 도덕이나 여타 다른 영역에서도 이런 기초는 없다고 봄
다원주의의 표방	상이한 사회와 이익집단들은 그들의 특정한 필요와 문화에 적합한 가치를 구성함
반권위주의의 표방	포스트모더니스트는 도덕적 지식을 포함하여 모든 지식은 그러한 지식을 생산하는 사람들의 이익과 가치를 반영한다고 봄
진리의 다원성과 해체설	유일무이한 것으로 받아들여져야 하는 진리는 없으며 항상 그것은 부분적일 따름이어 불완전함
연대의식 표방	타자에 대한 관심과 연대의식을 매우 강조

③ 교육관

교육목적	창조적이며 주체적인 다양한 자아의 형성, 끊임없이 성장하는 인간, 조화로운 도덕적 인간의 양성 등
교육내용	상대적·다원적·주관적 지식(가치)관
교육방법	구성주의 학습
교육과정	탈문화적 통합교육과정, 열린지식관, 열린교과서 등

(11) 홀리스틱(Holistic)

① 개념 : 홀리스틱이란 그리스어의 홀로스(holos)에서 비롯된 것으로 이는 '전체'를 의미하며, 모든 존재는 서로 연관되어 있으므로 개인이나 가족이 병들면 이웃과 사회, 자연이 병들고 지구가 병든다고 보는 연관적 접근임

② 교육정신
　㉠ 인간사이의 관계, 인간과 생태계의 관계 등 '관계성'을 중시하고, 조화와 통합성을 추구
　㉡ 홀리스틱 교육의 관점에서는 전지구적 생태학적 소양교육, 환경을 살리는 교육, 전체론적인 관점에서의 통합을 위해 자연의 숲, 생명의 숲의 조성 필요성과 나아가 생태맹(생태학적 지식의 결여나 자연해독능력의 결여를 의미)을 극복할 수 있는 프로그램의 운영 필요성이 제기

(12) 신자유주의

① 기본입장 : 국가의 개입으로부터 시장을 자유화하고 사회에서 일어나는 문제가 시장 자체의 자연적 움직임에 따라 조절되고 해결되도록 하는 것을 원칙으로 함

② 신자유주의와 교육
　㉠ 신자유주의는 시장 메커니즘을 적용해 공교육의 틀 자체를 변화시키고 비용·편익의 효율성을 극대화하고자 함. 이를 위한 학교 선택권보장, 단위학교책임경영제, 평가를 통한 차등지원 등을 핵심적 정책으로 하고 있음
　㉡ 우리나라의 경우 '자립형 사립학교, 국립대학 부속학교의 자립허용방침, 교육시장의 대외개방, 교원성과급제도' 등의 정책을 도입하고 있음

SEMI-NOTE

홀리스틱 교육에 표현된 세계관
이 세상에 존재하는 모든 것은 그 어떤 형태로 인간과 관련성을 갖고 서로 상호작용하고 있음. 이는 현대 사회가 직면하고 있는 위기 속에서 교육, 과학, 산업계 등 여러 방면에서 공통적으로 주목하고 있는 세계관이기도 함. 나아가 환경문제나 생태문제 등에서 주목되고 있는 관점임

신자유주의의 문제점
경제적 효율성과 생산성을 넓히고 국가 간의 경제발전을 유도하여 시장의 법칙과 이윤추구를 가장 중요한 변수로 고려하기 때문에 인간적 유대관계와 공동체적 의식을 약화시켜 인간의 존엄성을 손상시킬 수 있음

02장 서양교육사/한국교육사

01절 서양교육사

02절 한국교육사

서양교육사/한국교육사

SEMI-NOTE

7자유과(seven liberal arts)
- 의미
  - 그리스적 자유교육의 내용으로 18세기까지 서양의 전 교육과정사에 커다란 영향을 미침
  - 로마시대, 중세 수도원, 중세대학 등에서 7자유과를 가르쳤으며, 20세기 이후의 자유교양교육 내용 체계에 영향을 줌
- 종류
  - 3학(Trivium) : 문법, 수사학, 변증법(논리학)이 해당하며, 소피스트들에 의해 확립됨. 문법은 말의 구조와 구성에 관한 지식, 수사학은 영혼의 상태를 정확히 잡아 묘사하는 기술, 변증법은 둘 이상의 영혼들이 말을 주고받으면서 상대방을 이해하고 이해시키며 자신의 견해를 관철하거나 합의를 찾아가는 방법을 말함
  - 4과(Quadrivium) : 산수, 기하학, 천문학, 음악이 해당함. 4과는 자연학적 성격의 교과였음

소피스트의 기본입장
- 상대주의 : 절대적인 존재를 부정하고 보편타당한 진리를 인정하지 않음
- 개인주의 : 공동체의 생활에 반대하고 개인주의를 지향
- 실용주의 : 지식을 개인의 출세를 위한 방편으로 간주

01절 서양교육사

1. 그리스의 교육

(1) 그리스 교육의 특징

① 자유교육(liberal education)의 중시 : 자유시민으로서의 자유를 누리고 선용하는 능력을 기르는 교육
② 귀족적 성격 : 자유시민은 문학, 예술, 정치적 토론에 한가한 시간을 보내는 유한계급이었으며, 자유교육은 이러한 자유시민(귀족계급)을 위한 귀족적 교육의 성격을 지님
③ 주지주의적 성격 : 이성의 도야를 중시하는 교육, 보편적 지식을 통한 교육

(2) 스파르타 교육과 아테네 교육의 비교

스파르타 교육	리쿠르스법전 중심, 국가주의적 교육, 남녀평등, 국립의 학교, 30세 시민권 부여
아테네 교육	솔론법 중심, 개인존중의 자유 교육, 남성중심, 사립과 국립의 학교, 20세 시민권 부여

(3) 교육사상가

① 소피스트(Sophist)
  ㉠ 의미 : 최초의 전문적, 직업적 교사로 아테네 출신이 아닌 그리스 교사를 지칭하였음
  ㉡ 교육사상의 특징

교육목적	교육의 목적을 보편적 진리탐구에 두지 않고, 사회적으로 유용한 지식, 즉 웅변술을 익혀 출세하는데 둠
교육내용	실용적 지식을 중시, 공통적으로 내세운 과목은 토론·웅변·수사학 등
교육방법	지식의 실제적 사용을 중시하여, 토론·분석을 중심으로 법칙을 이해하고 모방과 연습을 통해 이를 익히도록 함

  ㉢ 교육적 아레테(arete) : 소피스트들이 추구하였던 교육적 아레테는 설득력 있는 웅변술의 훈련으로 이들은 대중을 이끌어갈 지도자를 의미하였음
  ㉣ 교육사적 의의 : 최초의 직업적 교사, 교육의 수단적 가치 중시(교육을 출세의 수단으로 여김), 지식과 진리의 상대성(주관에 따라 진리가 변할 수 있다는 상대적 진리관 주장)
  ㉤ 대표자 : 프로타고라스(Protagoras, 최초의 소피스트), 고르기아스(Gorgias), 이소크라테스(Isocrates) 등

② 소크라테스(Socrates)
  ㉠ 지덕복합일(知德福合一)의 도덕적 인간 양성
  ㉡ 보편적 이성 중시, 객관적·절대적 진리에 대한 확신
  ㉢ 교육방법(대화법) : 인간은 보편적 진리의 싹을 지니고 있으나 그 사실을 깨닫지 못하고 있으므로 인간이 보편적 진리에 이르기 위해서는 자신의 지식은 하나의 의견에 불과하며 자신이 무지하다는 것을 깨달아야 한다고 주장하고, 이렇게 무지를 인식하게 해 주는 방식으로 대화법을 제안(→ 대화법의 구성 : 반어법, 산파법)

| 반어법 | 소극적 대화 | 무의식적 무지 → 의식적 무지 | 피아제의 비평형화 |
| 산파법 | 적극적 대화 | 의식적 무지 → 객관적 진리 | 비고츠키의 비계설정 |

  ㉣ 교사의 역할 : 정신적 활동의 자극, 산파로서의 교사, 동반자적 존재

③ 플라톤(Platon, 427년경~347 B.C)
  ㉠ 기본사상
    • 이원론적 세계관 : 세계는 감각경험과 변화에 의해 지배되는 현상계나 사유와 영원한 이데아에 의해 지배되는 이상계로 구분됨
    • 덕의 실현 : 인간을 구성하는 욕망과 기개, 이성이 절제와 용기, 지혜의 덕에 의해 조절되고 조화를 이룰 때 정의의 덕이 실현됨
  ㉡ 교육의 목적 : 이데아의 실현(회상설) → 4주덕(지혜, 용기, 절제 + 정의)
  ㉢ 교육단계론(『국가론』)

덕	사회	교육 단계
지혜	지배계급(철학자)	(35세~) 행정실무 경험
		(30~35세) 변증법, 철학
용기	수호계급(군인)	(20~30세) 4과(음악, 기하학, 산수(수학), 천문학)
절제	생산계급(노동자)	(18~20세) 군사훈련
정의	국가	—

한눈에 쏙~

플라톤이 생각한 이상적인 인간과 이상국가

영혼	덕	이상국가
이성	지혜	통치자(철학자)
기개	용기	수호자(군인)
욕구	절제	생산자(장인)
조화 ↓	조화 ↓	조화 ↓
정의로운 인간	정의	정의로운 국가

SEMI-NOTE

소크라테스(Socrates)의 대화법
• 대화법은 답을 제시하지 않고 질문을 하여 학생들이 스스로 지식을 끌어내도록 하는 방법임
• 대화법의 첫 번째 단계(반어법)는 무의식적 무지에서 의식적 무지를 이끌어 내는 단계임. 즉, 대화의 상대가 진리라고 생각하고 있는 것에 대한 의심과 반대사례를 제시하여 절대적 진리에 대한 신념이 근거에 회의를 품게 하고, 또 다른 질문을 통하여 새로운 의심을 가지는 변증법적 절차를 거침
• 두 번째 단계(상기법)는 의식적 무지의 상태인 학습자를 참된 지식, 보편타당하고 합리적인 의식으로 이끄는 단계임. 무의식적 무지를 의식적 무지로 이끌어낸 질문보다 세련되고 정교한 질문을 통해 이미 학습자 마음에 내재한 지식을 상기시켜 주고 이를 통하여 참된 의견의 지식으로 전환시킴.
• 세 번째 단계(산파법)는 교사가 학생의 의식에 내재한 무의식적 지식을 외부로 나오게 하는 역할을 함. 이는 산파가 산모에게 아이를 출산하도록 돕듯이 스스로 지식을 이끌어 내도록 하는 것임

이데아론(동굴의 비유)
• 일반사람은 동굴 속에 입구를 등지고 묶여 있는 상태
• 철학자란 쇠사슬을 끊고 동굴 밖으로 나와 진정한 세계(이데아)를 본 자
• 철학자는 일반인들이 이데아의 세계에 눈뜨도록 인도할 의무가 있음

SEMI-NOTE

아리스토텔레스의 저서
- 『형이상학(Metaphysik)』
- 『정치학(Politik)』
- 『니코마스 윤리학(Nikomachische)』
- 『시학(Poetik)』

아리스토텔레스의 영향
- 『윤리학』과 『정치학』은 인간의 지적 생활에 영향을 줌
- 『오르가논』, 즉 논리학은 모든 지적 활동의 과학적 사고를 체계화하도록 함
- 귀납법적 사고는 실재의 새로운 면에 사색을 기울인 것으로 근대 과학의 창시자로서 위치함(생물학, 역학, 자연철학 등을 저술)

아리스토텔레스의 자유교육
자유교육은 직업을 준비하거나 실용적인 목적을 위해 행해지는 것이 아닌 지식 자체의 목적에 맞추어져 있음

로마 교육의 시대구분
- 왕정시대(BC 8세기~6세기): 아버지 중심의 가부장적 사회, 농업중심사회, 가정에서의 교육이 중심
- 공화정시대(BC 6세기~1세기): 순수하게 자기 민족의 문화에 의해 유지되었던 초기 로마 시대로, 영토 확장을 위한 전쟁수행 과정에서 로마시민의 평등권이 확립됨. 후기에 학교가 등장하였으나 역할이나 기능은 미미하였고, 여전히 가정교육이 중심
- 제정시대(BC 1세기~AD 5세기): 노예노동에 의한 농업 및 상업경제가 발달하고 권력과 부의 편중현상이 심화됨. 그리스의 문화와 교육의 영향에 의해 그리스화된 로마 교육이 이루어짐. 학교교육이 강조됨(학교교육의 완성시기)

④ 아리스토텔레스(Arisctoteles, 384~322 B.C)
  ㉠ 기본사상

세계관	• 자연주의적이고 현실적·경험적 • 실재론: 사물의 본질이 사물과 분리되어 이데아의 세계에 있다는 플라톤(Platon)과는 달리, 그것이 개개 사물 속에 내재하고 있다는 실재론을 주장 • 모든 인간은 장차 실현될 모습을 스스로 지니고 있다는 목적론적 세계관을 지향
인간관	• 육체와 영혼이 둘인 것과 마찬가지로 인간의 영혼에도 이성적인 부분과 비이성적인 부분이 있으며, 각각에 대응하여 이성과 욕망이 존재 • 신체와 욕망을 다스리는 교육은 이성의 도야를 위한 것이어야 함

  ㉡ 교육사상

교육목적	이성인을 강조함. 이성인이 누려야 할 최고의 생활은 행복이며, 그리고 지식의 소유가 아니라 행복이나 선에 도달하는 것이 덕임
자유교육	자유교육과 비자유교육으로 구분함. 지식은 진리 자체가 목적인 지식으로 인간의 영혼을 자유롭게 하는 것만이 자유교육에 속함. 비자유교육은 직업적 교육, 실용적 교육으로 지식 자체가 아니라 지식의 사용이 목적인 교육을 말함 → 지식 자체에 목적을 둔 자유교양교육을 중시
국가책임 강조	전체는 부분보다 먼저 있으므로 국가는 자연에 있어서 가정과 개인보다 먼저라고 봄. 시민은 국가를 위해 살아야 함
학교	고등교육기관인 리케움(Lyceum)을 설립함

⑤ 이소크라테스(Isocrates, 436~338B.C)
  ㉠ 교육목적
    • 훌륭한 웅변가를 양성하는 것을 교육목적으로 함
    • 웅변가의 자질은 수사학을 통해 길러지며, 그가 세운 수사학교(392 B.C)는 논쟁의 이론만이 아니라 실제로 논쟁할 수 있는 기회를 제공함
  ㉡ 수사학교의 특징
    • 학생이 등록하는 것을 원칙으로 함. 이는 소피스트들에 의해 시작된 교직과 수업의 전문화가 이소크라테스에 의해 비로소 직업으로서의 교육이 발전하였음을 의미함
    • 집중적이고 집단적인 수업방법을 사용함. 수업은 집단을 형성하여하되 하나의 수업 집단이 9명을 넘지 않도록 하였고 교사와 학생들 간의 깊은 인격적 관계가 형성될 수 있었음

2. 로마의 교육

(1) 로마 문화의 특징

① 초기 로마 시대: 실용적이고 현실적 가치를 중시, 사회 질서로의 법률 제정, 조직과 행정 등에 재능을 발휘, 학교교육보다 가정교육이 중시됨
② 후기 로마 시대: 그리스의 영향으로 웅변술이 중시됨, 로마의 공교육은 황제 유스티니아누스로부터 이교적(異敎的) 온상이라고 하여 아카데미아가 폐지되면서

쇠퇴함

(2) 시대별 교육의 특징

① 공화정시대의 교육
  ㉠ 교육목적 : 최고의 교육목적은 용감한 군인과 근면하고 의무감이 강한 시민의 양성
  ㉡ 교육내용 : 3R's(쓰기, 읽기, 셈하기), 12동판법(공적·사적인 면에서의 관계와 개인의 권리를 명시한 12동판법을 도덕교육의 중심으로 교육)
  ㉢ 교육방법 : 부모의 직접적 시범과 이에 대한 모방

② 제정시대의 교육
  ㉠ 그리스 문화의 영향 : 지적·심미적 탐구에 빠져 개인주의, 향락주의, 주지주의 경향을 띠어 갔으며, 특히 웅변 영역에서 그리스의 영향이 가장 컸음
  ㉡ 교육목적 : 웅변인의 양성

③ 교육기관

루더스 (Ludus, 7~10세)	• 초등교육, 문자학교. 일반 민중의 자녀들에게 초보적인 실용 지식을 가르치기 위해 해당 지역의 중심지에 설립하였음 • 3R's(쓰기, 읽기, 셈하기)와 12동판법 중심. 정서 및 음악교육은 실시하지 않음
문법학교 (10~16세)	그리스어와 라틴어를 배우는 학교로 인문주의 시대의 중등학교 성립에 영향을 줌
수사학교 (16세 이상)	최고의 웅변가 양성 기관으로 학교 일과의 대부분은 변론과 토론으로 이루어졌음
도서관과 대학	로마 시대 도서관을 아데니엄(Athenaeum)이라고 불리었고, 베시파시아누스 황제가 평화의 신전에 세운 도서관은 로마 대학의 기원이 되었음

(3) 대표적 교육사상가

① 키케로(Cicero, 106 B.C~43)
  ㉠ 공화정 말기 대표적 정치가이자 웅변가로, 대표적 저서인 『웅변론』을 통해 웅변가의 육성을 실제적인 교육의 목적으로 제시
  ㉡ 그의 사상과 문체는 로마를 대표하며 문예부흥시대 자유주의 사상가들의 표준적인 문체가 되어, 인문주의 시대에 키케로주의가 등장하였음

② 퀸틸리안(Quintilian, 35~95년경)
  ㉠ 로마의 대표적 교육사상가로, 자연성과 개성의 존중, 아동 중심의 교육 등을 주장
  ㉡ 선천적인 능력이 잘 계발된 인간인 웅변가의 양성을 교육의 목적으로 삼음(→ 웅변가는 변론에 탁월하고, 도덕적으로 고결하며 정신적으로 뛰어난 사람)
  ㉢ 조기교육론 : 어릴 때의 도덕교육과 언어교육의 중요성을 강조
  ㉣ 교육방법론 : 체벌금지, 개성의 존중, 아동 중심의 태도, 흥미와 유희, 경쟁의식을 이용한 교육 등

SEMI-NOTE

12동판법
- 초기 로마의 교육내용으로 중시되었음
- 초기 로마 최고의 성문법으로서 귀족에 의한 관습법의 악용으로부터 평민을 보호하기 위한 목적으로 제정되었음

로마가 추구했던 웅변인
로마가 양성하고자 했던 웅변인은 소피스트의 이상인 변론을 잘 하는 사람과 그리스 초기의 조화된 인간상의 이상, 그리고 순수 로마적인 도덕성이 혼합된 것임

문법학교의 교사
리테라투스(Literatus) 혹은 그라마티쿠스(Grammaticus)라고 불렀음

키케로가 제시한 웅변가의 자질
- 웅변가는 선천적인 소질이 있어야 함
- 선천적인 소양을 발휘시키는 교육과 훈련이 필요하며, 그 중에서도 중요한 것이 문화 일반에 대한 넓은 지식임

퀸틸리안의 『웅변교수론』
로마인의 이상과 실천이 구현된 퀸틸리안의 대표적인 저수로, 교육의 원리와 방법에 대한 체계적·포괄적인 탐색을 담고 있는 최초의 교육저서로 평가받고 있음. 후세의 인문주의 교육론자에게 큰 영향을 줌

3. 중세의 교육

(1) 중세 문화
① **시대구분** : 시기적으로 서로마 제국의 멸망(476년)부터 1000년간을 의미함
② **중세문화의 특징** : 기독교적 요소, 게르만적 요소, 그리스·로마 문화를 포함한 고전 문화적 요소가 합쳐서 구성되었으며, 교회의 교육과 교회 의식의 훈련이 지적 요소를 대신하고, 엄격한 행위의 훈련이 체육이나 수사학적 훈련을 대신하였음

(2) 중세 기독교의 교육기관

수도원 학교	• 중세의 가장 대표적인 학교로 기독교 정신에 따라 신앙·금욕·은둔 생활을 하기 위하여 시작된 수도사들의 집단소 • 교육내용 : 초등과정에서는 읽기, 쓰기, 셈하기의 기본 교과와 음악, 라틴어, 문법 등을 가르치며, 고등과정에서는 3학과 4과로 구성된 7자유과를 가르침
문답학교	이교도를 기독교도화 하기 위한 교육을 실시하였음
문답교사학교 (고등문답 학교)	문답학교의 교사 및 교회의 지도사를 양성하는 학교
본산학교	본산에 있는 학교로 승려 양성과 일반 자제의 교육을 실시하였음

(3) 스콜라 철학과 교육
① **개념** : 중세 수도원에서 시도하였던 학문 방법으로, 주로 기독교의 교리를 이성적 방법으로 체계화하려는 시도를 말함. 기독교 신앙을 아리스토텔레스의 논리학과 결합시킨 것임
② **교육목적** : 신앙의 정당성을 지지하기 위한 이성적 능력의 개발과 기독교적 지식의 체계화(→ 이를 위해 교육은 단순한 믿음의 주입에서 지적인 훈련으로 그 성격이 바뀌었으며, 논쟁력의 개발과 지식체계의 숙달 등에 중점을 둠)
③ **교육내용** : 과목에 대한 지식 전달뿐만 아니라 그 내용에 대한 비판·검토·분석을 강조하여 그리스 철학이 교육내용에 포함되었으며, 종교철학과 신학 및 변증법적 훈련이 부과됨
④ **교육방법** : 교과서에 대한 주해와 용어의 해설에 대한 강의, 논리적 사고를 위한 문답과 토론, 이론의 정당성 입증을 위한 증거제시와 반대의견에 대한 논박을 통해 연역적 사고와 삼단논법을 포함한 변증법적 훈련

(4) 기사교육
① **개념** : 기사계급은 봉건제도의 출현과 함께 등장한 무사계급(상류계급)이며, 기사도란 이러한 기사계급의 특유한 생활규범을 뜻함
② **특징** : 귀족교육(귀족 남자 아이에 국한된 귀족교육인 동시에 계급교육), 체육교육의 강조(지식교육은 최소화하고, 군사기술의 일부로서 체육을 강조)
③ **교육목적** : 교회에 대한 신앙, 군주에 대한 충성, 부인과 약자에 대한 의협의 덕목을 갖춘 기독교적 무사의 양성

SEMI-NOTE

중세교육의 시대 구분
• 중세전기교육(5세기~십자군 원정) : 기독교 중심의 종교교육시기, 교부철학의 영향, 맹목적 신앙으로 문화·철학 등이 쇠퇴, 수도원학교·문답학교·사원학교 중심
• 중세후기교육(십자군 원정~15세기) : 세속적 지식 위주의 비종교교육시기, 스콜라철학의 영향, 합리적인 기독교인 양성을 위한 교육, 기사도교육·대학교육·시민교육 등

수도원학교의 교육사적 의의
• 수도원은 중세문화를 보존하고 스콜라철학의 발전에 기여했으며, 이를 통해 중세 대학의 발전에도 기여
• 농경, 목공, 직물 등의 노동을 통해 여러 기술을 전수하였고, 수많은 고전을 필사하고 보존하여 고대문화를 전함

스콜라 철학의 대표적 사상가
스콜라 철학은 안셀무스(Anselmus)에 의해 시도되어, 아벨라드(Abélard)와 토마스 아퀴나스(Thomas Aquinas)가 완성함

스콜라 철학의 영향
• 중세 대학의 성립과 학문방법론에 영향을 끼쳤음
• 토미즘(Thomism) 철학은 현대 항존주의의 철학관에 영향을 줌
• 스콜라 철학은 그들이 취급한 소재의 타당성을 검토하지 않았고, 논의의 주제가 현실성이 없는 형식적 진리를 추구하였다는 점에서 비판받았음

기사교육의 교육적 의의
• 귀족 교육의 성격을 지녔음
• 생활중심의 비형식적 교육이었음. 중세교육에서 경시되었던 체육이 군사훈련의 일부로 강조되었음
• 교육내용으로 7예(승마, 수영, 궁술, 검술, 수렵, 장기, 작시)가 강조되었음
• 모국어 문학과 교육내용으로서 모국어 교육을 중시하는데 선구적 역할을 담당하였음

(5) 시민교육

① **교육의 목적** : 상공업 활동에 필요한 실용적 교육과 대학 진학에 필요한 준비교육

② **시민학교의 유형**

㉠ 상류계급을 위한 학교

라틴어학교(Latin School)	상류층 자제들이 지도자가 될 수 있도록 준비시키는 학교
공중학교(Public School)	영국에서 발달한 상류층 교육기관
문법학교(Grammar School)	대표적인 문법학교로 대성당 문법학교가 있음

㉡ 시민계급을 위한 학교

모국어학교	모국어 읽기·쓰기, 산수 등 초보적 교육 실시(→ 독일어 학교가 대표적)
습자학교	독일에서 상업용의 독서, 산술을 가르치는 학교로 유명
조합학교	시민계급의 실생활에 필요한 지식과 기술을 가르치기 위해 만들어졌으며, 조합원 자제에 대한 직업교육뿐 아니라 기초교육으로 도국어, 산술, 종교 등을 교육

㉢ **도제교육(비형식적·실생활 중심의 교육)** : 중세 후기에 들어 직업에 종사하는 기술 교육도 조합에서 규정하는 과정(견습공 → 직공 → 장인)을 거치면서 습득하도록 제도화하면서 확립

(6) 중세대학의 설립

① **대학의 교육내용 및 방법**

㉠ **내용** : 대학은 7자유과가 중심이었음. 그밖에 신학, 의학, 법학 등을 가르쳤음

㉡ **방법** : 스콜라적 방법이 강조되었으며 강의법을 사용, 교수는 책에 주해(註解)를 달고 견해의 갈등이 생기면 이를 잘 조화시키는 일에만 전념(근대 대학은 강의법으로부터 탈피해 새로운 과학적 방법을 사용하였음)

② **중세 대학의 특징**

㉠ 순수한 민주적 조직으로서의 최초의 실예(實例)였으며 종교적, 신학적 및 정치적 문제에 관한 언론의 자유가 여기서 비롯되었음

㉡ 연구기능보다는 교육기능이 강조되었고, 여성교육은 철저히 무시되었음

4. 인문주의 교육과 르네상스

(1) 르네상스 시대의 교육

① **인문주의**

㉠ 예술, 문학, 과학, 철학, 정치, 교육 등에 있어서 새로운 정신의 부흥을 말함

㉡ 인문주의의 외침은 '과거로 돌아가자. 고대 세계의 예술과 문학과 종교로 돌아가자'라는 것이었음

SEMI-NOTE

시민교육의 성립배경
- 십자군 원정 이후 경제력을 지닌 상공인 세력의 등장으로 상공업 기술의 필요성 증가
- 자유도시의 형성과 신흥시민계급의 등장과 교육적 관심의 고조
- 실제 생활에 필요한 세속적 지식의 필요성 증가

도제교육
- 과정 : 조합의 모든 구성원은 도제와 직공, 그리고 장인의 세 계층으로 나뉘어 있었는데, 이 세 단계의 과정을 거쳐야 직업인이 될 수 있었음
- 공헌 : 중세에 있어 직업교육과 기술발전에 크게 공헌하였으며, 그 전통은 19세기 근대학교의 체계적인 직업교육이 나타날 때까지 계속됨

중세대학 설립의 기원
- 사라센 문화의 유입과 스콜라 철학의 영향을 받았음
- 도시의 발달과 시민계급의 형성에 영향을 받았음
- 도제제도의 영향을 받았음

르네상스 인문주의의 의미
- **르네상스의 이해** : 르네상스(르네상스 운동)는 고대 그리스와 로마의 고전을 통해서 새로운 인간생활과 문화를 수립하려는 운동을 말함
- **사상적 특징**
  - 인간중심주의 : 초인간적·초자연적 신중심주의나 내세중심주의에서 탈피하여 인간을 세계의 중심으로 보았고, 자아실현의 가능성과 현세의 삶을 강조
  - 개인주의 : 보편적·중세적 정신으로부터의 해방을 추구
  - 언어주의 : 고전의 부흥에 필요한 라틴어 습득을 강조
  - 귀족주의 : 중등이상의 교육에 치중
  - 전인교육 : 지·덕·체의 균형 잡힌 이상적 인간을 추구

② 특징
  ㉠ 낙천적 태도, 현세인정, 쾌락주의, 자연주의, 개인주의 경향을 포함함
  ㉡ 초기에는 개인의 발전수단으로 교양이 중시되었고, 북유럽으로 전파되면서 사회의 악폐와 부정을 개혁하는 수단으로 지식이 중요한 관심사가 되었음
③ 교육의 특징

전인적 인간교육 이념의 형성	인간의 폭넓은 자아실현을 위한 인간중심주의는 개인의 성취를 존중하고 현세적인 시민생활의 준비를 위한 전인적인 인간교육 이념을 형성
고전중심의 교육	인문주의자들은 인간의 지적·도덕적 능력개발이 인간의 자유 확보의 전제라 보고 그리스·로마의 고전을 중시
인문학 중심의 자유교육	인문주의자들은 인간의 조화로운 발달과 인간적 자질·특성의 개발, 인간관계에 관한 지식의 확보를 위해 인문학 중심의 자유교육을 지향
자유교과의 변화	• 고대와 중세의 7자유과의 전통을 계승하고 있으나 문법과 수사학의 내용을 그리스 학문보다 라틴학문의 연구에 더욱 의존하며, 4과와 관련되는 과학과 수학에는 크게 관심을 기울이지 않음 • 과학적 연구나 접근보다는 인문학 연구를 더 중시했기 때문에 논리학이나 자연철학, 형이상학보다 라틴문법과 작문 등을 포함하는 언어와 문학교과가 더욱 강조됨

(2) 인문주의의 유형

① 개인적 인문주의
  ㉠ 의미 : 이탈리아 여러 도시에서 개인의 인간적 특징을 강조했던 초기의 인문주의 운동
  ㉡ 특징
    • 그리스 자유교육의 부활을 의미하는 것으로 다재다능한 능력과 정신적·물질적으로 풍요로운 삶을 사는 것을 추구함
    • 개성의 자유로운 표현을 강조하며, 인간 개성을 자유로이 발휘해 중세적 속박에서 인간정신을 해방하고자 하였음
  ㉢ 학교 : 궁정학교(Court School)인 프랑스의 콜레(Colleges)와 리세(Lycees), 독일의 김나지움(Gymnasium), 영국의 라틴 문법학교(Latin Grammar School)가 성립되었음. 이들 학교는 후에 유럽의 중등 인문학교로 발전하였음
  ㉣ 대표학자 : 이탈리아의 페트라르카(Petrarch)와 보카치오(Boccaccio)

② 사회적 인문주의(후기 르네상스)
  ㉠ 의미 : 16세기 알프스 이북의 여러 나라(북유럽)를 중심으로 종교와 도덕, 사회의 개혁에 역점을 두고 전개된 후기 인문주의 운동을 말함
  ㉡ 특징 : 사회적 관심과 신앙, 사회적인 개혁과 인간관계의 개선, 객관적이며 도덕적인 행동에 관심을 가지며 종교, 도덕, 사회 개혁에 교육의 목적을 두었음
  ㉢ 대표학자 : 에라스무스(Erasmus)

③ 키케로주의
  ㉠ 특징 : 16세기 중반 이후 형식화된 인문주의로 변질된 인문주의를 말하며, 언어의 형식적인 면만을 강조함

SEMI-NOTE

문법학교·공중학교·김나지움
- 문법학교(Grammer School) : 영국의 중등학교로 대학입학과 전문직 진출에 대비해 학업교과를 가르치며, 학생들은 대개 12세에 입학함. 1902년까지 영국에는 공립 중등학교가 없었기 때문에 초등교육과정을 마친 뒤 공부를 계속할 학생은 사립 문법학교나 공중학교에 들어감
- 공중학교(Public School) : 민간인이 기금을 내고 운영하며 학생들에게 대학 준비교육을 시키는 영국의 사립 중등학교를 말함. 공중학교는 전통적으로 고전학습, 시민의식, 엄격한 규율을 강조하며 입학시험이 있었음
- 김나지움(Gymnasium) : 독일의 중등 교육기관으로, 프랑스의 리세, 영국의 공중학교와 비슷함. 독일에서는 16세기에 고전적 교양을 목적으로 하는 학교를 김나지움이라 하였는데, 이는 19세기 초에 대학입학을 위한 준비교육 기관이 되었음

교육방법
- 개인적 인문주의 : 교과서에 의한 강의, 논문 작성, 개성과 흥미 중시
- 사회적 인문주의 : 실기주의, 자발주의, 흥미주의 강조, 흥미, 필요, 능력 중시
- 키케로주의 : 암송 위주

ⓒ 모순점 : 키케로주의자들은 학교의 전 과정에서 키케로의 작품을 중점적으로 연구하고 모방하였으며, 키케로의 글이 가장 가치 있는 문체라고 믿었음

(3) 교육사상가

① 단테(Dante, 1265~1321) : 중세에서 르네상스로의 전환을 가져오며, 민족문자(모국어)의 표준어 개념을 뚜렷이 하고 그것을 자신의 문학에서 스스로 실현시킴
② 비토리노(Vittorino, 1378~1446)
  ㉠ 대표적 개인적 인문주의자이며 최초의 근대적 교사로서, 만투아의 궁정학교(1423)를 개설하여 교장으로 봉직
  ㉡ 운동이나 게임을 학습과 결부시키며 미적 감상력을 배양하고 도덕적, 기독교적 감화를 중시함
③ 에라스무스(Erasmus, 1467~1536)
  ㉠ 북유럽 르네상스 시대의 최고의 인문주의자이며, 사회적 인문주의의 대표자
  ㉡ 아동의 자유로운 표현을 통한 개성신장을 주장(자유스러운 교육의 필요성을 역설함)
  ㉢ 빈부·귀천·남녀 차별이 없는 교육을 강조함
④ 라블레(Rabelais, 1438~1553) : 교육은 책만으로 이루어지는 것이 아닌 인생에 필요한 실용적인 것이 되어야 한다고 주장하며 이와 같은 면에서 인문적 실학주의자로 분류되기도 함

5. 종교개혁과 교육

(1) 종교개혁과 교육

① 종교개혁의 특징 : 신의 영광을 나타내는 유효한 수단으로 끊임없이 직업노동을 일삼는 직업인, 전문인을 육성하고자 하였으며 중세의 부정과 근대화의 추진에 철저함
② 프로테스탄티즘 : 종교개혁은 순수한 기독교의 재발견 운동이었고, 성서를 신앙의 규범으로 삼았으며, 프로테스탄트들의 대부분은 인간 평등관을 신봉함

(2) 교육사상가

① 루터(Luther, 1483~1546)
  ㉠ 아동의 인격 존중 : 어린이의 인격을 존중하는 교육을 주장('어린이는 신의 선물이다')
  ㉡ 가정교육의 중시 : 아동의 건강한 신체와 경건한 신앙심 등은 가정에서 가장 잘 길러질 수 있다고 보아 가정교육을 중시
② 멜란히톤(Melanchthon, 1497~1560) : 개신교의 인문학교 제도를 창설하고, 개신교 전체의 통일된 교육제도의 확립에 영향을 주었음
③ 캘빈(Calvin, 1509~1564) : 교육을 개인생활이나 사회생활에서 종교를 진흥시키는 도구로 중요하다고 강조하며, 신분적 직업관에서 탈피할 것을 주장함

SEMI-NOTE

에라스무스의 교육
- 빈부귀천과 남녀차별이 없는 교육을 강조
- 사물을 통한 학습 : 언어학습과 사물학습을 함께 실시할 것을 강조
- 개개인의 능력 차이를 적절히 고려한 교육을 주장
- '훈련'의 강조 : 아동의 성장 과정에 작용하는 요인을 타고난 능력이나 성향인 '천성', 충고나 가르침에 따르게 하는 '훈련', 천성을 훈련을 통해 행위로 발전할 수 있도록 해주는 '연습'의 세 가지로 구분하고, 이 중 훈련을 가장 중시함

종교개혁의 교육적 의의
- 기독교적 이상과 인문주의의 결합. 즉 내적 신앙과 지적이고 이성적인 지성의 중요성을 강조함
- 교육의 국가적 의무와 보편적이고 무상의무 교육을 강조함
- 남녀 불문 모든 계층에게 보편적이고 강제적인 교육을 요구함
- 근대 초등교육의 기초를 마련함

루터의 저서
『기독교계의 개선에 대하여 독일의 기독교 귀족에게 고함(1520)』, 『교회의 바빌론 감수(1520)』, 『그리스도인의 자유(1520)』, 『자녀를 학교에 취학시켜야 할 것에 관한 설교(1539)』 등

SEMI-NOTE

르네상스와 종교개혁의 특징 비교

구분	르네상스	종교개혁
차이점	• 상업자본가 및 귀족을 중심으로 발흥 • 개인적인 운동 • 미적 가치를 동경 • 고등교육의 발달 촉진	• 서민계급 중심 • 대중적인 운동 • 보통교육(초등교육)의 필요를 증대시켜 초등보통의무교육사상을 형성
공통점	• 중세의 교권에서 벗어나려는 자유주의적 성격 • 자아의 자각과 인간의 발견을 목적으로 함	

실학주의의 등장배경

- **자연과학의 발달**
  - 자연과학의 발달에 따른 새로운 세계관의 형성 : 코페르니쿠스의 지동설, 갈릴레이와 케플러의 천문학적 발견, 뉴턴의 만유인력 발견 등 자연과학의 눈부신 발전과 새로운 지리상의 발견은 과거의 세계관을 무너뜨리고 새로운 세계관을 형성시켰으며, 종래와는 다른 지적 풍토를 성립시킴
  - 경험과 관찰의 중시 : 근대 과학자들은 경험과 이성에 바탕을 둔 관찰을 지식획득의 가장 중요한 방법으로 확립
- **형식적 인문주의의 극복** : 자연과학의 발달로 인문주의와 종교개혁의 교조적 형식주의를 극복하려는 반동적 경향으로 실학주의가 등장

실학주의의 특징 비교

인문적 실학주의	• 교육사상 : 고전의 내용을 통해서 현실생활을 이해하고 적응하는 것 • 교육목적 : 고전연구를 통한 현실생활 적응인 양성 • 교육내용 : 백과전서적의 내용
사회적 실학주의	• 교육사상 : 사교생활의 경험을 교육내용으로 삼고, 사회생활을 통한 교육 강조 • 교육목적 : 신사의 양성, 사회적 조화 • 교육내용 : 신사를 양성하는 데 필요한 제 내용
감각적 실학주의	• 교육사상 : 감각적 직관이 교육의 기초, 말에 앞서 사물을 보여 주는 것을 강조 • 교육목적 : 자연법칙과의 조화 → 개인과 사회를 발전시킴

6. 실학주의와 교육

(1) 실학주의(realism)

① 자연현상이나 사회제도가 학습의 주체가 되어야 한다는 정신을 말함
② 현실의 객관적 관찰을 통한 실용적 지식과 실제적인 직업기술 및 과학적 학문탐구의 방법을 중시함

(2) 교육의 특징

① 관념적 사고보다 사물에 대한 직접적 경험을 더 중시하며, 고전어나 고전문학보다는 사회생활이나 자연과학적 교과를 더 중시함
② **실제적 교육방법의 도입** : 관찰이나 현장답사, 실험 등을 교육방법으로 채택
③ 실생활에 유능하게 대처할 수 있는 인간의 양성에 일차적인 관심을 둠
④ 지식의 실용적 가치를 내세워 교육내용을 백과사전식으로 다양하게 할 것을 주장

(3) 실학주의의 유형

유형	특징	대표적 사상자
인문적 (개인적) 실학주의	• 편협한 인문주의 교육에 반대하고, 고대의 다방면의 생활에 관한 지식을 통해 그들 자신의 자연적, 사회적 생활환경을 이해하고자 하였음 • 고전문학의 연구 그 자체가 교육의 전부가 아니라 신체적, 도덕적, 사회적 발달이 교육의 중요한 요소로 간주하였음	라블레(Rabelais), 밀턴(Milton), 비베스(Vives) 등
사회적 실학주의	• 고전을 연구하는 학교교육보다 사회생활의 경험을 주요 내용으로 함(지식교육보다 풍부한 사회경험을 하는 것을 중시) • 실물적 직관주의와 여행을 통해 견문을 넓히는 방법 등을 사용	몽테뉴(Montaigne)

감각적 실학주의	• 실학주의의 가장 발전한 형태로, 감각적 지각을 기초로 한 교육을 강조 • 사물과의 직접적 접촉을 통한 직관교육을 중시(→ 오늘날 교육방법의 원리인 직관교육 또는 시청각 교육의 모체가 됨) • 자연과학적 지식에 따라 자연계의 현상을 이해하고 자연의 질서에 따르는 '합자연의 원리'에 의해 교육을 하고자 함	라트케(Ratke), 코메니우스(Comenius), 멀카스터(Mulcaster), 베이컨(Bacon) 등

(4) 교육사상가

① 코메니우스(Comenius)
  ㉠ 특징: 17세기 대표적 교육사상가(감각적 실학주의자), 근대 교육방법의 창시자, 시청각 교육의 창시자
  ㉡ 교육목적
    • 교육목적을 신과의 영원한 행복에 두었음. 이 목적을 지상에서 준비하기 위해 바른 지식, 도덕, 경건한 신앙이 요구된다고 함
    • 인간의 능력에는 각각 차이가 있다고 인정하면서 교육은 만인에 대해 필요한 일이라고 주장함(대중교육사상)
  ㉢ 교육내용과 교육방법

교육내용	사물에 대한 이해가 하나님에 대한 이해로 이어진다고 보고 신과 자연, 인생, 예술에 관한 모든 지식을 백과사전식으로 조직하여 모든 사람에게 가르쳐야 한다고 주장(→ 범지주의(汎知主義)적 입장)
교육방법	• 합자연의 원리(교육은 자연의 원리에 따라 진행되어야 한다는 주장) • 발달단계에 따른 교육의 실시(단계별 학습) • 훈육을 강조, 체벌을 금하며 강제와 고역 대신 친절·설득·흥미를 통한 교육을 실시 • 감각적 직관교수의 원리 • 아동에게 필요한 것만을 교육(생활에 유용한 학습) • 모든 사물을 정당한 순서를 밟아 가르쳐야 하고, 한 번에 하나의 사물을 가르쳐야 함

  ㉣ 보편적 교육론: 교육을 인간성의 형성과정으로 보게 되면 교육은 사회계층과 차별의 벽을 넘어 모든 사람에게 주어지는 보편적인 것이 되어야 하다고 주장
  ㉤ 학교교육의 중시: 인간의 발단단계를 유아기(1~6세), 아동기(7~12세), 청소년기(13~18세), 청년기(19~24세)로 구분하고, 그에 따라 각각 6년씩의 모친학교(무릎학교), 모국어학교, 라틴어 학교, 대학으로 이어지는 네 단계의 학교제도를 두어야 한다고 주장

② 로크(Locke, 1632~1704)
  ㉠ 기본사상: 인간의 정신은 원래 빈 방 혹은 흰 판이며 감각을 통해 이 어둠의 상자에 개별적인 관념이 들어가며 이 관념은 연상, 명명 그리고 감각의 일반적인 연결을 통해 인식이 가능해짐 → 백지설

SEMI-NOTE

코메니우스(Comenius)의 교육 단계
• 모친학교(무릎학교, 1~6세): 가정에서 어머니를 통해 일평생동안 삶의 과정을 위해 구비하여야 할 다양한 지식의 기초를 습득하고 감각을 교육
• 모국어학교(7~12세): 각 촌락이나 읍에 설치되며, 읽기와 쓰기, 그리기, 셈하기 등과 이해와 기억과 같은 내면적 감각의 훈련이 중시됨
• 라틴어학교(13~18세): 지식을 광범위하게 습득하는 것을 목표로 중등 수준의 교육을 실시
• 대학(19~24세): 범지학의 기반이 되는 신학과 철학, 법학, 의학이 필수적이며, 그 외의 다양한 방면의 지식도 가르치고, 의지를 기르는 데 역점을 두어 지도자를 양성해 냄

직관교수
코메니우스는 사물이 언어의 실체이므로, 언어로 이해시키기 전에 사물이나 표본, 실례 등을 감각을 통해 먼저 파악하면 확실하고 영구히 기억되는 지식을 얻게 된다고 봄

로크의 삼육론
• 체육론
  – 인간의 정신은 경험에 의해 이루어지며 경험은 신체의 건강이 무엇보다 중요한 전제가 됨
  – 체육을 실시함에 있어 철저한 단련주의를 강조
• 덕육론
  – 덕육은 지육에 앞서 필요한 것
  – 덕육의 목적은 자신의 욕망을 억제하고 이성에 따라 행동하는 것에 있음
  – 덕육의 근본방침 역시 단련주의에 입각하고 있고, 엄격주의를 특성으로 함
• 지육론
  – 지식은 오로지 덕을 쌓고 깊은 사색을 위해 필요한 수단
  – 지육은 그 자체가 목적이 아니라 원만한 인격의 발달을 촉진시키는 데 궁극적 목표를 두어야 함
  – 가정교육을 통한 조기교육을 강조

SEMI-NOTE

ⓒ **교육목적** : 훈련을 통한 습관의 형성으로 체육·덕육·지육을 통해 건전한 인격을 갖춘 신사를 양성(→ 영국 신사교육의 이상이었으며, 귀족교육의 토대가 됨)

ⓒ **교육론의 특징**

형식도야설	교육은 지식이나 정보를 머릿속에 축적하는 일이 아니라 마음의 능력을 단련하는 일이라고 보며(훈련으로서의 교육관) 지육(知育)은 연습과 훈련에 의해 사고의 습관을 형성하는 일임
교육적 가치의 순서	• 미덕 : 종교성, 즉 내적인 진실성과 호의를 포함함 • 지혜 : 사물과 자신의 힘을 올바로 판단함으로써 일상의 일들을 솜씨있게 해결함 • 도야 : 어떤 경우에도 고상한 삶과 따뜻한 마음, 그리고 내적인 자유를 잃지 않음
교육적 인간상으로서의 신사(紳士)상	신사란 다방면으로 조화롭게 발달한 사람으로 신체적 건강과 도덕적 품성을 물론 풍부한 지혜의 소유자임(지·덕·체의 조화)

7. 계몽주의와 교육

(1) 계몽주의와 자연주의 교육

① **계몽주의**

계몽사상
• 정의 : 몽매함, 구습, 무지, 편견, 권위에서 벗어난다는 뜻
• 지향점
 - 합리주의 : 합리주의란 이치에 맞도록 생각하는 힘, 즉 이성을 가장 중시하는 사상을 말함
 - 자연주의 : 계몽주의 사상가들은 자연법사상에 기초해 자연의 빛에 비추어 보면 인간은 본래 자유롭고 평등한 존재라고 주장함

ⓐ **특징** : 18세기 지적 운동의 하나로 인간 이성에 대한 신화를 바탕으로 모든 전통과 권위, 교회의 속박으로부터 탈피하려는 합리주의적 사상 경향을 말함
ⓑ **인간관** : 인간은 본래 모두 이성적 존재로서 평등하며 인간 누구나 자유와 평등을 누릴 권리를 중시함(근대 자유주의의 정신)
ⓒ **교육관**
• 교육은 개인의 판단 능력을 존중해야 하며, 개인의 이성적 능력의 발달을 도모하는 일임. 지적 가치를 강조하여 주지주의에 입각한 기능인 양성에 주력함
• 교육적 공헌점 : 계몽주의는 루소의 사상에 영향을 받아 어린이를 어린이로서 인정하게 하고, 어린이에게 합당한 교육을 추구하고자 함

② **자연주의 교육**

자연주의 교육의 유형
• 객관적 자연주의 : 외부적 자연 환경에 일치하는 교육을 강조
• 주관적 자연주의 : 내적 자연성에 일치하는 교육을 강조
• 사회적 자연주의 : 사회적 자연성에 일치하는 교육을 강조, 인간개혁을 통한 사회 개혁을 강조하였고, 환경이 사람을 만들고 사람이 환경을 만든다고 봄

ⓐ **교육관** : 자연적인 것을 공경하고 존중하며, 인위적인 억압이나 간섭을 최소화해야 한다는 교육관을 말함
ⓑ **성격**
• 인간 발달이 자연적 법칙에 일치하는 교육을 의미하는 것으로 후에 계발주의자(19세기의 신인문주의자)들에게 영향을 미침
• 아동중심주의 : 아동에 대한 인위적인 환경과 훈련을 공격하고 아동의 자연스런 자발성을 억압하는 모든 인위적인 것을 반대함

(2) 루소

① **주관적 자연주의** : 아동의 내적 자연성에 일치하는 교육을 강조함
② **루소의 자연주의 교육사상**
  ㉠ 자연적 교육과 교육적 이상으로서의 자연인

자연적 교육	자연성의 계발과 발달을 목적으로 하는 교육, 사회에 의해 가해지는 인위적인 조작이나 강요를 거부하는 교육, 내적 발달을 추구하는 교육
교육적 이상으로서의 자연인	타락하지 않은 순수한 인간 본질을 그대로 간직하고 있는 존재이자 사회로부터 고립된 야만인이나 미개인이 아니라 사회 속에서 타인과 조화를 이루며 살아가는 인간이며 사회에 기여하고 사회를 진보시킬 수 있는 능력을 가진 인간

  ㉡ **교육목적** : 자연인의 육성
  ㉢ **자연에 따른 교육** : 자연에 의해 인간에게 주어진 성향 및 발달 단계를 이해하고 거기에 합당한 사물이나 인간에 의한 교육목표를 설정
  ㉣ **교사의 역할과 소극적 교육**

교사의 역할	• 교사 = 정원사 : 소극적 교육론의 입장에서, 교사를 나무와 풀의 특성을 파악하고 이에 맞는 조건을 제공해 주고 돌보는 정원사에 비유 • 교사의 임무는 아동의 자연적 성장을 이끌고, 아동으로 하여금 사회 안에서 신분과 능력에 맞는 알맞은 자리를 차지할 수 있는 준비를 갖추어 주는 것
소극적 교육	• 특징 : 일체의 교육을 거부하는 것이 아니라 종래의 교육관행과는 전혀 다른 별도의 교육을 주장한 것으로 본성의 여러 능력과 자연적 경향을 자유스럽게 발전시키는 것을 말함 • 『에밀』에 표현된 소극적 교육론 : 소극적 교육이란 직접 지식을 가르치기 전에 지식의 도구인 모든 기관을 완전하게 하고 적당한 감각의 훈련으로 이성에의 길을 준비하려는 교육

(3) 범애주의(박애주의)의 교육

① **설립** : 바제도우(Basedow)가 1774년 데소우(Dessau)에 범애학원을 설립함
② **특징** : '인류애'의 실현을 목표로 하며 종교나 국가, 계급의 차이에 관계없이 전 인류를 사랑하여 그 행복을 촉진시키고자 함
③ **교육방법** : 아동의 직관과 흥미를 존중하는 자유로운 방법을 강조해 실물과 그림을 통한 교수가 학교교육에서 널리 행해지며 자연주의적 교육과 체육을 중시

(4) 교육사상가

① **콩도르세(1734~1794)** : 프랑스 혁명기에 공교육론을 주장한 대표적인 사람
② **칸트(1724~1804)** : 루소와 바제도우의 사상을 계승하여 교육은 아동으로 하여금 자신의 삶을 규율하는 법칙을 자신의 내부에서 찾을 수 있도록 해 주는데 있다고 봄

SEMI-NOTE

아동중심교육론
• **능동적 존재로서의 아동** : 로크 등의 경험론자들은 아동을 수동적인 학습자로 간주하여 무엇이든 가르칠 수 있다고 보았으나, 루소는 아동을 학습과정에서 능동적인 주체로 봄
• **아동의 특성에 기초한 교육**
  – 아동의 정신발달에는 자연적으로 주어진 단계가 있으므로 아동 중심의 교육을 위해서는 아동의 사고 특성을 이해하는 작업이 가장 중요하며 선행되어야 함
  – 아동이 이해할 수 없는 내용을 이해되지 않는 방식으로 가르치는 무의미한 일을 막아야 한다고 주장

루소의 교육단계
• 유아기(0~5세, 운동성) : 방임을 통한 신체적 발달 교육
• 아동기(5~12세, 감수성) : 감각의 훈련과 신체의 훈련, 언어습득과 오관의 연습
• 소년기(12~15세, 지성) : 실험을 통한 과학교육
• 청년기(15~20세, 도덕성) : 도덕교육과 종교교육, 실생활에 접근하기 위한 적극적 교육

바제도우의 「초등교수론」
• 범애학원에서 사용한 교재로, 이 책은 아동용 그림이 삽입된 교과서였음
• 이 책에서는 사물의 지식과 언어의 지식을 가르치는 것을 목적으로 함
• 이 지식은 '자연현상과 자연력에 관한 지식, 도덕적 지식과 정신현상에 관한 지식, 사회적 계 의무나 상업 및 경제문제에 관한 지식'이었음

공교육 사상
남녀의 구분이 없는 평등주의, 보편주의를 기초적인 것으로 하며, 공교육은 부모의 자연권 사상과 아동의 권리를 축으로 하며 공권력으로부터의 독립론임

8. 신인문주의와 교육

(1) 국가주의와 교육

① **특징** : 국가적 교육조직(공교육과 의무교육)의 확립과 근대적 교육내용 도입
② **교육사상가**
  ㉠ 피이테(1762~1814) : 교육은 독일의 이상을 실현하는데 필요한 도덕적 갱신의 수단이라 봄. 모든 아동은 계층과 사회적 지위와 관계없이 공동체에 속해야 하며, 교육은 모든 계층의 사람에게 실시되어야 함
  ㉡ 오웬(Owen, 1771~1858) : 아동노동의 성격과 아동의 도덕적 악화 방지책을 교육적 측면에서 실현하기 위해 성격형성학원과 유아학교를 설립함. 국민교육은 남녀노소의 차별 없이 모든 국민에게 실시되어야 함

(2) 신인문주의와 교육

① **신인문주의의 특징**
  ㉠ 19세기 초 독일을 중심으로 지배적이었던 지적 움직임을 말함
  ㉡ 신인문주의자들은 인간의 정의적이고 전인적인 조화적인 인간을 양성하고자 함
② **계발주의와 교육**
  ㉠ 교육은 아동 내부의 성장과 후천적 요소의 개발의 조화를 뜻함
  ㉡ 계발주의는 교육의 과정을 지배하는 심리적 원칙을 강조하는 심리학주의를 의미

(3) 신인문주의 교육사상가

① **페스탈로치(Pestalozzi, 1746~1827)**
  ㉠ **교육목적** : 교육은 아동 각자의 정신, 도덕, 신체의 유기적 발달이며, 아동의 인간성 속에 숨겨진 여러 능력의 자연적, 점진적, 조화적 발달임
  ㉡ **교육방법**

합자연의 원리	교육은 자연의 과정에 따라야 하며, 인간성은 자연적 자기발전과정을 따라 점진적 발달을 이루어야 함(자연 상태 → 사회상태 → 도덕적 상태)
자발성의 원리 (계발의 원리)	교육은 외부에서의 주입이 아니라 자기발전을 위한 내부 잠재력의 계발
직관 교육의 원리	자기마음으로 세계의 본질을 체험하는 내적 직관과 육감으로 외적 인상을 수용하는 외적 직관이 있는데, 페스탈로치는 내적 직관을 중요시함
일반적 도야의 원리	인간교육이 직업교육에 앞서야 하며, 직업교육은 인간교육에 종속되어야 함
도덕성 중시의 원리	3H(Heart-도덕교육, Head-이성훈련, Hand-신체훈련) 중 가장 중요한 것은 도덕교육

② **프뢰벨(Fröbel, 1782~1852)**
  ㉠ **특징** : 세계 최초의 유치원을 창설하였으며(1837), 유아교육의 가치와 중요성

SEMI-NOTE

19세기 국가주의 시대 각국의 교육상황
- **프랑스** : 프랑스 혁명 이후 공교육 제도 확립, 1802년 나폴레옹 학제(중앙집권적), 기조법
- **독일** : 절대주의와 의무교육제도 성립
- **영국** : 산업혁명 이후 정치·경제적 변화, 자선가들에 의한 자선학교 성립(일요학교, 조교제 학교, 공장학교)
- **미국** : 독립 이후 유럽의 영향을 받아 국가적 교육체제 확립(의무교육과 공교육)

페스탈로치의 3위 일체설
- **교육이념** : 지·덕·체의 조화
- **교육내용** : 수·형·언어
- **교육방법** : 직관, 언어, 사고

3H
- 3H
  - Heart (도덕교육)
  - Head (이성훈련)
  - Hand (신체훈련)

을 형이상학적 차원에서 이론화시킴
ⓒ **교육목적** : 1차적 목적(인간의 내부에 있는 신성인 진·선·미의 합일을 이루는 것), 2차적 목적(인류의 개선에 기여할 수 있는 인간의 양성)
ⓒ **교육방법**

자기활동의 원리	교육은 아동이 자신의 의지와 흥미에 따라 자신의 본성을 표현하고, 자연과 조화를 이루어 나가도록 돕는 것이라 주장
연속적 발달의 원리	인간 발달의 원리를 인류 역사의 발전 단계와 같이 연속적 과정으로 진화하는 것으로 소년기, 청년기, 성인기를 거침

③ **헤르바르트(Herbart, 1776~1841)**
  ⊙ **특징** : 교육과학의 아버지로서 윤리학과 심리학을 기초로 하나의 독립된 학문으로서의 과학적 교육학 수립을 추구
  ⓒ **교육목적**

궁극적 목적	도덕적 품성의 도야(덕성을 인간의 최고 가치로 봄)
직접적 목적	오도념(五道念)의 교육 → 덕은 내적인 자유를 의미하며 내적인 자유의 핵심은 의지라 보았는데, 의지란 생각의 결과이기 때문에 덕의 중심인 의지를 교육하기 위해서는 생각을 교육해야 한다고 주장

ⓒ **교수방법으로 흥미 강조** : 흥미를 통하여 의지를 도야하고 그것을 통해 도덕적 품성에까지 도달하는 교육을 '교육적 교수(educative instruction)'라고 함

> **실력up 흥미가 발동할 때의 심적 상태**
>
> - **전심** : 일정한 대상에 주의를 집중하여 다른 대상을 의식해서 배제하는 상태를 말하며, 피아제의 '동화' 작용과 유사함
> - **치사** : 전심을 통해 파악된 대상이 마음 속에 들어 있는 다른 관념들과 관계를 맺으면서 비교, 조정되는 과정이며 피아제의 '조절' 작용과 유사함

ⓔ **4단계 교수론**

명료	가르치고자 하는 주제를 명료하게 제시하는 단계
연합	새로운 주제를 학생이 이전에 배운 것들과 관련지어 해석하고 이해할 수 있도록 하는 단계
계통	새로이 배운 내용을 기존의 지식체계 내에서 적당히 자리를 잡도록 하는 단계
방법	새로 얻은 지식과 주제를 활용해 새로운 문제에 적용할 수 있는 능력을 기르기 위한 연습의 과정으로, 새로운 내용을 제대로 배웠는가를 확인하는 단계

9. 20세기 이후의 교육

(1) 신교육운동

① **특징** : 생활중심 교육, 아동중심 교육, 사회중심교육 운동
② **신(新)학교**

SEMI-NOTE

오도념(五道念)
- 의지를 결정하는 다섯 가지 생각의 체제
- **개인적 이념**
  - 내적 자유의 이념 : 선을 실천에 옮기고 생각한 것에 충실한 것
  - 완전성의 이념 : 의지가 충실하게 조화를 이루어 완전한 상태가 되게 하는 것
- **개인 간의 이념**
  - 호의의 이념 : 타인의 행복을 원하는 것
  - 정의의 이념 : 다른 의지와 충돌을 일으키지 않고 조화를 이루는 것
  - 보상의 이념 : 의지의 결과로 생긴 행동에 책임지는 것

헤르바르트의 흥미
교사들이 효과적으로 강의하기 위해 학생들의 흥미와 관심을 끌도록 해야 한다는 것은 일반적으로 널리 알려진 수업원칙임. 이 원칙에서는 수업이 목적이고 흥미와 관심이 수단인 것처럼 여겨지고 있음. 이러한 관계는 이제 바꾸어져야 함. 수업은 학생들의 흥미와 관심을 불러일으키는 데 기여해야 함. 수업은 일정기간 동안만 진행되지만, 흥미와 관심은 학생의 일평생의 삶 동안 유지되어야 함

SEMI-NOTE

섬머힐 학교의 원리
- 어린이는 본질적으로 선한 존재임
- 교육의 목적과 삶의 목적은 즐겁게 일하며, 행복해지는데 있음
- 교육은 지적인 면과 정서적인 면을 모두 발달시켜야 함
- 학교에서 종교교육을 강요해서는 안 됨

구안법의 종류

구성·창조적 구안	보트 만들기, 편지 쓰기, 연극 등
감상적 구안	옛 이야기 듣기, 교향곡 감상, 그림 감상 등
문제 구안	왜 이슬이 가을에 내리는가, 뉴욕은 왜 엄청나게 커져서 필라델피아를 뛰쳐나오게 되었는가 등의 문제 원인 탐구 등
연습·특수 훈련 구안	글씨를 고르게 쓰기, 덧셈을 어느 수준까지 정확하고 능숙하게 하는 일, 자전거 타기 등

슈타이너의 인지학
인간의 본질 속에 내재해 있는 정신적인 것으로부터 우주에 내재해있는 정신 현상을 인식하도록 하는 것

> **정상화**
> 어린이가 작업에 진정한 흥미를 가지고 만족감을 느낌으로써 자신의 내적 훈련과 자신감을 발달시키고 목적지향적인 작업을 선택하게 되는 과정을 말함

자유 발도르프 학교	슈타이너(Steiner)의 인간학적 이해에 기초해 몰트(Molt)가 1919년 슈트트가르트에 처음 설립. 사립학교로 학교운영은 자유로우며 입학에서 졸업까지 동일 교사가 담임을 맡음. 수업방법은 에포크(Epochen) 수업, 오이리트미(Euythmie) 수업, 포르맨(Formen) 수업방법 등을 적용함
섬머힐 학교	1921년 영국의 니일(Neil)이 프로이드의 정신분석학에 기반을 둔 실험학교로 '자유'를 기본원리로 두며, 학교가 아이들에게 맞추도록 함

(2) 새로운 교수법

① 구안법(Project Method, 프로젝트법)
  ㉠ 킬패트릭(Kilpatrick)에 의해 체계화된 방법으로 아동중심, 활동중심, 경험중심의 원리를 기초로 함
  ㉡ 특징 : 학생들의 마음속에 생각하고 있는 것을 외부에 구체적으로 실현하고 형상화하기 위해 자기 스스로 계획을 세워 수행하는 학습활동으로 통합의 원리(scope)를 강조함

② 달톤 플랜(Dalton Plan) : 파커스트가 창안하였으며 학생 개개인과 학습과제에 대해 개별적으로 할당된 '계약과제'라 불리우는 과업을 자기 스스로 실험적으로 수행하도록 학습계획을 수립함

③ 위네트카 플랜(Winnetke Plan) : 워시번(Washburne)에 의해 실시된 개별화 지도방법으로 학생들의 개별적인 진보를 허용하는 것을 특색으로 하며, 무학년제를 시도함

④ 문제해결법(Problem-solving Method) : 듀이(Dewey)가 체계화한 것으로 문제 상황을 가장 지성적으로 해결하는 학습 방법임

(3) 교육사상가

① 스펜서(Spencer, 1820~1903) : 근대 과학의 영향을 교육의 분야에 도입하며 완전한 생활의 준비를 강조함 → 여러 교과들의 상대적 가치를 공리주의적 관점에서 명백히 함

② 슈타이너(Steiner, 1861~1925) : 인지학적 인간학에 기초해 자유 발도르프 학교를 설립하며 육체처럼 정신과 영혼의 파악도 가능하고 인간의 발달을 단계적인 과정으로 봄

③ 몬테소리(Montessori, 1870~1952)
  ㉠ 아동관 : 아동을 스스로의 자발적인 활동을 통해 중요한 개념을 학습할 수 있는 존재로 봄
  ㉡ 몬테소리법의 원리

몬테소리법	몬테소리법의 원리는 자유, 정돈된 환경, 감각교육임
작업 이론	모든 움직임과 활동은 아동의 성장과 발달을 이끎
정상화 이론	저능아들을 대상으로 적용했던 방법론을 정상적인 유아와 아동들에게 적용해 큰 성공을 거둠

  ㉢ 몬테소리 학교(3~7세까지의 아동을 수용한 유아학교) : 몬테소리법을 기초로 1907년 로마의 노동자 계층 주거 지역에 어린이 집을 설립함

④ 듀이(Dewey, 1859~1952)
  ㉠ 교육사상의 배경 : 프래그머티즘(아동중심교육 · 생활중심교육 · 경험중심교육 · 흥미중심교육)
  ㉡ 교육관

경험	생활 속에서 만나는 여러 문제들을 해결하는 과정이 곧 경험이며, 동시에 생활임
경험의 재구성	경험의 의미를 증가시키는 것이며, 다음에 오는 경험의 진로를 이끌어 가는 능력을 증대시키는 일임

  ㉢ 교육목적 : 성장 그 자체를 위한 것으로 하며, 학교교육의 목적은 성장을 보장하는 능력을 조직해 교육이 계속될 수 있도록 하는 것임
  ㉣ 학습활동 : 행동을 통한 학습으로, 학습을 경험하는 일이라고 한다면 학습은 경험 없이 형성될 수 없다고 봄
  ㉤ 흥미 : 생활이 있는 곳에는 활동이 있고, 활동이 있는 곳에는 언제나 그 방향이 있는데 그 방향이 흥미임
  ㉥ 교육방법 : 능동적 탐구학습, 반성적 사고를 기초로 하는 문제해결법, 아동의 흥미중심

> **SEMI-NOTE**
>
> **듀이의 탐구학습(반성적 사고를 통한 문제해결 강조)**
> - 듀이는 반성적 사고를 통한 문제해결을 중시하였으며 문제해결과정은 반성적 사고를 요구함
> - 문제를 해결하면서 기존의 지식과 경험, 맥락 등을 통합적으로 사용하는 문제해결과정
> - 반성적 사고를 통해 변화를 추구하며 과학적 탐구과정의 수단으로 활용될 수 있음
> - 학습자는 교육의 주체로서 적극적인 참여와 타인과의 상호작용이 중요함 (민주주의 교육)

02절 한국교육사

1. 삼국시대의 교육

(1) 유교와 불교의 전래
① 유교 전래의 교육적 의의 : 고구려 초 유교의 전래는 문자교육과 최초의 형식적 교육을 성립하는데 영향
② 불교 전래의 교육적 의의 : 삼국시대 초 불교의 전래는 비형식적 교육, 대중교화를 통한 국민계몽에 영향

(2) 삼국의 교육
① 고구려

중앙	귀족자제를 위한 고등교육기관인 태학(373년) 설립
지방	서민 자제를 위한 초등정도의 경당 설치(문무일치교육)

② 백제
  ㉠ 박사제도 : 박사는 교육을 담당하는 관직의 일종
  ㉡ 일본에 『논어』와 『천자문』 등을 전함

> **태학과 경당의 비교**
>
> • 태학
>
> | 교육대상 | 귀족 자제 |
> |---|---|
> | 교육내용 | 오경, 삼사, 삼지, 문선, 진춘추, 옥편, 자통 |
> | 성격 | 최초의 관학(372) |
> | 수준 | 대학 |
> | 교육목적 | 고급 관리 양성 |
>
> • 경당
>
> | 교육대상 | 평민 자제 및 지방호족의 미혼 자제 |
> |---|---|
> | 교육내용 | 독서, 습사 |
> | 성격 | 최초의 사학, 원시 미성년 집회 |
> | 수준 | 초등~중등정도 |
> | 교육목적 | 지방 자제의 문무교육 |

SEMI-NOTE

독서삼품과
- 실시배경
  - 통일 후 신라사회의 개방·확대에 따라 폐쇄적·혈연적인 골품제가 한계를 노출
  - 골품 위주의 관리등용을 지양하고 유학의 교양에 따른 능력위주의 관리등용제도를 마련할 필요성이 증가(→ 유교경전의 학습 정도가 결정의 기준)
- 내용
  - 국학의 성적을 특품과 삼품(상품·중품·하품)의 4급으로 구분해 등용서열을 결정
  - 특품과에 해당하는 자는 우선적으로 채용

고려시대의 과거제도 특징
- 초기에는 무과(武科)가 설치되지 않았음(고려 말 공양왕 때 실시)
- 과거제의 실시는 유교가 정치이념으로 채택되었다는 것을 의미

국자감의 교육과정
- **수업연한** : 유학과 9년, 기술과 6년
- **입학자격** : 신분에 따라 결정
- **문묘제와 학교제 병존** : 유교정신을 숭상하고 유교이념을 고취시켜 국민을 교화하는 목적으로 문묘를 설치

---

③ 신라 ★ 빈출개념

통일이전	화랑도 제도	• 화랑도는 문무일치, 직관교육, 정의적이고 도덕적 활동 중시 • 화랑도의 의의 : 화랑의 정신은 심신일여, 언행일치의 도의를 기본으로 하는 우리 고유 사상의 발로였으며, 삼국 통일 이전까지 화랑도 교육이 우리 민족 고유의 방식을 보여줌
통일이후	국학(중국의 제도를 모방한 중앙의 고등교육제도)	• 입학자격 : 대사(大舍) 이하의 위품으로부터 직위가 없는 자에 이르기까지 15세~30세 • 수학기간 : 9년 한도, 재간과 도량에 따라 조절 • 독서삼품과를 도입해 독서의 정도에 따라 관직에 진출시킴 • 통일신라 국학에서는 유학교육과 기술교육이 이루어졌는데, 유학교육의 경우 『논어』와 『효경』을 필수과목으로 함

(3) 교육사상가

원효(617~686)	불교의 여러 사상과 주장들을 '일심(一心)의 발현'으로 보고, 이 발현의 여러 양상을 통합하려고 함
최치원(857~?)	유·불·도를 상호 대립적이 아니라 이를 종합 수용하는 가운데 화랑도의 민족 사상을 계승 발전시키고자 함
설총(?~?)	훈고학을 익히고 유학의 경전을 연구해 우리말로 해석하고 주석을 하였으며, 『화왕계』를 지어 왕이 된 자가 그릇된 아첨을 가까이 하고 정직을 멀리 해서는 아니 된다는 것을 풍자적으로 묘사함

2. 고려시대의 교육

(1) 고려시대 교육의 이해

① 고려시대의 과거제도

목적	유능한 인재를 선발해 왕권 강화
과거의 종류	제술과, 명경과, 잡과, 승과, 무과(고려 말 공양왕 때 실시)

② 음서제도 : 고관(高官)의 자제가 자동적으로 관리가 될 수 있는 제도
③ 성리학의 수용 : 종래의 사장학(詞章學) 중심에서 경학(經學) 중심으로 전환, 조선조의 통치 이념이 됨

(2) 교육기관 ★ 빈출개념

관학 (官學)	국자감 (國子監)	• 성종 11년(992)에 설립된 중앙의 국립교육기관 • 유학과의 3학(국자학, 태학, 사문학)과 기술과 3학(율학, 서학, 산학)으로 구성되며, 각 과에 전문박사와 조교를 두어 교수 • 예종 때에 국자감에 설치한 7재(七齋)에는 무학도 포함되어 있었음 • 장학제도로 양현고와 섬학전 설치 : 설립 초에는 유학교육만 담당, 후에 기술교육 포함 • 유학과 교육과정은 『논어』와 『효경』을 비롯하여 『예기』, 『주역』, 『상서』, 『모시』, 『춘추좌씨전』, 『문선』 등이 있었음(『논어』와 『효경』은 필수과목으로 함)

관학 (官學)	학당	• 원종 2년(1261) 중앙에 설치된 중등정도 수준의 교육기관 • '문묘가 설치되지 않은 교육기관 → 5부학당 → 4부학당(4학)'이 됨
사학 (私學)	서당	초등교육기관으로 추측하며 고려의 서당은 그대로 조선시대에 계승되어 더욱 발전된 민중교육기관으로 신교육이 실시될 때까지 존속해온 가장 보편화된 교육기관임
	향교	관립 중등교육기관으로 유학의 전파 및 지방민의 교화를 목적으로 함
	12공도	문종 이후 개경에 있었던 12개의 사설교육기관을 총칭

SEMI-NOTE

학당의 설립 및 변화
- 동서학당 : 고려 24대 원종 2년(1261)에 유학의 진흥을 위해 개성의 동쪽과 서쪽에 세워짐
- 5부학당 : 고려 말 공양왕 3년 동서학당 이외에 3개의 학당(개성의 중앙, 남쪽, 북쪽)을 증설하여 5부학당으로 됨
- 4부학당 : 조선 세종 27년(1445)경에 북부학당이 폐지되어 4부학당으로 존속

(3) 교육사상가

최충(?~1068)	문헌공도라는 사학을 설립해 12도의 효시를 이룸
지눌(1158~1210)	정혜쌍수 및 돈오점수 강조
안향(1243~1306)	주자학을 우리나라에 전함
이색(1328~1396)	불교의 견성(見性)과 유교의 양성(養性)은 동일한 것으로 보는 '불심유성동일설(弗心儒性同一說)'을 주장

지눌의 정혜쌍수 및 돈오점수
- 정혜쌍수(定慧雙修) : 선정과 지혜를 함께 닦는 수행 방법
- 돈오점수(頓悟漸修) : 문득 깨달음에 이르는 경지에 이르기까지에는 반드시 점진적 수행단계가 따른다는 말

3. 조선시대의 교육

(1) 성리학과 교육

① 성리학의 영향 : 도덕적 실천의 중시, 사서와 경학의 중시, 유교적 예속의 강조
② 성리학의 연구 : 『소학』, 『천자문』 보완서, 대학 수준의 연구(『성학십도』, 『성학집요』)

(2) 교육기관 ★ 빈출개념

관학	성균관	• 중앙의 국립대학으로 고려의 국자감과 달리 순수한 유학 교육기관으로 운영 • 문묘와 학당이 공존하는 묘학(廟學)의 형태를 띠고 있었음(제사 + 교육) • 학칙은 경국대전(성균관 정원, 입학자격, 성적고시 등), 학령(학생 생활, 평가방법, 벌칙 등)을 비롯해서 구재학규(유교 학습 순서)·원점절목(평가방법) 등에 규정되어 있음 • 입학자격은 과거 시험의 소과에 합격한 생원과 진사를 원칙으로 하였음 • 교육과정은 4서와 5경, 역사서의 강독과 제술 및 서법으로 구성 • 부속기관으로 양현고와 사학(四學)이 있었음
	4학	중앙의 귀족자제 중심으로 기숙제, 성균관 입학준비, 교수와 훈도, 소학합제 실시
	향교	• 고려와 조선시대의 지방에서 유학을 교육하기 위해 설립된 중등정도의 교육기관 → 전국의 부·목·군·현에 일읍일교(一邑一校)의 원칙에 따라 설립 • 양반(정규생)과 서민(비정규생)이 입학했으며, 교관은 중앙에서 파견하는 교수(教授)나 훈도(訓導), 유자격 교관을 확보하지 못할 시 향교의 교관으로 파견된 교도(教導) 등으로 구성됨 • 공자 등 성현을 모시는 제사 기능의 문묘와 학생들에게 수업을 하는 교육 기능의 명륜당으로 구성하였고 재정은 국가의 학전과 지방재정으로 운영함 → 성균관과 마찬가지로 문묘와 학당으로 구성된 묘학(廟學)의 구조 • 사회교육 활동을 강조(향사례, 향음례, 양노례 등)하고 공도회를 실시함

성균관의 4단계 성적평가방법

대통 (大通)	구독이 밝고 설명이 바르며 내용을 확실히 앎
통 (通)	대통(大通)에는 미치지 못하나 책의 대강을 알고 의미를 철저히 앎
약통 (略通)	철저히 알지는 못하나 책의 내용을 체계적으로 앎
조통 (粗通)	책의 내용에 대의는 알지만 설명이 명확하지 못함

양현고
성균관 유생의 일용품 공급을 담당하는 기관

사학(四學)
관내 유생교육 관장. 동·서·남·중에 설치하고 성균관 전적 이하 관리가 겸직함

SEMI-NOTE

서당의 특징
- **자유로운 형태의 소규모 교육기관** : 설립과 입·퇴학이 자유롭고 학습기간도 임의로 설정 가능
- **훈장 1인 교육** : 1인의 교사(훈장)가 여러 과목을 지도하는 형태
- **개별 학습 형태** : 학생의 개인차와 능력에 따라 학습진도가 결정되는 형태
- **접장제도의 활용** : 아동이 많을 경우 나이 많고 학력이 우수한 아동을 접장으로 뽑아 교육을 돕도록 함
- **서민들의 독자적·주체적 교육활동** : 이러한 점에서 다른 교육기관과 차별성을 지님

위기지학(爲己之學)
자기 자신의 수양을 위한 학문태도로 이는 내재적 목적을 강조한 것임

거경(居敬)
기질의 성에 생(生)하는 인욕을 끊고 외부의 유혹을 물리쳐 마음을 항상 조용히 하는 것을 말함

입지(立志)
뜻(목표)을 세워야 한다는 의미

성(誠)
참되고 거짓이 없음을 뜻하는 것으로, 우리의 마음이 지녀야 할 자세로 강조

사학	서당	• 서당은 범 계급적인 초등 수준의 교육기관으로 규모와 수준, 성격이 매우 다양 • 향교와 서원이 일상적 강학의 장소로서 제 기능을 발휘하지 못해 발달
	서원	• 최초서원 : 주세붕의 백운동서원 • 서원은 조선 초부터 시작된 새로운 교육기관으로 선현을 존숭하고 교육을 실천 • 관학인 향교와 대비되는 지역을 기반으로 하는 사학 • 학문과 교육의 기능과 사람들의 세력을 규합하는 정치적 기능

(3) 과거제도와 기술교육(잡학)

과거제도	식년시	• 3년마다 실시하는 정규시험 • 문과는 소과(대과의 예비시험)와 대과(초시·복시·전시의 3차 시험)를 실시함 • 무과는 강서와 무예를 보며 초시·복시·전시 3차례 시험을 실시함 • 잡과(기술 관리)는 역과·의과·음양과·율과 등을 보며 초시·복시 2차례 시험을 실시함
	별시	• 국가의 경사가 있을 때 수시로 실시하는 비정규시험
기술교육 (잡학)		중앙과 지방의 각 관청별로 실시하며 의학(醫學)은 전의감과 혜민서, 산학(算學)은 호조, 율학(律學)은 형조, 무학(武學)은 병조에서 담당함

(4) 교육사상가

권근 (1352~1490)	「입학도설」, 「권학사목」, 「향학사목」, 「오경천견록」 등을 저술
퇴계 이황 (1501~1570)	• 이기이원론(理氣二元論)을 지향 • 교육목적으로 성인·위기지학(爲己之學)을 강조하고, 교육방법으로 거경(居敬)을 중시
남명 조식 (1501~1572)	지경거의(持敬居義)의 생활신조를 강조함
율곡 이이 (1536~1584)	• 이기일원적 이원관(理氣一元的二元觀)을 지향하며 주자나 이황과는 달리, 이와 기를 관계의 측면에서 보면 하나에 불과하다고 봄 • 교육목적으로 성인을 강조하고, 교육방법으로 입지(立志)와 성(誠)을 중시 • 「학교사목」, 「학교모범」, 「격몽요결」 등을 저술함

4. 조선후기 실학사상과 교육

(1) 발생배경

① 조선 왕조의 지배적 원리였던 성리학의 반역사성에 대한 반성 및 청의 고증학 유입
② 임진왜란 이후 봉건 질서의 해체 과정에서 봉건사회의 경화(硬化)에 대한 반성

(2) 교육사상가

반계 유형원 (1622~1673)	• 공교육론과 교육의 기회균등 주장 • 과거제의 전면 폐지와 공거제를 제안 • 4단계 학제론 주장 : 서울은 '방상–사학–중학(–태학)'으로, 지방은 '향상–읍학–영학(–태학)'으로 연결되는 체제를 제시
성호 이익 (1681~1773)	• 교육방법으로 일신전공(日新全工)을 강조하며 끊임없는 자기 수양을 중시 • 아동기의 습관 형성과 가정교육의 중요성을 강조하고, 인성(人性)의 가변성을 주장 • 과거제의 개선안으로 향거리선제(鄕擧里選制)를 제시
다산 정약용 (1762~1836)	• 교육목적으로 수기위천하인(修己爲天下人)을 강조함 • 문자교육원리인 「아학편」 및 5학을 비판한 「오학론(五學論)」을 저술
혜강 최한기 (1803~1879)	경험론인 염습(染習, 로크의 인간백지설과 유사)과 수학강조

SEMI-NOTE

공교육론
각 학교의 재정은 국가에서 지급해야 함

공거제
학교교육과 인재선발을 연계해 덕행과 도예를 기준으로 인재를 선발

「오학론(五學論)」
당시의 5학인 성리학, 훈고학, 문장학, 과거학, 술수학의 공허성과 해독성을 밝히고 이를 인격 수양을 가로막는 학문으로 비판한 글

실력UP 조선시대 교재

입학도설(入學圖說, 권근이 저술)	성리학의 기본 원리를 도식화하여 쉽게 설명한 성리학 입문서로 유학교육의 기초가 되고 인간의 심성과 수양에 대한 연구를 활발하게 하는 계기마련
동몽선습(童蒙先習, 조선 중종 때 학자 박세무가 저술)	• 「천자문」을 익히고 난 후의 학동들이 배우는 초급교재로서 유학 입문용 교재, 먼저 부자유친 · 군신유의 · 부부유별 · 장유유서 · 붕우유신의 오륜(五倫)을 설명 • 이어 중국의 삼황오제에서부터 명나라까지의 역대사실(歷代史實)과 한국의 단군에서부터 조선시대까지의 역사를 약술 • 학습내용을 경(經)과 사(史)로 나누어 제시 • 일제강점기에는 우리 역사를 다룬다는 이유로 서당의 교저로 쓰지 못하게 함
훈몽자회(訓蒙字會)	중종 22년(1527)에 간행. 최세진은 그 당시 한자학습에 사용된 「천자문」과 「유합(類合)」의 내용이 경험세계와 직결되어 있지 않음을 비판하고, 새 · 짐승 · 풀 · 나무의 이름과 같은 실자(實子)를 의주로 교육할 것을 주장해 이 책을 편찬
아학편(兒學編, 정약용이 저술)	• 「천자문」이 체계적인 글자의 배열과 초학자를 배려한 학습의 단계성이나 난이도를 전적으로 무시하고 있음을 지적하고, 이러한 내용 및 체계상의 결점을 극복하고자 저술 • 상하 각각 1,000자를 수록해 2,000자로 구성하였으며, 상권에는 유형적 개념을 하권에는 계절, 기구, 방위 등의 무형적 개념에 해당하는 한자를 담음

「유합(類合)」
「천자문」과 함께 널리 사용된 입문서로 새김과 독음이 이루어진 시기는 확실하지 않음

5. 개화기의 근대적 교육

(1) 근대의 사상 동향

① **개화사상** : 실학사상을 기반으로 하면서도 새로운 서양사상과 서양문물의 지식을 포섭하여 근대적 개혁을 담당하고자 하였던 사상체계
② **동학사상** : 반봉건, 반제국을 사상적 기초로 한 동학농민운동에 뿌리를 둔 사상체계

(2) 교육기관 및 교육사상가

관학	• 육영공원(1886)
	  – 관립 신식교육기관으로 엘리트 양성을 위한 목적으로 설립되었으며, 영어는 물론 농·공·상·의학 등의 다양한 서양 학문 포함
	  – 영어교육을 지나치게 강조하고 고급 양반 자제만을 대상으로 삼는 등 국민 대중 교육에는 한계가 있었음
	• 갑오경장시기 : 교육입국조서(1895.2) 공표이후 한성사범학교, 소학교 등 설립

사학	• 원산학사(1883) : 우리나라 최초로 설립된 민간 신식교육기관으로, 외국의 도전(일본상인의 침투)에 대항할 목적으로 주민과 개화파 관료(정현석)가 협동하여 전통적 서당을 개량하여 설립 • 국권 회복을 위한 민족지도자 양성, 민족의식 고취, 항일정신 배양 등을 추구하며 흥화학교(1895), 점진학교(1899, 최초 남녀공학 소학교), 보성전문(1905) 등을 설립
선교계 학교	선교계 학교 : 장로교 학교(광혜원, 경신학교, 정동 여학교 등) 및 감리교 학교(이화학당, 배재학당 등)를 설립
교육사 상가	유길준(1856~1914), 이용익(1854~1907), 남궁억(1863~1939), 박은식(1859~1925), 안창호(1878~1938), 이승훈(1864~1930), 조소앙(1887~1958) 등

(3) 교육입국조서(갑오개혁 이후 1895년, 국가부강은 교육 + 실용성)

① 갑오개혁에 의해 근대적 교육제도들이 마련되었고, 이어서 교육입국조서가 반포됨
② 교육입국조서는 '국가의 부강은 지식의 개명에 달려 있으니 교육은 실로 국가를 보존하는 근본이라.'는 내용으로, 이 교육입국정신에 따라 정부는 소학교, 중학교, 사범학교, 외국어학교 등 각종 관립학교를 세움
③ 과거의 허명(虛名)교육을 버리고 실용(實用)교육을 중시
④ 교육의 3대 강령으로 덕양(德養), 체양(體養), 지양(智養)을 제시

실력up 개화기에 설립된 우리나라 관립 신식학교 ★ 빈출개념

• **동문학(1883)** : 한미통상조약이 체결되어 외국과의 교섭이 활발해지자, 통리교섭통상사무아문의 협판 겸 총세무사로 부임한 독일인 묄렌도르프가 통상아문의 부속기관으로 설립
• **육영공원(1886)** : 고종 23년(1886)에 설립된 우리나라 최초의 관립 근대학교
• **연무공원(1888)** : 고종 25년(1888)에 군사훈련기관으로 설립

SEMI-NOTE

근대의 위정척사파와 동도서기파
• **위정척사파** : 주자학적 명분주의를 철저하게 이어받아 서양문물의 배격을 추구하고자 했던 보수적 사상경향으로 이항로, 최익현, 이만손 등이 있음
• **동도서기파** : 주자학적 교조주의의 틀 속에서 새로운 시대조류에 대응하고자 했던 봉건적 지식인의 사상체계

한성사범학교
• 1895년 5월에 설치된 소학교 교원 양성기관으로, 본과는 2년, 속성과는 6개월을 규정
• 교과목으로 수신, 국어한문, 역사지리, 수학, 물리, 화학, 박물, 습자, 체조 등을 둠

소학교
• 소학교령에 의거하여 관·공립소학교가 한성과 지방의 주요 도시에 설치
• 소학교에는 심상과와 고등과가 있었고 수업연한은 심상과는 3년, 고등과는 2~3년

대성학교
• 1908년 안창호가 평양에 설립한 중등교육기관
• 독립사상 고취와 국민계몽을 주목적으로 한 신민회의 가장 중요한 사업중의 하나. 인재 양성을 통한 구국의 이념 아래 독립운동에 헌신할 수 있고 국민교육의 사표(師表)가 될 인재를 양성하려함
• 중등학교 과정이었으나 수학을 중심으로 한 4학년 과정은 전문학교 정도와 대등하였고, 학교 설비도 중등학교로는 드물게 완비하였다고 함
• 안창호는 주인정신을 교훈으로 삼아 독립정신 및 책임정신과 주체적 정신을 강조하고, 무실역행(務實力行)과 성실한 생활을 인격 양성의 기본철학으로 제시함
• 나라를 구하는 데 힘이 필요하므로 군사관 정인목을 체육교사로 초빙하여, 체육시간에는 군대식 훈련을 강행함

6. 일제강점기와 해방 이후의 교육

(1) 일제강점기의 교육

① 통감부 시대 교육정책
  ㉠ **우민화 정책** : 보통학교 설립, 중등학교 이상 설립 불허
  ㉡ **동화주의** : 관·공립 설립, 친일교육, 사립학교령과 교과용도서검정규정

② 한일합방 시대
  ㉠ 조선교육령에 의해 규제, 1910년대(서당 확대), 1920년대(보통학교 확장)
  ㉡ 황국신민화정책 추진 : 1930년대 후반, 국민학교 설립, 육군특별지원령, 중일전쟁 등

③ **한국인의 교육저항 운동** : 민립대학설립운동, 서당(1910년대 활성화), 야학(1920년대 활성화), 문자보급운동

④ **일제 식민통치의 유산** : 도구주의적 교육관, 관료주의적 행정조직(官 주도의 행정체제), 전체주의적 훈육 혹은 집단적이고 획일적인 교육방법

실력UP 제1차 조선교육령 · 제2차 조선교육령 · 제3차 조선교육령 ★ 빈출개념

제1차 조선교육령 (1911.8~1922.2)	• 1911년 8월, 일본어 보급 및 한국인 우민화에 목적을 둠 • 우리 민족을 이른바 일본에 충량한 국민으로 만들고자 노력 • 노동력을 착취하기 위해 한국인에게 저급한 실업교육을 장려 • 제국신민양성을 위한 보통교육과 실업·전문교육에만 한정(대학교육 허용안함)
제2차 조선교육령 (1922.2~1938.3)	• 1919년 3·1운동 이후 개정, 반일감정에 대한 회유책 • 문화정치를 표방하여 형식상으로는 일본 학제와 동일하게 융화정책을 사용함. 그러나 이면에 숨겨진 교육정책은 동일한 교육제도와 교육기간을 확충함으로써 일본식 교육을 강화하여 우리 민족의 사상을 일본화 또는 말살하려는 데 있음 • 종래 4년이던 보통학교의 수업연한을 6년으로 연장하고 각급 학교의 교과목 중 종래에는 폐지되었던 국어를 필수 과목으로 함 • 고등보통학교는 5년, 여자고등보통학교 4년, 사범학교 및 대학설립 조항을 둠 • 전문교육은 전문학교령에, 대학교육 및 그 예비교육은 대학령에 의함 • 독립운동가들이 조선교육회를 발기하고 조선민립대학설립운동을 전개하여 종합대학의 설립을 추진하자, 일제가 한국인의 고등교육기관을 봉쇄할 목적으로 경성제국대학 설립 • 일제의 우민화 정책에도 불구하고 제2차 조선교육령 시기에 조선인의 보통학교 재학생 수는 증가함
제3차 조선교육령 (1938.3~1943.3)	• 1938년 3월 일제는 중일전쟁을 일으키고 전시체제를 강화하면서 조선교육령을 다시 개정 • 교명을 일본인 학교와 동일하게 개칭해 교육제도상으로 보아서 한국인과 일본인 간에 차별대우가 철폐되었다고 하였으나 그 실상은 일본인이 사립학교의 교장이나 교무주임의 자리를 차지하도록 하는 방침이었음 • 교육목적을 뒷받침하는 교육내용으로 일본어·일본사·수신·체육 등의 교과를 강화함

SEMI-NOTE

조선교육령
• 일제강점기의 한국인에 대한 일제의 교육방침과 교육에 관한 법령
• 교육방침은 우리 민족에게 이성이 발달할 수 있는 교육기회를 주지 않는 데 있었음
• 일본신민화의 토대가 되는 일본어의 보급, 이른바 충량한 제국 신민과 그들의 부림을 잘 받는 실용적인 근로인·하급관리·사무원 양성을 목적으로 함

제4차 조선교육령(1943.3~해방)
• 목적 : 전시 체제에 따른 황국신민화 교육 강화
• 특징
  - 중등교육의 수업연한을 단축하고, 조선어 교육, 한국사, 한국지리 등 완전 폐지
  - 창씨 개명, 애국채권의 강매, 신사 참배 등을 강요
  - 국민학교·중등학교·사범학교·전문학교·대학교 모두 황국신민 양성을 위한 군사기지화
  - 전시교육령 공포, 전시비상조치 및 학도전시동원체제의 확립(→ 1943년 징병제·학병제 실시, 1944년 징용령·정신대 근무령 시행)

조선교육령

제1차 조선교육령
(1911.8~1922.2)
↓
제2차 조선교육령
(1922.2~1938.3)
↓
제3차 조선교육령
(1938.3~1943.3)
↓
제4차 조선교육령
(1943.3~해방)

(2) 해방 이후의 교육

① 미군정 시대
  ㉠ 교육의 민주화, 민주적 독립국가 수립
  ㉡ 조선교육심의회에서 교육이념 제정, 단선형 학제 도입, 2학기제, 남녀 공학, 초등무상의무교육 제안, 사범학교 신설, 사회교육활동 전개(성인을 위한 문해운동 전개), 민간인에 의한 새교육운동 전개
② 정부수립 이후 : 초등무상의무교육의 법적 규정, 교육법 제정(1949.12.31.), 중학교 무상의무교육실시(1985)

# 03장 교육사회학

01절 교육사회학 이론

02절 교육과 환경

03절 사회이동과 교육 및 학력상승과 학교 팽창론

04절 교육평등과 사회평등

교육사회학

01절 교육사회학 이론

1. 교육적 사회학의 기초

(1) 교육적 사회학과 교육의 사회학

교육적 사회학	교육목적이나 내용의 사회적 결정(규범적 성격)
교육의 사회학	사회학의 연구방법을 교육에 적용, 교육사회학을 이론화

(2) 교육사회학 이론의 접근방법

접근방법	의의	유형
거시적 접근	• 사회를 개인과는 독립적으로 존재하는 실체로 파악하여, 사회구조의 분석을 통해 사회의 한 부분인 교육을 설명하고자 하는 입장 • 거시적 접근법에 따르는 이론들은 개인을 사회의 영향아래 움직이는 수동적 존재로 파악	기능이론, 갈등이론
미시적 접근	• 사회구조의 분석보다 행위자를 더 중시하여, 개인(행위자)이 대상에 대해 어떤 의미를 부여하는지를 파악해 교육현상을 설명하고자 하는 입장 • 인간을 객관적 법칙의 지배를 받는 수동적 존재가 아니라, 대상에 의미를 부여하고 스스로 규칙과 제도를 만들어 가는 능동적 · 주체적인 존재라고 규정	해석적 접근, 신교육사회학

2. 거시적 접근

(1) 기능론

① 개념 : 사회는 유기체와 같으며 교육은 사회체제를 존속시키기 위한 그 나름의 기능을 담당한다는 이론으로, 구조기능이론, 합의이론, 질서모형, 평형모형 등으로 불리기도 함

② 기능이론

기능이론 종류	특징	대표학자
합의론적 기능주의	학교는 전체 사회 유지를 위한 긍정적 기능(사회화, 선발, 배치) 수행	뒤르켐, 파슨스, 드리븐
기술기능이론	과학기술의 발달로 인한 직업기술 수준의 향상을 학력 상승의 원인으로 강조함	클라크(Clark)

SEMI-NOTE

거시적 접근의 예
어떤 회사에 노사분규가 발생해서 파업 데모가 발생했을 경우 그 파업에 참가한 개개 노동자들을 분석하기보다는 파업의 전체로서의 성격을 나타내는 참가 노조원 수, 격렬성의 정도, 요구사항 등을 분석함. 이는 파업의 전체적 성격이 개인 참가자들의 사고나 감정 및 행동에 미친 영향들과 연관됨

미시적 접근의 예
노사분규의 문제를 분석할 때 집단행동의 전체 성격보다는 참가자 개개인의 참가동기 · 행동방식 · 감정상태 등을 분석하고 종합하여 그 분규의 성격을 규명함

교육의 사회적 기능
• 문화유산 보존 및 전달기능
• 사회통합의 기능
• 사회충원의 기능 : 인격의 선발과 분류, 배치의 기능
• 사회적 지위 이동의 기능 : 수직(사회계층이동)적 · 수평(직종과 지역)적 기능
• 사회개혁 기능

구분	특징	대표학자
인간자본론	• 교육을 통한 사회·경제발전에 필요한 인적 자본 생산(완전노동 시장을 전제) • 교육은 '증가된 배당금'의 형태로 미래에 되돌려 받을 인간자본에의 투자이며, 인간이 교육을 통해 지식과 기술을 갖추게 될 때 인간의 경제적 가치는 증가하게 됨 • 교육수준의 향상 → 개인의 생산성 증대 → 개인의 소득능력 향상(경제적 이익 보장) → 사회·경제적 발전	슐츠, 베커
발전교육론	교육은 국가의 정치·경제·사회발전의 수단, 국가 발전을 위하여 교육의 양과 질을 계획적으로 조절할 것을 주장	로스트로, 슐츠
근대화이론	사회심리학적 측면에서 교육을 통한 근대적 가치관 형성 중시(도덕적 근대화를 중시)	맥클랜드, 잉켈스
신기능이론	학교개혁을 통한 교육의 수월성 강조 → 교육팽창을 생태학적 세계체제이론의 관점에서 국제경쟁에 대한 각 국가의 적응과정으로 파악	알렉산더

③ 한계
　㉠ **기능론의 한계** : 사회내부에 엄연히 존재하는 다양한 갈등현상에 무관심하여, 사회내의 개인 간 및 집단 간 대립과 갈등을 정면으로 다루지 못함
　㉡ **교육관에서 기능론의 한계** : 교육을 전통이나 문화를 보존하고 전달하는데만 관심을 가짐으로써 지나치게 보수적 색채를 지님

(2) 갈등론

① 개념 : 사회를 개인 및 집단 간의 끊임없는 경쟁과 갈등의 연속으로 보는 입장으로, 마르크스(Marx)와 베버(Weber)의 이론과 사상에 기초함

② 갈등이론

갈등이론 종류	특징	대표학자
문화적 재생산론	• 학교가 제공하는 교과내용과 사회계급의 관련성을 해명함으로써 문화를 축으로 사회 재생산과정을 설명(학교교육은 지배계급이 선호하는 문화영역을 통해 계급적 불평등을 유지·심화시키는 재생산적 기구) • 부르디외(Bourdieu)의 문화재생산이론 　- 특징 : 자본주의 사회에서 문화가 계급적 특권을 반영함으로써 발생하는 문화적 불평등 현상과 그 불평등의 존속에 대한 교육체제의 역할을 분석하기 위해 문화자본(cultural capital)과 습성(habitus)이라는 개념을 제안함 　- 학교교육과 상징적 폭력 : 학교가 지배집단의 문화를 중요한 것으로 규정함으로써 지배집단이 휘두르는 불평등한 사회관계를 정당한 것처럼 합리화시키는 폭력을 행사한다는 것	부르디외 (Bourdieu), 번스타인 (Bernstein)

SEMI-NOTE

신기능이론
- 기능이론의 근본적 결점 극복을 위해 제기된 것으로 알렉산더(Alexander)가 대표 인물
- 사회기능의 분화가 사회유지와 발전에 더 효율적이라는 기능주의의 가정을 거부
- 집단 간의 합의를 전제했던 기능주의와는 달리 집단 간의 갈등이 존재함을 인정
- 교육팽창을 생태학적 관점에서 국제 경쟁에 대한 각 사회의 적응과정으로 해석

기능론적 교육관
- 교육을 사회와의 연관 속에서 파악하는 거시적 관점을 취하며 교육과 사회와의 관계를 비교적 긍정적, 낙관적으로 봄
- 학교를 한 사회를 유지, 발전시키기 위하여 존재하는 합리적 기관으로 봄
- 사회화 혹은 사회적 선발을 통한 사회질서, 통합, 안정, 발전을 교육의 목적으로 봄

문화자본과 습성
- **문화자본(cutural capital)** : 문화는 생산, 분배, 소비되는 경제적 자본의 운동 원리와 비슷하게 문화 시장을 형성할 뿐만 아니라 소유한 문화 형태에 따라 화폐적 가치를 지님
- **습성(habitus)** : 행동과 의식을 창출하고 통합하는 원리를 의미하는 것으로, 가정의 계급적 기초에 근거하여 인지된 취미, 행동, 지식의 사회적 법칙을 반영하는 주관적 기준이 됨

SEMI-NOTE

간파와 제약
간파의 발전과 표출을 혼란시키고 방해하는 이런저런 장해요소와 이데올로기적 영향으로 간파는 제약을 통해 저지, 중지되기도 함

저항이론의 성립 및 전개
- 저항이론은 재생산이론의 한계를 극복하고자 하는 것으로, 영국의 윌리스(Willis)가 한 문화기술연구에서 처음 제시
- 지루(Giroux), 아론위츠(Aronwitz), 애플(Apple) 등에 의해 이론적으로 더욱 발전

헤게모니
학교, 지식, 일상생활에 대한 통제는 눈에 보이는 경제적 불이익과 조작에 의해서뿐만 아니라, 상식적인 사고방식과 실천에 대한 은밀한 영향력 행사를 통해 이루어짐. 이것이 일상생활과 사회의식 속에 깊이 스며있는 지배집단의 의미와 가치의 체계임

카노이(Carnoy)의 종속이론
- 특징 : 제국주의 관점에서 중심부 국가와 주변부 국가 간의 지배-피지배의 관계와 관련해서 교육의 종속적 성격을 정치·경제학적으로 설명(교육적 종속은 중심부 국가에의 정치·경제적 종속을 초래)
- 학교교육의 사회·생산적 기능 : 자본 축적에 필요한 노동력 생산기능, 불평등한 생산관계에 적응하게 하는 사회화 기능, 학교교육의 강제적·억압적 기능

경제적 재생산론		• 자본주의 사회는 성격상 불평등한 관계로 구성되어 있으므로 계급적 갈등이 불가피함. 학교교육을 계급적 갈등을 완화하고 자본주의 사회의 불평등 체제를 유지하는 도구적 수단이라고 봄 • 학교교육이란 자본주의 사회의 계급적 모순을 은폐하고, 불평등한 위계적 관계를 정당화하여 지배계급의 사회적 이점을 유지하며, 재생산 기능을 수행하는 제도적 장치라고 인식하고 있음	보울스 (Bowles), 진티스 (Gintis)
저항이론 (Resistance Theory)	Willis의 저항이론	• 노동계급의 학생들이 기존의 학교문화에 저항하고 모순을 극복하기 위해 간파를 일상생활 속에서 실천하는 반학교문화 • 간파 : 저항 행동의 주요 요소로, 현실의 모순을 의심하고 그 의도를 파악해서 폭로하는 것을 말함 • 제약 : 노동계급의 학생들은 아무리 노력해도 구조적 불평등 체계로 인해 자신들의 열등한 위치를 벗어날 수 없다고 생각하는 것을 말함	Willis, Apple, Giroux
	Giroux의 저항이론	• 학교와 사회의 관계를 분석할 때 중요한 초점을 제공해주는 이론적·이데올로기적 구성물임. 종속 집단이 경험하는 교육실패의 복잡한 방식을 이해하는 데 있어 새로운 이론적 장치를 제공하며, 새로운 사고와 비판적 교육학의 방식을 재구성하는 것이 관심을 갖도록 함 • 교육을 통한 사회변화의 가능성 제시 : 학생들에게 사회의 모순구조를 인식시키고 비판적·자율적인 존재로 키워 저항의지를 극대화함으로써 불평등 구조를 개혁할 수 있음을 인정	
문화적 헤게모니론		학교의 교육과정에는 헤게모니가 깊이 잠재되어 있음. 학교는 문화적·이념적 헤게모니의 매개자로서 보이지 않는 가운데 사회통제를 함	헤게모니의 개념을 처음 도입한 사람은 그람시 (Gramsci)임
문화적 제국주의론		카노이는 교육의 국제적 관계를 제국주의적 관점에서 파악하고 국가간의 갈등 현상이 교육에 어떻게 반영되고 있는지를 분석함. 즉, 식민지의 교육이 식민지 국민의 의식을 어떻게 왜곡시켜 지배자들에게 복종하도록 만들었는지를 분석함	카노이 (Carnoy)
지위경쟁 이론		막스 베버의 전통에 따라 학교교육의 팽창 과정을 지위, 권력 및 명예를 위한 집단 간 경쟁의 결과로 교육을 설명하려는 이론임	콜린스 (Collins)

실력up 부르디외의 4가지 자본과 문화자본

- 부르디외의 4가지 자본
  - 경제적 자본 : 금전, 토지, 임금 등의 화폐 요소를 의미
  - 사회적 자본 : 특정 집단에 소속되어 사회 관계망을 형성하여 영향력을 미치는 자본. 학맥과 정치사회적 연결 등을 의미
  - 문화적 자본 : 특정 문화에 계급적 가치가 부여되어 자본적 역할을 수행하는 것
  - 상징적 자본 : 경제적 자본 + 사회적 자본 + 문화적 자본의 결합에서 파생되어 얻어진 신뢰, 위신, 명예, 존경, 명성 등을 의미
- 문화적 자본의 세 가지 형태

아비투스적(습성화된) 문화자본	어릴 때부터 계급적 배경에서 체득된 내면화된 문화자본
객관화된 문화자본	책이나 예술 작품 등 교육내용의 원천이 되는 문화자본
제도화된 문화자본	졸업장이나 자격증 등 교육결과에 대한 사회적 희소가치 분배의 기준이 되는 것

③ 공헌점과 한계
  ㉠ **공헌점** : 기존의 학교제도의 근본적 문제점(예 학교교육을 통한 사회적 불평등의 재생산, 특정문화와 이념의 표준화 등)에 대한 비판을 드러내 주었음
  ㉡ **한계** : 사회구조를 가진 자와 못 가진 자 등의 이분법에 따라 설명함으로써 교육을 가진 자에게만 봉사하는 것으로 규정한 것은 교육의 본 모습을 왜곡한 것임

3. 미시적 접근

(1) 해석적 접근이론

① **개념** : 교육현상을 교육의 주체인 행위자에 초점을 맞추어 실제의 교실상황을 주제로 하여 이에 대한 접근을 시도
② 사회화에 대한 해석적 관점
  ㉠ 미드(Mead)의 상징적 상호작용을 통한 자아형성이론 : 미드(Mead)는 자아가 본질적으로 사회적인 것이라고 보고 자아의 형성을 '중요한 타인', '객체로서의 자아(me)', '주체로서의 자아(I)' 등을 통해 설명

중요한 타인 (significant other)	아동이 사회적 역할을 배울 때 처음에는 부모나 교사와 같이 특정한 사람의 가치나 태도 및 행동을 크게 모방하게 되는데, 이 때 모방의 위치에 있는 사람을 '중요한 타인'이라 함
객체로서의 자아(me)	타인의 가치관이나 태도에 의해 결정되는 수동적인 자아 (객관적이고 사회적인 자아)
주체로서의 자아(I)	다른 사람의 가치관이나 태도를 자신의 판단으로 바꾸어 행동하는 자유롭고, 자율적이며, 창조적인 자아

SEMI-NOTE

아비투스(habitus) ★ 빈출개념

- 사고의 구성 틀에 영원히 새겨진 것으로 계급에 기초한 기호·지식·행동의 사회적 문법을 반영함
- 특정 계급적 환경에서 내면화된 지속적 성향이나 태도를 의미함
- 내면화된 문화자본으로서 계급적 행동유형과 가치체계를 반영함

갈등론적 교육관
- 교육을 사회와 연관시키는데 있어 거시적 관점을 취함
- 교육과 사회와의 관계를 비판적으로 봄
- 학교교육은 특정집단의 문화와 이익을 옹호하고 정당화시켜 줌
- 경제적 사회계급, 정치권력, 사회적 지위를 사회계층의 결정요인으로 보고 중시함

쿨리(Cooley)의 거울자아이론
- 자아개념이란 다른 사람들과의 상호작용을 통해 형성되는 것으로, 다른 사람(거울)이 자신을 어떻게 생각하고 판단하느냐의 영향을 받는다는 것
- 다른 사람들이 자신을 귀한 존재라 보고 그렇게 대한다는 생각이 들면 자아개념은 긍정적으로 형성되지만, 자신을 하찮은 존재로 보면 자아개념은 열등한 것으로 고정됨
- 부모, 교사, 또래아이들과 밀접한 관계를 가지며 영향력을 행사하는 거울은 다른 거울들 보다 더 큰 영향을 주게 됨(중요한 거울)

SEMI-NOTE

ⓒ 교사와 학생의 상호작용
- 개요 : 하그리브스(Hagreaves)는 미드(Mead)의 상호작용이론을 정리·적용하여 학교를 구성하는 주요 행위자들(교사와 학생)간의 복잡한 상호작용의 모습을 밝히고자 함
- 교사와 학생간의 복잡한 상호작용

교사	• 자아 또는 자기역할개념에 따라 교사의 유형을 결정하며, 그 유형에 따라 교실의 분위기와 수업방식이 달라짐 • 교사가 학생을 끌어들이는 전략으로는 강압적 통제의 원리, 동의창출의 원리, 분할통제의 원리(학생의 성적 또는 남녀에 따라 달리 통제)가 있음
학생	학생은 나름의 이상적 교사상에 따라 교사를 평가하고, 교사를 대하는 태도를 결정

ⓒ 낙인이론
- 본래 일탈행위를 설명하는 이론으로, '일탈행위'의 원인을 개인이나 집단의 특성에 두지 않고, 일탈자(비행학생)와 이에 영향을 주는 사람(낙인자) 간의 상호작용의 결과로 파악
- 교사의 차별적 기대가 학생의 자아개념과 학업성적에 어떤 영향을 미치는지를 연구하는데도 적용됨
- 낙인의 형성단계(하그리브스(Hagreaves)) : 추측 → 정교화 → 고정화

낙인의 형성단계(하그리브스(Hagreaves))
- **추측단계** : 교사들이 처음 학생들을 만나 전체적인 첫인상을 형성하는 단계
- **정교화 단계** : 학생이 첫인상에서 보여준 것과 같은지를 확인하는 단계(→ 학생의 행동이 처음의 판단과 불일치하면 첫인상을 바꿀 수 있는 가설검증의 단계)
- **고정화 단계** : 학생들에 대해 비교적 분명하고 안정된 개념을 갖는 단계로, 개념이 고착화 되면 학생에 대한 평가는 바꾸기 어려워짐

교사의 자기개념 유형(하그리브스(Hagreaves))
- **맹수조련사형** : 거칠고 아무 것도 모르는 학생들에게 지식을 가르치고 윤리적 행동을 훈련시켜 길이 잘 든 모범학생으로 만드는 것이 교사의 역할이라 생각하는 유형
- **연예인형** : 풍부한 교수자료나 시청각 기법 등을 활용하여 학생들이 학습에 흥미를 느끼고 즐겁게 배우도록 해주는 것이 교사의 역할이라 생각하는 유형
- **낭만가형** : 학생이 학습할 수 있는 여건을 조성하고 학습자 스스로 선택할 수 있도록 다양한 학습기회를 만들어 주는 것이 교사의 역할이라고 생각하는 유형

실력UP **맥닐(McNeil)의 방어적 수업**

- 맥닐은 교사들이 학급내의 규율을 유지하고자 교과내용을 독특한 방식으로 제시하고 있으며 교수방식도 학생들의 반응을 줄이는 방식으로 진행한다고 보고하며 이와 같은 수업방식을 방어적 수업이라고 지칭
- 내용

단편화	어떠한 주제든지 단편들 혹은 서로 연결되지 않는 목록들로 환원시키는 것
신비화	교사들은 종종 논의의 여지가 있거나 복잡한 주제는 그것에 관한 토론을 막기 위해 신비한 것처럼 다룸. 즉, 그 주제는 매우 중요하지만 알기 힘든 것처럼 보이게 함
생략	학생들이 몰라도 된다고 생각하는 부분이나 한 단원 전체를 생략하고 넘어가는 행위
방어적 단순화	교사들이 학생들의 능력이 모자란다고 여겼을 때 그것을 극복하기 위해 사용하는 전략

(2) 신교육사회학 ★ 빈출개념

① 개념
ⓐ 종래 교육사회학이 사회계층과 교육기회배분 등 외형적 문제에만 집착하여 내부의 현상을 등한시하자, 교육내용 및 교육과정을 중요시하는 새로운 경향의 이론이 대두
ⓑ 학교 교육과정 또는 교육내용에 주목하며, 불평등의 문제를 학교 교육 안에서

찾음
  ⓒ 학교에서 가르치는 지식의 사회적 성격을 탐구함
② 번스타인(Bernstein)
  ㉠ 사회언어학적인 입장에서 학교내부의 불평등 문제에 접근하여, 계층의 언어 사용 형태가 학업성취의 차이를 초래한다고 봄
  ㉡ 언어사회화와 사회계급
    • 의사소통 방식에서 하류계급의 의사소통 방식의 특징인 '제한된 어법'과 중류계급의 '세련된 어법'은 가정에서의 사회화에 의해 습득되는 것이지만 이런 의사소통의 형태는 학교가 수행하는 사회계급의 재생산 기능과 관련됨
    • 세련된 어법(교양어)와 제한된 어법(대중어)의 특징

세련된 어법(교양어)	제한된 어법(대중어)

• 중산층 가정, 아동의 의사소통 유형
  − 인간관계중심
  − 상황탈피적
  − 개방적 의사전달
  − 일과 놀이의 동일시
• 문법 규칙이 정확, 문장구성은 복잡하며 논리적
• '우리'라는 말보다 '나'라는 내용 강조
• 구두 언어의 세계(분명한 문맥)
• 일반상황중심(추상적, 논리적)
	• 하류층 가정, 아동의 의사소통유형
	  − 지위중심 속성
	  − 상황부가적
	  − 폐쇄적 의사전달
	  − 일과 놀이의 명확한 구분
	• 문법적으로 단순, 미완결 상태의 문장
	• '우리'라는 말이 '나'라는 말보다 강조
	• 비구두언어의 세계(몸짓, 손짓)
	• 특수상황 중심(구체적, 실증적)

  ㉢ 교육과정 분석 : 분류와 구조의 개념을 사용함
  ㉣ 교육과정의 유형 : 집합형과 통합형

집합형 코드로 구성된 교육과정	통합형 코드로 구성된 교육과정
과목 간의 전문성이 강조되며 교과내용의 경계선이 뚜렷이 구분됨. 수평적 관계보다 수직적 관계를 추구해 사회의 위계적 계급구조를 반영	교과목 간의 내용 경계선이 구분되지 않으며, 교과목의 통합으로 인한 수평적 관계와 이데올로기적 합의가 내재되어 있음

③ 왈라스(Wallace)의 교육과정론 : 사회의 이념적 변화에 따라 교육과정의 강조점이 달라진다고 보고 사회적 역사를 혁명기, 보수기, 복고기로 진행된다고 봄

02절 교육과 환경

1. 교육과 사회

(1) 사회화

① 개념 : 사회화란 이기적이고 비사회적 존재인 개인이 집단의식을 내면화함으로써 사회적 존재가 되도록 하는 과정(뒤르켐(Durkheim))

SEMI-NOTE

번스타인의 교수법
번스타인은 두 가지 형태의 교수법을 주장함

보이는 교수법	• 전통적인 지식교육에 해당하는 교수법 • 강한 분류와 강한 구조가 특징이며, 놀이와 공부를 엄격히 구분함
보이지 않는 교수법	• 놀이와 공부를 엄격하게 구분하지 않음 • 통제가 맹목적일 뿐만 아니라 학생들은 특별한 기술을 배울 것이 요구되지 않음. 평가의 준거도 모호함

분류와 구조
• 분류 : 과목 간, 전공분야 간, 학과간의 구분(구분된 교육내용들 사이의 경계의 선명도)
• 구조 : 과목 또는 학과 내 조직의 문제로, 교육내용의 구분이 뚜렷한 정도나 계열성의 엄격성 정도 등 교사와 학생이 가지는 통제력의 정도를 말함

사회화 집단의 유형
• 가정 : 자녀 양육방식이나 구성원의 인간관계 구조, 역할 구조는 사회화에 가장 큰 영향을 줌
• 또래집단 : 스스로의 선택으로 형성된 집단은 상호 지속적 영향력을 행사하게 되므로 아동의 사회화에 영향을 미치게 됨
• 학교 : 학교 전통이나 문화풍토, 학교사회가 갖는 규범이 사회화의 역할을 수행
• 대중매체
  − 순기능 : 인간의 마음속에 공통의식을 갖게 해주고 경험의 세계를 넓혀 줌
  − 역기능 : 건전한 사고발달에 도움이 되지 않으며 공포심을 유발

② 기능론의 사회화 이론
  ㉠ 뒤르켐(Durkheim, 교육사회학의 창시자)의 교육 사회화론 ★빈출개념
    • 사회화로서 교육은 사회에서 요구하는 가치, 규범, 성격 등 성인생활에 필요한 것을 아동에게 전수하여 미래의 사회생활에 원만하게 적용할 수 있도록 도와줌
    • 아동에게 도덕적, 지적, 신체적 계발을 중요하게 보았음
    • 사회화의 2가지 측면

보편사회화	사회 전체의 기반이 되는 지적·도덕적·신체적 특성 등을 아동에게 내면화시킴. 교육은 한 사회의 동질성 확보를 위해 집합의식과 보편적 가치를 강조하여 사회적 결속력과 안정을 유지하게 함
특수사회화	산업화가 됨에 따라 사회적 분화가 가속화되면서 발생하는 각 직업에 필요한 지적, 도덕적, 신체적 특성을 마련해 주는 것임. 교육은 각 직업에 필요한 적절한 사회화를 전수하여, 각 직업 간의 유연한 결속력과 운영의 효율을 도모함

  ㉡ 파슨스(Parsons)의 사회체제이론
    • 사회가 균형을 유지하기 위해서는 4가지 기능(A-G-I-L 이론)이 필수적이라고 주장함
    • 학교는 한 사회의 문화체제의 하위기구로서 사회문화 형태를 유지·존속시키는 잠재유형 유지기능을 담당함
    • 학교는 아동들이 장차 성인이 되어 담당하게 될 역할수행에 반드시 필요한 정신적 자세와 자질을 학습하는 곳으로, 뒤르켐의 '특수적 사회화'와 유사한 역할사회화를 담당함
  ㉢ 드리븐(Dreeben, 규범적 사회화)

독립성	스스로 모든 일을 처리하고 책임을 수행하려는 태도임(과제, 시험부정)
성취성	최선을 다해 자신에게 부여되는 과제를 수행하려는 태도임
보편성	다른 학생들과 모든 것을 공유하는 태도임. 동일연령의 학생들이 같은 학습내용과 과제를 공유하게 함으로써 형성됨
특정성	자신의 흥미와 적성을 고려하는 태도 등을 말함

③ 갈등론의 사회화 이론
  ㉠ 일리치(Ilich)의 사회화이론
    • 학교교육이 특수층의 규범이나 가치를 모든 아동에게 일방적으로 인지시키려고 노력해왔다고 봄
    • 학교는 특수층의 가치나 규범을 모든 아동에게 효과적으로 내면화시키기 위해 적절한 물리적 보상체계와 심리적 상벌체계를 활용하고 있음
  ㉡ 보올스와 진티스(Bowles & Gintis)의 사회화 이론 : 학교는 직업 생산 구조의 사회관계를 그대로 학교현장에 채택하고 있음

SEMI-NOTE

A-G-I-L 이론
• 적응의 기능(Adaptation) : 환경변화에 적응
• 목적 달성의 기능(Goal attainment) : 유무형의 가치를 창출
• 통합의 기능(Integration) : 체제의 목표를 달성하기 위해 하위체제의 활동을 조정
• 잠재적 유형유지와 긴장관리 기능(Latent pattern variables and management) : 체제가 가지고 있는 가치체계를 보존하고 제도화된 체제를 유지

(2) 문화와 교육

① 문화 : 사회구성원인 인간에 의해 습득된 지식, 신앙, 예술, 도덕, 관습 및 지반 능력과 습관 등을 포함한 복합된 전체
② 주요개념 ⭐빈출개념

문화실조 (cultural deprivation)	인간 발달에서 요구되는 문화적 요소의 결핍과 과잉 및 시기적 부적절성에서 일어나는 지적·사회적·인간적 발달의 부분적 상실·지연·왜곡현상을 말함 → 보상교육(결과적 평등관) 실시로 보충(예 농촌의 학생들이 도시의 학생들보다 학업성취도가 떨어지는 현상)
문화기대 (cultural expectation)	문화가 갖는 구속(문화 구속)으로 문화가 그 속에서 태어는 개인에게 문화에 따라 행동할 것을 요구하고 기대하는 것으로 개인들에게 '인간성을 판찍는 압력'으로 작용함
문화지체 (cultural lag)	문화구성 부분 간의 변동 속도의 차이로 인해 생기는 문화적 격차로, 문화요소 간의 부조화 현상을 말함

2. 사회집단과 교육

(1) 집단의 유형

① 공동사회와 이익사회(Tönnies)

공동사회	• 사회 성격 : 정태적, 보수적, 사회에 의존, 보호를 바람 • 교육의 성격 : 사회에 동화 강조, 사회의 표준에 맞는 인간형성
이익사회	• 사회 성격 : 이질적 복합성, 역동적 변화, 유기적 연대성 • 교육의 성격 : 자주성 개발, 실용주의적 생활교육, 창조적 진보적 기능

② 외집단과 내집단(Summer)

외집단	눈으로 직접 관찰이 가능한 집단
내집단	직접 관찰되지 않고 사회성 측정법에 의해 밝혀짐

③ 1차 집단과 2차 집단(Cooley)

구분	1차 집단	2차 집단
전형적 집단	가족, 놀이집단, 동지 집단, 촌락	학교, 공장, 노동조합, 군대, 국가
사회적 특성	인격적, 비형식적 역할과 구조, 자발적, 일반적 목표, 목적의 동일화	비인격적, 형식적 역할과 구조, 공리적, 특정 목표, 목적의 다양성
외형적 조건	영구적, 소규모, 신체적 접근	유동적, 대규모, 사회적 거리

④ 준거 집단(Hyman) : 한 개인이 자신의 신념·태도·가치 및 행동방향을 결정하는데 기준이 되는 사회집단
⑤ 3차 집단(Brown) : 일시적인 동기가 되어 어떤 목적이나 조건 없이 형성된 유동적인 중간집단

SEMI-NOTE

문화실조론의 주장 ⭐빈출개념

- 문화실조론은 일단 우수문화, 열등문화 등 문화에 위계가 있음을 전제로 함
- 즉, 백인 또는 도시의 문화가 우수문화이고, 흑인 또는 농어촌의 문화가 열등문화여서, 후자에게는 우수문화가 결핍되어 문화의 실조현상이 나타난다고 봄
- 그래서 후자의 학업성취가 낮으므로, 교육정책적 차원에서 문화실조를 보상해 주는 보상교육의 정책(예 빈곤가정의 결핍된 문화적 환경을 보상하기 위한 프로그램 중 하나가 헤드스타트 프로그램임)이 나오게 됨
- 이 입장에서의 교육평등관이 보상적 평등관임

집단(group)
두 사람 이상 또는 그 이상의 사람들로서 그들 사이에 제도화된 심리적 상호작용의 양상이 이루어지는 집합체

사회성 측정법

- 모레노(Moreno)에 의해 창안되어 테닝스(Tennings)에 의해 발전됨
- 집단 구성원의 역할 행동 분석과 구성원의 상호작용에 의한 견인과 반발의 형태를 분석해 집단의 구조, 응집성, 안정성, 외부 압력에 대한 저항, 사기 및 구성원 개개인의 특성을 알 수 있음

(2) 동료집단의 유형(Brown)

놀이집단(Play Group)	놀이를 중심으로 맺어지는 무형의 소집단
동류집단(Clique)	동일한 취미, 사회적 지위, 신분을 조건으로 맺어지는 청소년 집단
갱(Gang)집단	강한 동료의식과 집단의식을 지니며, 강력한 힘을 지닌 지도자가 존재하는 집단

3. 학교사회와 교육

(1) 학교와 사회

① 학교의 사회적 기능 : 사회통합과 통제, 사회구성원의 선발과 분류, 사회의 변화 및 혁신
② 학교의 선발방법 : 우리나라 → 중앙집권과 표준화, 만기선발, 대상의 보편주의, 기준의 개인주의(Hopper)에 따라 선발함

(2) 학교교육 비판론

① 라이머(Reimer)의 학교사망론 : 학교교육제도를 비판하며 학교는 순종을 가르치면서 또한 규정 위반을 가르친다고 봄
② 실버만(Silberman)의 학급 위기론
  ㉠ 학교는 일반적으로 질서와 통제로 가득 차 있으며, 특히 공립학교는 억압적이고 하찮은 규칙으로 얽매고 지적이나 미적으로 메말라 있는 환경임
  ㉡ 새로운 학교는 인간교육을 저해하는 요인을 제거한 학교가 되어야 함
③ 일리치의 탈학교교육론
  ㉠ 『탈학교 사회(1971)』에서 학교교육의 개혁보다는 학교폐지를 주장함
  ㉡ 탈학교사회의 형성을 위해 기존의 학교를 대신할 수 있는 학습망(learning society)을 제안함
④ 프레이리(Freire)의 의식화교육론
  ㉠ 전통적인 교육은 인간을 수동적으로 만듦으로써 억압을 더욱 촉진한다고 봄
  ㉡ 침묵의 문화 : 조종, 문화적 침략 등에 의해 피억압자들이 주어진 현실에 지배당하며 길들여져 스스로의 선택 능력을 잃어버리고 억압자들처럼 생활하려는 상태

은행 저축식 교육	교사와 학생 사이의 지배와 복종관계에서 이루어지는 교육으로 학생이라는 텅 빈 저금통장에 교사가 지식이라는 돈을 저축하는 식의 교육
문제 제기식 교육	교사와 학생이 공동 탐구자가 되어 교육을 통해 인간이 의식화되면 의식을 실천하는 존재가 됨

(3) 시험의 기능

① 시험의 사회문화적 성격(Montgomery) : 경쟁촉진 기능, 목표와 유인 기능, 교육과정 결정 기능, 자격부여, 학습 성취의 확인, 미래 학습의 예언

SEMI-NOTE

학교의 선발방법

선발 형식	• 중앙집권화와 표준화의 정도가 중간인 국가 : 서독, 오스트레일리아, 영국 • 중앙집권화와 표준화의 정도가 낮은 국가 : 미국, 캐나다
선발 시기	• 조기선발 : 프랑스, 서독, 영국 • 만기선발 : 미국, 캐나다, 스웨덴 • 소련과 오스트레일리아는 중간 정도에 해당함
선발 기준	• 집단주의 : 소련, 스웨덴, 영국, 프랑스 서독 • 개인주의 : 미국, 오스트레일리아, 캐나다
선발 대상	• 특수주의 : 서독, 프랑스, 영국 • 보편주의 : 미국, 오스트레일리아, 스웨덴, 소련

일리치(Illich)의 학습 기회망(4가지 학습 통로)

- 교육자료망 : 정규학습에 필요한 자료나 방법에 접근하도록 하는 것
- 기술교환망 : 기술을 가진 사람들의 인명록을 비치하고 정보를 보관
- 동료 연결망 : 탐구를 함께 할 상대를 찾기 위해 그들이 소속되기를 원하는 학습활동을 기술한 것을 모아 두는 의사소통망을 형성하는 것
- 교육자(연장자)망 : 학습자를 도와줄 수 있는 전문가 등의 인명록을 갖추는 것

② **시험의 사회적 기능** : 사회적 선발 기능, 사회의 통제(시험 지식을 통한 사회통제), 지식의 공식화와 위계화 기능, 사회질서의 정당화와 재생산 기능, 문화의 형성과 변화 기능

03절 사회이동과 교육 및 학력상승과 학교 팽창론

1. 사회이동과 교육

(1) 사회이동

① 개념 : 사회적 위계 체계 속에서 한 개인이나 집단이 어떤 사회적 지위로부터 다른 사회적 지위로 이동하는 것

② 사회이동의 유형

수직적 이동	지위나 수입이 상하로 변하는 것(예 상승이동(승진, 승급), 하강이동(강임, 감봉)
수평적 이동	지위가 동일한 수준에서 횡적으로 이동하는 것(예 전직, 전보)
세대 내 이동	1세대 내에서의 지위 변화, 생애이동(예 내가 노력해서 노동자에서 경영자로 이동)
세대 간 이동	2세대 간의 지위 변화(예 아버지는 하류층인 반면 나는 상류층)
구조적 이동	산업구조의 변화로 파생되는 이동(예 농부가 산업화되면서 서비스직으로 직종 변화)

(2) 교육과 사회이동

① 터너의 계층이동

경쟁적 이동	개인적 자질과 노력에 의해 결정되는 사회이동
후원적 이동	경쟁방식을 피하고 통제된 선발과정을 통해 결정되는 사회이동

② 기능론과 갈등론의 사회이동

㉠ 기능론
- 학교교육이 사회계층이동에 긍정적, 결정적인 역할을 한다고 보는 입장 → 학교교육은 상승이동으로 통하는 엘리베이터
- 블라우와 던컨(Blau & Duncan)의 학교효과모형
  - 직업지위획득을 결정하는 결정변수를 아버지의 교육, 아버지의 직업, 본인의 교육, 본인의 첫 번째 직업경험 등 네 가지로 파악
  - 교육(본인의 노력)을 받으면 받을수록 좋은 직업을 얻을 수 있으며, 학교교육은 사회적 출세에 결정적인 역할을 하고 있음
- 위스콘신 모형(스웰(sewell)) : 가정배경이 어떻게 교육 및 직업적 성취에 영향을 미치는지를 밝히고자 함

SEMI-NOTE

시험의 순기능과 역기능

시험의 순기능	질적 수준 유지, 학교 간 비교를 가능하게 함, 각 단계별로 이수해야 할 최저학습수준 제시, 교수의 개별적 평가가 지닌 편견 극복
시험의 역기능	암기력을 주로 측정, 교육과정의 일부만을 다룸, 선택적 학습과 선택적 교수를 촉진, 정상적 공부습관을 약화시킴, 시험과 관련된 비정상적 행위 유발, 교육과정 및 교수방법 등에 관한 교육개혁의 장애가 됨

호퍼(Hopper)의 유형론
- 신분이동의 정도가 활발하지 못한 사회일수록 학생선발이 조기에 이루어지는 제도가 확립되어 있으므로 미리 학교교육의 기회를 가진 상층의 아동들에게는 유리하나 하층의 아동들은 불리하다고 봄
- 선발시기가 늦어질수록 하층의 아동들도 선발될 수 있는 시간적 여유가 생기므로 계급간의 이동 가능성이 커지는데 비해 상층의 아동들에게는 이점이 감소됨

| SEMI-NOTE |

지위집단이론(지위경쟁이론)
가정배경은 사회진출에 있어 결정적 역할을 담당하며, 학교교육은 사회진출에 있어서 지위집단의 이해관계를 반영하기 때문에 한 개인의 사회진출에 결정적 역할을 담당함

과잉학력 현상
한 사회의 직업 기술 수준과 학력 수준은 일치한다는 기술기능 이론의 주장을 정당화하기 어렵게 만듦

인간자본론
- 교육은 저소득층의 생산성을 향상시켜 이들의 소득을 증대시켜 줌
- 교육의 보편화에 따라 미숙련 노동자의 공급은 줄고 그들의 희소가치로 저소득층의 소득은 증가하며, 교육받은 기술인력의 공급이 증가하면 고소득자의 소득증가는 둔화됨
- 저소득층의 소득은 상승하고 고소득층의 소득은 둔화되므로 소득분배가 평등해짐
- 학교교육은 사회선발과 이동기능을 수행함으로써, 기회균등기능은 물론 결과균등의 역할까지 수행하게 됨

문화전파
특정 사회제도나 관행, 발명품, 행동양식 등의 문화의 구성요소들이 여타의 지역이나 문화권으로 확산되는 현상을 말함

ⓒ 갈등론
- 학교교육은 아무런 기능을 못하며 가정의 사회·경제적 배경에 따라 사회적 지위가 결정
- 보울스와 진티스(Bowles & Gintis)의 학교교육 효과모형
  - 학교교육은 사회적 성취에 어느 정도 영향을 미침
  - 가정환경은 학교교육에 일정한 영향력을 행사하며 개인의 사회적 성취는 가정배경에 의해 좌우됨

2. 학력상승과 학교 팽창론

(1) 학력상승이론

학습욕구이론	학교가 사람들의 학습 욕구를 충족시켜 주는 기관이므로 누구나 학교에 다니기를 희망하여 학습에 대한 강한 욕구로 인해 학력 상승이 발생함(학교팽창의 요인)
대응이론	자본주의 사회의 학교제도는 처음부터 자본주의 경제체제를 유지하고자 고용주의 구미에 맞는 기술 인력을 공급하고 동시에 자본주의에 적합한 사회규범을 주입시키는 핵심장치로 작용하였다고 봄
기술기능이론	과학기술의 부단한 향상으로 인해 작업 기술의 수준이 지속적으로 높아지며, 이에 따라 학력이 높아짐(인간 자본론적 입장)
지위경쟁이론	학력을 지위획득의 중요한 수단으로 간주해서 학력의 경쟁을 초래하며 따라서 개인의 학력이 상승함
국민 통합론	• 1950~1970년대 세계적인 교육체제의 팽창을 설명하는 이론으로 국가의 형성과 이에 따른 국민통합의 필요성이 교육팽창을 가져옴 • 교육은 모든 국가에서 점점 더 팽창할 뿐만 아니라 교육내용과 조직, 교사 양성 등 교육의 전 과정이 국가의 통제 하에 놓이게 됨

(2) 학교팽창론

① 기능이론(사회내부적 요인과 보편적 이익을 강조)
  ㉠ 근대 산업사회는 체계적인 지식과 기술을 갖춘 인력을 대량으로 요구함
  ㉡ 학교교육을 통해 산업사회가 요구하는 보편성, 특수성, 독립성을 성취지향
② 갈등이론 및 지위경쟁이론(사회내부적 요인과 특수집단의 이익을 강조)
  ㉠ 자본주의 불평등 구조를 유지하고 재생산하며 이를 정당화하기 위한 일종의 사회통제 기제로 제도화됨
  ㉡ 근대 공교육제도는 서로 상충되는 이해관계를 지닌 다양한 지위집단들의 기득권 수호 혹은 합법적인 사회적 지위상승을 위한 경쟁 수단으로 제도화됨
③ 문화전파이론(외부적 요인과 특수집단의 이익을 강조)
  ㉠ 한 사회의 교육제도는 다른 문화로부터 이식되거나 접촉을 통해 형성됨
  ㉡ 근대적 공교육제도는 문화 전파의 원리에 따라 전 세계적으로 확산된 것임

④ 문화제국주의(외부적 요인과 보편적 이익을 강조)
  ㉠ 마르크스주의와 신마르크스주의에 바탕을 두고 특히 제3세계에서의 근대교육체제의 형성 및 그 성격을 설명하는데 있어 세계 체제의 위계구조와 불평등한 노동의 분화를 강조
  ㉡ 제3세계 국가, 특히 제2차 세계대전 이후 신생독립국가에서의 근대적 공교육제도 형성을 설명하는데 유용한 이론으로 간주됨

04절 교육평등과 사회평등

1. 교육과 사회 평등

(1) 교육평등관

교육기회의 허용적 평등	• 모든 사람에게 동등한 기회가 주어져야 함 • 신분, 성, 인종, 지역, 종교 등을 이유로 교육기회를 제한하는 일을 금지함으로써 개인이 원하고 능력이 미치는 데까지 교육을 받을 수 있도록 법이나 제도상으로 허용해야 함
교육기회의 보장적 평등	• 제도적 차별의 철폐로는 완전한 교육평등의 실현이 불가능 • 교육평등을 실현하기 위해서는 취학을 가로막는 경제적, 지리적, 사회적 제반 장애를 제거해 주어야 함 • 유럽은 보장적 평등정책을 추구해 중등교육을 보편화하는 한편 무상교육을 실시하고 소외계층의 자녀들에게는 의복, 점심, 학용품 등을 지급
교육과정(조건)의 평등	• 보장적 평등이 이루어졌다 해도 학교의 시설, 교사의 자질, 교육과정 등에 있어서 학교 간의 차이가 없어야 한다고 주장함 • 콜맨 : 교육기회의 평등은 평등하게 효과적인 학교에서의 취학을 의미함, 가정 환경이 지역사회 및 학교와의 사회적 관계를 통하여 학업성취에 영향을 미침(사회자본) • 한국의 고교평준화 정책이 개념적 수준에서는 과정의 평등에 해당함. 하지만 엄밀히 말하자면 학교 시설, 교사의 질, 교육과정의 차이를 없애고 교육조건, 여건의 평등화를 꾀하는 것이 아니라 학생의 학교 간 균등배정을 통한 평등화에 주력하기 때문에 온전한 과정적 평등화를 위한 정책으로 보기는 어려움
교육결과의 평등 (보상적 평등)	• 교육결과 즉 학업성취의 평등을 위한 적극적 조치를 취해야 한다는 입장 • 배워야 하는 것을 배우는 데 목적이 있으므로 교육결과가 같지 않으면 결코 평등이 이루어진 것이 아니라고 봄 • 저소득층 아동들의 기초학습 능력을 길러주기 위해 보상교육을 제공함 • 보상적 평등주의 : 미국의 Head Start Project, 영국의 교육우선지역(Educational Priority Area) 사업, 한국의 농어촌학생특별전형제, 한국의 교육복지우선지원 사업 등

SEMI-NOTE

교육평등에 대한 법적 규정(교육의 기회균등)
- 헌법
  - 제31조 제1항 : 모든 국민은 능력에 따라 균등하게 교육을 받을 권리를 가진다.
- 교육기본법
  - 제4조 제1항 : 모든 국민은 성별, 종교, 신념, 인종, 사회적 신분, 경제적 지위 또는 신체적 조건 등을 이유로 교육에서 차별을 받지 아니한다.
  - 제8조 제1항 : 의무교육은 6년의 초등교육과 3년의 중등교육으로 한다.
  - 제8조 제2항 : 모든 국민은 제항에 따른 의무교육을 받을 권리를 가진다.
  - 제12조 제2항 : 교육내용 · 교육방법 · 교재 및 교육시설은 학습자의 인격을 존중하고 개성을 중시하여 학습자의 능력이 최대한으로 발휘될 수 있도록 마련되어야 한다.
  - 제28조 제1항 : 국가와 지방자치단체는 경제적 이유로 교육받기 곤란한 사람을 위한 장학제도(奬學制度)와 학비보조제도 등을 수립 · 실시하여야 한다.

교육평등관의 예
- 허용적 평등 : 공교육과 의무교육 실시, 영국의 '인재군' 혹은 '재능예비군'
- 보장적 평등 : 무상의무교육 제도의 확립, 중등교육의 무상화(영국), 단선형 학교 설치, 우리나라의 경우 학교의 지역적 종별 균등배치, 재능이 우수한 학생으로서 학자(學資) 곤란자에게 장학금 지급, 학비보조, 직업을 가진 사람의 수학 기회를 위해 야간제 · 계절제 · 시간제 교육 실시
- 교육과정의 평등 : 교육 평준화 정책
- 보상적 평등 : 특수교육, 농어촌 출신에 대한 정책적 배려, 영재교육, 수준별 수업 운영, 기회균형선발제도, 교육복지우선지원사업

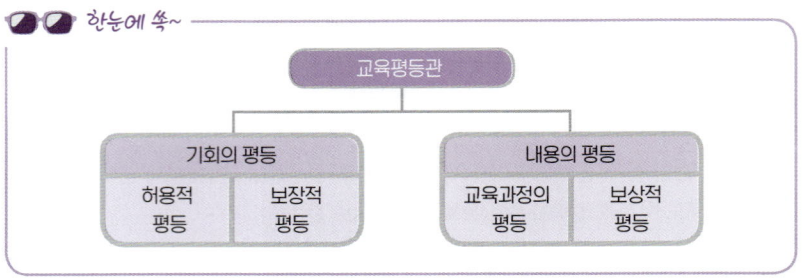

(2) 교육과 사회 평등의 관점

① 평등화론
  ㉠ 해비거스트(Havighurst)의 연구 : 교육은 직업능력 향상을 통한 계층상승에 기여
  ㉡ 블라우와 던컨(Blau & Duncan)의 직업지위획득모형 : 본인의 교육(학력)이 직업지위획득에 가장 중요한 요인 → 교육을 통한 계층상승과 사회평등 기여가 가능함
  ㉢ 인간자본론
    • 교육은 소득 분배 평등화의 중요장치, 완전경쟁시장을 전제
    • 개인의 특성(예 성별·인종·출신지 등)과는 관계없이 개인이 지닌 생산성, 즉 학력이 소득수준을 결정 → 교육은 개인의 생산성 증대 및 소득 증대의 요인임

② 불평등 재생산론
  ㉠ 카노이(Carnoy)의 연구
    • 교육수익률(교육의 경제적 가치)의 교육단계별 변화 분석을 통해 교육이 지배층의 이익에 봉사한다는 것을 규명
    • 교육수익률이 낮은 경우(학교발달 후기)는 학교교육기회가 보편화 : 하류층에게도 교육기회 개방 → 가열기능
    • 교육수입률이 높은 경우(학교발달 초기)는 학교교육기회가 제한 : 학교에 대한 경쟁이 치열하여 중상류층이 주로 다니고 하류층은 다니지 못함 → 냉각기능
    • 학교교육은 가진 자에게만 봉사하고 못 가진 자에게는 도움을 주지 못함
  ㉡ 보울즈와 진티스(Bowles & Gintis)
    • 가정배경이 학업성취에 가장 큰 영향을 미치는 요인임
    • 학교교육은 지배층의 이익에 봉사, 불평등 구조를 재생산 → 교육은 계급 간의 사회이동을 불가능하게 함

라이트와 페론(Wright & Perrone)의 연구(불평등 재생산론)
• 교육이 상층집단에게는 도움이 되나, 하층집단에게는 큰 의미가 없음
• 직업집단별, 성별, 인종별로 교육수준이 소득에 미치는 영향을 비교 분석하여 교육과 계층구조와의 관계를 규명 → 교육의 수익은 노동계급보다 관리자계급, 백인 여성과 흑인 남성보다는 백인 남성에 있어서 더 큼

가열기능과 냉각기능
• 가열기능 : 사람들의 능력과 자질에 따라 적절한 분배가 이루어지도록 될 수 있는 대로 많은 사람들이 보다 높은 지위와 역할을 획득하기 위해 경쟁하도록 동기를 부여하는 기능
• 냉각기능 : 지위 체계의 위계성에 따라 사람들의 수를 준비된 지위와 역할의 수에 맞게 적절한 수준까지 감소시키는 기능

실력 UP 보울스(Bowles)와 진티스(Gintis)의 대응이론(상응이론)

- 교육은 곧 경제구조나 경제현상과 대응되어 사회계급이나 자본가 집단의 이해를 반영하고 그들이 요구하는 특성을 반영한다고 봄
- 학교교육의 불평등 재생산이 이루어지는 과정을 대응원리로 설명
- 주요 내용
  - 학교는 경제적 생산관계를 재생산하며, 학생들에게 계급적 특징들을 강화하여 불평등한 사회분업구조를 재생산함(학교가 자본주의 사회에 필요한 가치관과 특징을 주입)
  - 교육은 대상에 따라 두 가지 방식으로 나타나는데, 한 집단(노동자가 될 집단)은 순종적이고 능률적인 노동자로 가르치고, 다른 한 집단(경영자나 관리자가 될 집단)은 독립적이고 진취적인 지도자로 기름
  - 대상에 따라 다른 두 가지 교육에 접근할 수 있는 기회가 불평등하게 분배되기 때문에 학교는 결과적으로 계층적 불평등을 존속시키는 기능을 수행

③ 무효과론
  ㉠ 내용 : 학교교육은 평등화에 관한 한 의미가 없으며 교육은 사회평등보다 다른 가치를 추구함
  ㉡ 젠크스(Jencks)의 연구 : 학교와 평등화는 큰 관련이 없다고 결론을 내림
  ㉢ 버그(Berg)의 연구 : 교육 수준이 개인의 직업 생산성에 영향을 준다는 근거를 찾을 수 없다고 주장
  ㉣ 치스위크와 민서(Chiswick & Mincer) : 소득분배상황과 교육분배상황의 비교·분석을 통해 양자 사이에 아무 관계가 없음을 확인함

④ 콜맨 보고서(1966)
  ㉠ 개요
    - 콜맨은 교육기회의 평등은 단지 취학의 평등만이 아니라 평등하게 효과적인 학교에의 취학을 의미하는 것이라고 함
    - 학교시설, 교육자료, 교육방법, 교육과정, 교사의 수준 등에 있어 차이가 없어야 함
  ㉡ 콜맨 보고서(Equality of Education Opportunity, 1966)
    - 콜맨이 교육평등의 학교 격차에 초점을 두고 분석한 콜맨 보고서는 미국의 회와 행정부의 의지로 인종과 민족 집단들 간의 교육기회 불평등 정도와 원인을 규명하고 빈곤의 문제를 함께 해결해 보려는 노력에서 수행된 연구임
    - 콜맨 보고서는 학업성취를 결정하는 제반 교육조건이 학교에 따라 어떻게 다르며, 이러한 조건의 차이가 실제로 학생들의 성적에 어떻게 반영되었는가를 알아보기 위해 인종 간, 민족 집단들 간의 계층의 차이를 대규모로 분석함
  ㉢ 교육결과의 평등
    - 교육조건과 학업성취 사이에 관련이 크지 않다는 연구결과와 함께 교육조건을 같게 하여도 교육결과의 평등이 보장되지 않는 것으로 나타나자 교육결과의 평등에 대해서 관심을 갖기 시작함
    - 학업성취의 결과가 같아야 한다는 것, 조건의 평등이 아니라 결과의 평등을 위해 교육조건이 달려져야 한다는 것임

SEMI-NOTE

콜맨 (보고서) 연구의 목적
- 학업성취도가 낮은 근본적인 원인이 학교의 시설, 교수방법, 교사의 질 등 학교 교육 조건이 열악하기 때문이라는 점에 착안해 교육의 조건과 학업성취의 관계를 밝히고자 하는 것이었음
- 또한 학교가 학생들에게 균등한 교육기회를 제공하는지의 여부를 확인하고자 하였음

콜맨(Coleman) 보고서의 의의
- 가정의 환경적 차이나 상대적인 문화적 결핍이 학업성취의 격차를 가져온다는 문화환경결핍론에 대한 실증적인 증거를 제시
- 교육평등의 관점을 여건의 평등에서 결과의 평등으로 한 차원 높였다는 점에 의의가 있음(→ 이 결과 등장하게 된 교육 평등 정책이 '보상교육')

콜맨(Coleman) 보고서의 시사점
전국에 걸쳐 대규모로 시행된 자료를 분석한 연구결과는 학교의 교육조건들, 즉 학급 크기, 학교 시설, 다양한 교육 과정 등의 차이는 학생들의 학업성취에 별다른 영향을 주지 못하며, 오히려 학생들의 가정배경과 또래집단의 영향이 더 크다는 것이었음

SEMI-NOTE

콜맨의 가정배경과 관련된 자본

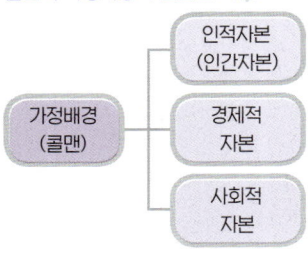

실력UP 콜맨(Coleman)의 가정배경과 관련된 자본

콜맨은 학업성취 결정 요인 가운데 하나인 가정배경은 인간자본, 사회자본, 경제자본 등으로 구성된다고 하였음

인적 자본 (인간자본)	• 부모의 지적 능력 혹은 교육수준 • 교육이나 훈련을 통해 인간에게 체계화된 지식, 기술, 창의력 등과 같은 인간이 구비한 생산력(Schultz)
경제적 자본	학생의 학업성취를 도울 수 있는 물적 자원, 부모의 경제적 자원능력
사회적 자본	• 부모와 자녀 사이의 상호 신뢰와 유대감 • 부모의 교육적 관심, 노력 및 교육적 노하우 • 사회적 자본은 사람들 사이의 사회적 관계에서 형성되는 것으로 가정을 중심으로 정의한다면 좁게는 가정 내 부모와 자녀의 관계이고, 넓게는 부모가 가정 밖에서 맺고 있는 사회적 관계의 전체임. 가정의 사회적 자본은 부모의 친구관계, 어머니의 취업여부, 자녀 교육에 대한 기대수준, 이웃과의 교육정보 교류정도와 같은 변인을 통해 측정됨

롤즈(Rawls)의 정의론
- 인간은 각기 다른 잠재 능력을 가지고 각자 다른 환경의 가정에 태어남. 이는 순전히 우연의 결과로 마치 '자연의 복권추첨'과 같은 것임
- 그러므로 잠재 능력을 잘 타고났거나 좋은 가정에 태어난 사람은 '복권'을 잘못 뽑아 불리해진 사람에게 어느 정도의 적선을 하는 것이 도리에 맞으며 사회는 마땅히 그러한 방향으로 제반 제도를 수립해야 함(정의는 사회제도의 제1의 덕성임)
- 롤즈의 정의의 원리는 평등한 자유의 원리, 차이의 원리임. 즉 불평등이 존재할 경우 사회적·경제적 불평등은 최소수혜자에게 최대 이익이 되도록 조정되어야 하며, 사회적 지위와 업무들은 모든 사람에게 개방되어야 함. 이 원리가 정의론의 핵심 원리임
- 정의론에 근거한 평등관이 '보상적 평등주의'임

2. 롤스의 정의론(a theory of justice)

(1) 제 1원칙인 '평등의 원리'
① 인간의 기본적 권리로서 어떤 정치·사회적 조건에 의해 차등되지 않고 모든 사람에게 동등한 대우를 해야 함
② 개인의 자유는 사회 전체의 목적·이익을 위해 침해할 수 없는 불가침의 권리임

(2) 제 2원칙인 '차등의 원리'
① 능력주의는 외관상 공정하게 보이지만 사실 사회의 출발선상에서 보이지 않는 계급적 혜택에 의해 좌우되며, 그는 이런 문제를 보완하고자 '사회적 우연성', 즉 계급적 배경의 혜택을 배제하고 누구나 동일한 교육적 출발선상에 놓이게 한 것을 주장함
② 사회적으로 가장 불리한 입장에 있는 사람들의 필요에 특히 신경 쓸 것을 요구함
→ 불리한 사람들에게 이익이 되는 방식으로 자원을 분배할 것을 요구함
③ 모든 인간을 평등하게 존중할 것을 요구함 → 불리한 입장에 있는 사람들을 포함하여 모든 사람에게 이득이 될 때에만 자원분배의 불평등이 인정됨

04장 교육심리

01절 교육심리학의 기초

02절 인지발달 및 성격·도덕성·언어 발달

03절 지능과 창의성

04절 학습 및 적응과 부적응

04장 교육심리

01절 교육심리학의 기초

1. 교육심리학

(1) 교육심리학

① 개념 : 교육과 관련된 여러 현상과 문제를 심리학적 측면에서 이해·기술하려는 경험과학적·기술과학적 학문영역

② 교육심리학의 주요 이론
  ㉠ 행동주의 심리학 : 학습은 여러 자극과 반응의 연합 과정
  ㉡ 인지주의 심리학 : 학습은 통찰에 의한 인지구조의 변화
  ㉢ 정신분석 심리학 : 학습은 무의식 세계를 분석함으로써 이루어짐
  ㉣ 인본주의(인간주의) 심리학 : 인간 그 자체를 중요시 했을 때 새로운 행동의 변화가 가능

③ 목적 : 교육의 시기와 방법을 결정 → 즉, 교육심리학은 교육목적을 언제 어떠한 방법으로 실현할 것인가에 대한 답을 구하고자 함

실력UP 매슬로우(Maslow)의 욕구위계설

- 인간은 욕구를 추구하는 존재이며, 욕구에는 위계가 존재함 → 저차원의 욕구(결핍욕구)와 고차원의 욕구(성장욕구)
- 욕구위계
  - 성장과 존재 욕구

자아실현	한 인간으로서의 역할을 충분히 발휘하는 인간이 되고자하는 욕구
심미적 욕구	인생의 질서와 균형, 미적 감각, 모든 것에 대한 사랑을 평가하기
이해와 지적 욕구	광범위한 이론 속에 표현된 관계, 체계, 과정 등에 관한 지식을 통합하기(이해)와 정보와 학문에 접근하기, 일하는 방법을 알기, 사상이나 상징의 의미를 알기(지식)

  - 결핍과 보존 욕구

자존 욕구	독특한 능력과 가치 있는 특성을 지닌 인간으로 인정받기
소속 욕구	타인이 나를 알아주고 그들과 함께 집단 속에서 사귀기
안전 욕구	내일의 의식주를 고려하기
생리적 욕구	지금 당장의 의식주와 신체적 필요를 고려하기

SEMI-NOTE

교육심리학의 목적
- **일반적 목적** : 교육결과의 효율성 제고, 교육을 통한 개인의 성장을 촉진
- **학문적 목적** : 교육의 심리학적 현상·문제를 이해·기술·설명·통제 하는 것

대표학자
- 행동주의 심리학 : 왓슨(Watson), 손다이크(Thorndike), 스키너(Skinner), 파블로프(Pavlov), 헐(Hull), 거스리(Guthrie)
- 인지주의 심리학 : 촘스키(Chomsky), 톨만(Tolman), 브루너(Bruner)
- 정신분석 심리학 : 프로이드(Freud), 에릭슨(Erickson), 융(Jung), 아들러(Adler)
- 인본주의(인간주의) 심리학 : 매슬로우(Maslow), 로저스(Rogers), 올포트(Allport)

매슬로우의 욕구위계설 비판점
- 욕구의 위계체계를 뒷받침할 만한 연구가 부족
- 인간은 반드시 위계에 따라 행동하는 것은 아님

매슬로우의 욕구위계설 교육적 시사점
- 학생을 먼저 인간으로 대하고 그 다음 학생으로 대함
- 학생이 배울 수 있고 그렇게 믿을 수 있는 안전하고 질서 있는 교실을 만듦
- 가르치고 배우는 경험을 학생의 관점에서 생각해 봄

2. 발달의 이해

(1) 발달

① 개념 : 임신에서 시작되어 생애주기를 통하여 계속되는 전체적인 변화의 한 패턴으로 신체적 성장과 유전적이며 생리적 요인에 의존하는 성숙, 그리고 경험이나 학습과 같은 외적 자극과 상황을 포함함
② 발달의 기제 : 적기성, 기초성(초기성), 누적성, 불가역성(불가소성)

(2) 발달 연구의 최근 동향(브론펜브레너(Bronfenbrenner)의 인간발달에 대한 생태학적 접근)

① 인간에 영향을 주는 환경을 생태학적으로 정의하고 체계적으로 환경을 분석함
② 환경을 여러 수준의 체계로 나누고 이들 체계 내에서 개인의 발달을 논함

미시체계	• 가장 소규모의 환경으로, 아동이 직접적으로 접하는 환경(예 가정, 유치원, 놀이터 등) • 각 개인이 그 체계 안에 있는 다른 사람에게 영향을 주고 또 다른 사람으로부터 영향을 받는 발달의 진정한 역동적 맥락임
중간체계	가정, 학교, 또래 집단과 같은 미시체계들 간의 연결이나 상호관계
외체계	아동이 직접적으로 접촉하지는 않지만 아동에게 영향을 미치는 사회적 환경(예 이웃, 친척, 부모의 직장, 대중매체, 정치적·경제적·사회적 의사결정기구(정부기구, 교육위원회, 사회복지기관 등과 같은 청소년 관련'관'))
거시체계	미시체계, 중간체계, 외체계가 들어있는 문화, 하위문화, 사회계층 맥락으로, 가장 바깥에 존재하며 가장 넓은 체계의 환경(예 사회적 가치, 법, 관습, 태도, 얼짱 신드롬 등)
시간체계 (연대체계)	개인의 일생 동안에 걸쳐 일어나는 변화와 사회·역사적인 환경의 변화(예 부모가 이혼한 시점, 동생이 태어난 시점 등)

02절 인지발달 및 성격·도덕성·언어 발달

1. 인지발달

(1) 인지발달이론

① 피아제(Piaget)의 구성론적 인지발달론
 ㉠ 피아제는 우리의 인지가 환경과의 끊임없는 상호작용을 통해 발달한다고 함
 ㉡ 도식(schema)이라고 하는 인지구조를 끊임없이 재구성함으로써 주어진 환경에 효과적으로 맞추어 나감
 ㉢ 인지기능과 인지구조
  • 적응(외적 측면)
   - 동화 : 자신의 기존 도식에 맞추어 새로운 지식이나 정보를 수용하는 것

SEMI-NOTE

발달의 기제
• 적기성 : 모든 발달은 단계가 있으며, 각 단계에 맞는 과업이 있음
• 기초성(초기성) : 초기경험이 후기발달의 토대가 됨
• 누적성 : 현 단계의 발달이 잘못되면 다음 단계에서 더욱 잘못됨
• 불가역성(불가소성) : 초기 발달의 결핍을 나중에 보상하기가 어려움

발달의 주요 원리
• 분화 통합성
• 연속성
• 상호작용성
• 상호관련성
• 예언 곤란성
• 순서성(방향성)

도식(schema)의 개념과 종류
• 도식(schema) : 사고의 기본단위, 조직화된 행동 및 사고행태를 의미
• 종류

감각운동도식 (감각운동기)	아동들이 어떤 대상이나 경험을 표상하고 거기에 반응할 때 사용하는 체계화된 행동 패턴
상징도식 (전조작기)	아동들이 행동을 하지 않고도 사물이나 사건을 정신적 상징을 이용해 표상하는 것
조작도식 (구체적 조작기 이후)	어떤 논리적인 결론에 도달하기 위해 자신의 사고를 대상으로 행하는 정신적인 활동의 구조를 말하며, 약 7세 이후의 아동들에게 형성되기 시작

SEMI-NOTE

- 조절 : 자신의 기존 도식을 새로운 지식이나 정보에 부합되도록 변화시키는 것
- 평형 : 현재의 인지구조와 새로운 정보 간의 균형을 회복하는 과정
- 조직화 : 지식·정보를 순서화하고 체계화
• 인지구조 : 과거의 경험의 축적으로 만들어진 심리적인 틀 → 인지발달은 인지구조의 질적 변화과정(포섭적 팽창)

ⓔ 인지발달 단계

단계	연령	주요 특성
감각운동기	출생~2세 (영아기)	• 감각운동적 도식 발달 • 반사행동에서 목적을 가진 행동으로 발전 • 대상 영속성 습득
전조작기	2~7세 (유아기)	• 언어와 상징과 같은 표상적 사고능력의 발달 • 직관적 사고와 중심화 • 자아중심성
구체적 조작기	7~11세 (학령기)	• 구체적인 상황에서의 논리적 사고발달 • 가역성, 유목화, 서열화 개념 습득 • 사회지향성
형식적 조작기	11세이후 (청소년기~)	• 논리적으로 추상적인 문제 해결 • 가설 연역적 추리 가능 • 조합적 추리 가능

② 비고츠키(Vygotsky)의 역사·사회적 인지발달이론
  ㉠ 비고츠키는 발달 수준을 실제적 발달 수준과 잠재적 발달 수준으로 구분함
    • 실제적 발달 수준 : 아동이 주위의 도움 없이 스스로 문제를 해결할 수 있는 수준
    • 잠재적 발달 수준 : 도움을 받아서 문제를 해결할 수 있는 더 높은 수준
  ㉡ 근접발달영역
    • 혼자서는 문제를 해결할 수 없지만, 성인의 안내를 받거나 친구와 협동하면 성공적으로 문제를 해결할 수 있는 영역
    • 성인이나 뛰어난 동료의 도움(scaffolding)을 통해 발달, 협력학습, 구성주의 학습의 이론적 근거
    • 비계설정(scaffolding) : 근접발달영역에서 제공되는 더 뛰어난 친구나 성인의 도움을 뜻함
  ㉢ 비고츠키는 피아제와 달리 언어가 인지발달에 중요한 역할을 한다고 보며 아동의 자기중심적 언어가 문제해결을 위한 사고의 도구라고 주장함
  ㉣ 비고츠키는 비계설정을 포함하여 대부분의 사회적 상호작용이 언어를 통해 이루어지며 언어는 학습자로 하여금 다른 사람이 이미 가지고 있는 지식에 접근하도록 해 준다고 함
  ㉤ 언어발달 : 사회적 언어 → 자기중심적 언어(사적 언어) → 내적 언어

비계설정(scaffolding)의 구성요소

협동적인 문제해결, 상호주관성, 따뜻한 반응(격려), 자기조절 증진시키기, 심리적 도구(예) 기억, 언어)와 기술적 도구(예) 인터넷) 활용, 근접발달영역 안에 머물기

언어의 형태(사적 언어와 사회적 언어)

사적 언어 (private speech)	아동이 자신의 행동을 지시하고 조절해 문제를 해결하고자 할 때 사용하는 것으로, 옹알이에서 중얼거림으로, 다시 내적 언어로 발달
사회적 언어 (public speech)	사회의 가치·사고체계를 담고 있는 것으로, 인지발달의 발판 역할을 함

(2) 피아제와 비고츠키의 비교

구분	피아제(인지적 구성주의)	비고츠키(사회적 구성주의)
아동관	• 꼬마 과학자 • 스스로 세계를 구조화	• 사회적 존재 • 타인과 관계에 영향
지식형성 과정	개인 내적 지식이 사회적 지식으로 확대 또는 외면화됨	사회적 지식이 개인 내적 지식으로 내면화됨
환경	물리적 환경 중시	사회, 문화, 역사적 환경 중시
학습과 발달의 관계	발달에 기초하여 학습이 이루어짐	학습은 발달을 주도함
인지발달과 언어	언어는 인지발달의 부산물임. 인지발달 후 언어발달이 이루어짐	인지발달과 언어발달은 상호 독립적이며, 언어는 학습과 발달을 매개하는 역할을 함
혼잣말	미성숙하고 자기중심적인 성향을 대변하는 표상임	자신의 사고 행동을 지도하기 위한 수단, 문제 해결을 위한 사고의 도구임
경험제공	평형화를 깨뜨리는 경험	발판을 제공하고 상호작용

2. 성격 · 도덕성 · 언어 발달

(1) 성격 발달

① 성격 : 개인의 특정한 행동을 결정하는 생물학적 심리구조(Allport), 어느 한 인간이 갖는 사회적 자극가치(May)

② 프로이드(Freud)의 성격발달론
  ㉠ 건전한 성격의 아동을 키우기 위해 생리적 본능의 충족을 적절한 시기에 잘 얻도록 도와야 함을 시사
  ㉡ 각 단계에서 아동이 성적 쾌감을 충분히 느끼지 못해 욕구불만이 생기거나 지나치게 몰두하면 고착 현상을 일으켜 다음 단계로 순조롭게 발달이 이루어지지 못함
  ㉢ 성격발달단계
    • 구강기

구강 빨기 단계	과식, 흡연, 과음, 다변 등 / 의존적 성격
구강 깨물기 단계	손톱 깨물기, 남 비꼬기 등 적대적이고 호전적 성격
욕구충족의 경험	낙천적 성격 형성 → 긍정적 신뢰감 형성

    • 항문기

배변훈련 엄격시	대소변 통제에 대한 불안 형성 → 결벽증, 지나친 규율 준수, 인색, 강박, 수전노, 융통성 없는 소극적 성격
배변훈련 허술시	대변을 부적절하게 보는 공격 성향 → 무절제, 기분파, 반사회적 행동 경향
욕구충족의 경험	독창성, 창조성, 생산성, 자신과 사회의 원만한 관계 형성

SEMI-NOTE

사고와 언어의 발달 과정 비교

• 피아제(Piaget)

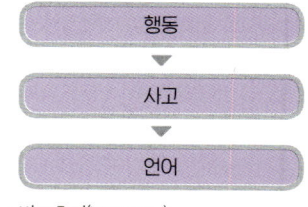

• 비고츠키(Vygotsky)

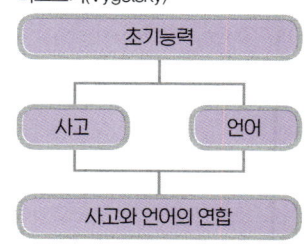

프로이드의 성격구조

원초아 (id)	• 성격의 가장 원초적인 부분으로 신생아가 지니고 있는 최초의 상태 • 쾌락의 원리에 따라 만족을 추구
자아 (ego)	• 출생 후 주위 환경과 상호작용하기 시작하면서 발달하기 시작 • 현실적 원리에 따름
초자아 (super ego)	• 인간의 도덕적 측면을 나타냄 • 부모나 다른 성인들이 아동에게 그 사회의 가치관과 규범을 전수하는 과정에서 발달

프로이드의 성격발달론에 대한 비판점
• 수동적 존재로서의 인간
• 문화적 특수성 경시
• 여성에 대한 편견
• 과학적 정확성의 결여

SEMI-NOTE

- 남근기(성적 갈등 과정에서 초자아 형성 → 발달의 결정적 시기)

오이디푸스 콤플렉스	남아의 어머니에 대한 애정 갈구 현상 → 아버지에 대한 적대감 → 거세불안증 → 동일시(동성애) → 성역할(남성다움) 습득 → 초자아 형성
일렉트라 콤플렉스	여아의 아버지에 대한 애정 갈구 현상 → 어머니에 대한 원망 → 남근 선망 → 동일시(동성애) → 성역할(여성다움) 습득 → 초자아 형성

- 잠복기 : 성적(이성애적) 관심 없음(동성애 시기), 동성 친구와의 학습 및 지적 활동 왕성 → 초등학교 입학 시기
- 생식기 : 이성애 → 부모로부터 독립욕구가 출현

③ 에릭슨(Erikson)의 성격발달이론
  ㉠ 프로이드의 성격발달이론을 사회·환경적 상황과 연계하여 확대함
  ㉡ 에릭슨은 점진적 분화의 원리에 의해 심리사회적 발달이 이루어진다고 보고, 아동의 자아정체감 발달과 사회화에 관심을 기울임
  ㉢ 각 단계에는 심리사회적 위기가 있으며 각 단계의 위기를 성공적으로 해결했을 때 성격발달이 제대로 이루어진다고 봄
  ㉣ 발달단계

점진적 분화의 원리
발달이 선천적으로 예정된 시점에 따라 이루어진다는 것으로 어떤 발달이 정해진 시기에 이루어지지 못하면 결함으로 남음

마르샤(Marcia)의 자아정체감 유형
- 자아정체감 : 자기존재나 위치, 역할 및 책임, 능력에 대한 자신만의 분명한 의식
- 위기 : 직업선택이나 가치관 등의 문제로 고민과 갈등을 느끼면서 의문과 방황을 하고 있는 경우
- 참여(수행) : 직업선택이나 가치 및 이념 등에 방향이나 우선권을 확실하게 설정한 후, 그것을 성취하기 위한 적절한 수단이 되는 활동에 능동적으로 참여하고 있는 경우
- 자아정체감의 유형 ★ 빈출개념

정체감 혼미	자신이 누구인지 또는 인생에서 무엇을 하고 싶어 하는지에 대해 어떤 결론에 도달하지 못했을 때 발생
정체감 유실	다른 정체감을 실험해 보거나 다른 선택의 범위를 고려하지 않고 대개 부모의 목표, 가치, 그리고 생활방식을 택하는 상태를 말함
정체감 유예	에릭슨은 유예를 선택을 위한 노력 중에 있는 상태로 봄. 마사는 유예의 의미를 정체성 위기에 대하여 대처하기 위한 청소년의 활동적 노력도 포함시킴
정체감 성취	현실적으로 선택할 수 있는 것들이 무엇인가를 먼저 고려한 후 선택을 하고 그것을 위해서 추구한다는 것을 의미

에릭슨의 발달단계	연령	주요한 관계	특징
기본적 신뢰 대 불신감	출생~18개월 (프로이트 : 구강기)	어머니	성격발달의 토대 형성
자율성 대 수치심(의심)	18개월~3세 (프로이트 : 항문기)	부모	혼자 걷기, 배변 훈련 등 자신의 요구와 부모의 요구가 조화를 이룰 때 자율성 발달
주도성 대 죄책감	3~6세 (프로이트 : 남근기)	가족	놀이와 자기가 선택한 목표 행위가 격려를 받을 때 주도성 형성
근면성 대 열등감	6~12세 (프로이트 : 잠복기)	이웃, 학교	가정일보다 학교에서의 성취에 관심, 인정받을 때 근면성 형성 → 자아개념 형성기
자아정체감 대 역할혼미	12~18세 (프로이트 : 생식기)	동료, 지도자	급속한 신체변화와 사회적 욕구에 따라 새로운 자아를 탐색, 내적 동질성 확보시 정체감 형성 → 심리적 유예기(모라토리움)
친밀감 대 고립감	19~24세	친구, 이성, 경쟁자	친구나 애인, 동료 간 관계 만족시 친근감 형성
생산성 대 침체성	25~54세	직장, 가족	후세대의 성공적 발달을 돕는 것이 최대관심
자아통일 대 절망감	54세~	인류	지나온 생애에 대한 성찰의 시기

(2) 도덕성 발달

① 피아제(Piaget)의 도덕성 발달이론
  ㉠ 인지적 접근을 통해 도덕성은 도덕적 추론능력이라고 봄
  ㉡ 도덕성 발달(현실적 도덕성 → 자율적 도덕성)
  - 전(前) 도덕 단계(3세 이전) : 자기중심적으로 행동하는 단계
  - 현실적 도덕 단계(4~10세) : 규율을 절대적으로 간주하는 단계. 이 단계에서 아동 행동의 특징은 행위의 이유를 찾거나 판단함이 없이 규칙에 구조건 복종하며 아동은 부모나 그 밖의 권위 있는 성인을 전지전능한 존재로 여김
  - 자율적 도덕 단계 : 스스로 규율을 만들고 규율을 상대적으로 간주하는 단계. 아동은 행동의 이면에 놓여 있는 행위자의 의도를 고려하여 행동의 선악을 판단함

② 콜버그(Kohlberg)의 도덕성 발달이론
  ㉠ 콜버그는 도덕적 딜레마나 어려운 결정을 해야 하는 가설적 갈등상황을 제시하고 '어떻게 하겠는가, 왜 그렇게 해야 하는가?'를 질문함
  ㉡ 이러한 질문에 대하여 '예, 아니오'라는 응답에 관심을 둔 것이 아니라 왜 그렇게 생각하는지의 이유를 분석함으로써 옳고 그름에 대한 도덕적 판단, 도덕적 추론의 발달 순서를 세 가지 수준으로 구분하였고, 각 수준을 하위 단계로 나누어 설명함
  ㉢ 도덕성 발달단계

인습 이전 수준 (전도덕 수준)	1단계 : 복종과 처벌 지향	어떻게 처벌을 면할 수 있을까, 벌인가 칭찬인가 또는 행위를 강요하는 사람이 누구인가에 의해 선악이 판별됨
	2단계 : 개인적 쾌락주의	"나에게 뭐가 좋아?"처럼 아동 자신의 욕구충족이 도덕 판단의 기준이며, 다른 사람의 욕구충족을 고려하지만 자신의 욕구충족을 우선 생각함
인습 수준 (관습적 도덕 수준)	3단계 : 착한 소년/소녀 지향	다른 사람을 기쁘게 하고, 도와주는 행위여부가 선악을 결정하며 타인의 승인을 중요하게 생각함
	4단계 : 사회질서와 권위 지향	법은 절대적이고 사회질서는 유지되어야 함. 개인적인 문제보다 전체를 위한 의무감을 더욱 중요하게 여김. 즉, 주어진 사회질서를 유지하려는 행동이 나타남
인습 이후 수준 (자율 도덕 수준)	5단계 : 사회계약 지향	법의 사회적 유용성에 대한 합리적 고려에 따라 법이 바뀔 수도 있다고 생각함. 인간으로서의 기본 원리에 따라 행동함
	6단계 : 보편적 원리 지향	스스로 선택한 도원리에 따른 양심적인 행위가 곧 올바른 행위가 됨

> **길리간(Gilligan)의 보살핌의 윤리**
> - 콜버그의 도덕성 발달이론의 한계에 대한 대안으로 길리간은 '보살핌의 윤리'를 제시함
> - 길리간은 개인은 자기 이익에 초점을 맞추다가 특정한 개인에 대한 책임감과 관계에 근거한 도덕적 추론, 그 다음은 책임감과 모든 사람에 대한 보살핌의 원칙에 근거한 가장 높은 도덕성 수준으로 옮겨간다고 봄

> **SEMI-NOTE**
>
> **리코나의 모델에서의 도덕적 행동을 촉진하는 4가지 구성 요소**
> - **자존감** : 학생마다 자존감을 향상시키는 훌륭한 방법을 가지고 있으며 높은 자존감은 도덕적 행동의 가능성을 향상시킴
> - **협동학습** : 협동학습은 도덕적 행동, 특히 돕는 행동이나 사회적 행동을 증가시키는 것과 관련됨
> - **도덕적 반성** : 도덕적 반성은 도덕적 문제를 토론하고, 읽고, 쓰고, 생각하는 것임
> - **참여적 의사결정** : 참여적 의사결정은 교실 생활의 질에 영향을 주는 의사결정에 학생들이 참여하는 것을 말함
>
> **언어습득장치(LAD)**
> 촘스키가 제안한 언어습득장치(LAD)는 인간이 언어를 획득할 수 있도록 선천적으로 가지고 태어난 언어 생성기제를 말함. LAD는 외부로부터 들어오는 언어자극을 분석하고 처리하는 지각적·지적 능력을 뜻함
>
> **지능**
> - **개념** : 목적을 향해 행동하고, 합리적으로 사고하며, 환경을 효과적으로 다루는 개인의 집합능력
> - **Binet** : 일정한 목적을 세우고 지속하는 경향, 의도한 결과를 성취하기 위해 적응하는 능력, 그리고 자기 비판능력
> - **Terman** : 추상적 사상을 다루는 능력
> - **Wechsler** : 목적을 향해서 행동하고, 합리적으로 사고하고, 환경을 효과적으로 다루는 개인의 종합적 능력

③ 인지 발달론에서의 도덕성 발달교육 모형
  ㉠ 비평형화
    - 당면한 도덕적 문제를 기존의 인지구조로 해결할 수 없을 때 비평형 상태가 됨
    - 비평형상태는 다시 인지구조 자체의 변화를 유발시켜 새로운 경험들이 구조 속에 동화할 수 있도록 하므로 도덕발달을 의도적으로 유도하기 위해서는 인지구조의 비평형 상태를 인위적으로 만들어야 함
  ㉡ 블렛 효과(Blatt Effect) : 학생들의 인지적 갈등을 자극하되, 한 단계 높은 단계에 있는 학생들과의 논쟁을 통한 전략
  ㉢ 리코나(Lickona) 모델(도덕적 사고에서 도덕적 행동으로)
    - 학생의 도덕적 사고를 이해하면 도덕적 행동을 촉진할 수 있다는 이론
    - 도덕적 행동을 촉진하는 4가지 구성 요소 : 자존감, 협동학습, 도덕적 반성, 참여적 의사결정

(3) 언어 발달

① 언어능력의 유전설
  ㉠ LAD(언어습득 장치, 촘스키) : LAD는 보편적 문법, 모든 언어에 공통적인 규칙에 관한 지식을 포함하며, 아이가 듣고 있는 언어에 상관없이 LAD는 중요한 어휘를 습득한 아이들이 단어들을 낯설고, 규칙에 매인 말로 조합하고 그들이 듣는 것을 이해하는 것을 가능하게 함
  ㉡ LMC(언어생성능력, 슬로빈) : 선천적으로 언어학습 위해 전문화된 인지적 능력과 지각적 능력을 말함
② 피아제의 언어 발달설 : 사고가 언어에 우선, 특히 자기중심적 언어는 자기중심적 사고의 표현(역은 불가능)
③ 비고츠키의 언어 발달설 : 언어가 사고발달 촉진, 내적 언어 중시, 언어발달은 원시적 단계 → 소박한 심리단계 → 자기중심적 언어단계 → 내적 언어단계를 거침

03절 지능과 창의성

1. 지능

(1) 지능이론

① 스피어만(Spearman, 1927))의 이론 : 지능의 요인을 언어·수·도형 문제해결에 공통적으로 작용하는 '일반요인(g요인)'과 특수영역의 문제해결에 사용하는 '특수요인(s요인)'으로 구분
② 서스톤(Thurstone, 1938)의 이론 : 지능을 구성하는 가장 기본적 요인(기본정신능력)으로 언어이해·지각속도·추리·기억·단어유창성·공간시각화요인 등 7가지를 제시

③ 카텔(Cattell, 1963)의 유동적 지능과 결정체적 지능
  ㉠ 2형태설(2층이론) → 일반지능(유동적 지능과 결정체적 지능, 2층)과 특수지능(PMA 등 40여 개의 요인, 1층)
  ㉡ 유동적 지능과 결정체적 지능

유동적 지능	• 실천적 요인(예 유전, 성숙 등 생리적 요인)에 의해 영향을 받는 지능으로 뇌 발달과 비례하는 능력임 • 기억력, 지각능력, 속도, 기계적 암기, 일반적 추리력 등 모든 문화권에서의 보편적인 능력으로 탈문화적 내용에 해당함 • 청소년기까지는 발달하나 그 이후부터는 점차 쇠퇴함
결정체적 지능	• 환경적 요인(예 경험, 학습)에 의해 영향을 받는 지능으로 문화적 환경과 경험에 의해 발달하는 능력임 • 어휘이해력, 수리력, 일반지식, 상식, 논리적 추리력 등 문화적 내용에 해당함 • 교육기회의 확대 등으로 청소년기 이후에도 계속 유지되거나 상승함

④ 길포드(Guilford, 1959, 1988)의 지능구조이론
  ㉠ 기본적 입장
    • 지능요인 : 지적 활동이 '내용차원-조작차원-산출차원'의 3차원으로 이루어져 있으며, 차원별 각 요소들(5개-6개-6개)의 조합으로 180개의 독특한 지능요인을 형성
    • 내용, 조작, 산출 : 내용은 '사고의 대상', 조작이란 '사고하는 방식'이며, 산출을 '사고의 방식과 대상의 결과'라 정의
  ㉡ 지능구조의 요소

내용차원	시각적, 청각적, 상징적, 의미론적, 행동적
조작차원	인지, 기억저장, 기억파지, 수렴적 사고, 확산적 사고, 평가
산출차원	단위, 유목, 관계, 체계, 변환, 함축

⑤ 가드너(Gardner, 1983)의 다중지능이론
  ㉠ 지능은 단일한 것이 아니라 각각 독립적이며, 중요성이 동일한 9개의 지능으로 구성
  ㉡ 지능은 교육 및 훈련을 통해 촉진가능하며, 잠재적 지능의 실현정도는 환경에 의존
  ㉢ 지능의 9가지 유형

지능의 유형	내용	사례
언어적 지능	단어의 의미와 소리에 대한 민감성, 문장 구성의 숙련, 언어 사용방법의 통달	시인, 연설가, 교사
논리-수학적 지능	대상과 상징·용법, 용법 간의 관계 이해(분류 및 범주화, 패턴 이해, 체계적 추리), 문제 이해 능력	수학자, 과학자
음악적 지능	음과 음절에 대한 민감성, 음과 음절을 리듬이나 구조로 결합하는 방법과 음악의 정서적 측면 이해	작곡가, 연주가, 성악가

SEMI-NOTE

수렴적 사고와 확산적 사고

수렴적 사고	어떤 문제에 대해 정해져 있는 대답을 찾아내는 능력
확산적 사고	문제에 대해 가능한 다양한 해답·해결책을 찾아내는 능력(창의력과 유사)

다중지능이론(MI) 교육적 시사점
• 개인은 9가지 지능 모두를 소유하고 있으며, 그 중 뛰어난 지능을 발견하여 개발하는 것이 중요(→ 각자의 잠재력을 극대화할 수 있는 교육여건 조성이 필요)
• 대부분의 사람들이 각 지능들을 적절한 수준까지 발달시킬 수 있음
• 각 지능 범주 내에도 지능을 발달시키는 방법이 다양하게 존재
• 9개의 지능개발을 위해 실생활의 활동과 관련된 대안적 평가가 요구됨

공간적 지능	공간적 정보의 정확한 지각, 자신의 지각 변형 능력, 시각경험의 재생능력, 균형·구성에 대한 민감성, 유사한 양식을 감식하는 능력	예술가, 조각가, 기술자, 건축가
신체-운동적 지능	감정이나 의도를 표현하기 위해 신체를 숙련하게 사용하고 사물을 능숙하게 다루는 능력	무용가, 공예인, 운동선수, 배우
대인관계 지능	타인의 기분과 기질, 동기, 의도를 파악하는 능력, 타인에 대한 지식에 따라 행동할 수 있는 잠재능력	정치가, 종교인, 사업가, 행정가
개인 내적 지능	자신의 내적과정과 특성에 대한 이해, 통찰, 통제능력	소설가, 임상가, 종교인
자연관찰 지능	동식물이나 주변 사물을 관찰하여 공통점과 차이점을 분석하는 능력	생물학자, 지리학자, 탐험가, 사냥꾼
실존지능 (영적인 지능)	인간의 존재이유, 삶과 죽음, 희로애락, 인간의 본성 및 가치에 대한 철학적·종교적 사고 능력	종교인, 철학자

⑥ 스턴버그(Sternberg)의 삼원지능이론
  ㉠ 개요
   • 지능은 삶에 적합한 환경을 의도적으로 선택하거나 조성하고, 그 환경에 적응하는 능력을 말함
   • 보다 완전한 지능이 되기 위해서는 개인(IQ), 행동(창의력), 상황(적용력) 등 세 가지 요소를 고려해야 함 → 지능의 역할을 설명하는 성분적(분석적)·경험적(창조적)·맥락적(실천적) 요소 제시
  ㉡ 성공지능의 3요소

성분적 요소(분석적 능력, IQ) : 전통적 지능, 구성적 지능	• 메타요소(상위요소) : 문제해결을 계획, 점검, 평가하는 고등 정신과정 → 스피어만의 G요인에 해당 • 수행요소 : 메타요소의 지시를 받아 문제를 해결하는 과정 • 지식획득요소 : 문제를 해결할 수 있는 방법을 학습하는 과정
경험적 요소(창의력, 통찰력) : 자동화능력 + 통찰력	• 선택적 부조화 : 다양한 정보에서 적절한 정보를 결정하는 과정(예 플레밍(Flemming)의 페니실린 발견) • 선택적 결합 : 정보들을 통합된 전체로 구성하는 과정(예 다윈(Darwin)의 진화론) • 선택적 비교 : 새로운 정보와 기억 속에 저장된 정보 사이의 관계를 비교하는 과정(예 케쿨레(Keukle)의 벤젠의 분자구조 발견, 케플러(Kepler)의 천체운동 유추)
맥락적 요소(상황적 지능, 실용지능)	현실상황에 적응하거나 환경을 선택하고 변형하는 능력 → 학교교육과는 무관, 일상의 경험에 의해 획득

(2) 지능검사

① 비네(Binet)-시몬검사
  ㉠ 최초의 지능검사, 언어성 검사 → 학습부진아 변별 목적
  ㉡ 정신연령(MA)을 이용 → 연령척도로 표시

SEMI-NOTE

지능검사의 종류
• **일반 지능검사와 특수 지능검사** : 측정 목적에 따라 일반지능을 종합적, 혼합적으로 측정하려는 일반 지능검사(현재 사용되고 있는 대부분의 검사)와 특수한 정신 능력을 독립적으로 측정하려는 특수지능검사로 분류함
• **언어검사와 비언어검사** : 검사 문항이 주로 언어에 의존되어 구성된 언어검사(α검사)와 문항구성이 언어자극을 최대한 극소화시킨 비언어검사(β검사)로 구분함
• **개인지능검사와 집단지능검사** : 검사를 실시할 때 한 번에 피검자 한 사람을 대상으로 검사를 실시하는 개인지능검사와 한 번에 여러 사람에게 동시에 실시할 수 있도록 구성되어 있는 집단지능검사(육군 α검사와 β검사가 시초)로 구분함
• **탈문화검사와 문화구속성검사** : 검사 문항 속에 가능한 한 문화의 내용을 제거하려는 노력에 의한 제한된 탈문화검사와 문화의 내용이 담겨있는 문화구속검사로 구분함(예 K-ABC, CAS, SOMPA, CPM 등)

② 터만의 스탠포드-비네(Stanford-Binet)검사
  ㉠ 비네검사를 토대로 터만(Terman) 교수가 고안한, 언어 중심의 개인지능검사
  ㉡ 비율 IQ : 지적능력을 정신연령(MA ; Mental Age)이라 하고 이를 생활연령(CA ; Chronological Age)과 대비시켜 그 비율을 지능지수(IQ)라 명명
③ 웩슬러(Wechsler)검사
  ㉠ 언어성 검사와 비언어성(동작성) 검사로 구성
  ㉡ DIQ 사용(평균 100, 표준편차 15)
  ㉢ WAIS(성인용), WISC(아동용, 7~16세), WPPSI(취학 전 아동용, 4~6세)

(3) 감성지능(EQ)

① 개념 : 자신과 타인의 감정을 정확히 지각·인식·표현하는 능력 → IQ와는 별개 능력, 가드너(Gardner)의 대인관계지능과 개인내적 지능을 합친 것
② 구성요소

개인내적 지능	감정지각 능력, 감정조절 능력, 동기부여 능력
사회적 지능(대인관계 지능)	공감 능력, 인간관계기술 능력

③ 감정지능을 결정하는 5가지 능력 : 자신의 감정을 정확하게 파악하는 자기 인지력, 분노나 욕구 등의 충동을 조절할 수 있는 자제력과 인내력, 타인의 감정을 헤아리고 파악할 수 있는 공감력, 문제를 일으키지 않고 관계를 잘 유지하는 사회적 능력, 사물의 긍정적인 면에 주목하는 플러스 지향의 능력

2. 창의성

(1) 개념

① 길포드(Guilford) : 새롭고 신기한 것을 낳는 힘을 의미
② 기셀린(Ghiselin) : 창조적 과정은 자유의 상태가 전제되어야 하며 숙달된 이해력과 작용하고 그 후 기능이 작용하므로 혼란에서 행동으로 질서가 세워지며 전통적인 것에서 새로운 것으로 바뀌는 것
③ 칙센트미하이와 울프(Csikszentmihalyi & Wolfe, 2000) : 독창적이고 가치가 있으며 실천할 수 있는 사고 혹은 산출물

(2) 창의성에 대한 학설

① 길포드의 창의적 사고 요인설

사고의 유창성	어휘, 관념, 연상, 표현 등에서 여러 가지 관점이나 해결안을 빠르게 떠올리는 능력
사고의 융통성	자발적, 적응적 융통성으로 주어진 문제 사태를 해결하기 위해 틀에 박힌 사고방식이나 시각으로부터 벗어나 다양한 해결책을 찾아내는 능력
사고의 독창성	비범성, 원격연합, 기발성 등 고정 관념으로부터 탈피하여 스스로 새로운 점을 찾아보려는 성향

SEMI-NOTE

지능지수(IQ)

$$\frac{\text{정신연령(MA)}}{\text{생활연령(CA)}} \times 100$$

셀로비와 마이어의 감성지능

감성지능은 감정을 정확히 지각하고 표현하는 능력, 감정을 생성하거나 이용하여 사고를 촉진시키는 능력, 감정과 감정지식을 이해하는 능력, 감정 발달과 지적 발달을 촉진시키기 위하여 감정을 조절하는 능력이라고 정의함

창의성의 구성요인

유창성	양의 다양성, 반응속도(예 각기 다른 반응의 총 개수)
융통성 (유연성)	질의 다양성, 반응의 넓이 (예 다양한 반응범주의 총 개수)
독창성 (참신성)	반응의 신기성(예 각기 다른 반응의 사람수 → 남들이 생각하지 못한 다른 반응을 제시하는 사람 수로 통계적으로 결정)
정교성 (치밀성)	사고의 깊이, 결점을 보완하는 능력
조직성	재구성력
지각의 개방성 (민감성)	문제사태에 대한 민감성

SEMI-NOTE

스턴버그(Stenberg)와 루버트(Lubart)
- 창의적인 사람은 생각의 영역에서 '싸게 사서 비싸게 파는' 행위를 함. 즉 매우 가치 있다고 여겨지는 결과물을 생산하고, 현재 비싸게 팔 수 있으며 이어서 성장 잠재력을 가진 새로운 혹은 인기 없는 생각으로 이동함
- 창의성을 중다요인으로 보며 다양한 인지적, 개인적, 동기적 그리고 환경적 자원들이 결합되어 창의적인 문제해결을 향상시킨다고 봄
- 창의성의 6가지 요인

지적인 자원들	오래된 문제들을 새로운 방식으로 해결·이해하기 위해 새로운 문제들을 찾아내는 능력, 추구할 만한 가치가 있는지의 여부를 결정하기 위해 자신의 생각들을 평가하는 능력, 생각들의 가치를 다른 사람에게 팔 수 있는 능력
지식	자신이 선택한 분야의 현재 상태에 익숙하기
인지 스타일	자신이 선택한 것에 관하여 새롭고 발산적인 방식으로 사고하는 것을 선호하는 경향성
동기	자신이 성취하려는 분야에 대한 열정, 일에 대한 관심
지지적 환경	재능과 동기를 육성하고 성취에 대해 보상해 주는 환경
성격	발생하기 쉬운 위험을 받아들이고, 불확실성에 직면하여 견디며, 군중을 의식하지 않는 자기 확신을 갖는 자발성

집요성	찾고자 하는 새로운 아이디어를 얻을 때까지 또는 주어진 과제를 해결할 때까지 다각적으로 생각하면서 끈기 있게 노력하는 성향

② 우반의 창의성 구성요소 모형
  ㉠ 개인적 성향

과제집착력과 집중력	주제, 대상, 상황, 산출물에 집중하는 능력, 안정적 속도, 지구력, 집착력, 열정 등
동기유발	새로움에 대한 필요성, 호기심, 지식과 탐구에 대한 욕구, 의사소통, 자기실현화, 헌신, 책무감, 외적 동기 등
개방성과 모호함에 대한 인내	실험하는 것, 즐기는 것, 위험감수에 대한 적극성, 비추종성, 자율성, 유머, 여행하거나 여유를 가지는 것 등

  ㉡ 인지적 요소

발산적 사고력	독창성, 정교성, 재구성력, 재조직력, 유창성, 융통성, 문제민감성 등
일반 지식과 사고력	메타인지, 비판적 사고력, 논리적 사고력, 분석적 사고력, 종합력, 기억 연결력, 포괄적 견해 등
특수영역의 지식과 기능	영역별 지식과 기능, 전문성 등

(3) 창의성 개발 방법

브레인스토밍 (Osborn)	누구나 창의력 소유 & 집단 사고 활용 → 비판금지, 자유분방, 양산(量産, 유창성), 결합과 개선(독창성)
체크리스트법	SCAMPER법이라고 함 → 대체, 결합, 적용, 수정, 다르게 활용, 제거, 반대로 또는 재배열
유추(Gordon)	• 아무런 관련이 없어 보이는 요소들을 '비유'로 연결하는 연습을 통해 새로운 생각을 창출 • 유추의 유형 : 대인유추, 직접 유추, 상징적 유추
PMI법	결정을 억누르는 것이 아닌 P(긍정), M(부정), I(재미있고 중립적인 면) 등으로 대안의 모든 측면들을 고려해 본 다음에 결정하도록 함
속성열거법	주어진 문제나 개선을 필요로 하는 물건의 다양한 속성을 목록으로 작성. 각각의 세분된 속성에 주의를 환기하고 그 속성들을 그 문제의 모든 부분을 볼 체크리스트로서 이용
브레인 라이팅	문제해결을 위한 아이디어나 질문에 대한 참가자의 의견을 카드에 직접 작성하고 진행자가 카드를 수집해 게시판 등에 정리하는 아이디어 수집 방법
육색 샤고모자	6가지 각기 다른 색으로 만들어진 모자를 쓰고 자신이 쓰고 있는 모자의 색깔이 표상하는 유형의 사고를 하는 것 → 백색(객관적·사실적 사고), 적색(감정적 사고), 흑색(논리적 부정), 황색(논리적 긍정), 녹색(수평적 사고), 청색(메타인지적 사고)
마인드맵	읽고 생각하고 분석하고 기억하는 모든 것을 마음속에 지도를 그리듯이 함

04절 학습 및 적응과 부적응

1. 학습

(1) 개념과 특징
① 개념 : 유기체가 주어진 사태에 반응함으로써 어떤 행동이 발생하거나 변화되는 과정
② 특징 : 학습은 행동의 변화, 학습은 경험에 의한 변화, 행동의 변화는 지속적

(2) 학습의 조건

주체적 조건	지능, 선수학습, 동기, 자아개념, 학습적성, 각성, 불안 등
객체적 조건	학습 집단의 특성, 학습과제 곤란도
방법적 조건	분산법(시간을 짧게 여러 번 나누어서 학습), 집중법, 분습법(학습 자료를 나누어서 학습), 전습법(학습내용을 처음부터 끝까지 한번에 학습)

2. 학습이론 ★ 빈출개념

(1) 행동주의 학습이론
① 파블로프(Pavlov)의 고전적 조건화이론
  ㉠ 관련 실험 : 개의 타액분비 실험 → 굶주린 개에게 먹이를 주면서 종소리를 들려주는 연습을 되풀이해 보니 나중에 종소리만 들어도 침을 흘리게 됨
  ㉡ 개 실험 결과의 도식

훈련 전	음식물(UCS)	→	타액분비(UCR)
	종소리	→	무반응 혹은 부적절한 반응
훈련 중	종소리(CS) + 음식물(UCS)의 결합을 통해 종소리(CS)	→	무반응 혹은 부적절한 반응
		→	타액분비(CR)
훈련 후	종소리(CS)	→	타액분비(CR)

  ㉢ 고전적 조건화이론의 적용
   • 정서적 반응의 학습 : 왓슨(Watson)이 1세 아동인 앨버트(Albert)에게 두려움을 가르침
   • 학교학습에서 교과목에 대해 가진 태도는 고전적 조건형성에 의해 학습될 수 있음(예 수학시간에 칠판 앞에서 문제를 푸는데서 오는 불쾌한 감정을 수학과목과 연결시킴. 수학시간을 두려워하도록 조건형성된 학생들은 다른 과목의 학습, 더 나아가 학교의 모든 활동에 대해 공포를 확대시킬 수도 있음)
② 스키너(Skinner)의 조작적 조건화이론
  ㉠ 조작반응을 조건형성시키기 위한 절차 → 손다이크의 효과의 법칙에 기초를 두고 있음

SEMI-NOTE

학습의 정의

힐가드 (Hilgard)	학습이란 주어진 사태에 반응함으로써 어떤 행동이 발생하거나 변화되는 과정
마이어 (Mayer)	경험의 결과로 인해 어떤 개인의 지식, 행동 또는 태도가 비교적 지속적으로 변화되는 것
가네 (Gagné)	외적 자극에 의해 내적 과정을 통해 행동이 변화되는 것

학습이론 용어설명
• 중립자극(NS, neutral stimulus) : 유기체의 생리적·자연 발생적인 반응을 일으키지 못하는 자극
• 무조건자극(UCS, unconditioned stimulus) : 본능적, 반사적 생리반응 또는 정서반응을 일으키는 사물이나 사건
• 조건자극(CS, conditioned stimulus) : 조건형성 후 유기체의 정서적·생리적 반응을 일으키는 자극
• 무조건반응(UCR, unconditioned response) : 무조건자극에 의한 본능적 또는 반사적 생리반응 또는 정서반응
• 조건반응(CR, conditioned response) : 조건자극이 제공되었을 때 나오는 유기체의 학습된 반응

고전적 조건형성의 상담(교육) 시의 활용
• 체계적 둔감화 : 울페(Wolpe)의 상호제지이론에서 발달한 상담기법으로, 불안이나 공포를 한번에 직접 대면해 극복하는 것이 아니라, 그것을 제지할 수 있는 즐거운 행동과 조건화하고 강도가 낮은 수준부터 높은 수준까지 점진적으로 접하게 하여 극복하게 하는 방법
• 혐오치료 : 어떤 행동을 제거하기 위해 그 행동을 할 때마다 혐오스러운 자극을 제시하는 것
• 역조건화 : 이미 어떤 반응을 일으키고 있는 (무)조건자극에 새로운 무조건자극을 더 강하게 연합시킴으로써 이전 반응을 제거하고 새로운 반응을 조건형성시키는 것

SEMI-NOTE

ⓒ 관련 실험
- 쥐가 지렛대를 누르면 전깃불이 켜지면서 먹이 접시가 나옴(스키너 상자(Skinner box))

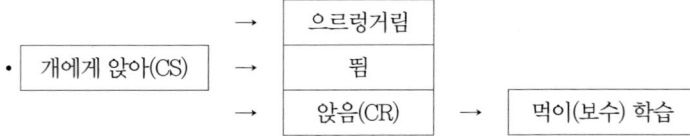

ⓒ 조작적 조건화이론의 적용
- 자기 속도 학습의 영역 : 학생이 교수기계나 프로그램 학습교재를 이용해 자기의 이해 속도에 따라 학습하는 것
- 행동수정의 영역 : 바람직한 행동반응에 대해서는 보상을 줌으로써 그 반응빈도를 증가시키며, 부적절한 행동을 약화하기 위해서는 혐오 자극을 제공하는 것

③ 고전적 조건화이론과 조작적 조건화이론 비교

조작반응과 반응적 행동

조작 반응	유기체가 환경에 어떤 효과를 나타내기 위해 스스로 방출하는 능동적 행동 → 수의적 반응(예 걷기, 노래 부르기, 휘파람 불기)
반응적 행동	특정 자극에 의해 유발되는 행동 → 불수의적 행동, 파블로프 용어(예 종소리를 들으면 조건화된 개는 침을 흘림)

구분	고전적 조건화	조작적 조건화
목적	중립자극에 대한 새로운 반응 형성	반응확률의 증가 또는 감소
조건화 유형	S형 조건화(수동적 조건화)	R형 조건화(능동적 조건화)
절차	조건자극(CS, 종소리)과 무조건자극(UCS, 먹이)의 결합 : S-S형 연합	반응(R, 지렛대 누르기)과 강화(R, 먹이)의 결합 : R-S형 연합
강화	자극과 동시	반응 후
조건화 과정	한 자극(NS)이 다른 자극(UCS)을 대치함	자극의 대치는 일어나지 않음
학습자 태도	수동적(소극적)	능동적(적극적)
자극의 적용성	특수한 자극은 특수한 반응을 일으킴	특수한 반응을 일으키는 특수한 자극이 없음
자극의 역할	반응이 인출됨(외부에서 오는 자극에 의해 반응이 나옴)	반응이 방출됨(어떤 행동이 자발적 또는 의식적으로 일어남)

④ 손다이크(Thorndike)의 시행착오설
ⓐ 도구적 조건형성이론 : 유기체의 행동(예 고양이가 문제상자를 탈출)이 결과 또는 목표(예 먹이 획득, 목적지 도달)에 도달하기 위한 수단 또는 도구가 되는 것으로, 도구적 행위를 조건화함
ⓑ 결합설 또는 S-R이론 : 행동을 자극(S)과 반응(R)의 결합으로 설명하는 이론 → 학습은 감각경험(자극의 지각)과 신경충동(반응) 간의 연합 또는 결합을 형성하는 과정
ⓒ 시행착오설 : 시행횟수가 증가함에 따라 목표에 도달하는 시간이 짧아지는 학습 → 시행이 반응위계 또는 습관 가족위계 상의 최상위수준으로 올라가는 학습
ⓓ 학습의 법칙 : 효과의 법칙, 연습의 법칙, 준비의 법칙

손다이크의 시행착오설

시행	목표(예 미로탈출)에 도달하기 위한 여러 가지 반응들(예 줄을 당기기, 지렛대 누르기) → 만족스런 행동 + 보상
착오	목표 도달에 부적절한 반응들(예 할퀴기, 야옹야옹 울기, 배회하기) → 불만족스럽거나 실패한 행동

실력up 강화 및 행동수정 방법 ★ 빈출개념

- 강화 유형

정적 강화	행동 후 쾌자극을 제시(예 칭찬, 프리맥의 원리)
부적 강화	행동 후 불쾌자극을 제거(예 청소면제)
1차적 강화	인간이 본능적으로 지니고 있는 욕구를 충족시켜 주는 것
2차적 강화	자극의 기능이 없던 것이 일차적 강화물과 연결되어 자극을 지니게 되는 것

- 바람직한 행동의 증가 방법

프리맥의 원리	불쾌자극을 먼저 제시하고 쾌자극을 나중에 제시함 → 차별적 강화를 이용하여 목표와 근접한 행동을 단계적으로 형성해 나감
토큰 강화	상표를 모아 더 큰 강화자극으로 대체, 상징적 강화물을 활용
행동조형	점진적 접근 + 차별강화 → 새로운 행동을 형성
용암법	특정한 행동 학습에 도움을 주고 점차 도움을 줄여나감으로써 스스로 행동을 학습시키는 방법
행동계약	행동을 이행할 것을 서면으로 약속

- 문제행동의 교정을 위한 방법

벌	아동이 싫어하는 자극물을 주거나(수여성 벌), 좋아하는 것을 박탈(제거성 벌)하여 문제행동을 제거하는 방법
타임아웃(격리)	강화받을 수 있는 장면에서 추방 → 제2유형의 벌
반응대가	바람직하지 않은 행동을 할 때마다 정적 강화물을 회수하는 절차
과잉교정	학습자가 바람직하지 못한 행동을 했을 때 싫어하는 행동을 하도록 하는 처벌기법
심적 포화	문제행동을 지칠 때까지 반복하는 절차
상반행동 강화	문제가 되는 행동과 반대되는 바람직한 행동을 찾아 강화하는 차별강화의 한 방법

(2) 인지주의 학습이론

① 초기 인지주의 학습이론
  ㉠ 통찰설(Köhler, Koffka) : 학습이란 객체적으로는 형태 파악 혹은 재체계화이고, 주체적으로는 통찰적으로 행해짐(A-ha-theory)
  ㉡ 장이론(Lewin) : 사람은 어느 시점에서 특정한 목표를 추구하려는 내적 긴장에 의해 행동하게 됨 → 개인의 지각은 그 사람의 생활 공간의 한 부분이며, 학습은 생활 공간에서 재조직 혹은 재구성 과정으로 봄
  ㉢ 기대형성이론(기호형태설, Tolman)
    • 학습
      - 학습은 기대의 형성이며, 유기체의 강화에 대한 기대는 선행하는 반응에

SEMI-NOTE

강화계획

- **개념** : 유기체의 행동에 대해 강화의 제시나 중단을 지시하는 규칙이나 절차
- **계속적 강화와 간헐적 강화** : 계속적 강화는 매 행동마다 강화물을 주는 것을, 간헐적 강화는 반응을 보일 때마다 강화물을 제시하지 않고 가끔씩 주는 것을 말함
- **간격강화와 비율강화** : 간격강화는 시간에 따라 강화하는 것을, 비율강화는 반응하는 개수에 따라 강화하는 것을 말함
  - 고정간격강화 : 정해진 시간마다 한 번씩 강화하는 것(예 월급)
  - 변동간격강화 : 시간의 평균마다 한 번씩 강화하는 것(예 정류장에서 버스 기다리기)
  - 고정비율강화 : 정해진 개수의 반응을 보일 때마다 강화하는 것(예 성과급)
  - 변동비율강화 : 평균 개수의 반응을 했을 때 강화하는 것(예 도박)

벌 ★ 빈출개념

- **개념** : 특정 행동반응의 빈도를 억제(감소)시키는 절차 → 그러므로 행동의 강도와 빈도를 높이는 데 있어 벌보다 강화가 효과적임
- **방법**
  - 정적 벌 : 행동 후 불쾌자극을 제시(예 체벌)
  - 부적 벌 : 행동 후 쾌자극을 제거(예 타임아웃, 반응대가)

분류		강화자	
		쾌자극	불쾌자극
제시 방식	수여	정적 강화	수여성 벌
	박탈	제거성 벌	부적 강화

SEMI-NOTE

영향을 줌
- 학습이란 '기호(sign)-형태(gestalt)-기대(expectation)' 혹은 '기호-의미관계'의 형식임

• 학습유형

보상기대	• 동물은 행동할 때 특정목표에 대해 사전인지를 가지고 있어 이렇게 하면 이런 결과가 나타날 것이라는 기대를 가지며, 보상이란 기대에 대한 확인을 말함 • 기대에 못 미치는 보상은 수행을 감소시킴
잠재학습	• 어느 한순간에 유기체에 잠재되어 있지만 행동(수행)으로 나타나지 않는 학습 → 우연적 학습 • 강화 없이도 학습이 일어남. 보상이란 수행변인이지 학습변인이 아님 → 행동주의의 비판 근거
장소학습	학습은 장소에 대한 인지지도를 형성하는 과정임

잠재학습의 실험의 결론
쥐는 먹이를 찾아가는 길을 인지지도라는 기호-형태로 기억(잠재학습)하고 있다가 문제 상황이 주어지면 이를 이용해 찾아감

② 정보처리이론
㉠ 개념 : 인간이 외부세계로부터 획득하는 정보를 어떻게 지각하고 이해하고 기억하는가를 연구하는 이론
㉡ 기억구조

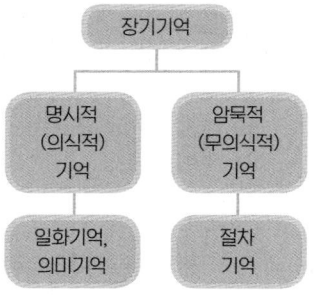

장기기억의 구성

• 일화기억 : 특정한 장소 및 시점과 관련된 정보
• 의미기억 : 일반적인 사실과 개념에 대한 기억
• 절차기억 : 일을 하는 방법에 대한 기억

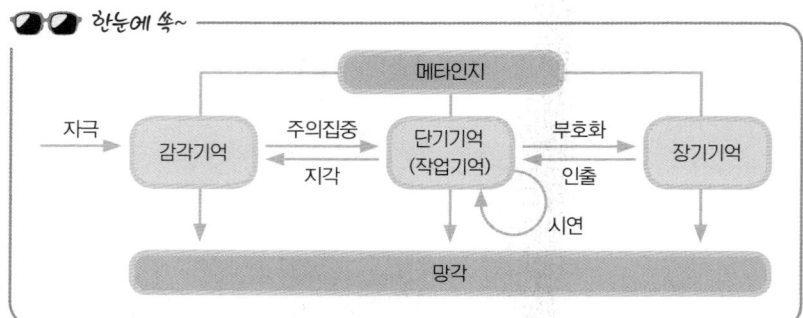

구분	감각기억	단기기억(작업기억)	장기기억
정보의 투입	외부자극	주의집중, 지각	시연(반복, 정교화)
저장용량	무제한	제한(7±2unit)	무제한
정보원	외부환경	감각기억과 작업기억	단기기억에서의 전이
부호형태	원래의 물리적 형태	이중부호(언어적, 시각적)	일화적, 의미적
정보의 형태	감각 → 영상기억(시각정보), 잔향기억(청각정보)	현재 의식하고 있는 정보(음운적)	학습된 혹은 약호화된 정보(조직화 및 유의미성)
일반적 특징	일시적, 무의식적	의식적, 능동적	연합적, 수동적
기억 지속시간	순간적(1~4초 이내)	일시적(20~30초 이내)	규정할 수 없음(무제한)
정보 상실	소멸	치환 또는 소멸	인출실패

영상기억과 잔향기억
• 영상기억 : 시각적 정보에 대한 감각기억, 0.5~1초 정도 지속
• 잔향기억 : 청각적 정보에 대한 감각기억, 4초 정도 지속

- 감각기억(감각등록기)
  - 학습자가 환경으로부터 감각수용기관(귀, 눈)등을 통해 정보를 최초로 저장하는 장소
  - 기억용량은 무제한이나 투입된 정보가 즉시 처리되지 않으면 그 정보는 유실(망각)됨
  - 주의를 받은 자극과 정보만이 다음의 기억저장고인 단기기억으로 전이됨
- 작동기억(작업기억)
  - 정보를 재연하거나 조작하는 실제적 정신활동이 일어나는 기억
  - 정보의 양과 지속시간에 제한이 있음(예 성인의 경우 약 10~20초 정도, 7±2개(5~9개) 정도 저장)
- 장기기억
  - 단기기억에서 적절히 처리된 정보를 영구적으로 저장하는 기억
  - 작동기억 속의 정보가 적절한 조직화(예 암송, 부호화)에 의해 전이된 기억으로서 기억용량과 지속시간이 무제한

실력UP 작동기억(작업기억) 속의 정보를 유지(활성화)하는 방법

- 시연(암송)

시연 (암송)	유지 암송	정보를 마음속에서 반복하는 것, 한 번 사용하고 잊어버리려는 정보
	정교화 암송	기억하고자 하는 정보를 이미 알고 있는 정보, 장기기억 속으로의 정보이동에도 도움

- 작동기억(작업기억)의 한계용량을 극복하는 방법

청킹	• 분리된 항목들을 보다 의미 있는 큰 묶음으로 조합하는 것 • 정보의 개별적 단위를 보다 크고 의미 있는 단위로 묶는 것
자동화	• 자각이나 의식적인 노력 없이 수행할 수 있는 정신적 조작의 사용 • 주의를 많이 요구하는 통제된 정보처리과정이 아닌 자동화된 정보처리 과정을 의미
이중처리	시각과 청각의 두 구성요소가 작동기억에서 함께 정보를 처리하는 방법

ⓒ 인지처리과정

주의집중	정보처리의 시작, 감각기억 다음으로 나타나며 실제적인 정보처리가 시작되는 곳
지각	자극에 의미를 부여하고 반응하는 과정
시연	정보의 형태를 바꾸지 않고 소리 내어 혹은 마음속으로 계속해서 반복하는 과정
부호화	• 새로운 정보를 장기기억 속에 저장되어 있는 정보와 관련짓는 인지전략 • 유의미한 부호화를 돕기 위한 방법 - 정교화 : 새로운 정보에 의미를 추가하여 의미 부여

SEMI-NOTE

시연(암송)
- 정보를 마음속으로 계속 되뇌이는 것
- 수업 시에 저장과 재생을 촉진하는 방법
  - 새로운 자료를 의미있게 학습하기 위해서는 학습자의 선행지식·경험을 토대로 관련시킴
  - 새로운 자료는 적당하게 조직하여 제시하고 정교화하도록 격려함

부호화 특수성
- 부호화할 때의 배경 맥락 또는 단서가 인출할 때의 배경 맥락 또는 단서와 최대한 일치해야 한다는 것
- 부호화 특수성이 작용해서 나타나는 현상으로 상황학습과 상태의존학습을 들 수 있음

상황 학습	특정 상황에서 학습한 내용은 상황이 바뀌면 잘 인출이 되지 않음
상태의 존학습	특정 정서상태에서 학습한 내용은 동일한 상태에서 더 잘 회상됨

부호화	- 조직화 : 별개의 정보들에게 질서를 부여하여 기억하는 것 - 맥락화 : 정보를 장소, 특정한 날에 느꼈던 감정, 함께 있었던 사람 등과 같은 물리적·정서적 맥락과 함께 학습하는 것 - 초과반복학습 : 완전학습 수준 이상으로 학습을 계속하는 것 → 기초학습과제학습에 유용 - 심상형성 : 정보를 시각적인 형태로 변형하는 과정 → paivio의 이중부호화이론 - 기억술 : 장소법, 핵심단어법, 두문자법, 문장작성법, 연결법, 운율법 등
인출	장기기억에 저장되어 있는 여러 가지 정보 중에서 필요한 것을 의식수준에 떠올리는 능력 또는 기술 → 장기기억 속의 정보 탐색 및 재생 과정

ⓓ 정보처리 모델(스완슨(Swanson)의 단순화된 정보처리모형) : 정보저장고, 인지과정, 메타인지로 구성됨

정보저장고	정보를 유지하는 창고로, 컴퓨터의 주기억장치와 하드드라이브와 유사함
인지과정	정보를 변환시키고 한 저장소에서 다른 저장소로 정보를 옮기는 지적 활동으로 주의집중, 지각, 시연, 부호화, 인출을 포함함
메타인지	개인의 인지과정에 대해 스스로 자각하고 그 과정을 조절하는 능력

③ 망각
㉠ 망각의 연구
- 에빙하우스(Ebbinghaus)의 망각연구(1885) : 무의미철자의 학습을 통해 시간의 경과에 따른 파지량 혹은 망각량의 변화를 연구 → 학습한 직후에 망각이 가장 많이 발생하고 시간이 경과함에 따라 망각의 정도가 완만하게 됨
- 바틀렛(Bartlett)의 연구(1932) : 의미 있는 자료의 기억을 연구하였으며, 피험자들이 세상에 대해 그들 자신이 가지고 있는 지식에 부합되는 방식으로 정보를 재구성한다고 봄

㉡ 망각이론

간섭설	파지를 방해하는 외부적 영향으로 인한 간섭으로 인해 망각이 촉진됨
기억흔적 쇠퇴설	학습내용이나 정보가 뇌속에 흔적으로 남아있는 기억이 시간의 경과에 따라 점차 쇠퇴함으로써 망각이 발생함
의도적 망각	처음 학습할 때에 의도적으로 기억하지 않으려고 하기 때문에 망각이 발생하는 경우임
단서의존 망각	저장된 정보에 접근하는 적절한 수단, 즉 인출단서가 없기 때문에 기억해 내지 못한다는 이론

(3) 사회학습이론

① 사회학습론 : 인간행동의 학습을 실험적인 상황이 아니라 사회생활 속에서 타인의 행동을 관찰하고 모방한 결과임

SEMI-NOTE

메타인지(초인지, 상위인지)
- 의미
  - 자신의 인지과정에 대한 지식을 통해 정보를 선택·분류하고, 정보에 맞는 학습방법을 동원할 수 있는 능력
  - 정보처리과정에 대한 메타인지 기술은 학습과 기억의 양과 질, 시간에 영향을 미침
- 메타인지적 지식
  - 정보를 선택하고 분류하는 방법을 아는 것
  - 학습과제에 맞는 문제해결전략을 선택하는 것
  - 자신의 문제해결전략을 검토하고 오류를 찾을 수 있는 것
  - 과제의 결과를 예측하거나 평가할 수 있는 것

기억증진방법(PQ4R, Tomas & Robinson)
- 개관(Preview) : 학습하기 전에 전체 내용이 무엇인가를 소제목 등을 통해 미리 개관
- 질문(Question) : 학습할 내용의 소제목과 관련된 질문들을 생각해 보고 그 해답이 무엇인가에 대한 기대감을 가짐
- 숙독(Read) : 학습할 내용 중 미리 생각해 둔 질문에 대한 답으로서 적절한 것을 골라 집중적으로 읽음
- 숙고(Reflect) : 책을 읽으면서 실례를 생각해 보거나 자료의 심상을 머리 속에 그려보도록 함
- 암송(Recite) : 학습내용을 읽은 후 책을 덮고 암송을 통해 자신이 가지고 있던 문제들에 답을 하도록 시도함
- 복습(Review) : 마지막으로 학습과정 중에 만들어 놓은 노트나 질문 및 그에 대한 해답을 총괄적으로 개관함

② **사회인지이론**: 조작적 조건 형성의 원리를 이용해 모방을 통한 인간의 사회학습을 설명하면서도 인간행동의 목적지향성과 상징화나 기대와 같은 인지 과정의 중요성을 인정함

③ **관찰학습**
  ㉠ 모델에 대한 관찰을 통해 일어나는 행동적·인지적·정의적 변화의 학습
  ㉡ 대부분의 인간학습을 실제 모델이나 상징적 모델에 대한 관찰과 모방을 통해 이루어지며, 행동이 변화되지 않아도 학습은 이루어짐
  ㉢ 모델링의 유형

인지적 모델링	모델의 시범을 모델의 생각과 행동에 대한 언어적 설명과 함께 보여주는 과정 → 학습자가 전문가의 사고를 배울 수 있게 해 주는 모델링
직접 모델링	모델의 행동을 단순하게 모방하려는 시도(예 정수는 시험공부를 할 때 수빈이를 따라 함)
상징적 모델링	책, 연극, 영화 또는 TV에 등장하는 주인공들의 행동을 모방함(예 10대는 10대 취향의 인기 있는 TV쇼에 나오는 연예인처럼 옷을 입기 시작함)
종합적 모델링	관찰한 행동의 부분들을 종합함으로써 행동을 발전시킴(예 누나가 책을 꺼내기 위해 의자를 사용하는 것과 아빠가 찬장문을 여는 것을 보고, 동생이 의자를 사용해 혼자 서서 찬장문을 엶)
자기 모델링	자기 자신의 행동을 관찰하고 반성한 결과로 일어나는 모방(예 자기장학)

모델링의 효과(기능)
- 관찰자는 타인의 행동을 관찰함으로써 새로운 행동패턴을 획득함
- 그 이전에 학습한 반응을 억제 혹은 약화시킴
- 타인의 행동은 기존의 반응을 촉진시키는 단서 역할을 함

한눈에 쏙~

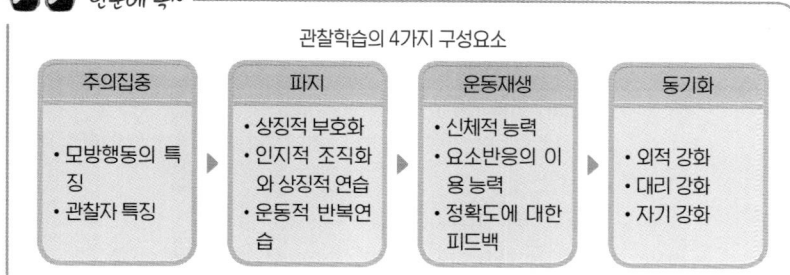

관찰학습의 4가지 구성요소

관찰학습의 4가지 구성 요소

주의 집중 과정	관찰자들은 온정적이고 유능하며, 강력하다고 여겨지는 모델에 더욱 주의를 집중하는 경향이 있음
파지 과정	주의집중에 덧붙여 학습자는 기억할 수 있는 형태로 관찰된 행동의 표상을 만듦
운동 재생 과정	관찰된 행동을 실제로 수행하는 것을 말함
강화 혹은 동기화	대리강화와 처벌이 보상받은 행동을 수행하고 처벌받은 행동을 회피하는데 인센티브를 제공해 줌

3. 동기와 학습전략

(1) 학습동기

① **개념**: 학습자로 하여금 특정 학습의 준비 또는 일련의 학습을 지속시키도록 하는 내적·외적 조건을 말함

② 내적동기와 외적동기

내적 동기	흥미, 호기심, 성취감, 만족감 → 인지주의, 인본주의, 사회학습이론에서 강조
외적 동기	상과 벌, 경쟁심 자극, 결과 제시 → 행동주의, 사회학습이론에서 강조

SEMI-NOTE

학습된 무기력
- 의미 : 동기유발에서 학생들이 실패를 내적, 안정적, 통제 불가능한 원인으로 귀인하는 경우
- 특징
  - 학습된 무기력은 실패를 많이 한 학생들이 실패를 피하기 위해 자신이 할 수 있는 일은 아무것도 없다고 믿을 때 발생함
  - 이들은 실패 상황에 직면하게 되면 그것을 자신의 낮은 능력 때문이라고 보고 이를 통제할 수 없다고 귀인시킴
  - 과제를 성공적으로 수행하고서도 성공의 원인이 자신에게 있다기보다는 과제의 용이성, 교사의 도움, 행운 등과 같은 자신이 통제할 수 없는 변인으로 돌림

기대구인과 가치요인

기대 구인	과제를 수행했을 때 성공할 수 있는 가능성에 대한 개인의 신념과 판단 (예) "내가 이 과제를 할 수 있을까?"라는 물음에 대한 답)
가치 요인	과제의 가치에 대하여 개인이 가지는 신념 (예) "내가 왜 이 과제를 해야 하지?"라는 물음에 대한 답)

유능감 · 자율성 욕구 · 관계 욕구

유능감	환경에 효과적으로 기능하는 능력으로 도전과 호기심에 의해 유발됨
자율성 욕구	필요할 때 환경을 바꾸는 능력으로 통제의 책임 소재나 개인적 원인과 유사함
관계 욕구	사회적 환경 속에서 다른 사람들과 연관되어 있다는 느낌, 그리하여 자신이 사랑과 존경을 받을 가치가 있다는 느낌

③ 학습동기의 귀인이론
  ㉠ 개념 : 개인이 어떤 특정한 상황에서의 성취결과(성공 혹은 실패)에 대하여 그 원인을 무엇이라고 인식하느냐에 따라 그의 행동이 결정된다는 이론
  ㉡ 와이너(Weiner)의 귀인이론 모형 ★ 빈출개념

원인의 종류	원인의 차원		
	소재	안정성	통제가능성(책임감)
능력	내적	안정적	통제불가능
노력	내적	불안정적	통제가능
재수(운)	외적	불안정적	통제불가능
학습과제의 난이도	외적	안정적	통제불가능

  ㉢ 귀인변경 프로그램 : 안정적 귀인 → 불안정적 귀인, 능력 → 노력 귀인

성공자	• 성공 시 능력 → 긍정적 자아개념 형성 • 실패 시 노력
실패자	• 성공 시 노력 • 실패 시 능력 → 학습된 무기력, 부정적 자아개념 형성

④ 기대×가치이론(Atkinson, Bandura)
  ㉠ 인간은 자신이 성공할 것이라는 기대에 그 성공에 대해 개인이 부여하는 가치를 곱한 값만큼 동기화된다는 이론
  ㉡ 기대구인과 가치요인이 두 가지 핵심요소임
  ㉢ 사회학습이론적 접근
    • 과제난이도 : 적절한 난이도
    • 자기도식 : 자기능력에 대한 긍정적 인지적 평가
    • 내적 흥미 : 기꺼이 참여하도록 유도하는 활동의 특성과 주제의 성격
    • 중요성 : 주제나 활동에 참여했을 때 그것이 자기도식에서 중요한 점을 얼마나 확증해 주는가
    • 효용가치 : 직업이나 미래의 목표를 충족시킨다는 인식
    • 비용 : 과제에 참여함으로써 올 수 있다고 인식되는 부정적인 면

⑤ 데시(Deci)의 자기결정이론
  ㉠ 무엇을 어떻게 할 것인지에 대한 자신의 선택이나 자기통제의 욕구 → 자율성의 욕구
  ㉡ 유발 요소 : 유능감, 자율성 욕구, 관계 욕구
  ㉢ 내재적 동기의 발현 과정 : 무동기에서 외재적 동기를 거쳐 내재적 동기로 발달해 감

동기 유형	조절 방식	인과 소재	관련 조절 과정
무동기	무조절	없음	무능력, 무의도성, 무가치성, 통제의지 결여
외재적 동기	외적 조절	외적	외적 제한에 따름, 순응, 대응, 외적인 보상과 처벌의 강조

	투사(부과)된 조절	약간 외적	자기통제, 자아개입, 내적인 보상과 처벌, 자기 자신 또는 타인으로부터의 인정에 초점을 둠
외재적 동기	동일시(확인)된 조절	약간 내적	개인이 중요하다고 여겨 가치를 둠, 활동이 중요하다고 의식적으로 인식함, 목표를 스스로 인정함
	통합된 조절	내적	목표의 위계적 통합, 일치, 자각
내재적 동기	내적 조절	내적	흥미, 즐거움, 내재적 만족

⑥ 목표지향이론(목표이론)
 ㉠ 목표는 개인이 이루고자 하는 성과 또는 성취하려는 욕망임
 ㉡ 목표는 크게 숙달목표(학습목표)와 수행목표로 나누어짐

숙달목표 (학습목표)	과제의 숙달 및 향상, 이해 증진 등 학습과정 자체에 가치를 부여하며 자신의 유능감을 발전시키는 것을 중요하게 생각하는 목표유형
수행목표	자신의 유능함과 능력이 다른 사람의 능력과 어떻게 비교되느냐에 초점을 둔 목표. 자신의 능력이 타인에 의해서 어떻게 평가받는가에 관심을 둠

⑦ 학습과 불안의 관계
 ㉠ 불안이 높은 학생은 기억 실수의 가능성이 적을 때 기억검사에서 높은 점수를 얻고, 불안이 낮은 학생은 비교적 기억 실수의 가능성이 높을 때 높은 점수를 얻음
 ㉡ 지능과 불안의 관계

중간 정도의 지능을 가진 학생	불안 수준이 낮은 학생이 높은 학생보다 성적이 좋음
높은 지능을 소유한 학생	높은 불안이 학업성취를 촉진하는 경향을 보임

 ㉢ 불안과 학습의 관계 : 적정 수준의 불안은 학습활동을 활발하게 해주나, 불안이 지나치게 높거나 낮을 때는 학습활동이 극히 저조함

(2) 성취동기

① 개념 : 도전적이고 어려운 과제에 대한 성공적 수행 욕구
② 성공추구동기와 실패회피동기
 ㉠ 앳킨슨(Atkinson)의 연구
  • 성공의 희망 때문에 항상 동기화되는 것은 아니며, 어떤 때는 실패의 두려움 때문에 동기화됨
  • 성공추구동기와 실패회피동기 중 어느 것이 더 강력한가를 기준으로 학생들을 분류하고, 각 유형의 학생들이 어느 수준의 과제를 선택하는지를 연구

$M_s > M_{af}$ 유형	현실적으로 성공의 가능성이 높은 난이도가 중간 정도의 과목을 선택
$M_s < M_{af}$ 유형	실패했을 경우 어려워 실패했다는 변명을 할 수 있는 가장 어려운 과목에 가장 많이 등록

SEMI-NOTE

숙달목표 유형학생과 수행목표 유형학생
• 숙달목표 유형학생 : 학습에 도전적, 노력 귀인, 절대적·내적 자기참조 평가, 내재동기
• 수행목표 유형학생 : 쉬운 과제 선호, 능력귀인, 도움요청 잘 안함

시험불안의 유형

특성불안	인성적인 특징과 관련된 불안
상태불안	일시적인 정서적 상태로 인한 불안

성공추구 동기와 실패회피 동기의 유형
• 인간 모두에게는 실패회피동기와 성공추구동기의 유형을 가지고 있음
• 인간은 성공추구동기보다 실패회피동기가 강한 유형과 실패회피동기보다 성공추구동기가 강한 유형으로 특정지을 수 있음
• M_{af} : 실패회피동기
• M_s : 성공추구동기

SEMI-NOTE

칙센트미하이(Csikszentmihalyi)의 플로우(flow)
- 플로우 : 어떤 행위에 깊이 몰입하여 시간의 흐름이나 공간, 더 나아가 자신에 대한 생각까지도 잊어버리게 되는 심리적 상태. 단순한 기쁨이나 열중할 때의 느낌이라기보다는 완벽한 심리적 몰입을 의미
- 특징 : 주의집중, 자아의식의 상실, 현실의 단순화, 시간의식의 동요, 환경의 지배
- 플로우(flow)의 구성요소
  - 자신이 완성시킬 가능성이 있는 과제에 직면할 때
  - 자신이 하고 있는 행위에 집중할 수 있을 때
  - 명확한 목표가 있을 때
  - 즉각적인 피드백을 받을 수 있을 때
  - 걱정이나 좌절을 의식하지 않고 자연스럽고도 깊은 몰입상태로 행동할 때
  - 자신의 행동에 대한 통제감을 느낄 수 있을 때
  - 자아에 대한 의식이 사라질 때
  - 시간의 개념이 왜곡될 때

장의존형과 장독립형의 개념

장의존형	외부적 대상에 의존하는 성향, 지각 대상을 전체로서 지각하는 인지유형 → 주변의 장에 의존하는 인지양식
장독립형	내적 대상에 의존하는 성향 → 어떤 사물을 인지할 때 그 사물의 배경이 되는 주변의 장의 영향을 별로 받지 않는 인지유형

속응형 학생을 위한 학습전략(숙고형 유도전략)
- 인지적 자기교수 : 학습 중에 자신에게 혼잣말로 가르치기(예 나는 이것을 조금 더 길이 있게 봐야 해)
- 훑어보기 전략 : 학습과제 전체를 모두 개략적으로 파악하기(예 사지선다형 문제에서 네개의 보기를 모두 하나씩 살펴보도록 격려하기)

ⓒ 와이너(Weiner)의 연구 : '$M_s > M_{af}$ 유형'의 학생과 '$M_s < M_{af}$ 유형'의 학생이 어떤 과제에서 실패 혹은 성공한 경우, 동일한 과제에 대한 동기수준이 정반대로 변한다는 것을 발견

$M_s > M_{af}$ 유형	과제에의 성공은 동일한 과제에 대한 학습동기를 감소시킴
$M_s < M_{af}$ 유형	과제에의 성공은 동기를 증가시키는 반면, 실패는 동기를 감소시킴

(3) 학습의 전이설

① 전이 : 선행학습이 후행학습에 미치는 영향 → 파급효과, 일반화

② 전이이론

전이유형	내용	영향
형식도야설(Locke)	교과(형식)를 통해 일반정신능력을 훈련시킬 때 자연적 전이 발생	교과중심 교육과정
동일요소설(Thorndike)	동일한 요소가 있을 때 유사성이 클 때 전이 발생	경험중심 교육과정
일반화설(동일원리설, Judd)	• 일반원리나 법칙을 알 때, 일정한 학습장면에서 조직적으로 개괄화 또는 일반화해서 다른 장면에 적용할 때 전이 발생 • 수중표적 맞히기 실험(굴절의 원리)	학문중심 교육과정
형태이조설(구조적 전이설, Koffka)	• 어떤 장면 또는 학습자료의 역학적 관계(수단과 목적의 관계)를 이해할 때 전이 발생 • 일반화설의 확장, 퀄러의 닭 모이 실험	학문중심 교육과정, 발견학습(Bruner)

(4) 인지양식

① 인지양식 : 정보를 처리하는 개개인의 전형적인 습관이나 양식, 개인이 사물을 지각하고 인지하는 독특한 반응 양식

② 장의존적-장독립적 인지양식(Witkin) : 잠입도형검사(EET : 숨은 그림 찾기)

장의존적인 학생의 특징	장독립적인 학생의 특징
• 개념이나 자료에 대해 총체적인 관점으로 지각 • 교육과정의 자기화-개념을 자신의 경험과 연결 • 교사로부터 안내와 시범을 원함 • 교사와의 관계를 강화해주는 보상을 요구 • 타인과 활동하기를 선호하고 타인의 감정과 의견에 민감 • 협동하기를 좋아함 • 교사에 의해 구조화된 활동 선호	• 교육과정 자료의 세부사항에 초점 • 사실과 원리에 중점 • 교사와 물리적인 접촉을 별로 원하지 않음 • 교사와의 공식적인 상호작용을 자신에게 부여된 과제에 국한시켜 비사교적인 보상 요구 • 독자적인 활동을 선호 • 경쟁을 좋아함 • 스스로 정보를 구조화

③ 속응적-숙고적 인지양식(Kagan) : 유사도형검사(MFFT : 같은 그림 찾기)

숙고형	반응속도 느림	정답률이 높음	사변적	사려적	언어적	분석적	집중	침착	성취도 높음	보상에 둔감	현재 중심
속응형	반응속도 빠름	정답률이 낮음	활동적	불안적	감각적	총체적	산만	흥분	성취도 낮음	보상에 민감	현재 중심

④ 메타인지 학습전략
  ㉠ 인지에 대한 인지로, 어떤 과제의 해결에 필요한 적절한 기술의 선택과 그 실행을 조정하고 지시하는 일반적 지식
  ㉡ 메타 인지적 학습전략

자기-질문	교사들은 학생들에게 확산적 질문을 제시하여 답하도록 하거나 그들 자신의 질문을 만들어 내도록 북돋움
KWL 전략	학생들이 자신이 알고 있는 것이 무엇이고, 무엇을 배우고 싶으 하며, 배웠던 것은 무엇이었나를 알도록 하는 전략
IDEAL	인식하기, 정의하기, 조사하기, 행동하기, 보기 등으로 구성되며 효과적이고 효율적인 사고와 문제해결을 위해 중요한 방법
PQ4R 기법	많은 정보를 상대적으로 짧은 시간에 처리할 수 있도록 돕는 방법

⑤ 자기조절학습 전략
  ㉠ 학습전략이란 주로 지식의 습득, 저장과 인출에 관한 전략으로 효율적인 학습을 위해 취하는 모든 방법적 사고 혹은 행동을 말함
  ㉡ 자기 조절학습의 세 측면

초인지적 측면	학습과정 중 다양한 계획을 세우고, 목표를 설정하며, 자기모니터링하고, 자기평가를 함
동기적 측면	자기 효능감을 높이며, 주로 내재적 요인에 귀인하고 과제에 대한 유인가가 높고 적극적인 노력으로 끈기 있게 문제를 해결하려고 함
행동적 측면	효율적인 학습을 위한 정보탐색, 시간관리 및 물리적 환경을 선택하고 구조화하고 창조함

자기조절 전략
자기평가, 조직화 및 변형, 목표설정 및 계획, 정보탐색, 기록 유지 및 모니터링, 자기 보상, 시연과 기억화, 사회적 도움 추구, 기록 검토

4. 적응(정신위생)

(1) 정신위생과 갈등
① 정신위생 : 넓은 의미로는 정신적 건강의 유지와 증진을 도모하는 것으로 인간의 전인적 발달을 목표로 하는 활동을 말하며, 좁은 의미로는 정신장애자의 치료와 예방을 목적으로 하는 활동을 말함
② 갈등 : 유인성의 정도가 같고 방향이 반대가 되는 상태

(2) 기제
① 기제 : 현실을 욕구불만이 쌓였을 때 이를 비합리적 방법으로 해소하는 것을 말하며 방어기제, 도피기제, 공격기제로 구분함

갈등의 유형

접근 -접근 갈등	두 개의 +유인성의 중간에 개체가 위치할 때(예) 공부를 할 것인가 친구와 놀 것인가 망설이는 경우)
회피 -회피 갈등	두 개의 −유인성의 중간에 개체가 위치할 때(예) 하기 싫은 일을 강요당하는 경우)
접근 -회피 갈등	어느 대상이 +의 유인성과 −의 유인성을 동시에 가질 때(예) 하기 싫은 공부에 상점이 걸려 있는 경우)

SEMI-NOTE

합리화의 유형

신포 도형	어떤 목표를 달성하려고 했으나 실패했을 때 자기는 처음부터 원하지 않았다고 자기 변명을 하는 경우
달콤한 레몬형	현재의 상태를 과시하는 행위로서 이것이야 말로 바로 내가 원하는 것이었다고 변명하는 것
망상형	자기가 원하는 일이 마음대로 되지 않았을 때 허구적인 자신의 능력에 대한 생각으로써 실패의 원인을 합리화시키는 경우

공격기제

직접적 기제	폭행, 싸움, 기물파괴
간접적 기제	욕설, 비난, 조소행위

학업부진의 요인
- 선수학습의 결핍
- 학습 동기의 결여
- 가정환경의 문제
- 또래 집단의 영향
- 비효과적인 공부 방법
- 정신건강
- 교사(교사가 학생을 어떻게 기대하는가, 그리고 학생이 교사에게 느끼는 선호의 감정 등은 교사가 가르치는 교과목에 대한 흥미와 학습행동에 영향을 미침)

② 방어기제

합리화	구실이나 변명으로 정당화(예 이솝 우화의 신포도 행동, 시험에 실패하고서 교사가 문제를 잘못 출제하였다고 변명하는 경우)
투사	자아의 욕구가 억압당했을 때 그 이유를 외부의 탓으로 돌려 긴장을 해소시킴(예 공부 못하는 이유를 가정형편 탓으로 돌리는 경우, 민지는 영민이를 싫어하면서 오히려 영민이가 자기를 싫어한다고 생각)
동일시	타인이나 집단의 가치나 태도, 행동을 따라하기(예 연예인의 옷을 입고 다니면서 흉내내는 경우, 친구따라 강남간다)
승화	억압된 욕구가 사회적으로 보다 바람직한 행동을 발산됨(예 젊어서 미망인이 된 부인이 사회사업에 몰두함, 성직자의 고행)
치환	대상을 다른 사람(제 3자)으로 바꿔 해결(예 누나에 대한 애정이 연상의 여인에게 옮겨가는 경우)
반동 형성	자기 욕구와는 정반대로 행동(예 여학생이 좋아하는 남학생을 넘어뜨리고 도망가는 경우)
부정	고통스러운 환경이나 위협적인 정보를 거부함(예 자녀가 학교에서 도둑질을 했다고 연락을 받은 부모가 뭔가 오해가 있을 것이라며 부정함으로써 자신의 불안으로부터 도피하는 경우)
보상	자신의 결함을 장점으로 보충(예 공부를 못하는 아이가 운동에 열심인 경우)

③ 도피기제

고립	자기 내부로 숨기(예 등교거부 학생, 은둔생활을 하는 자)
퇴행	발달단계 이전 단계로 후퇴(예 동생이 태어났을 때 야뇨(夜尿)를 하는 아이)
백일몽	현실적으로 도저히 만족할 수 없는 욕구나 소원을 상상의 세계에서 찾으려고 함(예 운동선수가 경쟁자를 물리치고 승리자가 되어 우승컵을 타는 모습 상상, 자신을 비참한 처지로 전락시켜 다른 사람의 동정심을 유발하는 것 상상)
억압	의식상 용서받지 못한 소망, 욕구를 의식 하에 억눌러 버리고 의식상은 아무 것도 아닌 것처럼 행동(예 성적 욕구는 사회적으로 제한을 받거나 금기시되기 때문에 무의식 속에 억누르는 경우)
거부	고통스럽거나 위협적인 상황의 존재를 무의식 수준에서 거부 또는 부인해 버림(예 "그것은 잘못된 것 일거야"라며 부인해 버리는 경우)

5. 학교생활 관련 부적응 행동 및 특수학습자

(1) 학교생활 관련 부적응 행동

학업부진	자아 개념을 손상시키며, 신체적 질병이나 정신적 문제를 일으키고, 부모와의 관계를 약화시키며, 좌절에 의한 비행과 탈선의 원인이 되기도 함
상습적 지각	습관적인 지각은 학교생활에 대한 부적응의 한 현상으로 작용
결석	• 자주 그리고 장기적인 무단결석과 같은 행위는 심각한 문제의 징후임 • 원인 : 가출, 친구의 유혹, 가정적 문제(결손, 빈곤, 가정불화 등), 학교의 문제(학업부진, 흥미 상실 등), 유해 환경문제(폭행, 불량배의 위협 등), 학생 개인의 심리적인 문제(이별불안, 학교공포, 대인공포 등)

| 집단따돌림 | 집단따돌림을 당하는 학생은 학교생활에 제대로 적응하지 못함 |

(2) 특수학습자

영재아	능력이 뛰어나고 탁월한 성취를 보일 가능성이 있는 자
학습장애아	비교적 정상적인 지능을 가지고 있으면서도 특정 학습에서 학습문제를 가지고 있는 아동
정신지체아	지능이 평균보다 낮으며(-2SD 이하, 즉 IQ 70 이하), 특히 정신적인 발달이 지체되는 것
행동장애아	학습장면과 관련지어 사회적 갈등, 개인적 불만, 학교성적 부진 등을 지속적으로 나타내는 학습자
주의력결핍 과잉행동장애(ADHD)	• ADHD의 3대 특징 : 주의력 결핍, 충동성, 과잉행동 • 학습장애 : 주의력 부족, 기억력 부족, 집행부의 통제력 부족 • 지도 : 간단하게 말하며 불필요한 단어는 말하지 않음, 시끄러운 곳을 피해서 말함, 복잡한 정보는 짧으면서도 쉽게 이해할 수 있게 나누어 전달 등

주의력결핍 과잉행동장애(ADHD)의 치료방법
- 약물치료가 우선이고 그 밖에 행동치료 등을 병행하는 방법을 사용함
- 치료약물로는 흥분제의 일종인 리탈린(Ritalin)과 덱스암페타민(Dexamphetamine) 등이 사용되며, ADHD의 약 80~90%는 단기적인 효과를 얻을 수 있음

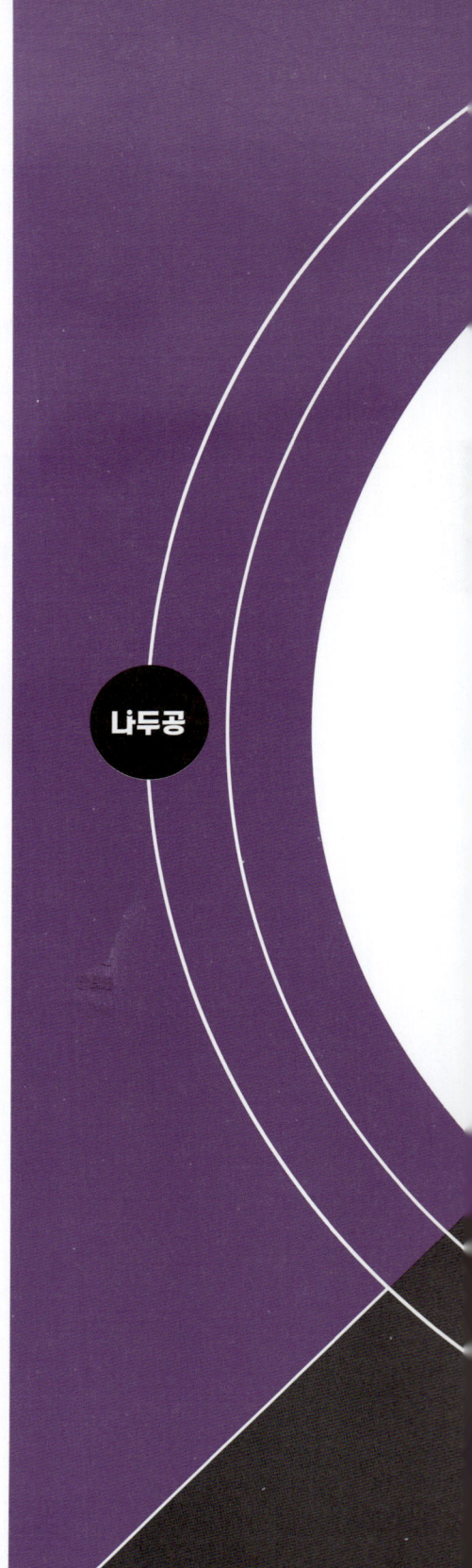

9급공무원
교육학개론

나두공

05장 생활지도 및 상담

01절 생활지도

02절 상담 및 청소년 비행이론

05장 생활지도 및 상담

SEMI-NOTE

생활지도의 필요성
- 현대과학의 발달에 따른 아동 이해의 필요성이 증대
- 변화하는 사회 속에서 적응능력을 배양시킴
- 민주시민으로서의 자질이 요구됨

표준화 검사와 임상적 방법

표준화 검사에 의한 방법	지능검사, 적성검사, 성격검사
임상적 방법에 의한 방법	관찰법, 면접법, 질문지법, 평정법

생활지도의 영역
- **교육지도** : 학습지도가 아닌 교육지도가 대상 영역
- **직업지도** : 진로인식(초등), 진로탐색(중등), 진로준비(고등), 진로정치(고교 졸업 후, 대학)
- **성격(인성)지도** : 건전한 인성의 조화로운 발달을 도모
- **사회성지도** : 원활한 대인관계나 교우관계 등의 능력 배양
- **여가선용지도** : 여가의 유효적절한 이용에 대한 조언·조력
- **건강지도** : 신체적 발달의 유지와 증진을 위한 적절한 조언·조력

01절 생활지도

1. 생활지도의 기초

(1) 생활지도의 개요

① **개념** : 학생의 건전한 성장과 발달을 촉진하기 위해 생활과정에서 나타나는 현실적 문제를 개인의 특성에 알맞게 지도함으로써 자아실현을 도모하는 일
② **생활지도의 기본 원리** : 수용(무조건적이고 긍정적인 존경, 비소유적 온정), 자율성 존중의 원리, 적응의 원리, 인간관계의 원리(rapport)

(2) 생활지도의 주요활동

한눈에 쏙~

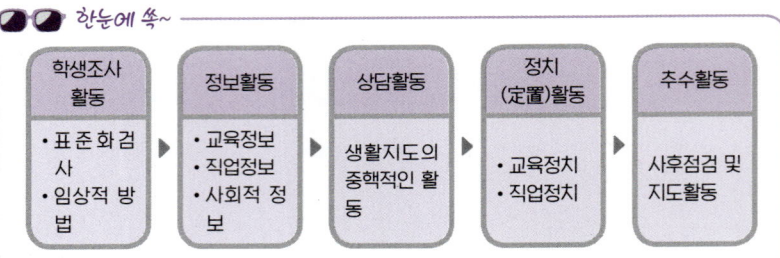

① **학생조사활동** : 학생들에 대한 정확한 이해와 지도에 필요한 기초자료를 수집하는 활동(표준화 검사에 의한 방법과 임상적 방법에 의한 방법 등)

범위	가정환경, 학업성취도, 학업적성, 지능, 신체 및 정신건강, 교외활동, 학습 및 직업적 흥미, 적성, 성격 등
방법	각종 표준화 심리검사, 학업성취도 검사, 환경조사, 질병조사, 생활사, 가족관계, 교우관계 등 조사

② **정보활동** : 학생들이 필요로 하는 교육정보, 직업정보, 개인적 정보, 사회적 정보 등의 정보와 자료를 제공하여 그들의 개인적 성장과 사회적 적응을 돕기 위한 활동

정보의 유형	내용
교육정보	이수해야 할 교육과정, 특별과정, 입학조건과 상황, 학생 생활의 문제
직업정보	직업의 세계에 관한 정보, 즉 직업과 직위에 대한 타당하고도 유용한 자료
개인 및 사회적 정보	개인과 인간관계에 작용하는 인간 및 물리적 환경의 기회와 영향에 관한 타당하고 유용한 자료

③ **상담활동** : 상담자와 내담자의 독특한 관계와 상담면접의 기술을 통하여 학생들의 문제해결과 성장발달을 촉진하고 조력하는 학습과정
④ **정치활동** : 취업지도, 진학지도, 학과선택 지도 등 자기 자신과 희망하는 진로를 정확하게 이해하여 자기가 있어야 할 제자리를 현명하게 선택하도록 돕는 활동
⑤ **추수활동** : 생활지도를 받을 학생들의 추후의 적응상태를 항상 보살피며 더 나은 적응을 하도록 돕는 활동

> **SEMI-NOTE**
>
> **정치활동의 유형**
> - 교육정치 : 학과선택, 특별 활동반 선택, 서클 활동 부서 선택 등
> - 직업정치 : 직업선택, 진로선택, 부직 알선 등

2. 생활지도의 실제

(1) 진로교육 과정

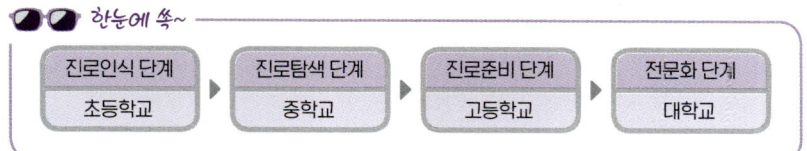

한눈에 쏙~

진로인식 단계 (초등학교) ▶ 진로탐색 단계 (중학교) ▶ 진로준비 단계 (고등학교) ▶ 전문화 단계 (대학교)

(2) 진로발달이론

① **특성요인이론**(파슨즈(Parsons), 윌리암슨(Williamson), 헐(Hull))
  ㉠ 개인적 특성, 즉 흥미나 능력이 바로 직업의 특성과 일치되기 때문에 직업을 선택한다는 이론 → 개인차 심리학과 응용심리학에 근거
  ㉡ 특징 : 개인의 특성에 대한 객관적 자료와 직업의 특성에 관한 자료를 중시
② **발달이론** : 진로발달을 생애의 전 과정에 걸친 과정으로 파악
  ㉠ 진즈버그(Ginzberg)의 직업발달 이론

환상기(6~11세)	• 직업선택의 문제에서 자신의 능력이나 가능성, 현실여건 등을 고려하지 않고 욕구를 중시하는 시기 • 무엇이든 하고 싶고 하면 된다는 식의 환상 속에서 비현실적인 선택
잠정기(11~17세)	• 개인의 흥미나 취미, 능력과 가치관 등에 따라 직업을 선택하려 하지만 현실 상황을 고려하지 않아 비현실적인 시기 • 흥미단계 → 능력단계 → 가치단계 → 전환단계의 하위단계로 진행
현실기(17세~)	• 직업에서 요구하는 조건과 개인적 욕구와 능력을 결합하여 현실적으로 직업을 선택하는 시기 • 탐색단계 → 구체화단계 → 특수화(전문화) 단계로 진행

  ㉡ 수퍼(Super)의 직업발달 이론

성장기(출생~14세)	가정이나 학교에서 주요 인물과 동일시함으로써 자아개념이 발달
탐색기(15~24세)	학교, 여가활동, 시간제 일 등을 통해 시행착오를 거치면서 자기검증, 역할수행, 직업적 탐색을 함

특성요인 진로상담 모형(Williamson)

제 1단계	분석
제 2단계	종합
제 3단계	진단
제 4단계	예측
제 5단계	상담
제 6단계	추수지도

진즈버그의 직업발달 이론 특징
- 인간의 신체와 정신이 발달하는 것처럼 직업에 대한 지식, 태도, 기능도 어려서부터 발달하기 시작하여 일련의 발달단계를 거치는 것임
- 개인의 진로발달은 부분적으로 자신의 심리적 및 생리적 속성뿐만 아니라 중요한 타인을 포함하는 환경적 조건에 의해 결정된 비율에 따라 전체 발달의 한 측면으로 이루어짐

수퍼의 직업발달 이론 특징
- 진즈버그의 직업발달 이론에 대한 비판으로 비롯된 것으로 직업발달 이론 가운데 가장 포괄적인 이론
- 개인적 요인과 환경요인과의 상호작용을 강조하는 통합적 접근
- 개인은 발달 단계에 따라 연령과 사회적 기대에 따른 발달 과제에 직면하게 되고 아동, 학생, 직업인, 배우자 등의 지위를 얻게 되고 각각의 역할에 대한 자아개념을 발달시키게 됨

SEMI-NOTE

확립기(25~44세)	자신에게 적합한 직업 분야를 발견하고 그 분야에서 안정적인 위치를 확보하려고 노력
유지기(45~64세)	직업 세계에서 확고한 위치가 확립되어 이를 유지하기 위한 노력을 함
쇠퇴기(65세 이상)	신체적 및 정신적 힘이 쇠퇴함에 따라 작업 활동에 변화가 오고 중단하게 됨으로 새로운 역할을 개발해야 함

③ 욕구이론(Roe)
  ㉠ 매슬로우(Maslow)가 제시한 욕구단계론을 기초로, 개인의 욕구가 직업선택에 큰 영향을 미친다고 봄
  ㉡ 개인의 욕구 차이는 '초기의 가정환경(부모의 양육방식, 즉 부모-자녀 관계)'이 아동기의 욕구 형성에 영향을 주고 그 욕구에 대한 반응으로 직업선택(직업지향성)이 결정된다고 봄
  ㉢ **부모의 양육방식과 자녀의 직업선택**

자녀에 대한 정서적 집중	• 과보호적 부모 : 서비스, 예술, 연예활동과 관련된 직업에 관심 • 과요구적 부모 : 법조인, 교사, 학자, 도서관 사서, 예술과 연예관련 직업에 관심
자녀에 대한 회피	• 거부적 부모 : 과학과 관련된 직업에 관심 • 무관심 부모 : 과학과 옥외에서 활동하는 직업에 흥미
자녀에 대한 수용	• 태평한 부모 : 기술직(엔지니어, 항공사, 응용 과학자)이나 단체에 속하는 직업(은행원, 회계사, 점원)을 추구 • 애정적 부모 : 서비스나 비즈니스와 관련된 직업 추구

④ **성격이론(홀랜드(Holland)의 인성이론(RIASEC 6각형 모델))**
  ㉠ 개인의 직업선택은 자신의 성격 특성과 환경 특성과의 상호작용에 의해 결정
  ㉡ **성격 유형 : R(실재형), I(탐구형), A(예술형), S(사교형), E(기업형), C(관습형)**

진로유형	성격적성	직업
현실적 (실재형)	솔직하며 성실하고 검소하며 말이 적고 직선적이고 단순함. 기계를 만지거나 조작하는 것을 좋아하며 몸을 움직이는 활동을 선호함	기술자, 엔지니어, 기계기사, 정비사, 전기기사, 운동선수, 건축가, 도시계획가 등
지적 (탐구형)	논리적, 분석적이며 탐구심이 많고 합리적이며 정확하고 호기심이 많음. 소극적이며 내성적이고 학문적임	과학자, 의사, 생물학자, 화학자, 수학자, 저술가, 지질학자, 편집자 등
심미적 (예술형)	상상력이 풍부하고 감수성이 강하며, 개방적이고 직관적임. 자유분방하고 개성이 강하며 협동심이 약함	예술가, 시인, 소설가, 디자이너, 극작가, 연극인, 미술가, 음악평론가, 만화가 등
사회적 (사교형)	친절하며 이해심이 많고 남을 도와주며 관대하고 우호적임. 협동적이며 감정적이고 외향적임	교사, 임상치료사, 사회복지사, 보건교사, 간호사, 청소년지도사, 유아원장, 종교지도자, 상담가, 사회사업가 등

욕구이론(Roe)의 직업군 유형
서비스(Ⅰ), 비즈니스(Ⅱ), 단체(Ⅲ), 기술(Ⅳ), 옥외(Ⅴ), 과학(Ⅵ), 일반문화(Ⅶ), 예술과 연예(Ⅷ)의 8가지 범주로 분류하고 개인은 양육방식에 따라 이 범주 가운데 하나에 속하게 됨

성격이론(Holland)의 특징
• 홀랜드는 유형론에 초점을 두고 있음. 즉 개인은 여섯 가지 기본 성격유형 중의 하나와 유사하다고 주장함
• 홀랜드는 개인은 자신의 능력과 기술을 발휘하고 태도 및 가치를 표현하고 자신에게 알맞은 역할을 수행할 수 있는 환경을 찾는다고 가정하였고, 개인의 행동은 성격과 환경적 특성의 상호작용에 따라 결정된다고 봄
• 즉 개인의 성격유형이 진로선택 및 발달에 중요한 영향을 끼치기 때문에 개인의 직업적 흥미는 곧 그 사람이 가진 성격의 표현이라고 주장함

설득적 (기업형)	지도성이 있고, 설득적이며, 경쟁적이고 열성적임. 야심이 많고 외향적이며 모험심이 있고 낙천적임	정치가, 기업경영인, 광고인, 영업사원, 보험사원, 판사, 관리자, 공장장, 판매관리자, 매니저 등
전통적 (관습형)	정확하며, 빈틈이 없고, 조심성이 있고 변화를 싫어함. 계획적이고 사무적임	회계사, 세무사, 경리사원, 은행원, 컴퓨터 프로그래머 등

👓 한눈에 쏙~

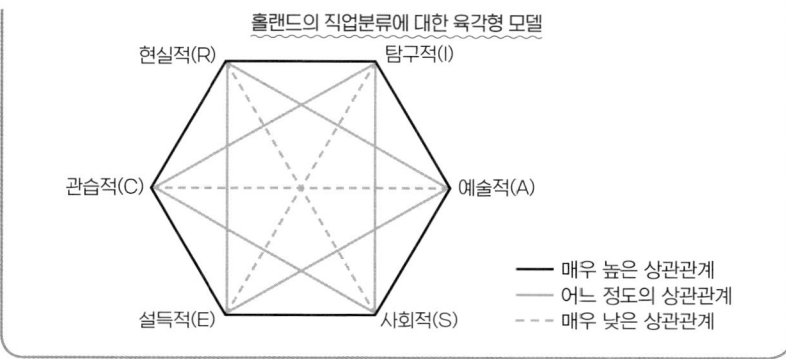

홀랜드의 직업분류에 대한 육각형 모델

홀랜드의 진로유형
- 홀랜드는 인성과 직업의 조화를 탐구하여 '인성–적성 적합성 이론'을 제시함 → 퍼스낼리티에는 6가지 특징이 있고 이들 특징에 맞는 직업을 갖고 있느냐에 따라 직업 만족도나 이직률이 좌우된다고 보았음(세상의 모든 직업들과 사람들의 직업적 적성은 6가지 유형으로 나누어질 수 있다고 보았음)
- 홀랜드는 성격유형을 직업 환경과 연결시킴으로써 '육각형 모형(Hexagonal Model)'을 제시함 → 두 가지 유형간의 거리가 가까울수록 상호간의 심리적인 유사성이 커지며 거리가 멀수록 다른 특성을 지님

⑤ 사회학습이론(크럼볼츠(Krumboltz))
  ㉠ 교육적·직업적 선호 및 기술이 어떻게 획득되며, 교육프로그램, 직업, 현장의 일들이 어떻게 선택되었는가를 설명하기 위해 발달된 이론으로, 진로결정은 학습된 기술로 봄
  ㉡ 학습이론을 토대로 개인의 성격과 행동은 그의 독특한 학습경험에 의해서 가장 잘 설명될 수 있다고 가정하면서, 진로의사결정에 영향을 미치는 요인들의 상호작용을 규명하고 있음

진로결정요인	유전적 요인과 특별한 능력, 환경적 조건과 사건, 학습경험, 과제접근기술
진로결정요인들의 상호작용 결과	자기관찰 일반화, 세계관 일반화, 과제접근 기술, 행위의 산출

⑥ 의사결정이론
  ㉠ 겔라트(Gelatt)의 의사결정이론 : 내담자의 결정과정을 돕는 것을 상담의 중요한 목적으로 상정하고 결정은 결과만으로 평가하는 것이 아니라 결정을 내리는 과정을 중시함
  ㉡ 하렌(Haren)의 진로의사결정 모형 : 인식 → 계획 → 잠정적 시행 → 실행

하렌(Haren)의 진로의사결정 모형

인식 단계	자아개념과 의사결정 유형에 따라 각 대안들을 인식하는 단계로 자아개념의 발달 정도에 따라 각 대안들의 평가가 달라짐
계획 단계	선택된 대안을 바탕으로 개인의 진로 목표를 설정하는 단계
잠정적 시행 단계	내담자가 잠정적으로 의사결정에 임하는 단계
실행 단계	내담자 자신이 결정한 진로를 실행에 옮기는 단계

02절 상담 및 청소년 비행이론

1. 상담의 기초

(1) 상담

① 개념 : 상담자가 내담자에게 전문적 지식과 기술을 가지고 내담자 자신과 환경에 대한 이해를 증진시키고 합리적이며 현실적인 의사결정을 내리도록 하는 전문적 조력 과정

② 개인 상담의 기법

적극적 경청	상대방이 중요하고 가치 있는 사람임을 나타내는 반응이며, 말의 내용이나 표면적인 감정뿐만 아니라 표현되지 않은 의미 및 내면의 감정까지도 이해했음을 보여주는 반응
구조화	상담자가 상담의 시작 단계에서 내담자에게 상담에 필요한 제반 규정(예 시간제한, 행동제한, 상담자의 역할, 내담자의 역할, 과정 및 목표의 구조화, 보수 등)과 상담에서의 한계에 대해 설명해 주는 것
반영	내담자의 말과 행동에서 표현된 기본적인 감정 · 생각 · 태도를 상담자가 다른 참신한 말(새로운 용어)로 부언해 주는 것
재진술	내담자의 말을 그대로 되풀이하는 것으로, 대화의 흐름을 조절해서 내담자가 상담내용의 초점을 유지하도록 도와주고 상담자와 내담자 간의 의사소통을 명료하게 해 줌
명료화	막연한 것(분명하지 않은 정서 · 사고 · 행동 등)을 분명하게 정리하는 것, 명료화의 요령은 내담자의 말을 반복하면서 "~라는 뜻이니?", "~라는 말이니?"라는 질문을 던지는 것임
직면	내담자가 미처 깨닫지 못하거나 인정하기를 거부하는 생각과 느낌에 대해 주목하도록 하는 것
요약	둘 이상의 언어적 표현들을 묶어서 진술의 내용 부분을 다른 동일한 의미의 말로 바꾸어 기술하는 재진술과 반영의 확대된 형태임
해석	내담자로 하여금 자신의 문제를 새로운 각도에서 이해하도록 그의 생활경험과 행동의 의미를 설명하는 것(=재구조화)

2. 상담이론

(1) 인지적 영역의 상담이론

① 지시적 상담이론(Williamson)
  ㉠ 특성 · 요인이론에 기초(내담자는 자기 문제를 독립적으로 해결하지 못함), 진단 중시, 상담의 책임은 상담자(비민주적 상담), 상담의 과학화에 기여
  ㉡ 부적응 : 개인의 특성과 환경과의 부적절한 결합
    • 상담과정 : 분석 → 종합 → 진단 → 예진 → 상담 → 추후지도
    • 상담기술 : 타협의 강요, 환경의 변경, 환경의 선택, 필요한 기술 습득, 태도의 변경

SEMI-NOTE

반영과 해석의 비교
• 반영
  – 상담의 초기에 주로 사용함
  – 내담자가 말하지 않은 감정을 추론하여 말함
  – 내담자의 자기 이해를 도와 대화를 촉진함
  – '부드러운 해석'이자 비지시적 상담 이론의 기법임
• 해석
  – 상담의 후기에 주로 사용함
  – 내담자가 말하지 않은 방어기제, 생각, 행동양식 등을 추론해서 말함
  – 내담자를 다른 참조체계로 문제를 해결할 수 있도록 도움
  – '강한 해석'이자 정신분석적 상담이론의 기법임

지시적 상담의 6단계

분석	내담자에 관한 정보와 자료를 수집하는 일
종합	분석 단계에서 수집하여 분석한 자료를 유용하게 활용할 수 있도록 정리하는 일
진단	잠재적인 적응과 부적응을 추구하는 함축성, 학생의 문제와 원인, 의미가 있고 적절한 특성을 간결한 요약으로 이끌어낼 수 있는 일관성과 유형을 발견하는 일
예진	진단을 통해 나타난 가능성과 변화의 용이성을 고려하는 일
상담	상담자가 내담자로 하여금 현재 및 미래의 일상생활에 최적 상태로 적응할 수 있도록 도와주는 일
추후지도	상담종료 후 내담자에게 상담했던 문제나 새로운 문제가 발생했을 때 또는 상담의 효과를 확인하고자 하는 일

② 합리적 · 정의적 · 행동주의적 상담(REBT)이론(Ellis)
  ㉠ 인간관 : 인간은 합리적 존재, 사고가 정서와 행동을 결정함 → 종합적 접근
  ㉡ 문제행동의 원인 : 비합리적 · 비현실적 · 자기 파괴적 사고와 신념
  ㉢ 상담과정 : 비합리적 사고를 합리적으로 교정 → ABCDE 기법(A(선행사건, 가치중립적), B(비합리적 신념, 문제원인), C(부정적 정서와 행동, 원인의 결과), D(논박, 상담자의 역할), E(상담의 효과))
  ㉣ 상담기법

인지적 상담기법	암시, 자기방어의 최소화, 대안의 제시, 기분전환 시키기, 인지적 과제(should, must 등의 신념체계 제거 목적), 정확한 언어 사용, 유추 기법, 유머의 사용
정의적 상담기법	합리적 정서 상상, 수치심 제거하기, 역할 연기, 감정적 언어 사용
행동적 상담기법	강화기법, 과제부과, 자극통제

합리적 · 정의적 · 행동주의적 상담이론
인간의 감정, 즉 정서적 문제의 원인이 비합리적 신념임을 가정하고 이를 합리적 신념으로 변화시키기 위한 치료기법을 개발함

한눈에 쏙~

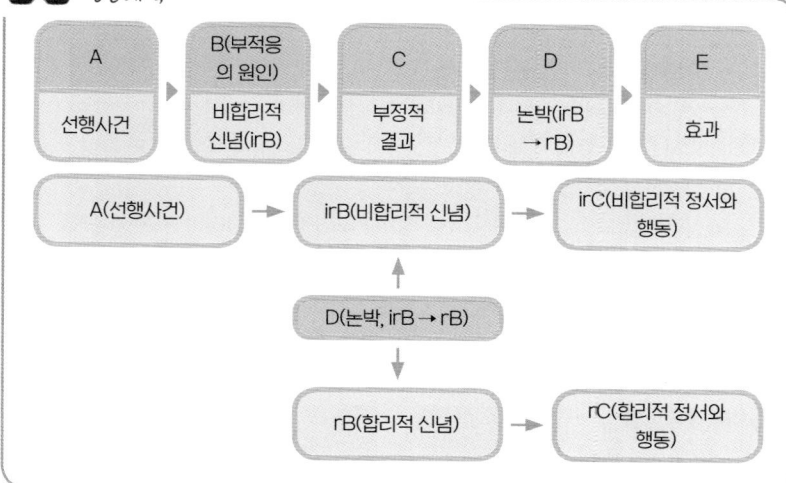

비합리적인 신념의 특성
- 당위적 사고 : 강한 요구가 포함되어 있는 경직된 사고(반드시 ~해야/이어야 한다)
- 지나친 과장 : '~하면/이면 끔찍하다', '~하면 큰일이다' 등으로 표현되는 사고나 진술로, 재앙화(catastrophizing)라고도 함
- 자기 및 타인 비하 : 한 가지 부정적인 면을 기초로 전체를 부정적인 것으로 생각해 버리는 경향(~한/인 것을 보면 ~는 무가치한 사람이다)
- 좌절에 대한 인내심 부족 : 원하거나 요구하는 것이 주어지지 않았을 때, 그 상황을 견디지 못하고 어떤 행복감도 느끼지 못하는 것을 말함

③ 벡(Beck)의 인지상담이론
  ㉠ 우울증에 관한 인지치료이론(인지변화를 통한 심리적 문제 해결 도모) → 불안, 공포증 등 정서적 문제 치료로 확대
  ㉡ 부적응 발생의 원인 : 환경적 스트레스와 부정적 생활사건 → 역기능적 인지도식 → 인지적 오류 → 부정적 · 자동적 사고(인지3제) → 심리적 문제

자동적 사고	어떤 사건에 당면하여 자동적으로 떠오르는 생각, 스트레스를 유발하는 환경적 자극과 심리적 문제 사이에 개입되어 있는 인지적 요소
역기능적 인지도식	현실 적응에 도움이 되지 않는 내담자의 기본적인 생각의 틀과 내용
인지적 오류	어떤 경향이나 사건을 해석하고 받아들이는 과정에서 생기는 추론 또는 판단의 오류, 현실을 제대로 지각하지 못하거나 사실이나 그 의미를 왜곡하여 받아들이는 것(예 흑백논리, 과잉 일반화, 선택적 추상화, 의미 확대 및 의미 축소, 임의적 추론, 사적인 것으로 받아들이기)

벡(Beck)의 인지상담이론의 상담기법
특별한 의미 부여하기, 절대성에 도전하기, 재귀인하기, 인지왜곡 명명하기, 흑백논리 도전하기, 파국에서 벗어나기(탈파국화), 장점과 단점 열거하기, 인지 예행연습, 사고중지, 사고와 감정의 감시법, 증거 탐문, 대안 검토, 재구성하기

SEMI-NOTE

인간중심 상담이론의 상담목표
• 내담자의 성장과 발달, 자아실현을 위한 조력
• 내담자가 충분히 기능하는 사람이 되도록 조력
• 내담자의 가방적 목표설정

인간중심 상담이론의 특징
• 성장의 원리에 기초한 내담자 중심의 상담
• 상담과정에서 진단과 처방의 단계를 배제
• 과거보다 현재의 직접 장면(지금-여기)을 강조함
• 정의적 영역의 상담으로 인성 지도에 중점을 두며, 감정과 정서의 문제를 중시함
• 내담자 스스로 부적응으로 고통 받는 이유를 찾아내도록 돕는 과정으로 통찰을 중시하며, 상담과정의 성공과 실패의 책임은 내담자에게 있다고 봄
• 상담은 변화나 발달을 위한 준비가 아니며, 상담과정 그 자체가 성장경험이라고 봄

정신분석 상담이론의 특징
• 부적응 행동의 원인을 무의식에서 찾음
• 임상적 관찰을 통해 부적응의 원인을 찾아냄
• 치료는 근원적인 동기, 즉 무의식적인 것을 통제함으로써 가능하다고 봄
• 내담자의 과거 인간관계가 현재의 치료과정에 전이되는 현상을 중시하고, 이를 치료의 과정에 포함시킴

개인심리 상담이론(Adler)의 핵심 개념
열등감 보상, 우월성의 추구, 생활양식, 사회적 관심, 창조적 자아, 출생순위, 허구적(가공적) 최종 목적론

④ 개인구념 이론(Kelly)
  ㉠ 인간관 : 건설적(구성적) 대안주의, 과학자로서의 인간관
  ㉡ 부적응 : 잘못된 구념(배타적 구념, 범주적 구념)을 현실에서 고집할 때 문제 발생
  ㉢ 상담 : 잘못된 개인구념을 재개념화(대안적 구념화, 현실적 구념화)하는 과정
  ㉣ 상담기법 : 역할실행, 고정역할치료
  ㉤ 상담절차(CPC주기 절차) : C(circumspection, 분별, 여러 측면을 검토) → P(preemption, 선점, 양분된 주제로 통합) → C(control, 통제, 하나의 대안을 선택)

(2) 정의적 영역의 상담이론
 ① 인간중심 상담이론(Rogers, 비지시적 상담이론, 내담자 중심적 상담)
  ㉠ 인간관 : 자아실현의 의식(실현경향성) 소유, 성선설, 개인은 적절한 환경이 제공된다면 자기확충을 위한 적극적인 성장력을 지니고 있음
  ㉡ 부적응 : 자아의 정의적 측면의 적응 문제, 진정한(현실적) 자기와 이상적 자기와의 괴리, 자기개념과 경험과의 괴리
  ㉢ 상담목적 : 내담자의 자아실현(자아통합) 만발기능적 인간
  ㉣ 특징 : 진단 단계 배제, 상담의 성공과 실패는 내담자 책임, 래포 형성
  ㉤ 상담과정 : 감정의 방출 자기 이해와 통찰 행동 통합
  ㉥ 상담방법 : 진실성(일치성, 순수성), 무조건적이고 긍정적인 존경(수용), 공감적 이해
 ② 정신분석적 상담이론(Freud)
  ㉠ 부적응 : 유아기 때의 무의식적 동기와 욕구(id)의 억압이 부적응 초래
  ㉡ 상담 : 무의식 세계에 억압되어 있는 갈등을 의식화 → 자아(ego) 기능을 강화
  ㉢ 상담방법

자유연상	내담자가 마음에 떠오르는 대로 아무런 억제나 제약 없이 자유스럽게 생각이나 감정을 이야기하도록 하는 방법
저항의 분석	자유연상을 할 때 과거의 중요한 경험을 기억해 내지 못하는 경우가 있는데, 이것은 심리적 저항으로 인해 생긴다고 보고 저항을 분석
꿈의 분석	내담자가 꾼 꿈의 내용에 잠재된 상징적 의미를 찾아내고자 함
전이의 분석	내담자가 지니고 있는 애착·증오·질투·수치 등의 감정과 상념은 대개 아동기에 부모나 가족들에 대해 지니고 있던 것이며, 이것을 상담자에게 전이하여 분석함
해석	무의식 세계에 대한 정보들이 지니는 상징적 의미를 내담자에게 설명해 주는 방법

 ③ 개인심리 상담이론(Adler, 사회적 관심론 → '개인심리학파' 형성)
  ㉠ 프로이트 이론 비판 : 환원론과 결정론, 생물학적 지향성(성욕론) → 인간의 사고와 행동에 영향을 주는 사회적 영향에 관심
  ㉡ 인간관 : 태어날 때부터 열등한 존재 → 인간 행동은 본질적으로 열등감의 보상

ⓒ 부적응 : 열등감을 극복하려는 자기중심적인 노력(예) 힘, 권력, 우월감, 공격성, 물질적인 삶, 비협동적인 삶의 추구) → 지배형, 기생형, 도피형 생활양식
ⓔ 상담 기법

즉시성	현재 이 순간에 무엇이 일어나고 있는지를 다루는 기법
역설적 의도	내담자가 의도적으로 허약한 사고나 행동을 과장하게 하는 것
자기모습 파악	내담자가 자신을 파악하는 과정에서 자기를 경멸하지 않고 자신의 비합리적 논리나 자기 파괴적 행동을 파악하게 됨
마이더스 기법	상담자가 내담자를 과잉 동정하고 내담자의 행동을 웃음거리로 만들면서 내담자 자신의 깨달음을 유도하는 것
내담자의 스프(행동)에 침 뱉기	내담자로 하여금 유익하지 못한 목적과 다가를 위해 행하는 행동에 대해서 그것이 손해 보는 행동임을 분명하게 보여 주어 바람직하지 못한 행동을 반복하지 않도록 하는 기법
버튼 누르기	내담자가 유쾌한 경험과 유쾌하지 않은 경험을 번갈아 가면서 생각하도록 하여 각 경험과 관련된 감정에 관심을 갖게 함으로써 자신이 원하는 감정을 선택하여 만들어 낼 수 있음을 인지하게 하는 기법

④ 상호교류 분석이론(Berne)
ⓐ 반운명적 철학 : 인간은 자율적 존재이지만 인생의 초기 단계에서 자율성을 훼손당함
ⓑ 인간행동의 동기 : 생리적 동기, 심리적 욕구(자극의 욕구·구조의 욕구·자세의 욕구)
ⓒ 부적응 : 어버이 자아(P), 어린이 자아(C), 어른 자아(A)가 한 틀에 고정될 때 발생
ⓓ 상담목적 : 자율성 성취 → PAC 자아의 조정 능력 발휘
ⓔ 상담방법

계약	내담자와 상담자의 계약체결을 통해 상담목표에 대한 합의 및 전반적인 상담을 구조화함
자아구조 분석	내담자의 세 가지 자아상태가 어떻게 구성되어 있는지 분석하고 과거 경험 때문에 어른 자아가 기능하지 못하는 원인을 찾아냄
교류패턴 분석	• 내담자가 다른 사람과 어떤 교류를 하고 있는지 알아보는 것 • 교류의 패턴에는 상보적 교류, 교차적 교류, 암시적 교류가 있음 – 상보적 교류 : 자극과 반응의 방향관계가 평행을 이루는 의사교류로, 발신자가 수신자에게 기대했던 자아상태에서 반응이 오는 대화 형태임 – 교차적 교류 : 자극과 반응이 기대한 자아상태로 되돌아오지 않는 것으로, 자극과 반응의 선이 교차하고 이 시점에서 두 사람 간의 의사소통은 중단됨 – 암시적 교류(이면교류) : 말로 표현된 것(사회적 메시지)은 언뜻 보기에 아무렇지도 않으나 실제로 숨겨진 뜻(심리적 메시지)이 상대의 반응을 불러일으키는 교류를 말함(→ 암시교류는 상보교류나 교차교류와 달리 2개 이상의 자아상태를 동시에 포함하는 특징을 가짐)

SEMI-NOTE

자극의 욕구·구조의 욕구·자세의 욕구
• 자극의 욕구 : 타인으로부터 다양한 방식(신체적, 언어적, 긍정적)으로 존재인정을 받고 싶은 욕구 → 인정자극(stroke, 어루만짐)의 욕구
• 구조의 욕구 : 인정받기 위해 자신의 생활과 시간을 조직화하려는 욕구
• 자세의 욕구 : 개인이 일생을 통해 확고한 삶의 자세를 가지려는 욕구 → 생활자세를 형성하고 이를 토대로 생활각본을 형성

자아 상태
인간의 성격은 부모 자아상태, 어른 자아생태, 어린이 자아상태로 구성되어 있음. 세 가지 자아가 어느 한 가지 상황에 따라 개인을 지배함

어버이 자아(P)	주로 부모를 모방 또는 학습하게 되는 태도 및 기타 지각 내용과 행동으로 구성됨. 비판에 의해 교정됨 없이 받아들여 내면화 한 것임
어린이 자아(C)	인간 내면에서 자연스럽게 일어나는 모든 충동과 감정, 그리고 5세 이전에 경험한 사태들에서 느끼게 되는 감정과 그에 대한 반응 양식으로 구성됨
어른 자아(A)	객관적으로 현실을 파악하는 것으로, 외부 세계뿐만 아니라 다른 두 자아를 통해 정보를 수집하고 그 정보를 이용하기 때문에 어른 자아가 기능하는 정도에 따라 개인의 성숙정도가 결정됨

게임분석	교류의 패턴 중 암시적 교류를 구체적인 게임의 종류 및 만성부정감정(racket)의 유형과 관련지어 분석하는 것
생활각본 분석	생활각본(생활태도와 관련된 것으로, 개인이 받아들인 부모의 메시지, 아동 자신이 내린 초기결정 및 생활자세 등)을 발견하고 변화시켜 건강한 삶을 살게 하는 것이 교류분석의 궁극적 목적
재결정 (재결단)	내담자의 노력으로 자신의 생활각본이 변화하는 과정을 말하며, 이를 통해 내담자는 정상적 자아상태를 회복하고 긍정적 생활태도(자기긍정-타인긍정)를 취하게 됨

⑤ 실존주의 상담이론(Frankl)
 ㉠ 부적응 : 인간 존재의 불안이나 고통(기대불안) → 실존적 불안(실존적 신경증)
 ㉡ 상담 : 인간 존재의 불안이나 고통의 참된 의미를 찾아 자아실현 성취 → 증상에 대한 태도를 중시
 ㉢ 상담기법

역설지향적 방법	내담자의 증세나 과거의 상태에 중점을 두지 않고 어떤 증상에 대한 내담자의 태도에 관심을 두는 치료기법
방관	인간의 자기초월능력을 활용해, 지나친 자기관찰로부터 자유롭게 하는 기법
호소	의지가 약한 내담자들을 위해 고안된 기법으로, 상담자가 제안한 것을 내담자가 수행하도록 하여 약한 의지를 강화해 주는 것
소크라테스식 대화	상담자가 내담자에게 대화를 통하여 자신의 잠재성, 장단점, 현실, 책임 등을 이해하거나 반성하게 함으로써 자기통찰을 얻도록 돕는 것

⑥ 형태주의 상담이론(Peris)
 ㉠ 부적응 : 대인관계의 문제, 현재 장면에서 형태를 정확히 인식하지 못할 때 발생 → 미해결 과제가 형태의 올바른 인식을 방해(자이가닉 효과)
 ㉡ 상담목표 : 지금 여기(now & here)를 완전히 경험 → 개인의 성장
 ㉢ 핵심개념 : 형태(Gestalt), 전경, 배경, 알아차림, 미해결과제, 접촉
 ㉣ 상담기법

신체자각	내담자의 신체표현을 관찰하고 거기에 초점을 두어 내담자에게 현재 그 상황에서 느끼는 신체감각을 자각하게 해줌
환경자각	내담자에게 주위 환경에 대해 자각하도록 해줌으로써 환경과의 접촉을 증진시킴
언어자각기법	내담자의 언어사용습관을 잘 관찰해 잘못된 습관을 고쳐주는 방법
빈 의자 기법	내면경험을 분명하게 경험하도록 돕는 전략으로, 개인이 바로 체험하지 못하는 감정을 자각하는 데 도움을 줌
대화게임기법	내담자의 마음속에 있는 상반된 극적 사고나 감정을 대화로 엮어보게 함으로써 내담자 자신의 일치되지 못한 면이나 양극성을 수용·통합하게 함
과장하기 기법	내담자의 어떤 행동이나 언어를 과장하여 표현하도록 요구함으로써 내담자 자신의 무의식적 욕구나 감정 혹은 행동을 명료하게 자각하도록 도움

SEMI-NOTE

실존주의 상담이론(Frankl)의 상담원리
비도구성의 원리(상담자는 도구가 아님), 자아중심성의 원리, 만남의 원리, 치료할 수 없는 위기의 원리(단순한 치료가 아닌 인간성 회복이 목적)

형태주의 상담이론(Peris)의 주요 개념
- 게슈탈트(gestalt) : 부분의 연결로 형성되는 의미 있는 전체로, 개인의 욕구와 감정이 전체로 조직된 것을 의미함
- 전경과 배경 : 사람이 대상을 인식할 때 관심 있는 부분, 즉 욕구와 필요의 초점이 되는 부분은 지각의 중심인 전경으로 떠올리지만, 그렇지 않은 부분은 배경으로 보냄
- 알아차림 : 유기체로서의 자신의 욕구나 감정을 지각하고 그것을 게슈탈트로 형성하여 전경으로 떠올리는 행위를 의미함
- 미해결과제 : 개체가 게슈탈트를 형성하지 못했거나 형성한 게슈탈트가 적절히 해소되지 못해 배경으로 물러나지 못한 상황을 의미하며, 과거의 미해결과제를 현재까지도 전경으로 떠올리고 있으면 현재의 경험과 욕구를 알아차릴 수 없음
- 접촉 : 게슈탈트의 완성을 위한 에너지 흐름이 방해받지 않는 것으로서, 전경으로 떠오른 게슈탈트를 해소하기 위해 현재를 그대로 경험하고 환경과 상호작용하는 행위(유기체의 성장에 이바지함)
- 접촉장애 : 현재를 경험하는 것을 방해하고, 왜곡되고 비현실적인 자아상을 실현하여 문제해결을 방해하는 것을 말함

> **실력 UP** 형태주의 상담이론(Peris)에서의 빈 의자 기법
>
> 감정적 관계를 갖고 있는 대상이 빈 의자에 앉아 있다고 상상하게 하고, 내담자로 하여금 그 인물과 대화하도록 시켜 그 상황에서 체험되는 감정을 자각하도록 도와주는 것임. 역할을 바꾸어 가며 대화를 할 수도 있어 상대편의 감정에 대한 자각·이해도 함께 생기는 장점도 있고, 외부로 투사된 개인의 감정을 다시 찾아 자각하는 데 많은 도움을 줌

⑦ 현실치료적 상담이론(Glasser, 현실요법) ★ 빈출개념
  ㉠ 인간관 : 인간은 자율적 통제체제(통제이론) → 인간은 현실적 욕구(예 생존의 욕구, 소속의 욕구, 힘의 욕구, 즐거움의 욕구, 자유의 욕구) 충족을 위해 행동하는 존재, 자기 행동에 책임을 지는 존재(책임적 자아)
  ㉡ 전행동 이론 : 활동, 생각, 느낌, 신체반응 → 활동과 생각은 통제 가능 요소
  ㉢ 3R 중시 : 현실성, 책임성, 옳고 그름(공정성) 중시
  ㉣ 상담 : 비효율적인 삶의 통제자를 보다 효율적인 삶의 총제자가 될 수 있도록 조력하는 과정 → 성공적인 정체감을 계발하여 궁극적인 자율성을 획득
  ㉤ 상담의 절차(WDEP) : 바람(Wants) → 지시와 행동(Direction & Doing) → 평가(Evaluation) → 계획과 활동(Planning)

바람	내담자가 자신의 바람, 욕구, 지각을 탐색하기
지시와 행동	욕구충족을 위한 내담자의 현재 행동에 초점 맞추기
평가	내담자로 하여금 자신의 행동을 평가하도록 하기
계획과 활동	내담자가 자신의 실패행동을 성공적으로 바꾸는 구체적인 계획을 수립하여 활동하기

(3) 행동적 영역의 상담이론

① 상호제지이론(Wolpe)
  ㉠ 파블로프(Pavlov)의 고전적 조건화이론에 기초
  ㉡ 학습된 부적응 행동(불안, 공포)을 제지할 수 있는 다른 이완 행동을 통해 약화
  ㉢ 상담기법 : 주장적 훈련, 체계적 둔감법(불안위계목록 작성 – 이완훈련 – 상상을 통한 단계적 이완)

② 행동수정이론(Krumboltz)
  ㉠ 스키너(Skinner)의 작동적 조건화 + 반두라(Bandura)의 사회인지 이론에 기초
  ㉡ 학습된 나쁜 습관(예 지각, 도벽, 거짓말)을 강화와 벌을 이용한 행동수정기법을 통해 문제 해결

(4) 해결중심(Solution Focused) 단기상담

① 내담자가 호소하는 한두 가지 핵심문제를 중심으로 전개
② 해결중심 패러다임 : 문제원인 규명보다 내담자의 자원(예 강점, 성공경험, 예외상황)을 활용, 해결방법에 중점
③ 대화기법 : 경청, 간략한 설명, 열린 질문, 칭찬, 감정이입, 비언어적 행동, 침묵

SEMI-NOTE

현실치료적 상담이론의 기본전제
- 인간은 5개의 기본적인 욕구(소속, 힘, 즐거움, 자유, 생존의 욕구)를 충족시키기 위해 노력한다고 가정
- 통제이론에 근거하여, 인간이 자신과 환경을 통제할 수 있고 행동은 물론 자기 자신의 선택에 대해 책임질 수 있는 존재라는 사실을 강조

상호제지이론(Wolpe)의 상담기법
- **자기주장훈련** : 내담자에게 불안 이외의 감정을 표현하도록 하여 불안을 제지하는 기법
- **체계적 둔감법** : 이완된 상태에서 불안을 유발하는 사상이나 장면을 상상하도록 함으로써 불안반응을 둔감화시키는 기법
- **홍수법** : 회피반응을 허용하지 않은 상태에서 불안유발자극에 단시간 내에 집중적으로 혹은 격렬하게 노출시킴으로써 그 공포나 불안을 제거하는 기법
- **근육이완훈련** : 여러 종류의 불안, 특히 무생물에 대한 불안을 제거하는데 가장 적합한 방법으로, 내담자에게 근육을 이완시키게 하는 방법과 긴장과 스트레스를 심리적으로 경감시키는 정신적 심상에 집중하도록 하는 방법이 있음
- **혐오법** : 바람직하지 못한 자극에 대해 혐오자극을 함께 제공함으로써 특정 행동을 하지 않도록 하는 방법

④ 상담과정

첫 상감 이전의 변화에 관한 질문	상담 전 변화가 있는 경우 내담자의 해결능력을 인정하고 그러한 사실을 강화하고 확대할 수 있도록 격려하는 기법
대처질문	문제 이야기에서 해결 이야기를 하도록 돕는 기법으로 아동이 자신의 문제에 대한 모든 설명을 한 것처럼 보이는 시점에서 사용
예외질문	모든 문제상황에는 예외상황이 있다고 보며, 아동의 생활에서 일어난 과거의 경험으로서 문제가 발생할 것이라고 기대하였으나 문제가 발생하지 않은 예외상황을 묻는 질문
기적질문	문제가 떨어져 해결책을 상상하게 하는 기법으로, 기적질문을 통해 상담자는 아동이 바꾸고 싶어하는 것을 스스로 설명하게 함
관계질문	기적이 일어난 후의 내담자 주변에 일어난 변화에 관한 질문
척도질문	아동 자신의 관찰, 인상, 그리고 예측에 관한 것들을 1에서 10점까지의 수치로 측정하도록 하는 것
악몽질문	유일한 문제중심적·부정적 질문으로, 상황의 악화를 통해 해결의지를 부각시킴

3. 청소년 비행이론

(1) 아노미 이론(Merton)

① 문화목표와 제도화된 수단과의 괴리 → 개혁형, 도피형, 반발형이 비행 유발
② 사회를 구성하는 기본적인 기둥인 '문화구조와 사회구조' 사이에서 발생되는 괴리현상

문화 목표	제도화된 수단	적응 유형	특징
수용	수용	동조형	열심히 노력해서 문화목표를 달성하려는 사람들 → 이상적 적응 방식(예 학교교육의존 입시집착형)
거부	수용	의례형	문화목표는 거부하나 사회·제도적 수단은 수용하는 사람들(예 무기력 학습형)
수용	거부	개혁형	문화목표의 수용, 제도적 수단은 거부 → 하류층의 경제범죄 행위(예 사교육의존 입시집착형)
거부	거부	도피형	문화목표와 수단을 모두 거절 → 약물이나 알코올 중독자, 자살, 정신병, 학교포기 청소년들(예 도피반항적 학습거부형)
거부	거부	반발형	문화목표와 수단을 모두 거부하고 새로운 이념·목표·수단을 추구 → 반문화, 급진적 사회운동(예 새로운 학습체제 구축형)

(2) 차별적 접촉 이론(차별교제이론, Sutherland)

① 인간의 행동은 정상적인 행동과 일탈적인 행동 모두 학습된다고 가정
② 법을 위반하는 행동에 대한 허용적인 태도를 배우게 되며, 특히 친밀한 집단 내의

SEMI-NOTE

해결중심 단기상담의 특징
- 드쉐이저(S. de Shazer)와 베르그(I. Kim Berg)에 의해 시작된 해결중심 치료는 문제가 아니라 해결에 초점을 두는 방법임
- 과거에 초점을 두는 전통적 치료와는 달리 현재와 미래에 초점을 둠
- 기존의 상담이론과는 다르게 인간은 건강하고, 능력이 있고, 자신의 삶을 향상시킬 수 있는 해결을 구성할 능력을 지닌다고 가정함
- 상담자는 문제보다는 해결에 초점을 두어 내담자를 조력하여 그의 삶을 향상시키고자 함

문화구조와 사회구조

문화구조	가치, 규범과 같이 사람들의 의식이나 태도를 결정하는 요소
사회구조	지위나 역할과 같이 사회의 위계 서열로 나누는 요소

상호작용을 통해서 학습(예 근묵자흑(近墨者黑) → 상호작용이론, 가장 많이 이용)

(3) 비행하위문화론(Cohen, Cloward & Ohlin)
① 중산층 문화에 대한 반동으로 형성되었으며 법 위반에 대한 허용적인 태도를 형성함
② 비행을 용인하는 하위문화가 하류층 집단에 존재, 문화목표를 달성할 수 없는 하위집단이 비행을 유발 → 아노미 이론 + 차별적 접촉 이론

(4) 낙인이론
① 명명효과(labeling effect)라고도 부름 → 사회적 반응이론
② 타인이 자기 자신을 우연히 비행자로 인식하는 데서 영향을 받아 의도적·계속적 비행 발생
③ 상징적 상호작용이론에 토대
④ 교사가 학생을 유형화하는 과정 3단계(Hargreaves) : 모색(추측) 단계 → 명료화(정교화) 단계 → 공고화 단계로 낙인화

(5) 사회통제이론(Hirschi)
① 비행성향을 통제해 줄 수 있는 사회적 억제력이나 유대(예 애착, 전념, 참여, 믿음)가 약화될 때 비행 발생
② 비행의 결정요인은 비행과 범죄의 동기에 의해서가 아니라 그러한 동기를 통제할 수 있는 통제기제의 여부에 달려있다고 봄(비행통제의 주된 기제는 사회적 유대임)

SEMI-NOTE

편류이론
일상생활에 적응하지 못하고 일탈해서 방황하다가 일정 기간이 지난 후에 다시 제 모습을 찾아 돌아온다는 이론. 일시적인 일탈행위를 저지를 때 청소년들은 빈번히 그들의 비정상적인 행위를 합리화시키려고 하며, 일탈행위와 정상행위를 서로 중화시켜보려고 하는 변명을 중화라고 함

교실에서의 낙인과정(Hargreaves)

제1단계	교사가 학생을 처음 만나 그들에 대해 가정하기 시작하는 모색 단계
제2단계	교사가 학생에 대한 인상을 명료화하는 단계
제3단계	교사가 학생을 범주화하여 공고화하는 단계

사회통제의 요인
- 중요한 타인에 대한 애착
- 관례적 행위에 대한 전념
- 관례적 행동에 대한 참여
- 도덕적 요소로서의 믿음

9급공무원

교육학개론

나두공

06장 교육과정

01절 교육과정의 의미와 유형

02절 교육과정 설계 모형

03절 일반적인 교육과정의 계획

04절 교육과정의 통합 및 잠재적 교육과정과 영 교육과정

05절 교육과정 재개념주의 및 우리나라 교육과정 개발과 정책

06절 우리나라 교육과정의 변천과정

06장 교육과정

01절 교육과정의 의미와 유형

1. 교육과정의 의미

(1) 교육과정의 개념

① 어원적 의미(라틴어 '쿠레레(Currere)'에서 유래 → '뛴다', 경주로의 뜻)
  ㉠ 전통적 개념 : 마차 경주에서 말들이 따라 달려야 하는 정해진 길(race course)
  ㉡ 현대적 개념 : 경주에서 말들이 정해진 길을 따라 달리면서 갖는 체험의 과정, 경주활동 그 자체, 교육경험을 통한 개인의 의미형성 그 자체(course itself)

실력UP 파이너의 쿠레레 방법론

- "교육과정은 그 어원인 쿠레레에 복귀해야 한다." : 교육과정은 실존적 체험인 그 반성, 개인의 인생행로에 대한 해석임
- 쿠레레 방법론의 과정 : 개별적 경험의 특별한 의미를 이해하기 위한 정신분석학적 4단계

단계	의미
회귀 (소급)	과거를 현재화하는 단계 → 자서전적 주인공인 자신의 실존적 경험을 회상하면서 기억을 확장하고 과거의 경험에 관한 정보를 수집하고, 최대한 생동감 있게 묘사하는 단계
전진	미래에 대한 논의 단계 → 자유연상기법을 통해 아직 현실화되지 않은 자신의 미래의 모습을 상상해 보는 단계
분석	현상학적 방법을 통해 회귀와 전진을 거친 후에 현재로 다시 돌아오는 단계 → 과거, 미래, 현재라는 세 장의 사진을 동시에 펼쳐 놓은 후, 이들을 연결하고 있는 복잡한 관계를 분석하는 과정으로, 과거의 교육적 경험으로 인해 형성된 자신의 삶을 분석하는 단계
종합	생생한 현실로 돌아가 내면의 목소리에 귀를 기울이고, 자기에게 주어진 현재의 의미를 자문하는 단계 → 주인공이 과거, 미래, 현재라는 세 장의 사진 속에서 과거 학교 교육이 자신에게 어떤 유익이 되었는지, 지적 호기심이 자기 성장에 도움이 되었는지, 개념에 대한 정교성이나 이해가 제대로 되었는지를 자문자답하는 단계

② 일반적 의미
  ㉠ 교육목표를 달성하기 위해 무엇을 선정해서, 어떻게 조직하고, 어떻게 가르치고 평가할 것인가에 대한 교육의 전체적인 계획
  ㉡ 교육내용 : 학생이 일정한 목표를 향하여 학습해야 하는 내용
  ㉢ 교육목표를 달성하기 위한 수단 : 인간 행동을 바람직한 방향으로 변화시키는 데 작용하는 계획적인 수단

SEMI-NOTE

교육과정의 어원

명사적 의미	교육내용을 설계, 개발, 전달하고 그 결과를 평가하는 일(Bobbit, Tyler 등)
동사적 의미	교육활동이 일어나고 있는 상황에서 학생의 삶에 주는 의미(Pinar 강조)

교육과정의 구성요소

교육 목표	기르려는 행동 특성(지적, 정의적, 신체적)
교육 내용	교육선정, 내용조직, 교수방법 결정, 교수자료 정비
학습 경험	학생 속에 일어나는 모든 지적·정서적·신체적 경험(학생-환경의 상호작용)
학습 결과	기르려는 행동 특성과의 일치도

(2) 교육과정의 수준

① 공약된 교육과정(의도된 교육과정) : 교육부령으로서의 교육과정
② 수업 속에 반영된 교육과정(교사 수준의 교육과정, 전개된 교육과정) : 교사에 의해 재해석되고 교사의 손에 의해 수업행위 속에서 재현됨
③ 학습 성과로서의 교육과정(실현된 교육과정) : 수업을 통해 학생들에게 실제로 실현된 교육과정

(3) 교육과정 논의의 발달과정

① 헤르바르트(Herbart) : 인문교과와 자연교과의 통합
② 스펜서(Spencer) : 현대 교육과정 논의 시초
③ 듀이(Dewey) : 아동중심 교육과정(심리적에서 논리적으로)
④ 보비트(Bobbit) : 교육과정 구성의 과학화(교육을 성인생활을 위한 준비로 보고 교육과정은 성인이 되어 할 일을 미리 준비시켜 주는 과정으로 봄)
⑤ 타일러(Tyler) : 20세기 교육과정 논의의 중심

2. 교육과정의 유형

(1) 교과중심 교육과정

① 개요

교육목적	사회적 존재의 양성
교육목표	전통문화의 전수
교과	인류문화유산의 핵심적인 것을 체계적으로 조직해 놓은 것
교육과정	학생이 학교에서 학습하기로 정해진 교과체계, 즉 교수요목

② 유형

분과형 교육과정	교과가 세분화되어 있으며, 교과 간에 전혀 연관이 없도록 조직된 형태의 교육과정
상관형(관련) 교육과정	교과의 선을 넘지 않으면서도 두개 혹은 그 이상의 교과나 과목을 서로 연관시켜 조직하고 가르치는 교육과정의 형태
융합형 교육과정	각 교과목의 성질을 유지하면서 그 사이에 다소의 공통요인을 추출하여 교과를 재조직한 형태(상관형과 광역형의 과도기적 형태)
광역형 교육과정	관련된 교과들을 하나의 학습영역으로 연결하여 조직하는 형태

③ 교과중심 교육과정의 장·단점

장점	단점
• 문화유산의 전달에 용이 • 체계적이어서 간단명료하고 알기 쉬움 • 교육과정 개편 및 평가·측정에 용이 • 중앙집권적 통제가 용이	• 내용이 고정되어 새로운 지식 확대가 곤란 • 현 생활과 동떨어진 내용을 담고 있음 • 수동적 학습태도를 초래 • 지식암기에 치중해 비판력·창의력 저해

SEMI-NOTE

공약된 교육과정(의도된 교육과정)
교육부령으로 교육과정이 공포되는 것은 일반적으로 각급 학교에서 가르쳐야 할 내용의 수준을 국가적인 수준에서 결정한 것임. 이를 바탕으로 1종 도서, 2종 도서를 편찬하고 각 지역교육청이나 각 학교단위에서 가르쳐야 할 내용의 일반적 지침이 됨

듀이의 아동중심 교육과정
듀이는 교육과정은 심리적인 것에서 점차 논리적인 것으로 점보적으로 조직되어야 한다고 주장함. 심리적인 것이란 아동의 흥미와 관심을 말하며, 논리적인 것은 교과의 지식과 관계된 것임

교과중심 교육과정의 특징
• 논리적·체계적
• 교사 중심 : 교사는 해당 교과에 정통한 사람으로, 학생보다 월등한 지식을 지님
• 설명(전달) 위주의 교수법
• 한정된 영역의 학습(교과중심)
• 형식도야설에 근거 : 교과를 통해 인간의 능력을 계발

SEMI-NOTE

경험주의 교육과정의 특징
- 학습자와 아동중심의 교육
- 학생의 바람직한 성장과 전인교육의 강조
- 생활인 육성을 목표로 한 교육내용의 구성
- 통합된 의미를 체험시키는 교육
- 현장에서의 교재 결정
- 급변하는 사회 적응을 위한 문제해결력 함양을 중시

중핵형 교육과정
- 장점
  - 학생들에게 의미 있고, 중요한 학습 경험의 사용을 촉진
  - 교육내용의 통합을 통해 개인의 통합적 성장을 촉진
  - 문제해결력과 비판적 사고력을 배양
- 단점
  - 교사들의 적절한 준비가 곤란
  - 지식 분야의 전문화에는 부적합

학문중심 교육과정의 발달과정과 등장배경
- 발달과정 : 스푸트니크 위성 발사(1957)에 따른 경험중심 교육과정의 위기로 개최된 1959년 우즈홀 회의의 종합보고서인 브루너(Bruner)의 〈교육의 과정〉에서 시작하여, 브로우디(Broudy), 피닉스(Phenix) 등을 거쳐 발전
- 등장배경
  - 소련의 스푸트니크 위성 발사(1957)에 따른 경험중심 교육과정의 위기감 고조
  - 20세기 후반의 지식·기술의 폭발적 증가
  - 경험중심 교육과정이 아동의 흥미나 욕구를 지나치게 중심함으로써 교육에서 학문의 체계가 경시되고 나아가 국가적인 위기까지 초래했다고 비판하면서 등장

(2) 경험중심 교육과정

① 개요

교과조직	아동의 기본적 욕구나 흥미를 중심으로 함
교육내용	아동의 생활에 의미가 있고 아동이 스스로 참여할 수 있는 것으로 구성
교육목표	생활인의 육성과 일상생활의 당면문제 해결능력의 배양
교육과정	• 학교의 지도 하에 학생들이 가지게 되는 모든 경험을 의미 • 학습자의 자발적 행동으로 생기는 경험의 체계에 기초를 둠 • 교재보다는 생활을, 지식보다는 행동을, 분과보다는 종합을 중시함

② 유형

활동형 교육과정	학습자의 흥미와 욕구 등에 기초하여 학습경험을 선정하고 조직하는 형태(예) 킬패트릭(Kilpatrick)이 주장한 구안법)
생성(현성)형 교육과정	사전에 계획을 하지 않고, 교사와 학생들이 학습현장에서 함께 학습 주제를 정하고 내용을 계획하여 교육이 이루어지도록 하는 형태
중핵형 교육과정	• 특정내용이나 문제를 중심으로 하고 관련 부분을 주변영역으로 하여 동심원적으로 조직한 형태의 교육과정 • 중핵형의 유형 : 교과중심의 중핵형, 개인중심의 중핵형, 사회중심의 중핵형

③ 경험중심 교육과정의 장·단점

장점	단점
• 학습자의 자발적·적극적 참여 촉진 • 실제 생활문제를 해결하는 생활인 육성 • 민주시민으로서의 자질함양이 용이 • 학교와 지역사회와의 유대를 강화 • 학교생활의 통합을 증진	• 학생들의 기초학력의 저하 우려 • 교육과정 분류의 준거가 불명확 • 미숙한 교사는 실패 가능성이 높음 • 교육과정 운영 및 행정적 통제가 곤란 • 경험의 직접적 적용이 곤란

(3) 학문중심 교육과정

① 개요

교육목적	급변하는 사회에 적극적으로 대처하고 발전의 흐름을 주도하기 위해 학생들에게 학자들이 하는 것과 같은 것, 즉 지식의 기본원리와 학문의 탐구과정을 익히도록 하는 것
교육내용	지식의 원리(지식의 구조), 교과의 기본개념
교육방법	탐구의 과정을 강조

지식의 구조	• 브루너(Bruner)는 지식의 구조를 각 학문이 가진 독특한 기본개념, 주제, 원리, 공식, 일반화의 아이디어로 파악
	• 표현방식
	  - 작동적 표현 : 동작으로 표현. 피아제의 인지발달 단계에서 전조작기에 해당하며, 이 단계에서 아동의 지적 활동은 주로 경험과 동작에 의존
	  - 영상적 표현 : 구체적 조작기에 해당하며 이때 아동은 조작(操作)의 기초가 되는 내면화된 정신구조가 발달함으로써 직접 눈앞에 보이는 것, 직접 경험한 것에 얽매이게 되며, 그림이나 도형으로 표현해 주면 쉽게 이해

지식의 구조	– 상징적 표현 : 이 단계에서 아동의 지적활동은 가설적 명제를 조작하는 능력을 지니게 되며 가능한 변인들을 생각할 수 있고 나아가 가능한 관계를 추리해내어 그것을 실험이나 관찰로 검증하는 것이 가능. 아동에게 원리나 개념으로 표현해도 이해 가능 • 생성력 : 지식 간에 비교가 쉬운 것 그리고 한 가지 현상을 알면 그것과 관련되는 여러 가지 현상과의 관계를 파악하는 힘 • 경제성 : 머릿속에 기억해야할 정보의 양이 최소화된 것(공식이나 원리)

② 유형 : 나선형 교육과정과 학제형 교육과정 등이 있음

③ 학문중심 교육과정의 장·단점

장점	단점
• 능률적이고 양질의 교육이 가능 • 지식의 전이가 잘되고 생성력이 높음 • 저학년에서 조기교육이 가능 • 학문의 전체적인 구조 파악이 용이	• 지식의 구조는 실생활과 유리된 경우가 많으며, 이해나 학습이 어려움 • 정의적 영역에 소홀 • 교육내용의 선택과 학습가능성의 기준 설정이 미미

(4) 인간중심 교육과정

① 개요

교육과정	학생이 학교생활을 하는 동안에 가지는 모든 경험(→ 학교의 지도와 계획 하에 가지는 경험(표면적 교육과정)과 의도되지 않은 경험(잠재적 교육과정)의 총체를 의미하는 넓은 개념의 교육과정)
교육목적	아동의 전인적인 능력을 계발하여 자아실현을 할 수 있도록 돕는 것(아동은 성장의 가능성을 지닌 주체적 존재)
경험 중시	아동의 성장에 영향을 주는 모든 경험을 중시함

② 인간중심 교육과정의 장·단점

장점	단점
• 내적 동기유발에 효과적임 • 학습활동에서 아동의 자유를 강조 • 개별화, 발견학습이 가능	• 명확한 개념이나 원리를 제시하지 못함 • 학습에서 지나친 개인주의를 강조 • 무계획한 학습운영의 가능성이 높음

> **실력UP** 사회중심 교육과정·행동주의 교육과정·구성주의 교육과정
>
> • **사회중심 교육과정**
>   – 기능론적 관점 : 학교에서 학생들에게 사회적으로 유용한 지식과 기능을 가르쳐 사회에 마찰없이 적응하도록 돕는 사회적 적응적 입장
>   – 갈등론적 관점 : 학교교육을 통해 학생들로 하여금 사회가 지닌 문제와 모순을 깨닫고 이를 극복할 대안을 모색해 보게 하는 사회 개혁적 입장
> • **행동주의 교육과정** : 교육과정의 내용은 관찰 가능하고 측정 가능한 행동을 명세화한 진술문, 즉 행동 혹은 성취수행 목표로 진술된 일련의 기능들로 구성
> • **구성주의 교육과정** : 지식의 습득과 형성은 개인의 인지적 작용과 개인이 속한 사회에의 참여하는 두 요소의 상호작용에 의해 지속적으로 변화, 수정, 보관을 통해 구성

SEMI-NOTE

학문중심 교육과정의 특징
• 교과의 기본적인 개념을 담고 있는 지식의 구조를 중요 내용으로 강조
• 같은 교육내용이 학교·학년에 따라 깊이와 폭이 넓어지는 나선형 조직형태
• 지식의 탐구절차, 실험실 활용 등을 통해 학습자의 능동적 탐구와 발견을 강조
• 학습자가 교과의 구조에 관한 통찰력과 탐구행위를 경험하게 함
• 정보를 제공하는 자원이 아닌 학문적 탐구활동을 보여주는 사람으로서의 교사를 강조

인간중심 교육과정의 등장배경
현대사회의 비인간화 현상의 극복, 교육의 수단화 극복, 학교의 비인간화 극복

인간중심 교육과정의 특징
• 잠재적 교육과정의 중시(표면적 교육과정은 주로 지식·기능의 신장에 영향을 미치지만 잠재적 교육과정은 학생들의 정의적·사회적 발달에 영향을 미친다고 봄)
• 자아실현을 교육목표로 파악
• 인간주의적인 교사를 요구(교육을 인간적 만남과 대화로 보아 교사의 인간적 영향이 중요하다고 봄)
• 인간중심적 교육환경(교육환경의 인간화)을 추구

구성주의 교육과정

교육과정의 구성	전체에서 시작하여 부분으로 나아가며 포괄적인 개념을 중심으로 구성
강조점	• 교육과정 : 학생이 생활과 당면한 문제에서 부딪히는 질문을 존중 • 교육내용 : 학생들의 주체적 지식구성과 학습참여를 강조
교사의 역할	학생들과 상호작용하는 데서 도와주고 같이 배워가는 동반적 관계를 강조
교육평가	학습과정을 중심으로 일어나며 학습의 다양한 측면을 학생 작품, 관찰 등 다양한 기법을 동원해서 평가

SEMI-NOTE

타일러의 교육과정 설계 모형

자료원
학생 / 사회 / 교과
↓ ↓ ↓
잠정적 교육목표
↓여과 ↓여과
교육철학 / 학습심리학
↓
수업목표 설정
↓
학습경험의 선정
↓
학습경험의 조직
↓
학습경험의 평가

이원목표분류
내용과 도착점 행동으로 구성함

학습경험의 선정 원리(Tyler)
- 기회의 원리
- 만족의 원리
- 학습가능성의 원리
- 일목표 다경험의 원리
- 일경험 다성과의 원리

02절 교육과정 설계 모형

1. 합리적 모형

(1) 타일러(Tyler)의 합리적 모형

① 기본성격

목표의 우위	교육목표를 우위에 두고 교육과정의 모든 다른 측면을 교육목표달성의 수단으로 보는 교육과정 모형
연역적	전체 교과개발에서 시작하여 단원의 개발로 진행
직선적	목표에서 평가로 진행하는 일정한 방향을 가짐
처방적	교육과정 개발자들이 교육과정을 개발할 때 어떤 순서로 어떻게 해결해야 하는가에 대한 절차를 제시함
탈가치 지향	어떤 교육목표에도 적용될 수 있는 탈가치적인 모형을 지향
교육의 결과를 더 중시	교육의 과정보다 결과로서의 반응에만 관심을 가짐
합리적	교육문제에 관심을 가지는 모든 사람들이 타당하게 활동할 수 있음
평가중심	목표 그 자체가 나중에 평가의 준거가 됨
교육목표는 학생의 도착점 행동으로 진술	결과를 더 중시하는 목표모형에서는 교육목표가 교육의 결과 학생이 나타내 보일 구체적인 행동으로 진술되기를 요구함

② 교육과정 설계 절차
  ㉠ **교육목표의 설정** : 잠정적 목표설정 자원(학생의 심리적 요구, 사회적 요구와 가치, 교과전문가의 견해), 목표거름체(교육철학, 학습심리학), 구체적 목표 진술(이원목표분류)

👓 한눈에 쏙~

목표의 원천: 학생에 대한 연구 / 사회에 대한 조사 연구 / 교과전문가의 견해
↓
잠정적 교육목표 설정
목표의 여과: 교육철학 / 학습심리학
↓
목표의 설정: 명세적 교육목표 수립

  ㉡ **학습경험의 선정** : 학습경험은 학습자와 외적 환경과의 상호작용으로 이루어지며, 학습경험의 선정은 교육과정 개발자나 교사의 입장이 아니라 학습자를 중심으로 함

ⓒ <u>학습경험의 조직</u> : 선정한 학습경험들을 체계적으로 통합하여 조직
ⓓ <u>학습경험의 평가</u> : 교육목표가 교육과정이나 학습지도를 통해 어느 정도 실행되고 있는지를 확인하는 것으로, 교육과정 개발에 있어 매우 중요한 절차가 됨

③ 타일러(Tyler)의 합리적 모형의 장·단점

장점	단점
• 어떤 교과나 수업수준에서도 활용·적용될 수 있는 폭넓은 유용성·실용성을 지님 • 평가의 지침이 되는 교육목표를 명시적으로 밝힘 • 교육과정과 수업을 구분하지 않고 통합적으로 '목표-경험선정-경험조직-평가'를 연결 • 경험적·실증적으로 교육성과를 연구하는 경향을 촉발(경험적 연구 촉발)	• 목표를 내용보다 우위에 두고, 내용을 목표달성 수단으로 전락시킴 • 교육목표를 미리 설정한다는 것은 수업 진행과정 중에 새롭게 생겨날 수 있는 확산적 목표의 중요성을 간과한 것 • 외적으로 드러나는 행동만을 강조함으로써 잠재적 교육과정이나 내면적 인지 구조의 변화, 가치와 태도, 감정 변화를 확인하기 어렵게 함 • 교육과정 개발의 실제적 모습을 보여주지 못함

(2) 타바(Taba)의 확장 모형

① 교육현장을 중심으로 한 교육과정 개발 중시
② <u>귀납적 모형</u> : 단원 개발에서 출발하여 교과 형성으로 진행
③ <u>역동적 모형</u> : 개발과정에서 계속적인 요구진단을 통해 고육과정 요소들과 상호작용
④ <u>교육과정 개발과정</u> : 요구진단 → 목표설정 → 내용선정 → 내용조직 → 학습경험의 선정 → 학습경험의 조직 → 평가의 대상·방법·수단의 결정

2. 순환적 모형

(1) 니콜스(Nicholls)의 모형

① 상황의 변화에 따라 새로운 교육과정을 필요로 하는 경우에 교육과정 개발의 논리적 접근을 강조
② 교육과정 개발의 순환적 성질과 예비단계(상황분석)를 강조함
③ 니콜스(Nicholls)의 모형의 개발 단계 : 상황분석 → 목표설정 → 내용의 선정 및 조직 → 방법의 선정 및 조직 → 평가

(2) 휠러(Wheeler)의 교육과정 설계모형

① 교육과정의 각 요소들이 상호 관련되어 있고 상호의존적이며 순환적인 형태를 지님
② 각 단계는 바로 앞 단계의 논리적 발전 형태임

SEMI-NOTE

학습경험의 조직 기준(Tyler)
• **계속성**(continuity) : 동일한 경험요인이 반복되도록 조직하는 것
• **계열성**(sequence) : 동일한 경험요인이 반복되는 수준을 넘어 계속적인 줄기는 있으되 동시에 그 줄기에 좀 더 넓고 깊은 의미가 붙어갈 수 있도록 조직하는 것
• **통합성**(integrity) : 여러 가지 학습경험이 서로가 서로를 보강하고 강화할 수 있도록 조직하는 것

타일러(Tyler)의 합리적 모형에 대한 비판
• 교육과정 개발과정이 네 가지 요소의 순차적인 혹은 단계적인 과정으로 이루어진다고 가정하고 있으나, 실제의 개발과정은 상당히 복잡하고 다양하며, 이 과정에서 네 가지 구성요소는 서로 영향을 주고받음
• 교육과정 개발기준·절차·방법에만 관심을 둠으로써 교육목표나 교육내용에 대해서는 직접적인 답을 제공하지 못함
• 교육목표의 효율적인 달성에만 초점을 둠으로써 교육과정 개발과정에 개입될 수 있는, 눈에 보이지 않는 정치적 측면이나 그 결과로 나타나게 될 잠재적 측면을 소홀히 함

휠러의 교육과정 설계단계
목적, 목표, 명세적 목표의 선정 → 이러한 목적, 목표, 명세적 목표를 성취하는 데 도움을 주는 학습경험의 선정 → 제공된 경험 유형이 따른 내용의 선정 → 교수-학습과정에 비추어 학습경험과 내용을 조직하고 통합

SEMI-NOTE

강령
교육과정 개발 활동에 참여하는 사람들이 지닌 교육적 신념, 가치, 각종 교육이론, 교육목적, 교육과정 구성, 교육과정 개발절차, 자기가 속하여 이해관계를 대변해야 하는 집단의 견해, 자신의 숨은 의도 및 선호 등을 총칭

올바른 의미의 숙의
- 주어진 교육과정 문제를 가장 설득력 있고 타당한 방법으로 논의
- 가장 유망한 교육과정 실천 대안을 검토
- 공정하고 균형 잡힌 판단에 이르도록 함

명시적 설계와 함축적 설계
- 명시적 설계: 대안들을 가려내어 가장 옹호할 만한 해결을 발견한 다음에 만들어지는 모든 토론으로 이루어짐
- 함축적 설계: 대안들은 고려하지 않은 채 무의식적으로 취해진 그런 행동 방침으로 구성됨

학교중심 교육과정 설계모형의 개발과정(순환적)

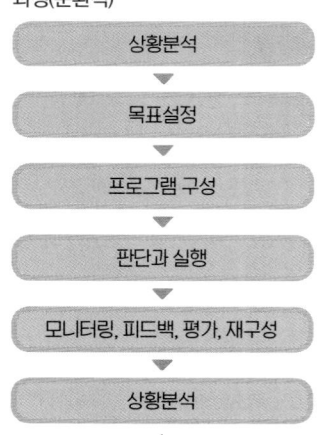

3. 역동적 모형

(1) 워커(Walker)의 숙의 모형

① 특징
  ㉠ 교육과정을 개발하고 설계하는 참여자들의 다양한 견해를 반영할 수 있음
  ㉡ 교육과정 설계를 특수한 상황에 맞추어야 할 필요성을 강조함(실제적 교육과정 모형)

② 개발단계

토대(platform) 다지기(강령)	교육과정개발 과정에 참가하는 사람들은 교육과정에 대한 어떤 믿음과 가치(강령)를 가지고 이 과정에 참여
숙의(deliberation)	교육과정개발위원들이 각자의 토대에 근거해서 대안을 상의하고, 대안이 가져올 결과를 가늠해 보고 선택을 하는 과정
설계(design)	교육 프로그램의 상세한 계획을 수립하는 단계

③ 장·단점

장점	단점
• 교육과정을 계획하고 개발하는 동안 실제 일어나는 것을 아주 정확히 묘사해 줌 • 교육과정 계획이 합의를 이루지 못한 경우에도 어떻게 진행될 수 있는가를 잘 진술해 줌	• 교육과정 계획과정에 초점이 맞추어져 있어 교육과정 설계가 완성된 후 무슨 일이 어떻게 일어나야 할지에 대한 언급이 부족 • 전문가, 시간, 자금 등이 넉넉하지 않은 소규모 학교에는 적용하기가 어려움

(2) 스킬벡(Skilbeck)의 학교중심 교육과정 설계모형(SBCD)

① 상호작용적(역동적) 모형 : 상황분석 추가 → 학교 내적 상황(학생, 교사)과 외적 상황(지역 사회, 학부모들)의 개별적 특성을 고려

내적 상황	• 학생 : 적성, 능력 및 교육적 요구 • 교사 : 가치, 태도, 기능적 지식, 경험, 특별한 장점과 단점, 역할 • 학교풍토 및 정치적 구조: 권력분배, 권위관계, 규범에 조화를 이룰 수 있는 방법, 일탈행위의 처리 등을 포함한 물적 자원
외적 상황	• 문화적 사회적 변화 그리고 부모의 기대를 포함한 기대, 고용주 요구, 지역사회의 가치, 인간관계의 변화, 이데올로기 • 교육제도의 요건 및 도전(예) 정책, 시험, 지방당국의 기대, 요구 및 압력 등) • 가르쳐야 할 교과의 성격변화 • 교사지원체제의 잠재적 공헌(예) 교육대학교, 연구기관 등) • 학교 내의 자원 유입

② 개발과정 : 상황분석 → 목표설정 → 프로그램 구성 → 판단과 실행 → 모니터링, 피드백, 평가, 재구성 → 상황분석 ······

4. 예술적 교육과정 모형 · 해방적 설계 모형 · 자서전적 모형(쿠레레 모형)

(1) 아이즈너(Eisner)의 예술적 교육과정 개발모형

① 목표의 설정
  ㉠ 수업과정과 그 후에 드러나는 표출목표(expressive objects)를 중시
  ㉡ 상충적 목표 처리를 위한 예술적 기술과 재능의 중시
  ㉢ 숙의과정 강조 : 교육과정 우선순위에 대한 합의를 끌어내는 예술적 과정에는 숙의과정이 포함되어야 한다고 주장

② 교육내용의 선정
  ㉠ 타일러(Tyler)와 마찬가지로 학생의 흥미, 사회의 요구, 전통적 학문이나 교과 등과 관련된 다양하고 구체적인 요소들에서 선정되어야 한다고 주장
  ㉡ 중요하면서도 교육과정에서 배제되어 왔던 내용(영 교육과정)도 신중하게 고려

③ 학습기회의 유형 : 학생들에게 의미 있고 만족스러운 다양한 학습기회를 제공해야 함

④ 학습기회의 조직 : 적극적 참여가 흥미 · 목표를 촉진시킬 수 있도록 학습기회를 조직

⑤ 내용영역의 조직 : 내용은 비전통적 방법으로 다양하게 조직 · 통합되어야 함

⑥ 제시양식과 반응양식 : 은유는 일상적 언어의 양식으로 의사소통되는 것보다 더 강력한 의미를 포함한다고 보고 이를 강조

⑦ 평가절차
  ㉠ 평가는 교육과정 개발과정 전반에 걸쳐있는 활동
  ㉡ 평가모형

교육적 감식안	교육적 상황의 복잡성을 파악하는 능력과 복잡성을 세련되게 개념화하는 능력(예) 경험이 많은 교사는 수업상황에서 학습자들의 미묘한 변화의 차이를 알아차릴 수 있는 눈이 있음)
교육 비평	일종의 폭로 기법으로 비판적으로 파헤치고 표현함으로써 대상의 질적 속성을 생생하게 표현해내기 위해 감식안이 포착한 사상이나 사물의 질을 드러내는 예술 활동

(2) 해방적 교육과정 설계(프레이리(Freire))

① 특징 : 교육과정 설계의 중요한 목적은 피억압자들에게 비판적 의식을 길러주는 일
② 설계 단계 : 생성어나 생성적 주제 찾기(1단계) → 평가회 개최 및 기호화(2단계) → '주제연구 서클'을 통한 해석(3단계) → 협업적 연구(4단계)

(3) 자서전적 모형(쿠레레 모형, 파이너(Pinar))

① 특징 : 교육과정 설계는 자아의 구성을 위한 자료 만들기로서의 교육과정이며, 자아는 자서전으로서의 스토리텔링에 의해 계획되고 만들어짐
② 쿠레레의 단계 : 회귀(1단계) → 전진(2단계) → 분석(3단계) → 종합(4단계)

SEMI-NOTE

아이즈너(Eisner)의 기본입장
- **재개념주의적 입장** : 현상학적 입장에서 사회적 실재를 주관적 · 구성적 · 다원적인 것으로 봄
- **질적 연구의 추구** : 보편적 법칙만을 찾으려는 경험-분석적인 연구를 지양하고 질적인 연구를 도입
- **교육과정 개발자는 예술가** : 교육과정에 대한 의사결정을 하는 사람은 실재에 대한 다양한 시각을 표현하는 예술가와 같다고 봄
- **영 교육과정의 중시** : 전통적 · 학문적 교과 중심의 교육과정을 비판하고, 대중문화 등과 같이 중요하면서도 교육과정에서 배제되어 왔던 내용도 신중하게 고려할 것을 강조
- **교육적 상상력의 중시** : 교육적 상상력을 '예술성(artistry)'의 은유적 표현으로 보아 이를 중시
- **교육과정 개발의 선구자로서의 교사** : 교육과정과 관련된 중요 의사결정의 대부분은 학생들의 학습경험을 관찰하는 교사에 의해서 이루어져야 한다고 주장

참평가
타일러 논리에 기초한 평가방식의 대안으로 제시되었으며, 실생활에서 필요로 하는 문제해결능력을 학습하는 데 도움이 되는 평가

쿠레레의 단계와 학습자 활동

단계	학습자 활동
회귀	회상하는 글쓰기, 인생연보 그리기
전진	자서전적 글쓰기, 마인드 맵, 앙케이트/질문표
분석	집단토의 및 토론, 테이블 대화
종합	한 문장 정리, 자선적 에세이 쓰기

5. 위긴스와 맥타이(Wiggins & McTighe)의 백워드 교육과정 설계 모형

(1) 특징
① 학생의 이해력을 신장하는 교육과정 설계 모형, 거꾸로 설계 모형, 역방향 설계 모형, 백워드 설계 모형 → 전통적 방식과 비교할 때 2단계와 3단계의 순서가 역전되어 있는 모형
② 목표를 마음속에 품고 시작하여 그것을 향해 나아가는 모형으로 설계하는 교육과정

(2) 절차

바라는 결과의 확인(1단계)	• 바라는 결과의 내용은 '영속한 이해'임 • 이해의 종류와 정의 – 설명 : 사실이나 사건, 행위에 대해 타당한 근거를 제공하는 능력 – 해석 : 숨겨진 의미를 도출하는 능력 – 적용 : 지식을 새로운 상황이나 다양한 맥락에 효과적으로 사용하는 능력 – 관점 : 비판적인 시각으로 바라보는 능력 – 공감 : 타인의 감정과 세계관을 수용할 수 있는 능력 – 자기지식 : 자신의 무지를 아는 지혜 혹은 자신의 사고와 행위를 반성할 수 있는 메타인지 능력
수락할 만한 증거의 결정(2단계)	구체적인 교육과정 내용을 선택하여 우선순위를 정하고 구체적인 평가방법과 도구를 개발함
학습경험과 수업의 계획(3단계)	• 실제 활용할 수 있는 교수·학습지도안을 개발함 • 학습경험과 수업계획의 수립은 WHERETO의 원리를 따름 – W : 교사는 높은 기대수준과 학습방향을 제시 – H : 학습자들의 도전의식을 고무하며 관심을 이끌어냄 – E : 수행과제를 투입하면서 주제를 넓게 탐구시킴 – R : 높은 성취 수준을 수행하고 있는지 점검 – E : 성취의 증거들 발표하고 전시함 – T : 개인적인 재능, 흥미, 필요를 반영할 수 있도록 설계 – O : 최적의 효과성을 위해 조직하기

03절 일반적인 교육과정의 계획

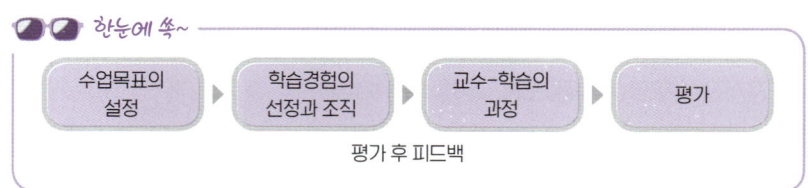
평가 후 피드백

SEMI-NOTE

영속한 이해
객관주의적 사고와 일맥상통하는 것으로 설명, 해석, 적용, 관점, 공감(연민), 자기지식 등의 여섯 가지 측면으로 구성됨. 각각의 이해는 평가의 측면에서 학습자의 진정한 이해의 도달 정도를 판단하기 위한 기준이 됨

WHERETO의 원리
• W(Where) : 단원의 방향과 목적
• H(Hold) : 주의환기와 흥미 유지
• E(Explore) : 탐구하고 경험하기
• R(Reflect) : 반성하기, 다시 생각하기, 개정하기
• E(Evaluate) : 작품과 향상도를 평가하기
• T(Tailor) : 학습자에게 맞추기, 그리고 작품을 각 개인에 맞게 개별화하기
• O(Organize) : 효과적인 학습을 위한 내용 조직·계열화

1. 수업목표의 설정

(1) 타일러(Tyler)의 수업목표 진술(내용 + 행동)

① 수업목표 진술 : 수업목표 속에는 어떤 내용에 관한 어떤 행동이 표현되어야 함 (예 영양에 관한 원리를 이해한다, 포유류의 뜻을 말할 수 있다)
② 2원적 수업목표 세목표(수업목표 2원 분류표)
  ㉠ 전체 수업목표를 내용과 행동의 두 차원에 따라 표로 분류한 것
  ㉡ 행동의 유형을 7가지로 세분화 : 중요사실 및 원리, 정보원에 익숙하기, 자료 해석력, 원리의 적용, 결과보고, 흥미, 사회적 태도

(2) 메이거(Mager)의 수업목표 진술(조건 + 수락기준 + 도착점 행동)

① 수업목표 : 학습자에게서 일어나도록 제안된 변화를 기술한 진술에 의해서 가르치는 사람과 배우는 사람 간에 서로 의사소통되는 의도
② 수업목표 속에 포함되어야 할 요소 : 수업을 통해 가져오려고 하는 도착점 행동을 나타내는 동사, 이 행동이 발생되어야 할 중요 조건이나 장면, 이 행동이 성공적인지 아닌지를 판단하기 위한 수락기준(예 운동장에서 200m를 35초 이내에 달릴 수 있다)

(3) 블룸(Bloom)의 수업목표 분류

① 수업목표의 영역을 인지적, 정의적, 운동 기능적 영역으로 분류함
② 수업목표의 영역

인지적 영역	복합성의 원리에 따라 구분 → 지식, 이해, 적용, 분석, 종합, 평가
정의적 영역	내면화의 정도에 따름 → 감수, 반응, 가치화, 조직화, 인격화
운동 기능적 영역	• 블룸은 이 영역을 세분화하지 않음 • 해로우(Harrow)는 관찰, 모방, 연습, 적응 등으로 세분화함

2. 학습경험(교육과정)의 선정과 조직

(1) 학습경험(교육과정)의 선정 원리

기회의 원리(Tyler)	교육목표와의 일관성 → 목표 달성에 필요한 경험을 할 수 있는 기회 제공
만족의 원리(Tyler)	교육목표가 지향하는 학습활동을 통해서 만족감을 느낄 수 있도록 할 것 → 학생들의 흥미와 관심에 기초한 학습경험
가능성의 원리(Tyler)	학생들의 현재 학습능력, 발달 수준에 맞는 학습경험일 것
일목표 다경험의 원리(Tyler)	동일한 목표 달성을 위해 여러 가지 경험을 제공할 것
일경험 다성과의 원리(Tyler)	한 가지 경험으로 여러 가지 교육목표를 동시에 달성할 수 있도록 할 것 → '학습다과율'의 원리
전이의 원리	전이가가 높은 교육내용일 것

SEMI-NOTE

수업목표
효과적인 수업 후, 수업과정에 참여한 학생들의 생각과 느낌과 행동이 어떻게 변화해야 하는지를 규정해 둔 진술문

인지적 영역의 구분
• 지식 : 학습한 내용을 동일한 형태로 상기하는 행동
• 이해 : 지식을 변화, 해석하는 행동
• 적용 : 개념이나 법칙을 문제 사태에 사용하는 행동
• 분석 : 구성 요소나 관계를 분석해서 위계관계를 파악하는 행동
• 종합 : 요소나 부분을 새로운 전체로 구성하는 행동
• 평가 : 가치 판단의 행동

정의적 영역의 구분
• 감수 : 귀를 기울이는 단계
• 반응 : 흥미를 느끼는 단계
• 가치화 : 어떤 행동이나 활동을 가치롭다고 느끼고 여기에 일관된 반응하기
• 조직화 : 어떤 가치들을 일관된 체제로 묶고, 여러 가치들 간의 상호관계를 밝히며 전체를 꿰뚫는 지배적인 가치를 정립하는 단계
• 인격화 : 개개의 가치가 개인이 가진 가치 위계 속으로 흡수되는 단계

타당성의 원리	교육내용이 일반목표 달성에 도움을 주는 것이어야 할 것
중요성의 원리	학문을 구성하는 가장 중요한 것을 교육내용으로 선정할 것
유용성의 원리	생활에 유용한 내용으로 선정할 것
교수·학습 가능성의 원리	교수자에게는 가르칠 수 있는 내용이어야 하고, 학습자에게는 배울 수 있는 내용이어야 할 것

(2) 학습경험(교육과정)의 조직 원리

횡적 원리	통합성 (integration)	• 여러 가지 학습경험이 서로가 서로를 보강하고 강화할 수 있도록 조직하는 것 • 구성요소들 간에 서로 모순, 갈등, 충돌이 없이 의미 있게 연결되어 상호보조적인 정도를 높도록 조직하는 것 • 범위(scope) : 내용의 폭과 깊이에 관련되는 것으로 어떤 내용을 얼마큼 폭넓고 깊이 있게 다루어야 하느냐의 문제(예) 음악시간에 악기를 다룰 경우 악기의 범위를 어디까지 다루어야 할 것인가와 관련됨)
종적 원리	계속성 (continuity)	• 동일한 경험요인이 반복되도록 조직하는 것 • 한 두 번의 경험만으로는 의미 있는 학습 성과를 거두기가 어려울 때 계속 반복되도록 조직함 • 동일한 개념이나 지적 기능, 가치에 학습자들이 계속적으로 접할 수 있을 때 누적적(累積的) 효과를 가져옴
	계열성 (sequence)	• 동일한 경험요인이 반복되는 수준을 넘어 계속적인 줄기는 있으되 동시에 그 줄기에 좀 더 넓고 깊은 의미가 붙어갈 수 있도록 조직하는 것, 즉, 선행경험 혹은 내용을 기초로 하여 다음 학습 요소가 깊이와 넓이가 증가하도록 조직하는 것임 • 교육목표를 달성하기 위해서 교육내용이 선수학습 혹은 인지발달 단계와 관련되어야 하고 이전 내용보다 깊이와 넓이가 더 심화·확대되어야 함

04절 교육과정의 통합 및 잠재적 교육과정과 영 교육과정

1. 통합교육과정의 의의

(1) 의미

① 교과가 분리·독립되어 있는 것들을 상호 관련짓고 통합함으로써 하나의 의미 있는 체계로 발전시키는 노력임
② 시간적, 공간적, 내용 영역에 있어 각기 다른 학습 경험들이 상호 관련지어 지고 의미 있게 모아져서 하나의 전체로서의 학습을 완성시키고 나아가 인격적 성숙을 가져오게 하는 과정 또는 결과

SEMI-NOTE

학습경험의 조직 원리
경험을 조직하는 원리로는 횡적(수평적) 조직 원리와 종적(수직적) 조직 원리가 있으며, 타일러는 횡적 원리에 통합성, 종적 원리에는 계속성과 계열성이 있다고 주장함

범위(scope)
• 학교급별 교육과정의 범위 : 각급 학교에서 배워야 할 내용의 범위는 교과 이름들로 표시되며, 이들 교과들에 배당된 시간 수가 내용의 깊이를 의미함
• 학년별 교육과정의 범위 : 각 학년에 적용되는 교과와 여기에 배당된 시간 수로 표시됨
• 학년별 교과의 범위 : 그것을 구성하는 단원이나 대주제들 속에 포함된 내용으로 구성되며, 여기에 할당된 시간 수가 내용의 깊이를 의미함

계속성 계획의 전개과정
• 교과내용 분야에서의 계속성을 기하는 일
• 각급 학교 수준 간, 그리고 동일한 수준에서의 교과목 상호간에 연계성을 기하는 일
• 개개 학습자의 경험 속에서 계속성을 기하는 일

통합교과의 교육적 기능(Ingram)

인식론적 기능	지식의 팽창과 변화에 대처함
심리적 기능	전인적인 인간발달과 긍정적인 자아개념의 형성에 도움을 줌
사회적 기능	협동심을 길러줌으로써 공동문제의 해결에 대처하는 능력을 길러줌

(2) 장점

① 교육내용을 통합하고 개인의 통합적 혹은 전인적 성장에 도움을 줌
② 학생들에게 의의 있고 중요한 학습경험의 사용을 촉진함

2. 통합교육과정의 유형

(1) 교과중심 교육과정 통합

상관형 교육과정	교과의 선을 넘지 않으면서도 두개 혹은 그 이상의 교과나 과목을 서로 연관시켜 조직하고 가르치는 교육과정(각 교과목은 그대로 인정되고 독립된 과목으로 취급)
광역형 교육과정	교과목간의 구분을 해소하고 보다 넓은 영역에서 사실이나 개념 또는 원리를 조직하는 교육과정

(2) 경험중심 교육과정 통합

활동형 교육과정	학습자들의 흥미와 문제가 학습 경험의 선정에서 기본을 이루어 활동을 조직하는 교육과정(예 킬패트릭의 구안법, 듀이의 실험학교 교육과정 등)
현성형(생성형) 교육과정	사전에 계획을 하지 않고 교사와 학생들이 학습 현장에서 함께 학습 주제를 정하고 내용을 계획하여 교육이 이루어지는 교육과정
중핵 교육과정	• 중핵과정과 주변과정이 동심원적으로 조직된 형태 • 생활이나 욕구와 관련된 내용이나 경험이 중심을 이루고, 주변과정은 중핵과정을 둘러싸고 있으면서 계통학습을 하되 몇몇의 영역으로 구분하여 조직됨

(3) 학문중심 교육과정 통합

나선형 교육과정	• 기본 개념이나 핵심적 아이디어를 조직함에 있어 질적으로 향상되면서 양적으로 취급 범위가 넓어지는 입체적인 조직이 이루어 가는 교육과정
	• 나선형 교육과정에서 고려할 사항
	  - 연속성 : 학생에게 가르쳐지는 교과가 학년 수준에 관계없이 동일해야 함
	  - 차이 : 동일한 교과가 해당 학년 수준에 맞게 상이한 형태로 번역되어야 함

간학문(間學問)형 통합	두 개 이상의 학문분야를 결합하거나 상호 관련시킴
다학문(多學問)형 통합	사회나 자연현상 그리고 인간 생활에서 나타나는 문제 또는 주제(인구, 공해, 범죄, 환경 등)와 관련하여 그 해결책을 탐색하는 과정에서 여러 가지 학문이 다양하게 동원됨으로써 이루어짐

SEMI-NOTE

상관형의 예
- 사실의 상관 : 역사적 사실을 배경으로 하는 문학작품을 가르칠 때 역사와 문학을 관련시킴
- 원리의 상관 : 두 개 이상의 교과에서 공통적인 원리를 활용하는 것으로 심리학의 공격성의 원리와 역사 속 혁명을 관련시키는 것이 예임

광역형의 예
- 주제법을 활용(예 사회에서 역사, 지리, 정치, 경제, 사회, 문화 등을 주제나 원리에 따라 통합)
- 초등학교의 국어, 수학, 사회, 과학, 체육, 음악, 미술, 실과 등

중핵 교육과정의 유형
- 교과중심 중핵 : 중핵요소를 교과의 범주에서 찾되 교과간의 통합이 가능하도록 광역과목, 통합과목, 문화사 중심의 과목으로 구성함(예 역사를 중핵으로 하고 정치, 경제, 예술, 문학 등의 교과영역을 관련시킴)
- 개인중심 중핵 : 중핵의 요소를 학생 개인의 필요와 흥미에 둠(예 사회에서 자아개발, 인간관계 수립, 인간행동의 이해 등)
- 사회중심 중핵(가장 발전된 형태)
  - 사회활동이나 사회변동으로부터 나타나는 문제를 분류하여 중핵의 기준으로 삼는 사회 문제 중심형(예 전쟁, 실업, 범죄, 소비 등)
  - 사회 현상을 객관적으로 기술 분석하여 중핵의 기준으로 하는 사회 기능 중심형(예 의사소통, 여가활동, 자연보호, 교통 등)

3. 잠재적 교육과정

(1) 의의

① 개념 : 학교에서 사전에 의도되었거나 계획되지는 않았지만 학교생활을 통해 학습되는 모든 경험을 말하며, 잭슨(Jackson)에 의해 개념화됨

② 표면적 교육과정과 잠재적 교육과정의 비교

표면적 교육과정	잠재적 교육과정
• 학교에서 의도적으로 조직되고 가르침 • 바람직한 것 • 교과와 관련, 교사의 지적·기능적 영향 • 주로 지적(知的)인 것과 관련 • 단기적, 일시적 영향	• 학교에서 의도되지는 않았지만 학교생활을 통해 배움 • 바람직한 것과 바람직하지 못한 것 모두 포함 • 학교 풍토와 관련, 교사의 인격적 감화 • 주로 정의적인 것 • 장기적, 반복적 영향

(2) 잠재적 교육과정의 관점

기능론의 입장	• 학생은 교실 내의 일상적인 생활 속에서 은연중에 특정한 사회규범을 배우고 있으며, 학교에서 배우는 사회규범은 그들의 성인생활을 위한 사회화의 일종이라고 봄 • 학교는 잠재적 교육과정을 통해 학생들이 기존의 사회·경제 및 문화에 적응할 수 있는 특정의 사고방식을 받아들이도록 함으로써 사회의 유지와 안정에 기여한다고 봄 • 대표자 : 파슨스(Parsons), 드리븐(Dreeben), 잭슨(Jackson) 등
갈등론의 입장	• 학교는 잠재적 교육과정을 통해 기존의 질서와 지배계급의 이데올로기를 무비판적으로 받아들이게 만든다고 봄 • 학교가 학생들로 하여금 관료주의적 위계구조, 상벌체계와 같은 통제, 권위주의적 억압을 당연하게 받아들이게 하여 이에 순응하고 복종하게 만든다고 주장 • 대표자 : 보올스와 진티스, 애플(Apple), 지루(Giroux) 등
자유주의적 관점	• 학교체제 내에서 숨겨진 성(gender) 역할의 문제가 드러나게 함 • 교육실천 상에 붙박혀 있는 성에 기초한 획일성을 폭로함으로써 성차별의 문제가 해결될 수 있음을 가정 • 대표자 : Keddie, Vallance 등

4. 영 교육과정(Null curriculum) ★ 빈출개념

(1) 의의

① 개념 : 배울만한 가치가 있는데도 불구하고 공적인 문서에 빠져 학교에서 소홀히 하거나 의도적으로 가르치지 않는 교육내용

② 특징

㉠ 교육과정은 가르칠 내용을 선택 포함시켜 학생들에게 배울 기회를 마련하게 하지만, 일부러 특정 내용을 배제시켜 학생들이 배울 기회를 놓치게 만드는

SEMI-NOTE

잠재적 교육과정의 발생 원천
• 잭슨(Jackson)의 연구 : 학교의 군집성, 평가, 권력 관계(교사와 학교당국의 권위)
• 김종서의 연구 : 우리나라 학교를 대상으로 하는 연구를 통해 학교체제의 네 가지 특성에 해당하는 목적성·강요성·군집성·위계성을 잠재적 교육과정의 원천으로 파악

잠재적 교육과정의 등장배경
잠재적 교육과정은 학교교육의 역기능을 분석하고, 학교교육의 순기능을 확대하려는 교육적 노력에서 비롯됨. 즉, 학교교육이 기능교육과 단편적 지식에 치중하여 가치관 및 윤리의식을 확립하지 못해 인간교육에 실패하고 있다는 각성을 토대로, 교육제도 자체 속에 인간교육을 해치는 요소를 분석하여 이를 바로 잡으려는 시도에서 시작됨

잠재적 교육과정의 범위
교과에의 의도한 바와 관련되지 않은 경험이란 교과에서 의도는 되었으나 의도한 바와 다른 학습결과를 나타낸 경우와, 의도하지 않았으나 교과 이외의 학교생활에서 학생들이 행동에 중요한 변화를 일으키는 경험내용을 포함함

영 교육과정
영 교육과정의 개념은 아이즈너(Eisner)에 의해서 제시됨(표면적 교육과정과 잠재적 교육과정 이외에 또 다른 교육과정이 있음을 확인하고 이를 영 교육과정이라 부름)

기능도 수행
ⓛ 사회적으로 금기되는 영역이 영 교육과정이 되기도 함
ⓒ 아이즈너(Eisner)가 『교육적 상상력(1979)』에서 제시함

(2) 아이즈너의 영 교육과정론

① 특징
  ㉠ 수업의 예술적 측면을 강조해 수업을 위한 행동적 목표의 설정을 반대함
  ㉡ 수업은 예기치 않은 상황과 우연에 의해 영향을 받으며, 수업의 과정 중에 그것이 성취할 목표가 생성되기 때문에 수업이 하나의 예술임

② 평가모형
  ㉠ 아이즈너는 교육목표를 행동목표로 진술하는 접근을 비판하고 새로운 대안적 평가 방법으로 교육적 감식안과 교육비평 모형을 제안함(질적 모형)
  ㉡ 감식안이 비평의 대상을 제공해준다는 점에서 감식안과 비평간에는 상호관련성이 있음

> **SEMI-NOTE**
>
> **영 교육과정의 구체적 예**
> - 산업혁명 직후 산업노동력이 필요할 때 학교에서는 읽기와 쓰기는 가르쳤으나, 셈하기는 가르치지 않았음
> - 과학교과에서 진화론을 가르쳤으나 창조론은 제외시켰음
> - 1960년대 북한이 남한보다 경제력이 앞섰던 시기에는 북한의 실정을 가르치지 않았음
> - 옛 소련에서는 상대적으로 나은 제도나 이론이어도 자본주의 경제론을 가르치지 않았음
> - 비록 뛰어난 시라고 해도 '악마의 시'는 이슬람 문화권에서는 금기시되어 학교에서 가르치지 않았음

05절 교육과정 재개념주의 및 우리나라 교육과정 개발과 정책

1. 재개념주의(Reconceptualism)

(1) 개요

① **역사** : 1970년대 들어와 기존 교육과정에 대한 패러다임(paradigm)의 전환을 의미함
② **경향** : 교육과정의 이론과 실제에 대한 접근에 관심을 가지며 질적 방법을 통해 교육과정을 이해하고 해석하고자 함

(2) 교육과정의 분류(Pinar)

전통주의	• 과학적 경영 관리론에 기초를 두고, 교육과정은 교육실천에 직접적인 도움을 주는 것으로 간주함 • 지식의 객관성과 중립적인 관점을 강조하며 교육의 목적은 표준화된 행동변화에 초점을 둔다고 봄
개념적-경험주의	스프투니크 사건 이후 미국의 교육개혁에 영향을 준 교육과정론자들로서 교육은 죽은 지식과 잡다한 정보를 전달하는 것이 아니라 과정 자체로 보아야 한다고 주장함(교육과정 전개 과정에서 이론적 논쟁보다는 실제적 문제 강조)
재개념주의	• 해석학·현상학적 접근 : 개인의 교육적 체험의 주관적 의미를 재구성하는 일에 관심을 둠 • 비판적 접근 : 학교 교육과정과 정치·경제·사회적 맥락의 관련성을 비판적으로 검토하는 데 초점을 둠 • 현상학, 실존주의, Neo-Marxsim, 상징적 상호작용론 등의 근거를 바탕으로 질적 연구방법을 사용함

> **재개념주의의 역사**
> - 교육과정 재개념화에 대한 필요성을 먼저 맥도날드(Mcdonald)에 의해 강조되었고 공식적인 용어는 파이너(Pinar)에 의해서였음
> - 파이너(Pinar)는 교육과정의 관심을 개인에게 두어 내적 경험의 탐구에 초점을 맞추는 일이 교육과정 탐구의 새로운 출발점이라고 생각하였으며, 교육과정을 자서전적이고 전기적인 관점에서 이해하려함
>
> **전통주의·개념적-경험주의·재개념주의의 대표자**
> - **전통주의** : 타일러(Tyler), 타바(Taba), 알렉산더(Alexander) 등
> - **개념적-경험주의** : 슈왑(Schwab), 슈버트(Schubert), 존슨(Johnson) 등
> - **재개념주의** : 지루(Giroux), 그린(Green), 애플(Apple), 휴브너(Huebner), 애니언(Anyon) 등

2. 우리나라 교육과정 개발 절차

(1) 국가적 수준의 교육과정 제정
① 법적 근거(초·중등교육법 제23조(교육과정 등))
② 교과용 도서 편찬
   ㉠ 법적 근거(초·중등교육법 제29조(교과용 도서의 사용)
   ㉡ 교과용 도서(교과서, 지도서 및 인정도서), 교과서(학교에서 교육을 위해 사용되는 학생용의 주된 교재와 음반, 영상 저작물 및 전자도서), 지도서(학교에서 교육을 위해 사용되는 교사용의 주된 교재와 그 보완교재)

(2) 지역수준의 교육과정 작성
① 시·도 교육청 : 시·도 교육청 단위에서 교육부장관이 정한 교육과정 범위 내에서 지역 실정에 적합한 내용을 제정
② 시·군 교육청 : 시·군 교육청 단위에서 학교교육과정 편성·운영의 장학자료를 작성·제시

(3) 학교단위 교육과정 개발
① 법적 근거(교육부 고시 '교육과정령'에 근거)
② 범위 : 개설교과의 종류 및 과목별 시간 배당, 과목별 주요 학습내용 및 수준, 교과 교육과정에서 제시된 주요 학습내용을 가르치기 위해 사용되는 교과용 도서를 포함한 제반 수업자료

(4) 교사수준 교육과정(교육과정 재구성 활동)
① 교육내용의 재구성
② 교과목의 탄력적인 편성
③ 수업 시간의 탄력적인 운영

3. 교육과정 개발정책

(1) 중앙 집권식·분산식·절충식

중앙 집권식	교육과정 결정권이 국가 권력 혹은 중앙 정부에 있음
분산식	교육과정 결정권한이 개방, 즉 이를 교사, 학부모, 학생, 지역사회 등에 위임 (공식화된 교육과정이 존재하지 않음)
절충식	국가 수준에서 성취기준을 설정하고 구체적인 적용은 각 지역교육청, 학교, 교사에게 위임

(2) 중앙 집권식과 지방 분산식의 장·단점

구분	중앙 집권식	지방 분산식
장점	• 전국적으로 통일된 교육과정 • 학교급 및 학교 간 교육과정의 연계성 충족 • 질 높은 수준의 교육과정 개발 • 국가와 사회적 대변혁 시기에 총체적 대응에 도움	• 지역고· 학교으 특수성에 부합하는 다양한 교육과정 개발 • 교사들의 참여로 전문성 신장 • 상황변화에 신속하고 유연한 대응 • 민주적인 교육풍토 조성
단점	• 교육과정 운영의 획일화·경직화 • 권위주의적 교육풍토 조성 • 즉각적인 수정의 어려움 • 교사배제 교육과정으로 교육과정 사소화 문제 발생	• 질 높은 교육과정 개발의 어려움 • 학교급 및 학고 간 교육과정 연계성 부족 • 교육개혁의 전다가 어려움 • 지역, 학교 간 격차가 심화될 가능성이 높음

> SEMI-NOTE
>
> **교육과정 실행의 관점**
> - **충실도 관점**: 개발 또는 계획된 교육과정의 취지와 의도대로 학교 및 교실에서 충실하게 전개되고 구현되어야 함
> - **상호적응 관점**: 학교가 처한 상황 및 실행과정의 상황 등에 따라 실행하는 교사와의 상흐적응 및 조정의 과정을 거치게 된다고 보는 견해
> - **교육과정 생성 관점**: 외부에서 개발 및 설계되고 만들어진 교육과정은 하나의 자료일 뿐이고 교육과정은 학생과 교사에 의해 만들어져야 함

06절 우리나라 교육과정의 변천과정

1. 교수요목 시기~제7차 교육과정

(1) 교수요목 시기
① 미군정 학무국에서 초등학교와 중학교 교목 편제와 시간 배당표를 제정함
② 교육과정의 개념상 교수요목과 교육과정을 엄밀히 구분 짓지 않음

(2) 제1차 교육과정(1954~1962)
① 영역: 교과활동, 특별활동
② 특징: 교과중심 교육과정, 생활중심의 지향, 특별활동의 편성, 반공 교육과 도의 교육의 강화 등

(3) 제2차 교육과정(1963~1973)
① 영역: 교과활동, 특별활동, 반공·도덕 활동
② 특징: 경험중심 교육과정, 반공·도덕활동의 신설, '교과과정'에서 '교육과정'으로 명칭 변경

(4) 제3차 교육과정(1973~1981)
① 영역: 교과활동, 특별활동
② 기본방침: 국민교육헌장 이념의 구현, 국민적 자질의 함양, 인간교육의 강화, 지식·기술교육의 쇄신
③ 특징: 학문중심 교육과정의 성격, 교육과정 구조의 변경(반공·도덕활동이 없어지고, 도덕과가 교과로 독립), 교육과정은 교과활동과 특별활동으로 구성, 교과

> **교수요목의 성격**
> - 교과서 지도내용을 상세히 표시하고 기초능력의 배양에 주력
> - 분과주의를 채택하고 체계적인 지도와 지격의 배양에 중점
> - 홍익인간의 정신에 입각하여 애국애족의 교육을 강조하고, 일제 강점기의 잔재를 정신적, 생활면에서 시급히 제거하기 위해 노력

> **제2차 교육과정의 부분 개정(1969년 9월 4일)**
> - 국어과에서 '한자·한문'의 지도내용을 삭제
> - 국사 부분을 세계사와 분리
> - **특별활동의 영역 변경**: 특별활동을 강화하여 그 영역을 학급활동·학생회활동·클럽활동 등으로 구분
> - 기술과목의 신설

의 변화(국사도 교과로 독립), 여자 기술을 가정으로 개칭, 가정을 가사로 개칭

(5) 제4차 교육과정(1981~1988)
① 영역 : 교과활동, 특별활동
② 특징 : 종합적 · 복합적 교육과정의 성격, 미래지향적 교육과정의 정신을 반영, 인간중심 교육과정의 반영, 통합교육과정의 개념 도입(바른 생활(국어 + 도덕 + 사회), 슬기로운 생활(산수 + 자연), 즐거운 생활(체육 + 음악 + 미술)), 특별활동의 영역 변화(학급활동 · 학생회활동 · 클럽활동 · 학교행사의 4개 영역에서 학급활동을 학생회활동에 통합하여 3개의 영역으로 편성)

(6) 제5차 교육과정(1988~1995)
① 영역 : 교과활동, 특별활동
② 교육과정 개정의 중점 : 기초 교육의 강화, 정보화 사회에 대응하는 교육의 강화, 특별활동의 강화, 특수 학급 운영지침 명시, 통합교육과정의 시행

(7) 제6차 교육과정(1992~1997)
① 초등학교 교육과정
  ㉠ 편제 : 교육과정은 교과, 특별활동, 학교재량 시간으로 편성
  ㉡ 특징 : 학교재량시간 신설(3~6학년의 경우 주당 1시간), 학습시간 축소(4~6학년은 주당 1시간씩 축소), 교과전담 교사제(4~6학년의 경우 체육 · 음악 · 미술은 교과전담제를 원칙으로 함), 1 · 2학년의 통합교과 슬기로운 생활의 영역 조정
② 중학교 교육과정
  ㉠ 편제 : 교육과정은 교과, 특별활동으로 편성
  ㉡ 특징 : 다양한 선택교과(교과는 필수교과와 선택교과로 하고, 학생의 적성과 교육상 필요에 따라 주 1~2시간씩 선택과목을 들을 수 있게 함), 학생의 학습 부담 경감(주당 수업시간을 개정 전 34~36시간에서 34시간으로 축소), 필수 교과 수 축소(교과 수를 조정하여 필수교과를 13개에서 11개로 축소), 기초과학의 강화(2 · 3학년의 수학, 과학 시간 수는 주당 각각 4시간씩으로 확대), '가정'과 '기술 · 산업'을 남녀 공통과목으로 통합 이수
③ 고등학교 교육과정
  ㉠ 편제 : 교육과정은 교과(보통교과 + 전문교과), 특별활동으로 편성
  ㉡ 특징 : 교육과정 편성의 분권화(시 · 도교육청과 학교가 교과과정 편성 · 운영의 재량권을 가지게 됨), 보통교과와 전문교과의 구분(고등학교의 설립목적과 특성에 따라 교과를 선택), 이수과목의 축소(학기당 이수과목 18~20개에서 12과목 내외로 축소), 일반계 고등학교의 이수과정 다양화(학생의 적성 · 능력 · 진로를 중시하여 일반계 고등학교의 이수과정을 인문 · 사회 · 자연 등으로 다양화), 교과 선택의 폭 확대(공통과목 수를 줄이고 선택과목을 확대), 외국어 교육의 강화(영어회화 과목 신설, 러시아어 신설), 특별활동 강화(단체활동을 신설하고 특별활동 이수단위를 12단위에서 16단위로 함)

SEMI-NOTE

통합교육과정의 실시
제4차 과정에서는 시간표 운영상에만 도입이 되어 있던 초등학교 저학년에서의 통합교육과정을 제5차 교육과정에서 규정하여 실시함

제6차 교육과정 개정의 특징
- 교육과정 결정의 분권화(분권형 교육과정) : 시 · 도와 학교의 자율재량권 확대
- 교육과정 구조의 다양화 : 다양한 교과목 개설, 필수과목의 축소 및 선택과목 확대
- 내용의 적절화 : 학습내용의 양과 수준을 적절하게 조정해 과도한 학습 부담을 경감
- 교육과정 운영의 효율화 : 학생의 적성 · 능력 · 진로를 고려하여 학습과 생활의 기초능력을 신장하고, 평가방법을 개선

(8) 제7차 교육과정

① 국민공통 기본교육과정의 편성 : 초1~고1(10년) → 교과(10개 기본 교과), 재량활동(시간), 특별활동(자치, 적응, 행사, 봉사, 계발 활동)
② 학생선택중심 교육과정 도입 : 고2·3(11, 12년) → 교과(교과군 단위 개념 도입), 특별활동
③ 수준별 교육과정 도입 : 교육의 수월성 추구, 획일적·일제식 수업 지양, 소외집단에 대한 보충학습(결과적 평등) 제공, 예 단계형, 심화보충형 / 과목선택형
④ 재량활동의 신설 및 확대 : 국민공통 기본교육과정 기간 10년 동안 운영 → 초등학교(1·2학년, 중학교와 고등학교 1학년은 신설, 3~6학년은 확대)
⑤ 질(質) 관리 중심의 교육과정 평가체제 확립 : 스터플빔(Stufflebeam)의 CIPP모형(요구-투입-과정-산출 평가)
⑥ 교과별 학습량의 최적화(최저 필수 학습요소를 중심으로 교과내용 정선)와 수준의 조정(이수과목 수의 축소와 범위의 적정화)
⑦ 정보화 시대에 대비한 창의성·정보능력 함양 : '기술·가정' 교과 남녀 공통 이수, 컴퓨터 교육의 강화

2. 2009 개정 교육과정과 2015 개정 교육과정

(1) 2009 개정 교육과정

초등학교	• 초등학교 1~2학년 초기 단계에 국어사용 능력 및 수리 능력 미흡 학생에 대한 별도의 프로그램 운영 등 기초·기본교육을 강화 • 지역사회 및 학교의 여건에 따라 저학년 '돌봄 활동' 지원을 강화
중학교	• 집중이수를 통한 학기당 이수과목을 8개 이하로 편성 • 선택과목으로 '진로와 직업'을 신설하고, 중학교 단계에서 진로교육을 강화
고등학교	• 고교 전 과정을 선택 교육과정으로 운영 • 고교단계 핵심 기초과목(국어, 수학, 영어) 이수는 더욱 강화 　- 학생의 적성과 소질에 맞는 맞춤형 교육과정 운영이 가능하도록 학교의 과목 편성권을 대폭 확대(학교자율과정 64단위) 　- 대학과목 선이수제의 과목을 개설할 수 있고, 국제적으로 공인받은 교육과정과 과목을 선택과목으로 인정 • 교과목 개선 　- 교과이기주의에 의해 지나치게 세분화된 교과는 통합(사회 13개 → 9개 과목으로 축소) 　- 학생 수준에 맞춰 '하고 싶은 공부'를 더 깊게, 더 넓게 할 수 있도록 내용상 위계가 있는 교과는 수준별 교과로 재구조화(국어, 과학 등) 　- 교과목(명) 변경 : 역사 → 한국사, 세계 역사의 이해 → 세계사 　- 교과목 개편 : 환경 → 환경과 녹색성장 • 전문교육 강화 : 외국어 계열의 경우, 전문교과 중 전공외국어 이수비율을 50%에서 60%로 변경

SEMI-NOTE

제7차 교육과정의 기본방향
• 21세기의 세계화·정보화 시대를 주도할 자율적이고 창의적인 한국인 육성
• 목표 : 건전한 인성과 창의성을 함양하는 기초·기본교육의 충실
• 내용 : 세계화·정보화에 적응할 수 있는 자기주도적 능력의 신장
• 운영 : 학생의 능력, 적성, 진로에 적합한 학습자중심교육의 실천
• 제도 : 지역 및 학교교육과정 편성·운영의 자율성 확대

수준별 수업
수준별 교육과정은 2009 교육과정부터 수준별 수업으로 전환되면서, 수준별 교육과정이 폐기되고 단계형·심화보충형 교과의 구분이 삭제됨. 국어, 사회, 수학, 과학, 영어의 5개 교과에서 수준별 수업을 권장하고 있는데, 수준별 수업이란 단일 교육과정을 기반으로 단위학교에서 학생들의 개인차를 고려하여 수업방법 및 내용의 심도를 달리 처방하는 수업을 말함.

2009 개정 교육과정 개정방향
• 학년군, 교과군을 도입하여 여러 학년과 학기에 나누어 배우던 과목을 한 학년, 또는 한 학기에 집중적으로 배우게 하여, 학기당 배우는 과목수를 10~13과목에서 8과목 이내로 축소
• 기존의 창의적 재량활동과 특별활동 5개 영역을 '창의적 체험활동'으로 통합하여 운영
• 학교 안과 밖에서 이루어진 학생들의 창의적 체험활동의 결과는 입학사정관제 등을 통해 상급학교 진학에 반영
• 고교 전 과정을 선택교육과정으로 바꾸고, 학교자율과정을 통해 학생들의 진로에 맞는 진로집중과정을 운영
• 기초교과는 모든 학생들이 반드시 이수하고, 세분화된 선택과목은 수준별·영역별로 재구조화하여 하고 싶은 공부를 깊고 넓게 할 수 있도록 함
• 학교 여건과 특성에 맞춘 교과목을 가르치는 시기를 정하고, 각 교과에 제시된 수업시간도 20% 범위 내에서 증감하여 운영할 수 있게 함

(2) 2015 개정 교육과정(문이과통합 교육과정) ★빈출개념

① 총론에 제시된 핵심역량
  ㉠ 자아정체성과 자신감을 가지고 자신의 삶과 진로에 필요한 기초 능력과 자질을 갖추어 자기주도적으로 살아갈 수 있는 '자기관리 역량'
  ㉡ 문제를 합리적으로 해결하기 위하여 다양한 영역의 지식과 정보를 처리하고 활용할 수 있는 '지식정보처리 역량'
  ㉢ 폭넓은 기초 지식을 바탕으로 다양한 전문 분야의 지식, 기술, 경험을 융합적으로 활용하여 새로운 것을 창출하는 '창의적 사고 역량'
  ㉣ 인간에 대한 공감적 이해와 문화적 감수성을 바탕으로 삶의 의미와 가치를 발견하고 향유하는 '심미적 감성 역량'
  ㉤ 다양한 상황에서 자신의 생각과 감정을 효과적으로 표현하고 다른 사람의 의견을 경청하며 존중하는 '의사소통 역량'
  ㉥ 지역·국가·세계 공동체의 구성원에게 요구되는 가치와 태도를 가지고 공동체 발전에 적극적으로 참여하는 '공동체 역량'

② 학교 급별 교육목표

초등학교	• 교육목표 : 학생의 일상생활과 학습에 필요한 기본 습관 및 기초 능력을 기르고 바른 인성을 함양하는 데에 중점을 둠
	• 편제
	  - 초등학교 교육과정은 교과(군)와 창의적 체험활동으로 편성함
	  - 교과(군)은 국어, 사회/도덕, 수학, 과학/실과, 체육, 예술(음악/미술), 영어로 함(다만, 1·2학년의 교과는 국어, 수학, 바른 생활, 슬기로운 생활, 즐거운 생활로 함)
	  - 창의적 체험활동은 자율 활동, 동아리 활동, 봉사 활동, 진로 활동으로 함(다만, 1·2학년은 체험 활동 중심의 '안전한 생활'을 포함하여 편성·운영함)

중학교	• 교육목표 : 초등학교 교육의 성과를 바탕으로, 학생의 일상생활과 학습에 필요한 기본 능력을 기르고 바른 인성 및 민주 시민의 자질을 함양하는 데에 중점을 둠
	• 편제
	  - 중학교 교육과정은 교과(군)와 창의적 체험활동으로 편성함
	  - 교과(군)는 국어, 사회(역사 포함)/도덕, 수학, 과학/기술·가정/정보, 체육, 예술(음악/미술), 영어, 선택(한문, 환경, 생활 외국어(독일어, 프랑스어, 스페인어, 중국어, 일본어, 러시아어, 아랍어, 베트남어), 보건, 진로와 직업 등)으로 함
	  - 창의적 체험활동은 자율 활동, 동아리 활동, 봉사 활동, 진로 활동으로 함

고등학교	• 교육목표 : 중학교 교육의 성과를 바탕으로, 학생의 적성과 소질에 맞게 진로를 개척하며 세계와 소통하는 민주 시민으로서의 자질을 함양하는 데에 중점을 둠
	• 편제
	  - 고등학교 교육과정은 교과(군)와 창의적 체험활동으로 편성함
	  - 교과는 보통 교과와 전문 교과로 함
	  - 창의적 체험활동은 자율 활동, 동아리 활동, 봉사 활동, 진로 활동으로 함

SEMI-NOTE

2015 개정 교육과정에서 추구하는 인간상
- 전인적 성장을 바탕으로 자아정체성을 확립하고 자신의 진로와 삶을 개척하는 자주적인 사람
- 기초 능력의 바탕 위에 다양한 발상과 도전으로 새로운 것을 창출하는 창의적인 사람
- 문화적 소양과 다원적 가치에 대한 이해를 바탕으로 인류 문화를 향유하고 발전시키는 교양 있는 사람
- 공동체 의식을 가지고 세계와 소통하는 민주 시민으로서 배려와 나눔을 실천하는 더불어 사는 사람

보통 교과와 전문 교과

보통 교과	• 영역은 기초, 탐구, 체육·예술, 생활·교양으로 구성하며, 교과(군)는 국어, 수학, 영어, 한국사, 사회(역사/도덕 포함), 과학, 체육, 예술, 기술·가정/제2외국어/한문/교양으로 함 • 공통과목과 선택과목으로 구분하여 공통과목은 국어, 수학, 영어, 한국사, 통합사회, 통합과학(과학탐구실험 포함)으로 하며, 선택과목은 일반 선택 과목과 진로 선택 과목으로 구분함
전문 교과	• 전문 교과Ⅰ과 전문 교과Ⅱ로 구분함 • 전문 교과Ⅰ은 과학, 체육, 예술, 외국어, 국제 계열에 관한 과목으로 함 • 전문 교과Ⅱ는 국가직무능력표준에 따라 경영·금융, 보건·복지, 디자인·문화콘텐츠, 미용·관광·레저, 음식조리, 건설, 기계, 재료, 화학공업, 섬유·의류, 전기·전자, 정보·통신, 식품 가공, 인쇄·출판·공예, 환경·안전, 농림·수산해양, 선박 운항 등에 관한 과목으로 함. 전문 교과Ⅱ의 과목은 전문 공통 과목, 기초 과목, 실무 과목으로 구분함

실력UP 2015 개정 중점 사항

- 교과의 특성을 고려한 학년군제의 유연화 및 집중이수제 완화
- 창의적 체험활동 개선을 통한 효율적 운영 방안 마련
- 중학교 자유학년제(자유학기제) 운영지침 개발
- 진로·적성에 부합하는 고교 진로 선택과목 개설
- 학습의 즐거움을 느낄 수 있도록 단위학교 교육과정 편성·운영의 자율권 확대
- 인문·사회적 소양 함양 교육 강화
- 예술·체육교육 활성화를 통한 인성교육 강화
- 초·중등학교 한자교육 활성화
- 사회적 소양 함양 방안
- 과학교육 강화 방안
- 소프트웨어(SW) 교육 강화
- 초·중등학교 교육과정에 안전교과 또는 단원 신설
- 범교과 학습 주제 개선

SEMI-NOTE

자유학년제(자유학기제)

- **개념** : 중학교 교육과정 중 한 학년(학기) 동안 학생들이 평가의 부담에서 벗어나 꿈과 끼를 찾을 수 있도록 다양한 참여형 수업을 실시하는 교육과정
- **운영방안**
  - 참여형 프로그램 : 관심과 흥미를 불러오는 체험, 참여형 프로그램 강화(동아리, 선택형 프로그램, 예술/체육 교육 등)
  - 교수 학습방법의 다양화 : 융합, 연계 수업 등
  - 평가 방법의 변화 : 중간/기말 미실시, 학교별 평가방안, 체험 후 진로와 관련된 내용에 대한 학생부 기록 등
- **기대효과**
  - 교육 신뢰 회복과 정상화 : 공교육의 신뢰를 회복하고 일부의 잘못된 학교 풍토를 정상화
  - 자아실현과 인생함양 : 적성에 맞는 자기 계발 및 인성 함양
  - 만족과 행복 : 만족감이 높아지는 행복한 학교생활을 통해 학교 생활이 더욱 기대되고 학교가 가고 싶어지도록 만듦

9급공무원
교육학개론

나두공

07장 교수방법 및 교육공학

01절 교수이론과 교수모형

02절 교수-학습의 방법적 원리

03절 교육공학 및 교수설계

04절 교수매체 및 컴퓨터·멀티미디어·인터넷

07장 교수방법 및 교육공학

01절 교수이론과 교수모형

1. 교수와 교수이론의 의미

(1) 교수의 정의

① 코레이(Coray)의 정의 : 학습자가 특정 조건 하에서 특정 행동을 하는 것을 배울 수 있도록 환경을 계획적으로 조정하는 과정
② 가네(Gagné)의 정의 : 학습이 일어날 수 있도록 학습자의 내적·외적 조건을 체계적으로 조정하는 것

(2) 교수이론의 분류

설명적 이론	명제가 "만약 ~이면 ~이다"로 표현하는 것, 즉 "만약에 어떤 학생이 어떤 진술을 여러 번 반복하면 그것을 더 잘 기억하게 된다."와 같이 표현되는 것을 말함
처방적 이론	명제가 "~을 하기 위해서는, ~한 것을 수행하라"는 구조를 가지는 것을 의미함
브루너(Bruner)의 견해	교수이론은 처방적이고 규범적이어야 하지만, 학습이론은 교수이론에 비해 기술적이고 간접적이라고 함

2. 개별화 교수 모형

(1) 글레이저(Glaser)의 수업 모형

① 특징 : 체제이론에 근거하여 수업의 과정을 일련의 단계와 절차의 순환적이고 상호작용적인 흐름으로 파악함
② 수업의 단계
 ㉠ 수업목표 설정 : 수업이 끝난 뒤 학생들이 보여주어야 할 행동을 구체적인 행동 용어로 진술
 ㉡ 출발점 행동의 진단 : 특정한 학습과제의 학습을 위하여 필요한 선수 학습정도를 알아봄
 ㉢ 수업 실시(학습지도) : 일련의 수업과정의 중심 단계로 학습내용을 매개로 교사와 학생들이 상호작용하는 과정
 ㉣ 학습 성과의 평가 : 총괄평가를 말하는 것으로 수업의 효율성 및 학생의 학업 성취도를 최종 확인

SEMI-NOTE

교수와 학습의 개념

교수	학습
• 학습자의 내적 능력과 적절히 상호작용하는 학습장면에 대한 외적조건의 통제 • 교사가 학생에게 가르쳐 주는 것(교수법, 학습지도법)	• 경험이나 연습의 결과로 발생되는 비교적 영속·지속적인 행동변화 • 새로운 지식이나 태도·기능·생활양식 등을 후천적으로 습득하는 작용

처방적
가장 효과적인 수업절차를 제시함

규범적
학습의 근거나 학습의 조건을 제시함

기술적
학습이 일어난 현상을 있는 그대로 서술함

글레이저(Glaser)의 수업 모형의 의의

• 학습자들의 능력 수준의 개인차를 고려하여 변별적인 학습 프로그램을 제공하는 수업의 개별화를 위한 이론적 근거 마련
• 피드백과 교정이라는 자기 교정 장치를 도입

(2) 완전학습 모형

① 캐롤(Carroll)의 학교학습모형
  ㉠ 개요 : 학교에서 이루어지는 여러 형태의 학습 가운데 특히 지적 학습에 작용하는 중요한 변인들을 추출한 다음, 그 변인간의 상호관계를 토대로 학교학습의 방안을 체계화한 모형으로, 변인들의 조절을 통해 학교학습의 효과를 극대화할 수 있다고 봄
  ㉡ 학교학습의 5대 변인

학습 지속력	학습자가 스스로 인내력을 발휘해 학습에 보다 많은 시간을 할당하려는 의욕·태도를 의미함(일종의 학습동기)
학습기회	일정 학습과제를 학습할 수 있도록 학습자들에게 허용된 시간을 의미함
적성	최적의 수업조건하에서 주어진 과제를 완전히 학습하는데 필요한 시간으로 보아, 적성이 높으면 과제를 좀 더 빨리 학습해 낼 수 있고, 반대로 적성이 낮으면 학습에 소요되는 시간도 많아진다고 함
수업이해력	학습할 과제의 성질과 학습절차를 이해하는 학습자의 능력을 의미하며, 학습자의 일반지능과 언어능력의 영향을 많이 받음
수업의 질	학습과제를 개개 학생에게 효과적으로 구성하여 제시하는 정도를 의미하며, 교수방법·교구·보조교재의 사용 등이 포함됨

  ㉢ 의의 : 학습에 필요한 시간을 결정하는 요인인 수업의 질을 높이면 학생들의 수업이해력도 상승하므로 학습에 필요한 시간을 줄일 수 있으며, 학습기회를 충분히 허용하면 학습에 사용한 시간이 늘어나므로 완전학습에 이를 수 있음

② 블룸(Bloom)의 완전학습모형
  ㉠ 교수의 과정을 적절히 조작하면 완전학습이 가능하다고 보고, 이를 위한 방법을 찾고자 함
  ㉡ 전학습의 구체적 전략으로서 캐롤(Carroll)의 학교학습모형을 이용하였는데, 적성과 수업이해력, 수업의 질을 높여 학습에 필요한 시간을 줄이고, 학습기회를 충분히 제공하여 학습에 사용된 시간을 늘리면 완전학습을 이룰 수 있다고 봄
  ㉢ 완전학습을 위해서는 철저한 개별화 수업이 이루어져야 한다고 봄

(3) 프로그램 수업

① 개념 : 특별한 형태로 짜인 학습교재에 따라 학습자료를 제시하고, 학생에게 개별학습을 시켜서 특정한 학습목표까지 무리 없이 확실하게 도달시키기 위한 학습방법
② 특징
  ㉠ 성취해야 할 도달점 행동을 행동목표로 진술
  ㉡ 학습과제를 매우 적은 양의 정보와 문항으로 구성된 소단위 프레임으로 분할
  ㉢ 학습자의 반응에 대한 피드백(feedback)을 즉시 제공

SEMI-NOTE

캐롤(Carroll)의 학교학습모형

$$학습의\ 정도 = \frac{학습에\ 사용한\ 시간}{학습에\ 필요한\ 시간} \times 100$$

학교학습의 5대 변인
• 학습에 사용한 시간의 요인 : 학습지속력, 학습기회
• 학습에 필요한 시간의 요인 : 적성, 수업이해력, 수업의 질

완전학습의 개념
학생들의 대부분(약 95%)이 학습과제의 90% 이상을 학습하는 것

프로그램 수업의 연구
1926년 프레시(Pressey)가 처음으로 고안한 교수기계(teaching machine, 학습교재)가 출발점이 되어 발전된 수업형태이며, 스키너(Skinner)의 강화이론과 학습내용조직의 계열성의 원리에 기초를 둠

SEMI-NOTE

프로그램 학습의 장·단점
- 장점
  - 학습자가 자신의 능력과 학습속도에 맞추어 학습을 진행할 수 있음
  - 자율학습이 가능(원하는 시간과 장소에서 학습을 할 수 있음)
  - 즉각적인 피드백이 제공되므로 학습의 효과를 높일 수 있음
- 단점
  - 프로그램 자료를 개발하는데 상당한 시간과 노력, 비용이 소요
  - 주어진 프로그램에 의존하는 경우 학습자의 소극적 순응을 조장하여 창의력 증진이나 자기표현의 기회가 상실됨
  - 구성원간의 상호작용적 의사소통을 촉진하지 못함

프로그램 학습의 원리
- 학습자 검증의 원리
- 개인 페이스
- 적극적 반응의 원리
- 즉시 확인의 원리
- 스몰 스텝의 원리

개별화 학습의 이해
- *개별학습은 수업의 초점을 학생 개인에 두고 가급적 모든 학생이 교수목표에 도달할 수 있도록 개인의 능력·학습속도·요구 등을 고려하여 교수방법과 절차, 자료의 선택, 평가 등을 변별적으로 실천하는 수업*
- *개별성과 공평성에 입각하여 학생이 갖고 있는 잠재력을 최대한 발현할 수 있도록 함*

개인별 안내 교육(IGE)의 특징
- 전통적 학년제를 철폐하고 각 교과영역별로 무학년제를 실시하는 개별화 수업체제임
- 학습은 개별, 소집단, 또는 대집단 활동으로 이루어지며, 교사, 조교 또는 동료로부터 일대일 지도를 받음
- 진단-처방-평가의 단계로 수업을 전개하는 점에서는 IPI와 같으나, 각 학생의 사전성취수준, 진도의 속도, 학습유형 및 동기수준에 초점을 두고 진단하고 처방하는 점이 다름

---

③ 종류
　㉠ 스키너(Skinner)의 직선형 프로그램 학습

🕶 한눈에 쏙~

직선형 프로그램

문제1 → 문제2 → 문제3 → 문제4 → 문제5

- 학습내용이 하나의 단일한 순서로 계열화되어 있어 모든 학습자가 같은 순서로 학습
- 프로그램이 단계적으로 구성되어 쉽고, 반복학습이 가능해 학습자의 반응이 강화됨
- 결과를 즉시 확인할 수 있게 되어 있어 학습자의 긴장과 불안을 해소해 줌

　㉡ 라우더(Clauder)의 분지형 프로그램 학습

🕶 한눈에 쏙~

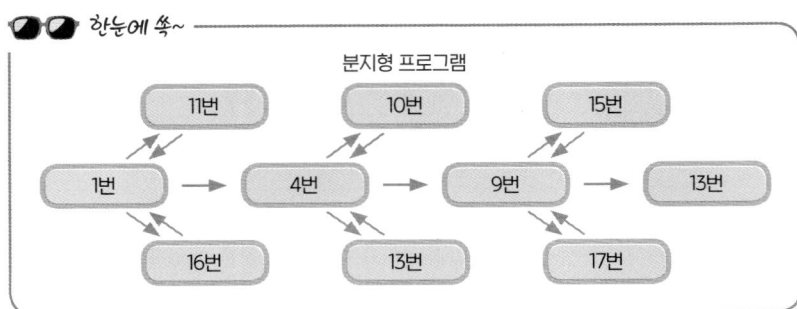

- 하나의 물음에 3개의 답지가 있고 그 중 2개는 오답으로 되어 있는데, 오답에 반응하면 답지가 지시하는 곳을 찾아가 교정학습을 하고 난 뒤 다시 돌아와 반응을 하도록 구성됨
- 불필요한 반응이나 반복이 감소되므로 학습시간이 단축되며, 교정프로그램을 통해 틀린 이유를 설명해 주므로 오답에 대한 이해와 정확한 반응이 가능

(4) 프로그램 학습에 영향을 받은 개별화 학습의 형태

① **개별처방 교수법(IPI ; Individually Prescribed Instruction)**

개요	1964년 미국 피츠버그 대학의 학습연구개발센터에서 글레이서(Glaser)와 볼빈(Bolvin) 등에 의해 개발된 개별처방 교수법
특징	• 교과과정의 연속성-교육과정이 교과별, 수준별로 명세화되어 있음 • 학습자의 진보 또는 성공 여부와 계속적으로 점검, 평가되는 엄격한 평가체제를 사용함 • 학습 진도가 개별적이며, 학습도 독립적으로 이루어짐 • 인쇄 매체, 녹음자료, 학습 키트, 컴퓨터, 교사보조 등을 활용함

② **개인별 안내 교육(IGE ; Individually Guided Education)**

개요	1965년 위스콘신 대학의 클로즈마이어(Klausmeier) 등에 의해서 개발된 개별화 교수법

절차	• 교과별로 학습자의 출발점 행동을 사정하며, 학습자별로 구체적인 행동목표를 진술함 • 교과별로 구체적인 행동목표를 진술하며, 다양한 수업 자료와 매체를 비치함 • 각기 다른 역할과 임무를 수행하는 교사 팀을 구성함 • 무학년제의 체제로 수업을 실시함 • 학습자의 출발점 수준, 학습 진척 상황, 목표도달을 지속적으로 사정함 • 다양한 학습을 수행할 수 있는 활동 공간과 자원 센터를 준비함

③ 개별화 수업체제(PSI ; Personalized System of Instruction)

개요	• 1968년 켈러(Keller)가 체계화한 동기화를 통한 개별화 교수 프로그램 • 스키너(Skinner)의 조작적 조건형성의 원리에 기초한 프로그램학습전략을 발전시킨 것으로, 목표성취 교수전략에 따라 학습자의 개별적 학습속도에 맞추어서 학습을 수행
체제 개발 원리	• 학습자 자신의 요구와 능력에 맞는 속도로 학습이 수행됨 • 다음 학습 단원으로 넘어가기 위해서는 현재 학습 단원의 완전한 성취를 보일 수 있어야 함 • 학습자의 학습 흥미를 촉진하기 위한 수단으로서 강의와 시범을 활용함 • 개별 학습자의 학습지도를 위해 책임 교사제를 활용하며, 책임교사는 학습자의 시험과 채점, 필요한 경우 개별 지도를 수행할 뿐만 아니라 교육과정에서 중요하게 고려되어야 할 대인관계의 성장에 도움을 줌

(5) 적성 처치 상호작용 모형(ATI ; Aptitude Treatment Interaction)

① 특징 : 크론백(Cronback)과 스노우(Snow)가 제시한 모형으로, 일반적으로 우수한 수업방식이 모든 학습자에게 최선의 방법이 되는 것은 아니며, 학습의 효과를 낼 수 있는 수업방식은 학습자의 적성에 따라 다르다고 봄(학습자의 적성과 교수방법 간의 상호작용을 전제로 하는 모형)

② 형태
 ㉠ 상호작용이 없는 경우 : 학생의 학습에 관련되는 적성을 충분히 이용한 다양한 교수변인을 투입하는 교수전략이 활용되면 모든 학생의 성적이 증가되고 개인차는 줄어들게 됨
 ㉡ 상호작용이 있는 경우 : 학습자의 특성에 따라 서로 다른 수업 방법이 있을 수 있으며, A 방법은 적성 수준이 높은 학습자에게 유리하고, B방법은 적성 수준이 낮은 학습자에게 유리함

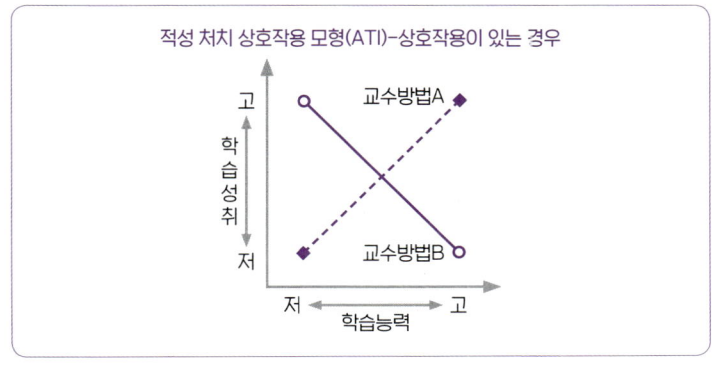

적성 처치 상호작용 모형(ATI)-상호작용이 있는 경우

③ 적성-처치 상호작용 이론의 적용(snow)

낮은 능력을 가진 학습자가 학습을 잘 수행할 수 있는 교수조건	• 정보처리 부담이 강력하지 않음 • 수행해야할 과제가 단순하거나 작게 나누어져 있음 • 언어보다는 그림이나 기타의 매체를 많이 사용함 • 단순화된 시범, 모형, 시뮬레이션 등을 사용함
높은 일반 능력을 가진 학습자가 학습을 잘 수행할 수 있는 교수조건	• 정보처리 부담이 큼 • 정교하고 특별한 설명이 있음 • 새로운 내용이 포함되어 있음 • 학습자의 자기 주도적 학습을 유도함 • 상대적으로 구조화되어 있지 않고 허용적임 • 그림이나 매체보다는 언어에 의존함

3. 오수벨(Ausubel)의 유의미 수용학습 모형(설명식 교수모형)

(1) 유의미 수용학습 모형의 이해

① 개념: 교사가 학습내용을 조직화해서 제시함으로써 학습자들이 지식과 정보를 의미 있게 학습하도록 하는 수업 → 설명적 학습원리, 유의미 학습(↔ 기계적 학습)

② 유의미 학습의 조건(학습과제 변인과 학습자 변인)
  ㉠ 과제변인(논리적 유의미성)

실사성	그 어느 명제나 과제를 어떻게 표현하더라도 그 본질이 변하지 않는 성질
구속성	어떤 대상의 성질과 인지구조와 관계가 확고하여 임의로 변경될 수 없는 성질

  ㉡ 학습자 조건

관련 정착의미(잠재적 유의미성)	학습자의 인지구조에 이미 형성된 것으로 유의미 학습 과정에서는 새로운 개념이 인지구조와 관계를 맺을 수 있는 근거를 제공해 주며, 파지 과정에서는 그 개념의 의미가 저장될 수 있도록 해주는 의미를 말함
학습의욕(유의미 학습태세, 심리적 유의미성)	학습자는 그 과제를 실사적이고도 구속적인 형태로 정착의미에 관련시키고자 하는 의향이 있어야 함
유의미 학습, 잠재적 유의미성, 논리적 유의미성, 심리적 유의미성의 관계	• 유의미 학습 혹은 의미획득은 잠재적 유의성을 지닌 과제와 유의미 학습태세(학습의욕)를 필요로 함 • 잠재적 유의미성은 논리적 유의미성과 관련 정착의미의 유무에 의존됨 • 심리적 유의미성은 유의미 학습 혹은 잠재적 유의미성과 유의미 학습태세의 산물임

SEMI-NOTE

유의미 수용학습 모형의 기본전제
• 학교교육의 목표는 가능한 많은 지식·정보를 습득하게 하는 것
• 교사는 학습내용을 조직화해서 제시하여 학생들이 지식·정보를 의미 있게 학습하도록 해야 함

유의미 수용학습 모형에서의 선행조직자
• 개념: 수업의 도입단계에서 새로운 학습과제 이전에 교사가 제시하는 개론적 내용 → 학습과제보다 추상적·포괄적·일반적인 특징을 지님
• 기능: 학습자의 논리적 조직화 촉진, 새로운 정보나 지식을 포섭
• 종류
  – 설명조직자: 학습과제와 인지구조 사이에 전혀 관련성이 없을 때 사용하는 것으로, 보다 구체적인 내용을 설명하기 전에 일반적인 관계를 우선하여 설명함으로써 개념의 정착 근거지를 마련해 줌
  – 비교조직자: 학습과제와 인지구조 간에 어떤 유사성이 있을 때 사용하는 것으로, 양자 간의 유사성과 차이점을 지적하고 전후 과제 간의 상호 변별력을 증대시킬 목적으로 사용함

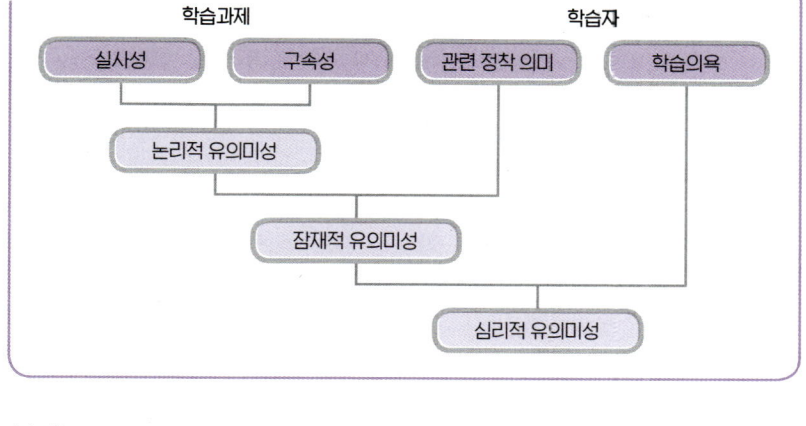

(2) 학습과정

독립변인	매개변인	종속변인
• 유의미한 아이디어의 집합체 • 교사 : 유의미 학습과제 제시	• 기존의 조직된 인지구조(관련 정착 의미) • 포섭과 동화의 인지과정 • 학생 : 기존의 인지구조를 매개로 새로운 학습과제를 포섭, 동화	• 명제의 재생 • 명제의 파지 • 명제의 적용(전이) • 결과 : 유의미 학습의 산물

(3) 포섭

종속적 포섭	• 포괄성이 낮은 학습과제가 포괄성이 높은 인지구조이 포섭
	• 파생적 포섭과 상관적 포섭
	  – 파생적 포섭 : 학습자료가 이전에 학습한 일반적 명제를 지지하거나 예시해 주는 관계에 있을 때 생기는 포섭
	  – 상관적 포섭 : 새로운 학습자료가 기왕에 학습된 명제에 대하여 연장, 정교화, 수정 등의 성격을 지니면서 일어나는 포섭

상위적 포섭	새로운 학습과제가 기존의 인지구조보다 포괄성이 높을 때 발생 → 귀납적 추론을 통해 보다 일반 명제를 학습하는 경우
병렬적 포섭	새로운 학습과제와 기존의 인지구조가 동일 수준에 포괄성을 지닐 때 발생

(4) 유의미 학습의 원리

① **점진적 분화의 원리** : 학습과제의 위계상 상위에 위치하고 있는 포괄적이고 일반적인 지식을 먼저 제시하고, 그 다음에 점진적으로 세부적이고 특수한 것으로 분화시켜 나가야 함

② **통합적 조정의 원리** : 먼저 제시된 학습과제와 그 다음에 제시되는 과제 간의 중요한 유사점이나 차이점을 인식시켜 불일치한 점이 사전에 조정되도록 학습과제를 조직하고 제시해야 함(→ 새로운 학습과제가 기존의 인지구조와 연관될 때 유의미한 학습이 일어남)

SEMI-NOTE

선행조직자의 수업모형
- 1단계(선행조직자 제시) : 수업의 목적을 명료화시킴, 선행조직자를 제시함, 학습과제와 학습자의 경험·지식을 연관시킴
- 2단계(학습과제나 자료의 제시) : 자료를 제시함, 관심을 유지시킴, 조직화를 분명히 함, 학습과제를 논리적 순서로 제시함
- 3단계(인지적 조직화의 강화) : 통합원리를 사용, 능동적인 수용학습을 고무함, 주제에 대한 비판적인 접근을 취함, 명료화시킴

수업과정과의 연계
- **수업목표** : 오수벨(Ausubel)은 행동적 수업목표보다 교과의 체계에 의한 내용적 목표를 강조
- **학습자의 개인차** : 인간에는 광범위한 개인차가 있다고 믿으며, 이 개인차는 인지적 기능의 양식, 일반지능, 학습동기, 지적 호기심, 비판능력, 창의적 사고능력 면에서 나타난다고 봄
- **학습과제의 계열화** : 포괄적인 것을 먼저 다루고 다음에 구체적인 개념을 다루는 연역적 접근법을 사용

SEMI-NOTE

③ **선행조직자의 원리** : 선행조직자를 제시하여 학습과제의 내용을 이전에 배운 내용과 연결·통합·설명해 주어야 함
④ **학습준비도의 원리** : 학습자의 인지구조를 포함한 발달수준에 맞게 학습경험을 제공해야 함
⑤ **내용의 체계적 제시(조직)의 원리** : 학습과제의 내용이 계열적·체계적으로 조직되어야 하는데, 학습과제가 체계적으로 조직되어 있으면 선행과제에 대한 지식은 후행과제에 있어서 선행조직자의 역할을 하게 되며, 학습의 극대화 용이해짐
⑥ **선수학습 요약·정리의 원리** : 새로운 학습을 시작할 때 이전에 학습한 내용을 요약·정리해 주면 인지구조 내의 기존 개념이 명료해져 안정성을 띠게 되고, 새 학습과제에 대한 변별력이 증가하여 학습이 촉진됨

4. 발견 및 탐구적 교수모형

(1) 브루너(Bruner)의 발견적 교수모형

① **개념** : 교사의 지시 최소화, 학습과제의 최종적 형태(지식의 구조)를 학습자 스스로 찾아내는 방법
② **수업의 목적** : 지적 수월성 → 새로운 정보를 통합하여 사용하는 유목화(사물의 공통점과 차이점을 찾아 분류하고 통합하는 것) 능력의 신장
③ **교수이론의 요소**

학습 경향성	학습하기 전에 학생이 학습에 대해 갖고 있는 경향성으로 학습동기의 개념에 해당함
지식의 구조	• 한 학문을 구성하고 있는 가장 기본적인 아이디어, 개념, 원리, 원칙 등을 말함 • 지식의 구조가 중요하게 고려되는 이유는 표현방식이 다양하다는 것, 경제성이 있다는 것, 그리고 생성력이 높다는 것임
학습계열	학습의 과제를 제시해 주는 순서와 관련되어 있는 것으로 일반적으로 쉬운 내용을 먼저 학습하고 어려운 내용으로, 구체적인 개념을 학습하고 추상적인 학습으로 나아가는 것이 특징임
내적 강화 (내적 보상)	학습결과에 대해 보상을 주는 것을 말하며, 학습자가 스스로 탐구해 가는 발견학습에서 교사는 학습자의 학습정도를 수시로 확인해 주어야 함 → 이를 통해 학습의 방향이 옳게 나아갈 수 있음

④ **발견학습**
  ㉠ **의미** : 발견학습은 학습자에게 교과를 최종적 형태로 제공하는 것이 아니라 그 최종형태를 학습자 스스로 조직하도록 하는 학습법
  ㉡ **장점**
    • 발견학습은 분류체계를 형성하게 하는 것이므로 지식의 파지력·전이력을 증진시킴
    • 분류체계 형성을 위한 노력은 학습자가 문제해결능력을 지니게 함
    • 문제의 해결은 발견의 기쁨을 가져다주므로 학습자의 내적 동기를 강화시켜 줌

지식의 구조가 지녀야 하는 요소
• 표현방식
  - 작동적 표현 : 피아제의 인지발달 단계에서는 전조작기에 해당하며, 이 단계에서 아동의 지적활동은 주로 경험과 동작에 의존
  - 영상적 표현 : 구체적 조작기에 해당하며, 이때 아동은 조작의 기초가 되는 내면화된 정신구조가 발달하게 됨으로써 직접 눈앞에 보이는 것에 얽매이게 됨
  - 상징적 표현 : 아동의 지적 활동은 가설적 명제를 조작하는 능력을 지니게 되며, 가능한 변인들을 생각할 수 있고 나아가 가능한 관계를 추리해 내어 그것을 실험이나 관찰로 검증하는 것이 가능
• 생성력 : 지식 간에 비교가 쉬운 것 그리고 한 가지 현상을 알면 그것과 관련되는 여러 가지 현상과의 관계를 파악하는 힘
• 경제성 : 머리 속에 기억해야 할 정보의 양이 최소화된 것(공식이나 원리 등)

발견식 교수모형의 기본전제
• 인지이론에 근거하여 학습자의 자율성과 주도성을 강조
• 학교학습의 목적을 학습자의 지적 성장, 즉 새로운 정보를 통합하고 사용하는 능력을 증가시켜 주는 것으로 봄
• 학습자는 유목화를 통해 많은 정보를 분류·통합·사용할 수 있게 됨

(2) 마시알라스(Massialas)의 탐구교수 모형

① 특징
  ㉠ 탐구란 탐구한 중요한 아이디어를 발견, 명세화, 시험하고 인간과 그의 환경을 판단하는 과정
  ㉡ 탐구의 심리학적 근거는 게슈탈트(Gestalt) 심리학에서 연유한 장(場)의 이론(Field Theory)임

② 탐구수업의 특징
  ㉠ 공개된 토론분위기 : 수업의 분위기는 다른 견해나 진술을 받아들일 수 있을 정도로 공개적이어야 함
  ㉡ 가설의 중시 : 탐구의 초점과 방향을 정해 주는 가설이 중시됨
  ㉢ 증거를 위한 사실의 사용 : 탐구수업에서는 가설을 입증하기 위해 사실을 사용함

(3) 듀이(Dewey)의 문제해결법

① 특징 : 듀이가 주장한 반성적 사고는 탐구의 기초가 되는 사고를 말하며, 그의 사고 이론은 결국 탐구로 이어짐

② 반성적 사고(문제해결의 단계)

암시	심의(心意)가 가능한 해결 체계를 향해 비약함
지성적 정리 (지성화)	곤란과 혼란한 문제에 대해 해결해야 할 하나의 문제가 감지되어 직접적으로 경험하는 일
가설	지성적 정리의 과정을 통해 나온 감정적인 문제의 답으로 가설은 암시에 비해 지적인 답변이며 잠정적인 것
추리	가설을 설정한 다음 그 가설을 검증하기에 앞서 검증결과를 예견
행동에 의한 검증	가설을 구체적인 혹은 상징적인 행동으로 수행하는 것

5. 가네(Gagné)의 목표별 교수이론

(1) 가네(Gagné)의 수업사태

주의력 획득시키기	• 학습을 시작하기 위해서는 자극이 수용되어야 하고, 수용이 발생하기 위해서는 학습자가 자극에 주의를 기울여야 함 • 시청각적 자극과 같은 주의력 획득도구를 사용하고, 단순한 자극의 변화를 넘어 학습자의 흥미를 유발하는 것이 바람직함
학습자에게 수업목표 알리기	목표달성을 자극하는 동기를 부여하기 위해서 학습자들이 학습이나 수업에 참여한 결과로 무엇을 얻게 되는지 알려줌으로써 기대를 갖게 해야 함
선수학습의 회상 자극하기	• 교사는 새로운 학습과 관련된 선수학습이 무엇인지를 결정해야 하고, 그 다음 그것을 지적해 주거나 다시 회상시켜야 함 • 선수학습이 제대로 되어 있지 않으면 새로운 학습의 시작 전에 다시 가르쳐야 함

SEMI-NOTE

설명식 수업과 탐구수업에서의 사실
전통적 설명식 수업에서는 사실의 획득이 중시되나, 탐구수업에서는 사실이 가설을 입증하는 증거로 사용됨

탐구교수 모형의 장·단점
• 장점
  – 합리적, 비판적인 사고를 할 기회를 더 많이 가지게 됨
  – 학생들이 학습에 능동적으로 참여하게 되므로 긍정적인 자아개념을 형성하게 됨
• 단점
  – 학습지도를 하는데 시간이 많이 소요됨
  – 타당도와 신뢰도가 높은 탐구능력 평가방법의 개발이 어려움

반성적 사고의 특징
• 문제 상황에 빠졌을 때 이를 가장 지성적으로 해결하는 방법
• 마음 속에서 사고의 문제를 발견하고 그 문제를 중시하고 그 문제를 연속적으로 사고하는 것을 말함

가네(Gagné)의 수업사태
다양한 학습상황에서 학습의 외적 조건을 제공한 일련의 절차, 즉 수업하는 절차를 말함. 가네(Gagné)는 학습자의 내부 인지과정에 맞추어 9가지의 수업사태를 계열화하여 제시함

SEMI-NOTE

자극제시하기	• 학습자에게 학습할 내용을 제시함 • 새로운 정보의 제시는 학생들에게 새로운 자극의 독특한 특징이 무엇인지를 지적해 줄 수도 있고, 하나의 정의나 규칙의 형태를 띨 수도 있으며, 무엇을 하는 방법에 대한 지식일 수도 있음
학습안내 제시하기	• 학습할 과제의 모든 요소들을 통합시키는데 필요한 방법을 제시함 • 이전 정보와 새로운 정보를 적절히 통합시키고 그 결과를 장기기억에 저장할 수 있도록 학생들은 도움이나 지도를 받아야 하며, 이러한 도움은 통합된 정보가 유의미하게 부호화되는데 초점을 두어야 함 • 학습안내를 제공하는 것은 학습자가 목표에 나타난 특정능력을 보다 쉽게 습득할 수 있도록 돕기 위해서임
수행유도하기	통합된 학습의 요소들이 실제로 학습자에 의해 실행되는 단계로, 학습자가 실제로 새로운 학습을 했는지를 증명하는 기회를 제공함
피드백 제공하기	• 수행이후 수행이 얼마나 성공적이었고 정확했는지에 대한 결과를 알려줌 • 성공적인 수행에는 긍정적 피드백이 제공되며, 이는 수행에 대한 강화의 기능을 함 • 피드백을 통해 학생들은 목표를 달성할 수 있는지를 알게 되며, 수행의 개선이 필요한 학생들은 얼마나 더 많은 연습이 필요한지를 알게 됨
수행평가하기	다음 단계의 학습이 가능한지를 결정하기 위한 수행평가를 실시함
파지와 학습의 전이 증진하기	• 새로운 학습이 다른 상황으로 일반화되거나 적용할 수 있는 경험을 제공함 • 자료를 다시 점검하는 것은 기억을 확실히 하는 데 도움을 줌 • 다양한 상황과 문맥에 적용하는 것은 전이를 도와주는 것으로, 처음에 학습된 특정상황을 넘어 사용될 수 있어야 함

실력UP 학습단계와 수업사태 간의 관계

구분	학습단계	수업사태
학습 준비	1. 주의집중	주의집중 시키기
	2. 기대	수업목표의 제시
	3. 장기기억으로부터의 재생	선행학습의 재생자극(사전학습 재생)
획득과 수행	4. 선택적 지각	자극(학습자료) 제시
	5. 의미의 부호화	학습안내(학습정보 제공)
	6. 재생과 반응	성취행동 유도(수행유도)
	7. 강화(피드백)	피드백 제공
학습재생과 전이	8. 재생을 위한 암시(단서)	성취행동 평가(수행평가)
	9. 일반화	파지 및 전이의 촉진

수행유도

수행은 학습자들이 연습문제를 작성하거나, 숙제를 하거나, 수업시간의 질문에 대답하거나, 실험을 완료하거나, 그들이 배운 것을 실습할 수 있는 기회를 제공함으로써 유발될 수 있음

학습의 내적 조건과 외적 조건
- 내적 조건 : 다음 학습에 필수적이거나 보조적인 것으로써 학습자가 이미 습득한 능력들의 획득 및 저장(선수학습 능력의 존재 여부)과 학습자 내부의 인지과정의 측면을 지칭함
- 외적 조건 : 학습자 외부의 교수사태를 통하여 학습자의 내적 인지과정을 활성화시켜주는 다양한 방법들을 지칭함

독립변인과 종속변인
- 독립변인
  - 학습의 외적 조건 : 학습자의 외부에서 주어지는 것으로 교사가 학습자에게 제공해주는 것을 말함(강화의 원리, 접근의 원리, 연습의 원리)
  - 학습의 내적 조건 : 학습자 내부에서 갖추어야할 것을 말함(선행학습, 학습동기, 자아개념)
- 종속변인
  - 학습력의 획득 : 학습의 성과로서 갖게 되는 지식, 기능, 태도 등
  - 학습력의 파지 : 학습한 지식이나 기능을 기억하는 것
  - 학습력의 전이 : 기억한 지식이나 기능을 다른 장면에 적용하는 것

(2) 학습의 5대 영역

언어정보 (verbal information)	• 정보를 진술하는 능력이며, 사실과 사건들을 구술하거나 쓰는 능력과 그림을 통해서 사실적 정보를 재생하는 능력도 포함됨 • 블룸(Bloom)의 교육목표분류에서 인지적 영역의 '지식'에 해당	예) 애국심의 정의를 진술함
지적 기능 (intellectual skills)	• 상징을 이용하여 환경과 상호작용하는 능력 • 절차적 지식 혹은 방법적 지식에 해당됨('학습하는 방법에 관한 학습'과 관련되며, 어떤 존재의 속성과 관계에 관한 단순한 사실적 지식과 구별됨) • 블룸(Bloom)의 교육목표분류에서 인지적 영역의 이해력, 적용력, 분석력, 종합력, 평가력에 해당	예) 삼각형의 면적을 계산함
인지전략 (cognitive strategies)	• 학습자 스스로 학습하고, 기억하고, 사고하는 과정을 관리하는 전략 • 학습내용의 특정 부분에 선택적으로 주목하고 지각하거나 상호 무관한 여러 가지 명칭들을 암기할 때, 학습자가 임의로 그들 간의 관계를 설정하거나 친숙한 이미지를 부여하여 의미 있게 암기하는 기억술을 활용함	예) 중간과제를 작성하기 위해 새로운 방식의 목록카드 작성
태도 (attitudes)	• 개인적 행위의 선택에 영향을 주는 정신적 상태를 지칭하는 것으로, 구체적인 수행을 결정하는 내적인 경향성을 개념화한 것 • 생활 사태에서 직면하는 무수한 대안들 중에서 어느 것을 선택하느냐 하는 것은 개인의 가치와 선호, 태도의 문제라고 할 수 있음 • 블룸(Bloom)의 교육목표, 분류체계에서 정의적 영역의 목표에 해당	예) 록 콘서트에 가지 않고 대신 박물관을 방문할 것을 선택함
운동기능 (motor skills)	• 바느질을 하거나 공을 던지거나, 기계를 조작하고 다루는 것과 같은 일련의 행동계열을 수행하는 능력을 말함 • 단순한 하위적 운동기능은 더 복잡한 기능의 부분이 되는 경우가 많음	예) 신발끈 묶거나 배영을 시범 보임

(3) 목표별 수업의 원리

① **언어적 정보의 수업** : 선행 조직자의 제공, 이름과 명칭의 기호를 의미 있게 하기
② **지적 기능의 수업** : 신호학습, 자극-반응학습(자극반응 연결학습), 운동연쇄학습, 언어연합학습, 변별학습, 개념학습, 원리학습, 문제해결 학습
③ **인지전략의 수업** : 생산적 사고 개발을 위한 연습 기회를 다수 제공
④ **태도의 수업** : 태도를 직접적으로 가르치는 방법은 강화이고, 간접적인 방법은 대리적 강화를 이용하는 것임
⑤ **운동기능의 수업** : 운동기능의 모범적인 시범을 관찰할 기회를 제공

SEMI-NOTE

5가지 학습영역의 학습된 능력
- **언어정보** : 저장된 정보의 재생
- **지적기능** : 개인이 환경을 개념화하는 데 반응하도록 하는 정신적 조작
- **인지전략** : 학습자의 사고와 학습을 지배하는 통제 과정
- **운동 기능** : 일련의 신체적 움직임을 수행하기 위한 능력 및 실행계획
- **태도** : 어떤 사람, 대상, 사건에 관해 긍정적이거나 부정적인 행위를 하려는 경향

가네(Gagné)의 목표별 수업의 기본 전제
- **학습위계** : 모든 지식은 위계적으로 구성되어 있기 때문에 차원이 높은 지식을 습득하려면 그보다 낮은 수준의 지식을 미리 습득해야 함(→ 전 단계 학습은 다음 단계 학습에 필수적 선행 조건)
- **학습과제의 분석** : 주어진 학습과제를 효과적으로 학습시키려면 그 학습과제를 면밀히 분석하여 위계적 순서에 맞추어야 함
- **학습 영역의 분류** : 학습되는 능력은 그 성격에 따라 운동기능·언어기능·지적 기능·인지전략기능·태도 등의 5가지 영역으로 나누어지며, 각 영역은 각기 다른 학습원리와 조건을 요구함

6. 메릴(Merrill)의 내용요소제시이론(CDT ; Component Display Theory)

(1) 개요
① 메릴은 행동주의적, 인지적, 인간주의적 관점에서 학습과 교수에 관한 모든 지식을 통합하여 처방적 교수이론인 내용요소제시이론을 제시함
② 인지적 영역을 중심으로 하고, 인지적 영역 내에서도 주로 하나의 개념이나 원리와 같은 단일 아이디어들을 가르치는 것과 같은 미시적 수준을 다루고 있음

(2) 수행-내용 행렬표(수업 목표 분류)

학습 내용 수행 수준	사실 (임의적 정보)	개념 (공통적 속성을 지닌 집합체)	절차 (순서화한 계열)	원리(인과관계나 상호 관련성에 대한 진술)
발견 (인지전략 수준)	–	상 위에 놓인 구슬을 몇 개의 그룹으로 분류해 보아라. 그리고 누구든지 네가 한 것과 같게 분류할 수 있도록 각 그룹의 특성을 밝혀라	카드를 활용해서 주소록 데이터베이스를 만들고, 이를 컴퓨터 프로그램으로 작성해 보아라	담배 연기가 인체에 미치는 효과를 분석하기 위한 실험 장치를 만들어 보고, 이를 이용하여 실험 후 그 결과를 보고하라
활용 (지적 지능 수준)	–	이 사진에 나타난 산은 단층으로 된 산의 예인가?	양파의 껍질 세포를 관찰하기 위해 현미경을 사용하는 방법을 시범을 해보아라	생태계를 중심으로 종(種) 상호간의 의존성과 세대의 순환 등에 대하여 알고 있는 지식을 토대로 몇 가지 가능한 가설을 설정해 보아라
기억 (언어정보 수준)	지도에서 온천을 나타내는 기호는 무엇인가?	침엽수의 특성은 무엇인가?	주민 센터에 가서 주민등록 등본을 떼려면 어떻게 해야 하는가?	지도를 만들 때 사용하는 세 가지 투사기법에 대해 설명해 보아라

(3) CDT의 교수처방(자료제시 형태)
① 1차 제시형
  ㉠ 어떤 내용을 학습하기 위하여 반드시 제시되어야만 하는 수업의 형태
  ㉡ 메릴은 1차 제시형에서 자료제시 형태를 일반성 G(Generalities)과 사례 eg(exampli gratia)라는 개념을 한 차원으로, 설명적 E(Expository) 제시형과 질문적 I(Inquisitory) 제시형이라는 개념을 또 다른 차원으로 2차원화한 4개의 범주를 사용하여 제안함

SEMI-NOTE

수행수준과 학습내용
- 수행수준
  - 기억하기 : 저장되어 있는 정보를 재생하거나 재인하기 위해 학습자가 기억된 정보를 탐색하는 수행
  - 활용하기 : 학생들이 학습한 개념, 절차, 원리 등을 구체적인 실제 상황에 적용해 보는 수행
  - 발견하기 : 학생들이 개념, 절차, 원리 등을 도출해 내는 창조적인 수행
- 학습내용
  - 사실 : 이름, 날짜나 사건, 혹은 특정한 사물과 사건을 지칭하기 위해 사용한 기호들처럼 임의적으로 사물과 사건을 연관지어 명명한 정보
  - 개념 : 공통적인 속성을 지니고 있고 동일한 명칭으로 불리는 사물, 사건, 기호들의 집합
  - 절차 : 특정한 목적을 달성하거나, 특정한 문제를 해결하거나, 산출물을 만드는데 필요한 단계들을 순서화한 계열
  - 원리 : 현상이나 사건을 설명하기 위하여 사용한 인과관계나 상호관련성

수행-내용 행렬표
- 학습과제의 분류 수준을 수행 수준과 내용 유형으로 분류한 이차원적 분류 체계를 제시함(이는 타일러와 블룸의 이원목표 분류표와 유사함)
- 수행 수준은 기억하기, 활용하기, 발견하기의 세 차원으로, 내용 유형은 사실, 개념, 절차, 원리로 구성됨(기억하기는 가네의 언어정보, 활용하기는 지적 기능, 발견하기는 인지전략에 해당함)
- 사실의 활용과 발견은 존재하지 않는데 이는 사실이 일반성과 추상을 지니고 있지 않기 때문임(즉 수행-내용 매트릭스는 10개의 범주로 구분됨)

구분	설명식, 말로 알려주기(E)	탐구식, 질문하기(I)
일반화, 규칙(G)	(EG) 설명식-일반화	(IG) 탐구식-일반화
사례, 예(eg)	규칙, 원리를 설명하기(Eeg) 설명식-사례, 예 사례, 예제를 설명하기	규칙 원리를 탐구하기(Ieg) 탐구식-사례, 예 사례, 예제를 질문하기

② 2차 제시형 : 반드시 제시될 필요는 없지만 1차 제시형과 함께 제시된다면 학습의 효과성과 효율성을 증진시켜 주는 수업의 형태 → 정교화의 형태로 제시(부가적 자료제시 방식)

7. 라이겔루스(Reigeluth)의 수업 정교화 이론

(1) 특징

① 교수설계에 관한 거시적 수준의 이론으로서 여러 개의 아이디어를 어떻게 연결, 계열화하는가에 대한 처방적 교수전략
② 라이겔루스는 교수전략과 방법의 구성 요소를 고려하고 있는데, 교수전략의 체계성을 보여주고자 교수전략을 크게 조직전략, 전달전략, 관리전략으로 구분하였고, 조직전략은 미시적 전략과 거시적 전략으로 구분됨

조직전략	수업 내용을 조직하기 위한 기본 방법을 다룸. 조직전략 중 미시적 전략은 단일한 아이디어(개념, 원리, 절차 등)에 관한 수업을 조직하는 기본 전략이고 거시적 전략은 여러 아이디어간의 순서와 계열성에 관한 방법임
전달전략	학생에게 수업내용을 전달하고, 전달된 내용에 더해 반응하게 하는 방법
관리전략	어떠한 조직 전략과 전달 전략을 언제 사용할 것인가에 관한 기본방법

(2) 정교화 교수 전략

정교화된 계열화	수업내용을 단순에서 복잡한 것으로 조직
선수학습요소의 계열화	선행학습능력을 구비할 수 있도록 수업을 조직
요약자	이미 학습한 내용에 대한 복습 전략
종합	개별 아이디어를 통합하는 전략
비유	새로운 정보를 학습자에게 친숙한 아이디어로 연결시키는 전략
인지전략 촉진자	학습자의 인지전략과 그 인지전략을 활용하는 과정을 자극하고 촉진하는 전략
학습자 통제	학습자 자신이 학습내용과 학습전략을 선택·결정하는 것

8. 켈러(Keller)의 학습동기 유발 수업설계모형(ARCS)

(1) 개요

① 켈러(Keller)는 동기를 '학습자가 목표나 내용을 선택하고 그것을 성취시키려고

> **SEMI-NOTE**
>
> **1차 제시형**
> - EG(일반-설명식) : 교사가 개념이나 원리를 설명
> - Eeg(예제-설명식) : 교사가 개념이나 원리 대신에 이들이 적용되는 실제의 사례를 들어 설명
> - IG(일반-질문식) : 교사가 학생들로 하여금 이미 배운 삼각형의 정의나 넓이를 구하는 공식을 질문을 통해 재생시키거나, 학습하지 않은 경우에도 질문을 통해 이들을 학습시킴
> - Ieg(예제-질문식) : 교사가 질문을 통해 개념이나 원리가 적용되는 사례에 대해 답을 하도록 함
>
> **수업 정교화 이론의 교수설계 6단계**
> - 1단계 : 조직된 내용의 유형을 선정함
> - 2단계 : 조직된 구조를 전개함
> - 3단계 : 조직된 내용을 정교화 수준별로 할당함
> - 4단계 : 각 정교화 수준에 보조내용을 할당함
> - 5단계 : 각각의 학습단원에 대하여 모든 내용을 할당함
> - 6단계 : 각각의 학습단원 안에 있는 모든 내용을 계열화함
> - 미시적 설계 : 거시적 교수설계가 끝나면, 단일 아이디어나 사실에 관한 수업을 조직하는 미시적 교수설계가 이루어지게 됨

SEMI-NOTE

동기유발 및 유지 방법

주의집중	지각적 주의환기의 전략, 탐구적 주의환기의 전략, 다양성의 전략
관련성	친밀성의 전략, 목적지향성의 전략, 필요나 동기와의 부합성 강조의 전략
자신감	학습의 필요조건 제시의 전략, 성공의 기회 제시 전략, 개인적 조절감 증대의 전략
만족감	자연적 결과 강조의 전략, 긍정적 결과 강조의 전략, 공정성 강조의 전략

구성주의 학습이론에서의 기본원리
- **맥락 강조** : 학습은 학습이 일어나는 상황에 의해 영향을 받는 상황 맥락성을 가짐
- **협동학습 강조** : 지식은 사회적 의미의 협상을 통해 구성되므로 타인과 지식을 공유하고 검증하는 과정을 필요로 함
- **비계설정(scaffolding)** : 교사는 학습자의 문제해결을 위해 적절한 도움(비계설정)을 제공
- **성찰과정 제공** : 문제해결과정에서 학습자 스스로 자신의 방법·전략·산출물 등에 대해 분석하고 평가해 볼 수 있는 성찰과정을 제공
- **과정평가, 능력평가** : 평가는 학습과정에서 이루어져야 하며, 학습자가 문제를 해결하고 지식과 기능을 새로운 상황에 적용할 수 있는 능력에 초점을 둠
- **촉진자로서의 교사** : 교사는 지식의 전수자가 아닌 학습의 촉진자로, 주변 환경 및 경험을 기반으로 학생의 의견·관심이 반영된 학습 결과를 유도

노력하는 정도'라고 정의함
② 학습동기를 유발시키기 위한 주요 요인으로 주의집중, 관련성, 자신감, 만족감의 네 가지를 들고 각각의 요인에 대해 구체적인 교수전략을 제시함

(2) 동기의 구성요소 ★ 빈출개념

주의집중	• 학습동기를 유발하기 위해서는 우선 학습자의 주의력이 유발되고 유지되어야 함 • 학생이 주의력을 기울이게 하는 최선의 방법은 학습자극을 적절히 변화시켜 주는 것
관련성	• 학습자들은 학습활동이 자신의 생활이나 관심영역과 관련이 있다는 것을 알게 될 때 적극적으로 학습활동에 참가하게 됨 • 학습과제와 학습활동이 학습자의 흥미에 부합되면서도 학습자에게 의미와 가치가 있다는 것을 인식시켜 주는 것이 필요
자신감	• 학습동기는 학습자가 학습과제를 성공적으로 마칠 수 있을 것이라는 신념, 즉 자신감을 가지게 될 때 유발됨 • 자신감 향상 전략으로는 학습목표를 분명하게 알려주기, 난이도의 수준에 따라 학습과제를 계열화하기, 학습자에게 개인적 학습조절전략을 적용하기 등이 있음
만족감	• 학습자의 노력의 결과가 자신의 기대와 일치하고 학습자가 그 결과에 만족한다면 학습동기는 계속 유지될 것이며, 그 결과로 학업성취수준도 향상됨 • 만족감 부여 전략으로는 수행한 결과에 대한 다양한 피드백 제공, 학습내용의 일반화·적용, 과제-외적 보상보다 과제-내적 보상의 제공 등이 있음

9. 구성주의 학습이론

(1) 개요
① 지식은 주관적이고 학습자가 스스로 구성해 나간다는 심리학 및 철학적 관점
② 학습자가 스스로 지식을 구성하는 주체로 파악하고, 지식의 변화가능성에 기초한 상대주의적 인식론에 근거한 학습모형
③ 객관주의와 구성주의 교수방법의 비교

구분	객관주의(교사중심)	구성주의(학습자중심)
지식	개인의 정신과 독립적으로 존재하는 고정적이고 확인할 수 있는 객체로서 내부로 전달되는 것	사회적 경험을 바탕으로 개인의 인지적 작용에 의하여 지속적으로 구성, 재구성되어지는 것
목표	초월·범우주적인 진리와 지식의 추구	개인에게 의미 있고 적합한 지식의 구성
교수목적	체계적, 효율적인 지식 전달	비판적 사고, 문제해결력 함양
학습자	수동적 수용자	능동적인 지식 구성자, 구체화, 성찰, 탐구
교사	지식의 전달자	학습 안내자, 촉진자 역할, 모델링, 코칭, 비계설정

실재	인식 주체의 외부에 존재	인식 주체에 의해 결정
문제	학습할 가치가 있다고 객관적으로 검증된 학습내용	실제적·맥락적, 비구조화된 문제

SEMI-NOTE

(2) 구성주의 학습모형

① 인지적 도제학습(cognitive apprenticeship) ★ 빈출개념

㉠ 특징
- 전통적 도제이론의 원리를 인지적 영역에 적용시킨 것으로, 초보자인 학습자가 전문가인 교사의 학습과제 해결과정을 관찰·모방함으로써 과제해결 능력을 습득하게 하는 것
- 학습이나 지식습득은 반드시 체험을 통해 이루어져야 하며, 그 특정 사회집단의 문화적 양상이 내재되어 있는 특정 상황과 맥락에서 이루어져야 함
- 학습자 내부 인지작용과 활동을 자극하는 지속적인 자기성찰을 강조

㉡ 교수법의 전개(절차)

시범보이기 (modeling)	전문가인 교사가 시범을 보이고 학습자는 관찰(전문가의 수행행동에 초점)
코칭 (coaching)	학습자가 실습을 하고 교사는 격려해 주며 피드백을 제공(학습자의 수행에 초점)
비계설정 (scaffolding)	• 학습자의 능력을 넘어서는 과제 수행어 대한 발판을 제공(교수적 도움) • 학습자가 과제수행에 점차 익숙해짐에 따라 도움을 점차 감소시키다가 필요가 없는 경우 제공하지 않음(교수적 도움중지)
명료화 (articulation)	학습자는 자신이 습득한 지식, 기능, 태도, 사고 등을 종합적으로 연계하여 설명
반성 (reflection)	학습자는 자신이 수행하고 있는 문제해결과정과 전문가의 교수자의 방법과 비교하여 설명
탐색 (exploration)	학습자는 학습한 지식과 기능을 새로운 방식으로 활용하는 방법·가설 등을 탐색(전이단계)

② 문제중심학습(PBL ; problem-based learning)

㉠ 개요 : 어떤 특정 '상황'을 기반으로 하는 매우 '복잡'하고 '비구조화된' 과제를 중심으로 하여, 문제에 대한 이해나 문제해결을 위한 활동과정에서 산출되는 학습

㉡ 목적 : 관련분야의 전문적 지식의 습득, 견해의 분명한 제시·설명·반박 능력의 습득, 문제해결능력, 협동학습능력 등

㉢ 절차와 각 단계에서의 활동(Harvard 의과대학 모형)

제1단계	학생들에게 문제 시나리오를 제시함
제2단계	각 집단별로 문제를 정의함
제3단계	집단별로 학습목표를 확인함
제4단계	학습목표를 달성하기 위해 자기 주도적 개별학습을 진행함

문제중심학습의 특징
- 자기주도 학습 과정과 협동학습 과정을 중시
- 문제해결과정을 통한 반성적 사고활동을 강조
- 실용적이고 학습자와 관련된 실질적인 문제를 다룸
- 안내자로서의 교사 역할

제5단계	집단별로 학습결과를 발표하고 토의하며 목표 달성여부를 확인함(이때 추가적인 개별학습과 토의가 이루어질 수 있음)
제6단계	집단별로 연구결과를 종합하고 요약하며 학생들은 학습결과를 다른 상황에 일반화함

③ 상황학습(situated learning)
  ㉠ 개념 : 구성주의 학습에서 강조하는 능동적인 학습자의 참여를 강조하는 이론
  ㉡ 특징 : 실제 상황에의 참여를 통한 문제해결과정 및 경험과 학습 → 지식과 상황을 함께 제시

④ 인지적 유연성 이론(Cognitive Flexibility Theory)
  ㉠ 개요 : 스피로(Spiro)가 제안한 이론으로, 복잡하고 비정형화된 학습의 특성에 초점을 맞춘 이론
  ㉡ 특징
    • 교수원칙은 주제중심의 학습, 다룰 수 있는 정도의 복잡성을 지닌 과제의 세분화, 다양한 소규모의 예들의 제시 등
    • 어떤 과제에 대해 다양한 관점에서 접근하고 이를 과제와 연결해 가능한 많은 예를 다루게 하는 것을 강조

⑤ 정착수업(anchored instruction)
  ㉠ 개요
    • 다양한 교수매체(예 Jasper series, 모험담, 이야기 등 비디오 디스크)를 활용하여 실제와 유사한 학습환경 제공
    • 교수-학습 활동이 이야기·사례·학생들의 관심사와 관련된 주제 또는 문제 등과 같은 정황(상황)을 중심으로 설계됨
    • 학생들의 적극적 참여를 위해 컴퓨터 보조 학습환경 같은 공학적 기법을 활용
  ㉡ 특징

학습자 중심 학습	• 의도적으로 학생들의 결점보다는 강점에 기초하여 수업환경을 구성 • 도전적이고 동기유발적인 실제적 문제해결에 참여할 수 있는 기회를 제공
지식중심 환경	• 새로운 지식을 도출하기 위한 탐구의 과정뿐만 아니라 효과적인 문제 해결을 돕는 핵심 아이디어들을 중심으로 조직된 학문적 지식을 습득하도록 도움 • 학생들이 스스로 학습을 점검하고, 안내하고, 주도하도록 유도
평가중심 환경	학생과 교사들이 목표를 설정하고, 피드백을 추구하고, 필요한 교정을 하도록 도움
공동체 중심 환경	학습규칙을 정하고, 공동체로서의 학교, 학교와 지역사회와의 연결을 도모

SEMI-NOTE

인지적 유연성 이론
인지적 유연성이란 즉흥적으로 자신의 요구에 따라 여러 가지 방법으로 재구성할 수 있는 능력을 의미함. 즉, 급격하게 변화하는 상황의 요구에 따라 여러 가지 방법으로 적절하게 대처하는 것을 말함

정착수업의 장점
• 다양한 상황에서의 지식 활용
• 새로운 아이디어나 발명의 촉진
• 지식의 함의 파악
• 지식의 구조화

정착수업의 의의
• 학습자가 풍부한 상황, 즉 실질 상황과 비슷한 복잡하고 역동적인 문제 상황이 정교하게 표현되고 있는 상황에서 지속적인 탐구활동을 할 수 있음
• 현대 기술 문명의 장점을 살린 하나의 수업의 틀임

02절 교수-학습의 방법적 원리

1. 학교에서 자주 사용되는 수업 형태

(1) 강의법

① 개념
  ㉠ 교사 중심의 수업 방식으로, 수업이 교사의 해설이나 설명에 의해 이루어지며, 언어를 통한 교사와 학생의 상호작용이 주된 교수-학습의 형태
  ㉡ 헤르바르트가 4단계 교수설(명료 → 연합 → 계통 → 방법)에 기초하여 체계화시킴
② **목적** : 교사가 지닌 지식이나 정보의 체계적인 전달
③ **절차** : 학습문제 파악 → 문제의 해결 → 일반화

(2) 질문법(문답법)

① 개념 : 질문과 대답에 의해 학습활동이 전개되는 형태로, 강의법과 함께 오래 전부터 사용되어오던 학습형태(→ 소크라테스의 산파법이나 플라톤의 대화법과 같은 문답법은 귀납적 교수방법의 일종임)
② 질문의 유형

제한형 질문 (폐쇄적 질문)	• 간단한 사실적 응답을 기대하는 질문으로 인지·기억 수준을 다루는 질문과 수렴적 수준을 다루는 질문이 있음 • 인지·기억 수준의 질문 : 사실, 개념, 정보의 재생을 요구하는 질문 (예) 과일과 채소의 차이점이 무엇인지 설명해 보시오) • 수렴적 수준을 다루는 질문 : 어떠한 관계를 기술하거나 설명을 요구하는 것으로 정답이나 최선의 대답이 있음(예) 왜 이러한 관계는 함수관계가 아닌가?)
확장형 질문 (개방형 질문)	• 학습자의 다양한 반응을 기대하는 것으로 정답을 설정할 수 없음 • 발산적 사고를 다루는 질문 : 문제의 원인에 대한 다양한 가설과 해결책을 탐색하게 하는 질문(예) 한강 유역의 환경오염을 방지하기 위해서 정부는 어떠한 노력을 해야 하는가?) • 평가적 사고를 다루는 질문 : 가장 고차원적인 사고를 드러나게 하는 것으로 인지·기억사고, 수렴적 사고, 발산적 사고의 과정을 포함하여 자신의 판단, 가치 선택에 대한 입장을 분명히 하는 것을 요구함(예) 정보화 사회가 도래하면 학교교육의 목적을 어떻게 재설정해야 하는가?)

(3) 토의법

① 개념 : 학습자 혼자 힘으로는 해결할 수 없는 문제에 부딪쳤을 때 서로 의견을 교환하고 집단 안에서 함께 생각하여 문제를 해결하도록 도와주는 방법(공동학습의 한 형태로서 민주주의 원칙에 기반을 둠)

SEMI-NOTE

강의법의 장·단점
• 장점
  - 지식과 기능의 체계적·논리적 전달
  - 수업의 경제성
  - 학습동기의 자극(학생의 동기화)
• 단점
  - 학생들의 수동적 사고·학습의 가능성
  - 학습내용의 장기적 파지가 곤란
  - 학생 수준에 따른 개별화가 곤란

질문법(문답법)의 장·단점
• 장점
  - 학습의 문제점을 명백히 해주므로 초점이 분명한 학습활동이 가능
  - 질문으로 학습에 자극을 주어 활기차고 적극적인 학습이 가능
  - 학습자의 흥미와 동기유발이 가능
  - 질문을 통해 학습자 스스로 해결할 수 있는 기회를 제공하여 주체적 학습이 가능
  - 학생 스스로의 답변을 유도하므로 습득한 내용의 정리와 정착에 효과적
  - 교사와 학생간의 의사소통이 원활해짐
• 단점
  - 학생의 능력이 떨어질 경우 설명시간이 길어져 수업이 교사중심으로 흘러 갈 수 있음
  - 질문에 응답을 잘하는 우수학생이 중심이 되어 학습부진아들에게 좌절감을 주기 쉬움
  - 학생들의 응답이 만족스럽지 않을 때는 학습속도가 지연됨

토의법의 가치
• 인지적 측면 : 학습의 공고화와 내면화, 비판적 사고와 문제해결 능력의 습득
• 심리적 측면 : 소속감과 유대의식을 통한 긍정적 태도, 상호작용을 통한 자아의 각성
• 사회적 측면 : 협력과 참여, 타인에 대한 존중과 의사경청, 타협과 합의, 민주적 질서의식과 기능의 학습

SEMI-NOTE

토의식 수업이 적합한 경우
- 비판적 사고 등 고차원적 인지과정을 거쳐야 하는 학습과제를 학습할 때
- 태도의 변화를 목표로 삼는 학습일 때
- 민주적인 질서의식과 기능을 익히게 하고자 할 때
- 도덕적 판단력을 길러 주고자 하는 수업일 때
- 학습자에게 자아개념의 확립과 공동체 의식을 심어주고자 할 때

심포지움이 적합한 경우
- 간결하고 체계적인 방법으로 새로운 자료를 발표하고자 할 때
- 주제와 관련해 보다 객관적인 관점을 제공하고자 하는 경우
- 논쟁문제에 대해 다양한 측면에서의 조망과 이해를 돕고자 할 경우
- 복잡한 문제를 명료화하고 전체와 부분의 관계를 명백히 규명하고자 하는 경우

② 토의법의 유형

유형	내용	특징
자유토의(free discussion)	자유로운 분위기에서 토의하고 해결책을 마련	-
원탁토의 (round table discussion)	• 토의의 가장 기본적인 형태로 참가 인원은 5~10명 정도의 소규모 집단 구성을 이룸 • 참가자 전원이 상호 대등한 관계 속에서 정해진 주제에 따라 자유롭게 토의	자유토의의 한 형태
배심토의 (패널, panel discussion)	• 어떤 주제에 대해 특별한 지식을 지닌 6명 내외의 전문가들이 탁상에 둘러앉아 주제에 대해 토의하는 형식 • 소수의 선정된 배심원과 다수의 일반 청중으로 구성되어 특정 주제에 대해 상반되는 견해를 대표하는 몇몇 사람들이 사회자의 진행에 따라 토의하며, 청중은 듣기만 하고 때로는 질문이나 발언을 하기도 함	판결식 토의
세미나 (seminar)	• 특정 연구주제에 대해 주관 기관(단체)으로부터 선정된 일단의 전문가들이 사전 연구보고를 작성하여 제출한 후 일정 장소에 모여 공개적으로 발표하고 참여자로부터 질의를 받고 토론하는 기법 • 주제 분야에 권위 있는 전문가들로 구성된 소수집단 토의 → 1명의 주제 발표 후 상호 간 자유로운 질의와 응답으로 진행	질의식 토의
단상토의 (심포지움, symposium)	• 학술적인 면에서 널리 활용되는 기법으로, 보통 3~6명의 초청된 연사들이 사회자의 진행에 따라 강단에서 각기 특정한 주제에 대한 자신의 견해를 밝힘(발표시간은 10~25분 정도로 진행) • 토의 주제에 상이한 의견을 지닌 소수의 전문가가 주어진 시간 동안 자신의 의견을 개진 → 발표자 간 또는 발표자와 청중 간 토의는 원칙적으로 없음	강연식 토의
공개토의 (포럼, forum discussion)	• 공개집회라고도 하며 모든 참석자가 자신의 의견을 발표할 기회를 갖는 공공집회를 뜻함 • 보통 1~3인 정도의 전문가나 자원인사가 10~20분간 공개 연설 후, 청중과 질의응답으로 토의	공론(公論)식 토의
대담토의 (자유토의, colloquy)	• 사회자가 주제에 대한 소개와 안내에 따라 6~8명 정도의 발언자로 구성, 진행되는 토의기법 • 참석자의 절반 정도는 청중을 대표하고, 나머지 반은 자원인사나 전문가로서 참여	-
대화식 토의	주제의 권위자나 전문가를 교실에 초빙하거나 전문가가 있는 현장에 가서 질의응답 형식으로 얻는 방법	-
버즈학습 (buzz learning)	• 3~6명으로 편성된 집단이 주어진 주제에 대해 6분가량 토의하는 6×6 형태이며, 토의과정이 벌집을 쑤셔 놓은 것처럼 윙윙거린다는 뜻으로 버즈(buzz)라고 함 • 소집단토의(분과토의, 예) 6·6법)에서 전체토의로 진행 → 자아관여, 사회적 협동심, 의사표현 능력, 민주적 의사결정능력 신장에 도움	분반식 토의

(4) 시뮬레이션

① **특징** : 학습자에게 실제와 유사한 상황을 제공해 실제에서 부딪힐 수 있는 위험 부담이 없는 학습 환경을 제공
② **적용의 예** : 비행조종이나 화학실험, 영업사원의 연수, 의사결정이 중요한 의과 대학생 등의 학습에 활용

(5) 역할(놀이)학습

① **개념** : 어떠한 문제 상황에서 관찰자가 그 행동을 실제로 하게하고 참여자들이 함께 바람직한 해결방안을 탐색하는 활동
② **특징**
 ㉠ 학습자의 사회성 개발과 사회집단 간의 대인관계 형성에 영향을 미침
 ㉡ 학습자들로 하여금 자신의 감정을 탐색하고, 그들의 타도, 가치, 지식에 대한 통찰력을 갖게 하며 그들의 문제해결 기능과 태도를 개발하고 교과내용을 여러 가지 방법으로 탐색하게 하는 도구로 활용될, 실적적인 인간행동의 사례를 제공함
 ㉢ 학습자들은 역할놀이를 통해 문제 상황을 실연하고 그 실연과정을 토론함으로써 인간관계 문제들을 실제적으로 탐색함

(6) 동료교수

① **개념** : 동료 학습자가 교수자의 역할을 하는 것으로서 내용을 먼저 숙달한 학습자가 그렇지 못한 1~3명의 학습자에게 내용을 가르치는 방법
② **교육적 효과** : 고(高)성취 학생은 저(低)성취 학생을 가르치는 동안 특정 교과내용의 관계성과 의미를 더 심도 있게 파악하게 되고, 저성취 학생은 동료학생으로부터 도움을 받게 됨으로써 동기유발이 더 잘 이루어짐

(7) 비지시적 자율학습법

자율 계약학습	교사와 학습자 간의 학습계약을 근간으로 하여 이루어지는 개별연구의 교수-학습 방법
자아이해의 교육	니일(Neill)이 세운 섬머힐 학교에서 자아이해 교육의 발자취를 찾아볼 수 있음
로저스의 비지시적 교육법	로저스는 비지시적 상담 치유요법을 하나의 교수방법으로 발전시키고, 긍정적인 인간관계 형성이 곧 사람을 성장시키는 기본원리라고 생각해 모든 수업은 근본적으로 인간관계의 개념에 7 초해야 한다고 생각함

(8) 인턴십

① **개념** : 2년제 이상의 대학에 재학 중인 학생이 졸업 전에 관심 있는 조직에 일시적으로 근무하여 업무를 체험하는 방법(개인 교수형)
② **특징** : 전문직이나 준전문직에 관한 지식을 학교에서 학습했던 학습자가 실제적인 조직에 참여하여 학교에서 배운 지식을 적용, 활용하며 전문적인 역할을 습득하는데 종점을 둠

SEMI-NOTE

시뮬레이션의 효과
학습자를 실제에 유사한 상황에 몰입시켜 그 상황에서 개념, 규칙, 원리를 스스로 발견하고 이를 실생활에 적용할 수 있도록 하는 효과가 있음

역할놀이법의 장·단점
- 장점
  - 다른 사람의 역할을 해봄으로써 이 역할이 다른 사람에게 의미하는 바가 무엇인지 깨닫게 됨
  - 정의적 영역의 학습에 효과적
  - 새로운 형태의 행동을 발견할 수 있는 자발적인 기회를 허용함
- 단점
  - 실제와 연결이 없기 때문에 학습자들이 역할에 실제적으로 책임감을 느끼지 않음
  - 적절한 지도력이 없다면 시간 낭비가 됨
  - 학습자의 준비, 수행, 추후 토론의 과정에서 시간이 많이 소요됨

자율학습의 기본원리
- 학습자 자신의 내면적인 동기유발로부터 출발함
- 스스로 계획을 세우고, 선택함
- 스스로 주도권을 쥐고, 계획에 따라 능동적으로 시작해 나감
- 스스로에게 교수자의 역할을 발휘하며, 스스로 평가함
- 평가결과에 따라 스스로 보상하고 스스로 환류함

2. 협동학습

(1) 협동학습의 이해
① 주어진 학습과제나 학습목표를 소집단으로 구성된 학습자가 공동으로 노력하여 그 목표에 도달하는 방법
② 전통적인 소집단 학습이나 개별학습에서 야기되는 단점을 보완하고 학습자 사이의 협력적인 상호작용을 촉진하기 위해 집단보상과 협동기술을 추가한 교수-학습방법

(2) 협동학습의 모형
① 학생 팀성취 보상법(STAD ; Student Team Achievement Division)
  ㉠ 개요 : 미국의 살빈(Salvin) 등에 의해 기본기능의 습득이나 지식의 이해촉진을 위해 고안된 것으로, '집단보상', '개별적 책무성', '성취결과의 균등분배'라는 협동전략을 택하고 있음
  ㉡ 전개절차 : 교사는 전체학생을 대상으로 학습내용을 소개 → 학생들은 4~5명이 한 팀을 이룬 후 집단활동을 수행 → 학생들은 형성평가를 받고 과거의 점수와 비교해 향상점수를 받음 → 개인별 향상점수를 합산하여 팀점수를 산출 → 향상점수와 팀점수를 공고하고, 최고 득점자와 팀에 보상
② 팀경쟁학습(TGT ; Team Games Tournaments) : STAD모형의 운영방식에 게임의 형식을 도입하여 팀 간의 경쟁을 유도하는 협동학습
③ 과제분담학습 I (Jigsaw I)
  ㉠ 개요 : 미국 텍사스 대학의 아론손(Aronson)과 그의 동료들이 개발한 협동학습모형으로, 학업성취뿐만 아니라 인종 간·문화 간의 교우관계와 같은 정의적 특성의 형성에 관심을 둠
  ㉡ 전개절차
    • 하나의 학습단원을 구성원의 수에 맞게 나눈 후에 학습자들에게 한 부분씩 할당
    • 각 집단에서 같은 부분을 담당한 학생들끼리 따로 모여 전문가 집단을 형성한 후, 분담내용을 토의·학습하고 원 소속집단으로 돌아가 학습내용을 구성원에게 가르침
    • 학생들은 퀴즈를 보고 개인별로 성적을 받으며, 팀점수는 합산하지 않음(개별보상)
④ 과제분담학습 II (Jigsaw II)
  ㉠ 목적 : 직소 I 을 수정하여 개념중심의 학습내용을 가르치려는데 목적을 둠
  ㉡ 직소 I 과의 차이점
    • 직소 I 에서는 학습과제를 몇 개의 소주제로 나눈 후 교사가 일방적으로 부과하지만, 직소 II 에서는 학습자의 흥미를 고려해 부과하거나 학생들이 스스로 분담
    • 직소 I 에서는 개인의 점수만 산출하지만, 직소 II 에서는 STAD에서처럼 향

SEMI-NOTE

협동학습 체제가 필요한 경우
• 학습과제가 상위인지에 속하는 것일 때
• 과제가 고차원적이고 복잡한 문제해결을 요구할 때
• 집단 구성원들이 성별·인종·학습능력 등에서 이질적일 때
• 정의적 영역의 학습일 때
• 장애아동과 정상아동과의 통합교육이 필요한 경우

협동학습의 구성요소
• 이질적 소집단
• 동일한 목표 공유
• 개별책무성
• 긍정적 상호의존성 존재

협동학습 모형의 기본구조
• 협동적 과제구조 : 2명 이상의 학습자가 어떤 과제에 대해 함께 학습하도록 노력하고 격려되는 상황을 말함
• 협동적 유인 구조 : 학생들이 평가받는 형식으로 두 명 이상의 개인이 한 집단으로서 성공할 때 받는 보상을 공유함으로써 보상에 대해 상호의존적임(단, Jigsaw I 은 보상 의존성이 낮음)

직소(Jigsaw)모형의 성격
직소(Jigsaw)모형은 학습자들은 전문가 집단에서 동일 주제를 가지고 서로 협력하여 스스로 학습하므로 학습자주도 학습(발견)이면서 집단학습이라고 할 수 있음

직소(Jigsaw)모형의 유형별 특징
• 직소 I : 개인적 평가와 보상
• 직소 II : 개별책무성 부여 + STAD (향상도에 따른 모둠보상체제)
• 직소 III : 평가 전 학습 시간을 따로 부여

상점수와 팀점수를 산출하여 그 결과에 따라 보상을 시행
⑤ 자율적 협동학습(Co-op Co-op)
  ㉠ 특징 : 학승들로 하여금 자신이 학습과제를 선택하고 팀 활동을 한 후 팀 동료와 교사에 의한 다면적인 평가를 실시하는 모형
  ㉡ 절차 : 학습 주제 선정 → 학생중심 학급토론 → 모둠 구성을 위한 소주제 선택 → 소주제별 모둠 구성 및 모둠 세우기 활동 → 소주제 정교화와 역할분담 → 개별학습 및 준비 → 모둠 내 미니 주제 발표 → 모둠별 발표준비 및 학급 발표 → 평가와 반성
⑥ 팀보조 개별학습(TAI ; Team Assisted Induvidualization) : 개별화 학습의 단점을 협동학습의 장점으로 보완하기 위한 수업모형으로 학습자 개개인의 학습속도에 따라 학습을 진행하는 개별학습과 팀학습이 혼합된 형태
⑦ 집단탐구 모형(GI ; Group Investigation)
  ㉠ 집단 프로젝트의 수행을 통해 고차적 인지기능을 습득시키는데 초점을 두는 모형으로, 학생 2~6명의 팀으로 집단을 구성하고 구성원들의 공동 협의로 학습과제를 선정
  ㉡ 학습과제와 관련된 하위주제들을 흥미에 따라 선정하고 개인별로 하나씩 맡아서 해결
⑧ 어깨동무 학습(함께하기 학습, LT ; Learning Together)
  ㉠ 팀 구성은 5~6명의 이질적인 학생들로 구성되어 주어진 학습과제를 협동적으로 수행하고, 보상도 집단별로 하며 평가도 집단별로 받음
  ㉡ 협동과제구조와 협동보상구조를 사용함

03절 교육공학 및 교수설계

1. 교육공학의 기초

(1) 교육공학의 이해
① 개념 : 효과적인 교수-학습을 위하여 인적·물적 자원을 효율적으로 활용하는 것
② 목적 : 교육의 개별화를 통한 교육효과의 극대화

(2) 교육공학의 영역

영역	의미	하위 범주
설계영역	설계란 학습의 조건들을 분석하면서 구체적인 교수목적을 달성하고자 다양한 방법과 전략을 기획하는 이론과 실제를 말함	교수체제설계, 메시지 디자인, 교수전략, 학습자 특성

SEMI-NOTE

자율적 협동학습(Co-op Co-op)의 장·단점
• 장점
 - 학습활동은 준비, 활동과정, 결과보고에 이르기까지 교사의 역할이 최소화되는 반면 학생들의 역할과 그들의 자율성이 최대한 반영됨
 - 팀 간에 경쟁을 하지 않는 순수한 협동체제이기 때문에 협동학습 이론에 충실함
• 단점
 - 연구결과에 대한 효과를 아직 일반화하기는 어려움
 - 초등학교 저학년 단계에서는 적용하기 어려움

어깨동무 학습의 장·단점
• 장점 : 집단 구성원들이 관련 자료를 같이 보고, 같이 이야기 하며, 생각을 서로 교환할 수 있음
• 단점 : 하나의 집단 보고서에 집단 보상을 함으로써 무임승객 효과, 봉효과와 같은 사회적 빈둥거림 현상이 나타나 상대적으로 다른 협동학습 모형보다 비효과적임

교육공학의 개념
• 일반적 개념 : 효과적인 교수·학습을 위해 인간적·비인간적 자원을 체계적이고 과학적으로 활용하는 것
• 최근의 개념 : 학습을 촉진하고 수행을 증진하기 위해 적절한 공학적 과정과 자원을 설계·개발하고, 이를 활용·관리·평가하는 것에 관한 연구와 윤리적 실제(AECT, 1994)

교수매체의 개념
• 학습자에게 교수학습 내용을 전달하는 모든 수단이나 방법을 총칭
• 교수학습을 위해 사용하는 시청각 기자재와 수업자료를 총칭
• 코메니우스의 세계도회, TV, 컴퓨터

서책형 교과서	디지털 교과서
• 장비와 프로그램 없이 접근성 용이 • 시간과 비용 절약	• 미디어 활용으로 학습동기 유발 • 공간의 제약이 낮고, 맞춤학습 가능

SEMI-NOTE

연구·개발영역	설계작업을 통해 산출된 명세서에 근거하여 물리적 형태의 구체적인 교수자료를 만드는 과정(매체제작 분야)	인쇄 테크놀로지, 시청각 테크놀로지, 컴퓨터 테크놀로지, 통합 테크놀로지
활용영역	교수매체의 실제적 활용(학습을 위해 과정이나 자원을 사용하는 것을 말하며, 교육공학의 다른 영역보다 가장 오래된 영역	• 매체활용 : 학습을 위한 자원의 체계적 활용 • 혁신의 보급 : 새로운 개념의 채택을 목적으로 계획적 전략을 사용·실시하는 의사소통의 과정 • 실행과 제도화 : 실행은 교수자료나 전략을 실제 환경에 사용하는 것, 제도화란 조직문화의 구조 안에서 교수 혁신을 계속적으로 추진하는 것을 의미함 • 정책과 규제 : 교수공학의 사용과 보급에 영향을 미치는 사회적 규칙과 행위
관리영역	프로그램 조직과 직원 관리, 예산과 시설에 대한 기획 및 집행 등의 업무와 관련된 영역	프로젝트 관리, 자원관리, 전달체제 관리, 정보관리
평가영역	• 교육공학적 과정 및 산물에 대해 가치를 부여하는 활동영역 • 설계·개발·활용·관리과정과 그 결과물의 가치를 결정할 수 있도록 정보를 제공해 주는 것	문제분석, 준거지향측정, 형성평가, 총괄평가

2. 교육공학의 발달과정

(1) 시각 교육

① 개념 : 구체적 학습경험을 제공할 수 있는 그림이나 모형, 사물 등의 시각자료를 사용해서 학습내용을 표현함으로써 추상적인 개념을 명확히 하는 것
② 특징 : 추상적 개념을 명확히 하고 학습자의 흥미를 유발하는 방법으로 활용

(2) 시청각 교육

① 개념 : 시청각 교재와 교구를 활용함으로써 학습이 효과적으로 이루어지도록 도모하는 교육방법
② 등장 : 1930년대 초·중반, 유성영화의 출현과 음향녹음기술, 축음기의 보급 등을 배경으로 등장
③ 목적 : 학습지도 및 교육활동의 효율성 도모
④ 대표적 이론 : 호반(Hoban)의 시각교재 분류, 데일(Dale)의 경험원추모형 등

시각 교육의 등장
과학의 발달에 따른 새로운 매체(사진, 필름, 영화 등)의 교육적 활용가치가 인식되면서 1920년대 본격적으로 등장

호반(Hoban)의 시각교재 분류

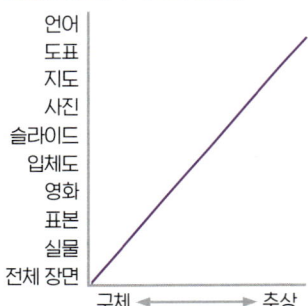

시청각 교육의 필요성
• 교수의 효율성 증진
• 교재의 구조화
• 인구 증가에 따른 대량 교수체제 확립
• 교사의 개인차에서 비롯된 교수의 평준화
• 사물의 정확한 이해를 통한 건전한 사고력 유발

시청각 교육의 교육적 가치
• 무의미한 언어주의적 학습의 감소
• 구체적인 경험을 제시함으로써 학습동기 유발과 학습의 능률화 도모
• 학습자에게 다양한 시청각 자료를 제공함으로써 경험을 풍부하게 함
• 복잡한 자료를 단순하게 만들어 제공
• 지리적으로 먼 전경이나 사건을 형상화

> 실력 up **데일(Dale)의 경험원추모형**

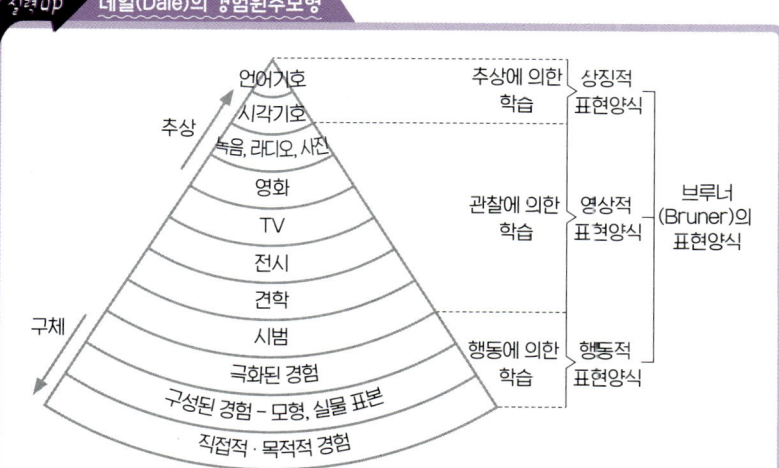

- **개념** : 시청각교재를 구체성-추상성에 따라 분류한 모형으로, 시청각교육에 관한 가장 대표적인 이론
- **분류양식**
  - 원추의 하부에서 상부로 올라갈수록 구체성보다 추상성이 높아짐(→ 추상성이 높아진다고 학습이 어려워지는 것은 아님)
  - 학습에서는 직접적·목적적 경험, 영상을 통한 경험, 상징적 경험으로 분류함
  - 교재는 학습자의 지적 능력이나 경험에 맞추어 선택
  - 개념을 형성하고자 하면 추상적 개념과 구체적 경험의 적절한 통합이 필요
  - 견학에 의한 학습경험은 경험의 사실성은 높으나 정보의 양은 적고 학습사용 시간이 많아짐
  - 영화나 녹음 등 시청각적 자료나 언어적 기호를 통한 학습은 동일 시간 내에 획득할 수 있는 학습의 양은 많고 시간은 단축됨(예 꽃의 학습)
  - 학습경험의 선정에는 학습자의 준비상태, 능력, 흥미 등에 따라 어느 정도의 구체성, 추상성이 적절한가를 판단해야 함

(3) 시청각 커뮤니케이션

① **개념** : 2차 대전이후 교육을 쌍방적인 커뮤니케이션 과정으로 보는 커뮤니케이션의 개념과 교수-학습과정을 일련의 요소로 구성된 완전한 체제로 간주하는 시청각적 커뮤니케이션으로 발전됨

② **벌로(Berlo)의 커뮤니케이션 모형(S-M-C-R 모형)**
  ㉠ S(sender) 송신자 : 통신기술, 태도, 지식수준, 사회체제, 문화양식
  ㉡ M(message) 전달내용

요소	어떤 내용을 선택할 것인가
내용	전달하고자 하는 것
구조	어떤 순서로 조직할 것인가
처리	어떤 방법으로 전달할 것인가
코드	언어적 코드, 비언어적 코드(몸짓, 눈 맞추기, 표정 등)

SEMI-NOTE

S-M-C-R모형의 특징
- 교수-학습 장면을 통신과정이라는 측면에서 종합적으로 제시한 이론모형(통신과정을 교수와 연결하여 종합화)
- 인간의 다섯 가지 감각을 통신과정의 분석영역으로 제시
- 수신자에게 영향을 미치고 있는 요소들을 세분화하여 제시
- 메시지를 구성하는 세부 요소를 제시하여 메시지 고안에 도움을 줌

ⓒ C(channel) : 시각, 청각, 촉각, 후각, 미각
ⓔ R(receiver) : 통신기술, 태도, 지식수준, 사회체제, 문화양식

3. 교수설계의 개념과 특징

(1) 개념
① 광의 : 교육 프로그램 혹은 교수체제를 개발하기 위해 조직적이고 체계적으로 수행하는 분석, 설계, 개발, 활용, 관리 평가 활동을 의미함
② 협의 : 광의의 교수개발 가운데 특히 개발활동에 초점을 둠

(2) 특징
① 장기적인 차원에서는 교과 전체의 교육과정 설계를, 단기적인 차원에서 수업계획안을 포함함
② 교수-학습 체제 내의 특정 구성 요소를 분리시켜 파악하기 보다는 관련된 구성 요소들을 포괄적으로 고려하는 '총체적' 접근 방식을 취함

4. 교수설계 모형

(1) ADDIE 모형(교수설계의 가장 기본 모형) ★ 빈출개념

분석	• 요구분석 : 학생들에게 기대하는 바람직한 수준과 학생들의 실제 수행 수준 간의 차이를 분석하여 요구를 파악하는 것 • 학습자 분석 : 학습자의 배경, 선수학습 정도, 직무경험, 적성, 동기, 학습양식 등을 분석 • 환경분석 : 새로운 지식, 기능, 태도 등을 습득하는 학습자의 환경과 습득한 지식, 기능, 태도를 활용하는 수행환경을 분석 • 직무분석 : 어떤 직무에 무엇이 포함되어 있는지를 알아내는 일 • 과제분석 : 특정 과제가 어떻게 수행되는지에 관한 정보를 수집하는 일
설계	분석의 결과로 얻어진 정보들에 기초하여 효과적인 수업 프로그램의 설계명세서를 만들어 내는 것 → 행동적 수업목표의 진술(수행목표의 명세화(예) Mager의 진술방식)), 평가도구 개발(수행목표 속에 명시된 지식, 기능, 태도 등을 달성했는가를 평가하기 위한 수단을 구체화하는 일로, 목표에서 가르치고자 했던 기능을 학습자가 성취했는가를 알아 볼 수 있는 검사문항을 개발하는 것), 교수전략의 계열화(수행목표를 달성하기 위해 학습내용과 학습활동이 제시되고 경험되는 순서를 계열화함), 교수전략과 매체선정의 활동을 통해 교수활동의 청사진 만들기(수행목표를 효과적으로 달성하기 위해 어떤 교수-학습의 내용과 과정을 어떻게 사용할 것인가에 대한 계획을 수립함)
개발	설계명세서에 기초하여 수업 프로그램이나 교수자료를 개발 · 제작하고, 형성평가를 통해 완성된 자료를 제작해 내는 것 → 교수-학습자료 개발(학습용 활용지침서, 교수자료, 검사, 교사용 지침서와 같은 교수 프로그램을 만드는 일), 학습 형태 · 방법 · 밀도 · 최적의 성취, 형성평가와 보충 · 심화(교수 프로그램의 초안이 완성되면 프로그램의 질을 개선하는데 필요한 자료를 수집하는 평가(일대일평가, 소집단평가, 현장평가))

SEMI-NOTE

요구(need)
어떤 상황의 바람직한 상태와 현재의 상태의 차이로, 요구란 현재의 문제 상황에서 오는 반응적 요구와 더 좋은 미래를 준비하기 위한 미래지향적 요구가 포함됨

과제분석
• 직무분석을 통해 과제목록이 추출되고 타당성이 입증되었을 때 실시됨
• 직무분석의 최종 결과인 과제들을 성공적으로 수행하는데 필요한 과제의 구성요소(지식, 기능 및 태도)들이 무엇인지를 파악하고 이들 간의 논리적 관련성, 즉 과제 구성요소들 사이의 연결고리를 확인하는 과정임

실행	개발된 교수 프로그램이나 교수자료를 실제 교육현장에서 활용하고 관리하는 과정 → 교수-학습의 질 관리, 교사의 부단한 연수와 의지, 행정적·제도적 지원체제 강구
평가	교수 프로그램이나 교수자료의 효과성이나 효율성을 측정하는 과정 → 총괄평가, 프로그램 만족도, 학습자의 지식·기능·태도 등의 변화정도 및 전이

(2) 딕과 캐리(Dick & Carey) 모형

교수목적 확인	목표 리스트나 요구분석의 결과 등으로부터 추출해서 학습자가 학습을 마친 후에 할 수 있게 되기를 원하는 것을 결정하는 일
교수분석	교수목표 설정 후 그 목표가 어떤 학습 유형에 속하는가를 결정하는 일
학습자 및 맥락 분석	본 학습을 진행하기 위해 학습자의 선행 기능 및 학습자의 구체적인 특성을 분석
수행목표 진술	학습이 종결되었을 때 학습자가 수행할 수 있으리라고 기대되는 것을 구체적으로 진술하는 것으로 학습될 성취행동, 그 성취행동이 실행될 조건, 학습이 성공적인지 아닌지를 판단할 수 있는 준거로 구성
평가도구 개발	목표에서 가르치려고 했던 기능을 학습자가 성취했는가를 알아볼 수 있는 검사문항을 개발하는 것
교수전략 개발	교수 프로그램의 최종 목표를 성취하기 위해 이용하고자 하는 전략을 설정하는 일로서 교수 전 활동, 정보제시, 연습 및 피드백, 추후 활동 등이 제시됨
교수자료 개발 및 선정	교수전략에 근거하여 학습자용 활용 지침서, 교수자료, 검사, 교사용 지침서와 같은 교수 프로그램을 만드는 일
형성평가 설계 및 실시	교수 프로그램의 질을 개선하기 위해 필요한 자료를 수집하는 평가(일대일평가, 소집단평가, 현장평가)
교수 프로그램의 수정	형성평가 결과를 바탕으로 교수 프로그램이 가지고 있는 결점을 수정·보완함
총괄평가 설계 및 실행	교수 프로그램의 절대적 가치 혹은 상대적 가치를 평가하는 일

(3) 조나센(Jonassen)의 구성주의 수업설계 모형

① **특징** : 구성주의 학습 환경 설계를 위한 원리, 즉 모형 제시하기(modeling), 지도하기(coaching), 발판 제공하기(scaffolding)를 제공하기 전에 학습 환경을 구성하고 있는 요소들을 중심으로 한 모형

② 구성주의 학습 환경의 교수활동

학습활동	교수활동
탐색(exploration)	모형 제시하기(modeling)
명료화(articulation)	지도하기(coaching)
반추(reflection)	발판 제공하기(scaffolding)

SEMI-NOTE

실행
실행 과정은 설계되고 개발된 교육훈련 프로그램을 실제의 현장에 사용하고, 이를 교육과정에 설치하며, 계속적으로 유지하고 변화를 관리하는 활동을 말함

딕과 캐리(Dick & Carey) 모형의 특징
- 체제접근에 입각하여 교수설계, 개발, 실행, 평가의 과정을 제시하는 대표적인 모형임
- 하나의 절차적 모형으로, 효과적인 교수 프로그램을 만들어 내기 위해서 필요한 일련의 단계들과 단계들간의 역동적인 관련성에 초점을 맞추고 있음

탐색
학습자는 학습 대상의 목적을 분명히 하기 위해 탐색활동을 함. 탐색활동을 지원하는 교수전략인 모델링 제시는 학습자에게 기대되는 수행행위의 사례를 보여주는 것으로, 각 문제해결 활동에서 학습자가 보여주는 내면의 인지적 추론과정을 분명히 하는 것임

명료화
자신들이 이미 알고 있는 것이나 알게 된 것을 분명히 하는 것임

발판 제공하기
성인과 아동이 인지적 과제를 같이 수행할 때 성인에 의해 제공되는 인지적 지원활동을 의미함

SEMI-NOTE

목표기반 시나리오 모델(GBS 모형)
- 생크(Schank)의 기억이론인 역동적 기억이론을 기반으로 함. 역동적 기억이론은 기억의 단위를 스토리텔링 형태로 진술되는 시나리오 또는 사례로 봄
- 학습자에게 유의미한 목표를 갖고 있고, 스토리텔링의 몰입적 요소와 풍부하고 실제적인 맥락성을 가진 시나리오를 제공하는 체계적 절차를 강조함

(4) 상보적 교수

① 특징 : 단기간에 독해교육의 성과를 얻는데 유용한 구성주의 교수모형
② 교수의 진행 단계

예언하기	토의활동은 텍스트로부터 학습할 내용에 관하여 예언(글의 제목이나 부제목, 주제와 관련된 학생들의 사전 지식과 정보, 유사한 정보에 대한 경험)을 하는 것으로부터 시작함
질문하기	교사는 글의 각 부분별로 토의를 주도할 학생들을 지정하며, 토의 주도 학생은 읽은 내용에 관해 질문하고 다른 학생들은 대답함
요약하기	토의 주도 학생이 토의 내용을 요약하고 교사는 다른 학생들에게 요약에 대해 논평하고 정교화하도록 함
명료화하기	글의 내용 중에 불분명한 부분들(개념, 어휘 등)이 있으면 의미가 명확해질 때까지 토의함. 이 때 학생들은 더 많은 예언을 하거나 교재의 관련부분을 그 의미가 명확해지도록 다시 읽음

04절 교수매체 및 컴퓨터 · 멀티미디어 · 인터넷

1. 교수매체의 이해

(1) 교수매체의 개념과 연구 동향

① 개념 : 교수-학습 과정에서 교사와 학생 또는 학생 상호간에 정보를 전달하는 모든 수단과 방법을 말함
② 교수매체 연구 동향

교수매체 비교 연구	• 학습자는 수동적인 인간으로 수업매체를 통해 행동이 변화함 • 학업성취도에 어떤 매체가 더 효과적인지를 탐색
교수매체 선호 연구	• 매체 활용에 대한 태도에 관한 연구 • 학습자들의 정의적 특성 변인들(예 태도, 가치, 신념 등의 정의적 특성 변인들)이 학습에 미치는 효과를 탐색
교수매체 속성 연구	• 인지주의 패러다임에 근거하며 매체가 학업 성취도 또는 인지과정에 어떤 영향을 미치는지를 연구 • 매체가 전달하는 상징체제가 학습자의 인지적 표상, 정보처리과정에 영향을 미침

교수매체의 기능
- **매개적 보조기능** : 교사가 수업의 능률적 진행을 위해 교수매체를 사용하는 것으로, 수업의 표준화, 원활한 의사소통, 흥미유발, 능률적인 수업진행 등이 기능이 있음
- **정보전달기능** : 시공간의 제약을 초월한 정보 전달, 정보의 특성을 고려한 전달
- **학습경험 구성 기능** : 교수매체 그 자체가 학습내용을 포함하고 있음
- **교수기능** : 학습자의 지적 기능 개발, 원활한 지적 활동의 조장

2. 하이니히(Heinich)의 ASSURE 모형(교수매체 활용의 교수설계 모형, 1996)

(1) 특징

① 하이니히(Heinich)와 레셀(Russel) 등이 교수-학습 과정에서의 효과적인 교수매체 활용을 위해 고안해낸 모형으로, 훈련 현장이나 일선 교사가 수업을 계획하고 수행하면서 활용할 수 있도록 수업 상황을 전제로 개발됨

② 교실상황에서 매체를 효과적으로 활용하기 위한 계획에 초점을 두고 개발된 절차모형

(2) 절차

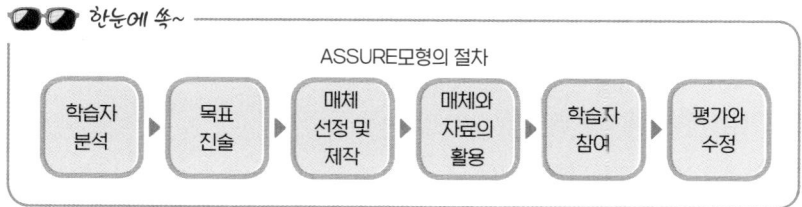

ASSURE모형의 절차

학습자 분석 ▶ 목표 진술 ▶ 매체 선정 및 제작 ▶ 매체와 자료의 활용 ▶ 학습자 참여 ▶ 평가와 수정

① 학습자 특성분석(Analyze Learners)
  ㉠ 학습자 특성에는 일반적 특성, 특별한 출발점 능력, 학습 양식이 있음
  ㉡ 학습자 특성은 교재의 내용 및 제시 방법, 교수매체 효과에 영향을 미침
② 목표진술(State Objectives)
  ㉠ 학습자가 학습을 마친 후 무엇을 할 수 있는가를 가능한 자세하게 진술
  ㉡ 학습자들이 도달해야 하는 목표 지점은 어디이며, 어떠한 새로운 능력을 발휘할 수 있어야 하는가를 구체적으로 진술
  ㉢ 구체적으로 명확하게 진술된 목표는 학습자의 정확한 인식과 준비를 가능하게 함
③ 교수방법·매체·자료의 선정(Select Methods, Media and Material)
  ㉠ 주어진 학습 과제를 위한 적당한 교육방법을 결정
  ㉡ 방법을 수행하는데 알맞은 매체의 유형을 선택
  ㉢ 선정된 매체 유형에서 가장 알맞은 특정 자료를 선택·수정·설계 및 제작
④ 매체와 자료의 활용(Utilize Media and Material)
  ㉠ 제시할 자료들을 지정된 장소에서 미리 시사해 봄으로써 자료의 상태를 알아보고, 학생들의 수준과 목표에 적합한지를 결정
  ㉡ 자료제시 방법과 수업의 주변 환경도 사전에 정비하며, 학습자 역시 미리 준비
⑤ 학습자 참여의 유도(Require Learner Participation) : 학습자가 배우는 능력을 경험하도록 기회를 제공하는 것으로, 가장 효율적인 학습자가 목표달성을 위하여 실제행동을 하도록 요구하는 것
⑥ 평가와 수정(Evaluate and Revise)
  ㉠ 교수활동이 끝나면 이에 대한 효과를 평가하고 수정·보강하는 활동으로 지속적인 매체활용을 위한 시발점에 해당됨
  ㉡ 평가는 크게 학습자의 학습목표달성 평가, 교수매체와 교수방법에 대한 평가, 교수-학습과정에 대한 평가로 구성됨

SEMI-NOTE

학습자 특성의 분류
- **일반적 특성** : 연령, 학력, 지위, 지능, 흥미, 적성, 사회경제적 특성 등
- **출발점 능력** : 새로운 학습을 시작하기 전 학생이 지니고 있는 지식, 기능 및 태도
- **학습양식** : 학습자가 어떻게 학습 환경을 인지하고 적용하며 반응하느냐에 관한 심리학적인 특징

3. 교수매체의 종류와 특징

(1) 칠판

장점	단점
• 교사와 학생이 손쉽게 사용할 수 있음 • 학습내용의 기억을 용이하게 함 • 학습자의 흥미를 집중시킬 수 있음(다양한 색상, 밑줄 등 활용)	• 한 번에 다룰 수 있는 양이 제한됨 • 건강상의 문제가 발생할 수 있음 • 영구적 보전이 불가능함

(2) 괘도 및 융자 · 자석판

① **괘도** : 학습내용을 요약, 정리하여 복잡한 요인들 간의 관계 및 발전과정, 요인 간 상호작용의 비교 · 분석이 가능하도록 단순화시킨 시각매체
② **융자 · 자석판** : 학습내용 및 자료를 자유롭게 붙이기도 하고 떼기도 할 수 있도록 만든 매체

(3) 슬라이드

① **개념** : 사진기로 촬영한 필름이나 투명필름에 그림을 그려 넣은 것을 한 번에 한 장면씩 개별적으로 볼 수 있도록 만든 투사매체
② **특징** : 학습내용에 따라 순서를 조정할 수 있으며, 학습내용을 연속적인 과정으로 제시할 수 있음

(4) OHP(투시물 환등기)

① **개념** : 투시물 자료를 투시환등기 위에 올려놓고 투시된 자료를 보면서 설명할 수 있는 장치
② **특징 및 사용시 유의사항**

특징	• 강의실의 조명을 끄지 않고도 크고 선명한 상을 볼 수 있게 해줌 • 교수자가 학습자들을 마주보고 대면수업을 진행할 수 있음 • 교수자와 학습자가 제시물의 각도를 동일하게 느낄 수 있어 현실감이 높음 • 스위치, 초점조절장치, 반사거울 등 3~4가지만 조절하면 되므로 조작이 간단함 • 투시물 자료 외에도 불투명한 물체, 투명한 액체도 제시할 수 있음 • 스크린에 확대 투사되는 큰 영상은 복잡한 것을 시각적으로 쉽게 이해시켜 줌
사용시 유의 사항	• 불필요한 자료가 투시되지 않도록 함 • 너무 많은 자료를 연속적으로 제시하지 않도록 함 • 교수자는 OHP 앞에 앉거나 제자리에 서서 수업을 진행 • OHP는 항상 청결하게 유지하여 스크린에 먼지나 얼룩이 생기지 않도록 함 • 키스톤 현상이 일어나지 않도록 해야 함

SEMI-NOTE

OHP의 작동방식
반사식과 투과식으로 나눌 수 있으나 그 작동 원리나 조작법은 거의 유사함. 스위치를 켜고, 투시물 자료를 스테이지 위에 올려놓은 후, 거리를 조절하고 초점조절나사를 이용해 초점을 맞추어 사용함. OHP렌즈의 각도를 움직여 화면조절이 가능함

실물 환등기
• **개념** : 신문, 잡지, 그림 등과 같이 불투명한 자료 제시대 위에 놓인 자료를 스크린 위에 확대하여 투사시켜 제시해 주는 교수매체로 최근에는 투시물 환등기와 겸용으로 사용이 가능하도록 개발됨
• **구성** : 송풍장치, 모터, 자료 제시대, 초점 조절장치 등 비교적 부품 수가 적고 간단하게 구성되어 있음

키스톤 현상
투사매체와 영사막이 직접히 배치되지 않았을 때, 영사막에 제시되는 영상의 양끝이나 좌우가 왜곡되어 사다리꼴이나 평행사변형으로 제시되는 것을 말함

(5) 디지털 카메라
① 개념 : 시각자료를 사진 필름에 저장하는 대신 컴퓨터에 직접 연결하여 이미지를 컴퓨터에 저장하는 것이 가능한 카메라
② 장점 : 디지털 이미지로 사진을 찍을 수가 있기 때문에 일반 카메라처럼 현상, 인화, 스캔과 같은 추가 과정이 필요없음

(6) 파워 포인트 프레젠테이션
① 개념 : 프레젠테이션 전문 작성 프로그램으로 강의나 프리젠테이션을 할 때 일반적으로 사용되는 소프트웨어
② 특징 : 문서 작성이 편리하며 다양한 형태의 그래프 및 개치의 삽입이 자유로움

(7) 컴퓨터 프로젝터
① 그림·사진 등의 정적 자료뿐만 아니라, 애니메이션·동호상 등 멀티미디어 자료를 제시할 수 있음
② 컴퓨터 화면의 모든 동작을 보여 줄 수 있으므로, 컴퓨터 프로그램의 기능이나 소프트웨어의 작동을 보여 줄 수 있음
③ 컴퓨터 화면뿐만 아니라 비디오나 방송 케이블과 연결하여 사용할 수 있어 따로 TV를 갖출 필요가 없음

(8) TV교육방송
① 각급 학교교육을 보충해 주는 역할을 하며 모범적인 교실수업의 형태를 보여줌으로써 교사의 교수기술을 개선함
② 교실에서 활용 가능한 최신의 교수자료를 제공하며 학생들이 직접 경험하기 어려운 지식이나 정보를 간접적으로 경험시켜 학생의 시야를 확대함
③ 장·단점

장점	• 속보성 : 정보를 빨리 전달하는 속보성은 방송의 가장 중요한 특성 • 동시성 : 동시에 여러 사람에게 전달되어 유사한 경험을 할 수 있게 함 • 경제성 : 방송비용과 전국적 시청자의 수를 대비 했을 때 경제성이 높음
단점	• 일방적인 정보전달로 교수자와 학습자간의 상호작용이 거려움 • 일상적이고 단순화된 프로그램 구성으로 사고의 폭을 좁히고 독창성을 저하시킴 • 시각적·청각적 정보에 치중하여 언어적 정보와 문자해독능력을 소홀히 함

(9) 화상강의
① 개념 : 먼 거리의 학습자들과 동시에 동화상 자료를 보여주고 실시간에 쌍방향 커뮤니케이션이 가능한 강의 시스템(원격화상 시스템)
② 장점 : 인간 자원에 쉽게 접근할 수 있는 기회가 많으며 정보의 적시 분배가 가능하고 사무 자동화 테크놀러지와의 통합이 용이함

SEMI-NOTE

컴퓨터 프로젝터의 구조
• LCD 패널(LCD Panel) : 초기에 사용된 것으로, 컴퓨터와 연결된 LCD 패널을 OHP위에 얹어 컴퓨터의 화면을 투사하는 방식
• 빔 프로젝터(Beam Projector) : 프로젝터 자체를 컴퓨터 화면과 연결하여 사용하는 것으로, 그 밝기와 선명도가 LCD 패널보다 우수하나 가격이 비싸 교실에서는 사용이 어려움

뉴 미디어(new media)
• 특징 : 통합성, 디지털화 그리고 쌍방향성을 특징으로 함
• 분류
  – 정보전달 수단에 따른 분류 : 뉴 미디어는 정보전달 수단에 따라 패키지계, 유선계, 무선계, 위성계로 구분
  – 정보형태에 따른 구분 : 정보형태에 따라 문자미디어계, 문자미디어계, 음성미디어계, 영상미디어계, 멀티미디어계 등으로 구분
• 유형 : 케이블 TV, 직접 위성방송, 쌍방향 TV, 고화질 TV, 웹 TV, 인터넷 TV 등

SEMI-NOTE

컴퓨터 보조수업(CAI)의 장 · 단점
- 장점
  - 학습자와의 상호작용
  - 교수-학습과정의 개별화
  - 흥미로운 학습경험의 제공
  - 비용이 효과적(수업내용의 복제, 원거리 제공)
- 단점
  - 하드웨어 소요 비용이 높음
  - 그래픽이 실제적이지 못함(해상도의 한계)
  - 코스웨어(courseware, 컴퓨터를 이용한 교육훈련시스템에 사용되는 프로그램과 데이터로 교육 내용을 담고 있는 컴퓨터 소프트웨어)가 다양하지 못하며, 새로운 지식이 축적에 따라 수명이 짧아짐

스토리보드
학습목적을 달성하기 위해 컴퓨터 화면상에 제시될 내용을 상세하게 종이 위에 구성한 것

지침서
코스웨어를 사용하는 사람에게 코스웨어의 활용을 돕기 위한 책자

CMC(컴퓨터 매개 통신)
- 특징 : 컴퓨터를 전화선과 모뎀, 정보통신망과 연결하여 사용자간의 정보 공유와 교환, 의사소통이 가능하도록 하는 시스템
- 요소 : 의사소통에 있어 컴퓨터가 주요 매체가 되며 의사소통이 컴퓨터와 사람보다는 사람과 사람 간에 이루어짐
- 장점 : 많은 양의 최신 정보를 빠른 시간 내에 교환하게 해주며 원격교육을 더욱 발전시킴

---

(10) CATV
① 개념 : 방송국과 시청자 사이를 동축케이블이나 광케이블 등 유선으로 연결해서 데이터나 프로그램을 송신하는 방송매체
② 효과 : 다양성과 전문성을 지닌 교육 프로그램을 제공하며 교육기회를 확대하고 서비스를 증가시킴

4. 컴퓨터 활용 교육

(1) 컴퓨터 보조수업(CAI ; Computer Assisted Instruction)
① 개념 : 컴퓨터와 학생의 상호작용을 통해 컴퓨터가 직접 교사의 수업기능을 담당하는 교수형태
② 유형 : 반복연습형, 개인교수형, 시뮬레이션형, 게임형

실력 up | CAI 코스웨어 개발(코스웨어 설계 모형)

제1단계 (분석단계)	개발내용 선정, 목표설정 및 내용분석, 교수 및 동기유발 전략 설정
제2단계 (개발단계)	• 스토리보드 작성 : 화면에 나타날 내용과 그래픽, 화면의 특징, 버튼의 기능, 학습자의 반응에 대한 피드백 등을 나타냄 • 흐름도 작성 : 프로그램이 작동되는 논리 및 순서를 시각화한 것으로 전체적으로 프로그램이 어떻게 진행되는지를 쉽게 파악 가능하게 해 줌 • 프로그래밍 : 스토리보드와 흐름도에 따라서 프로그램을 실제로 만들어내는 작업
제3단계 (평가단계)	• 지침서 준비, 형성평가, 수정 및 완성

(2) 컴퓨터 관리수업(CMI ; Computer Managed Instruction)
① 개념 : 교사의 업무를 컴퓨터가 관리해주는 것으로 시험과 평가의 절차와 학습자의 성적을 기록하고 관리해주는 성적 관리 프로그램
② CMI의 활용 영역 : 수업설계 및 교육과정 설계, 교육과정 개선을 위한 분석 평가, 학습 진도 성과의 연속 감시와 처방정보를 만들어 학습개선을 위한 평가관리, 교사훈련 및 교사양성을 위한 시스템, 시험 문제은행 데이터 베이스를 이용한 시험 출제 프로그램

(3) 컴퓨터 기반 훈련(CBT ; Computer Base Training)
① 특징 : 기업의 교육훈련 분야에 컴퓨터를 활용하는 것
② 장점
  ㉠ 교육훈련에 포함되는 각종 비용과 시간을 절감시켜 줌으로써 교육의 비용 효용성을 증가시킴

ⓛ 표준화되고 개별화된 프로그램의 제공과 충분한 연습의 기회를 제공함으로써 교육훈련을 효과적으로 수행함

5. 멀티미디어 및 인터넷의 교육적 활용

(1) 멀티미디어

① 개념 : 문자, 그림, 사진, 영상, 애니메이션, 음향, 음악 출판 등이 컴퓨터를 중심의 디지털 방식으로 통합되어 커뮤니케이션과 상호작용이 이루어지는 복합 다중매체
② 교육용 멀티미디어의 장점 : 상호작용이 가능한 학습, 개인차를 고려한 개별화 학습, 시간과 공간을 초월한 학습, 풍부한 학습환경의 제공

(2) 인터넷

① 인터넷상의 컴퓨터 활용 형태 : E-mail, 파일전송(FTP), 원격접속, 뉴스그룹, 토론그룹, 고퍼, 파일검색, 전자대화, 가상환경(MUDS), WWW 등
② 인터넷의 교육적 활용상의 장점 : 개인이나 공인된 기관과 학술단체, 학교 등에서 올리는 문서나 자료 등을 참고하거나 교육 자료로 활용할 수 있음
③ 인터넷의 교육적 활용상의 한계 : 정보접근의 지역적 불균등이 초래될 수 있음

(3) 이러닝(e-learning)

① 개념
㉠ 컴퓨터와 각종 정보통신매체를 기반으로 한 온라인 학습을 교수-학습과정에 적용하면서 나타난 시간과 장소에 대한 제약은 받지 않는 새로운 형태의 교육방법
㉡ 인터넷이나 인트라넷 등 네트워크 기술과 교육이 접목된 웹기반 교육
㉢ 원격교육의 일종이나, 온라인 교육 또는 사이버 교육과 거의 같은 의미로 사용됨

② 유형

측면	종류
활용 기술의 종류	동영상 강의 기반의 e-Learning, 웹 기반의 e-Learning
면대면 교육 및 학습활동 여부	일반 e-Learning, 블렌디드 러닝
교수-학습방법 유형	개인교수, 반복연습, 시뮬레이션, 교육용 게임, 자료제시, 문제해결

(4) 엠 러닝(m-learning)

① 개념 : 이 러닝에 포함되는 하나의 학습방법으로 electronic 대체 중 모바일 환경으로 구현되는 휴대폰이나 PDA 등과 같은 매체로 이루어지는 학습방법
② 특징 : 자기 주도성, 편재성(언제 어디서나 실시간 학습), 즉시 접속성, 학습공동체 형성, 개인성

SEMI-NOTE

멀티미디어의 종류
- 하이퍼미디어 : 컴퓨터상에서 노드와 링크로 구성되어 비순차적, 무선적 검색이 가능한 멀티미디어로 정보간의 연결과 검색을 손쉽게 해줄 수 있으며 학습자가 원하는 학습정보의 연결과 정보의 제시순서를 변경하는 것을 가능하게 해줌
- 상호작용 비디오 : 학습자가 자신의 반응에 따라 각기 서로 다른 과정의 영상과 소리정보를 제공받을 수 있는 시스템으로 멀티미디어를 이용한 교육연구에 촉매역할을 함
- CD-ROM : 4.74인치의 금속성 디스크에 투명한 플라스틱 소재를 입혀 550MB 정도의 많은 정보를 저장하는 광 디스크의 일종으로 취급이 편하고, 물리적인 포맷이 표준화되어 있음

이러닝(e-learning)의 장점
- 상호작용성 : 학생과 교사, 학습자와 학습자, 이러닝 시스템과 학습자 간에 이전보다 긴밀한 커뮤니케이션이 가능해짐
- 접근 용이성 및 편리성 : 정해진 시간과 장소에 구애됨 없이 학습자가 원하는 시간에 교육장에 직접 가지 않고 학습할 수 있음
- 학습자 주도의 학습 및 개별화 학습 : 이러닝을 통해 학습자 자기주도적 학습이 가능해졌으며, 적절한 설계를 통하여 학습자 수준과 흥미에 맞는 학습이 가능해짐
- 비용 효과성 : 전통적 수업에 비해 비용이 절감됨(→ 이러닝은 초기투자비용은 많이 들지만, 만들어진 콘텐츠를 많은 사람이 학습할 수 있다는 점에서 비용 효과성이 있으며, 전통적 집합교육의 고정비용과 기회비용 등을 절감할 수 있음)

(5) 유 러닝(u-learning)

① 개념 : 유비쿼터스 러닝의 약자로, 유비쿼터스 컴퓨팅 기술과 네트워크 기술 기반 환경에서 학습이 이루어지는 것임
② 교육적 특징 : 교육장소가 융통성 있게 다양함, 교수-학습방법이 다양한 맞춤형으로 변화함, 지식 전달체제가 실시간으로 현장성 높게 변화함, 다양한 학습공동체의 출현이 가능함

6. 컴퓨터 중심 매체환경

(1) 오프라인과 온라인 체제

① 오프라인 체제 : 비통신적 환경으로 CD-ROM과 같이 일종의 폐쇄된 상태
② 온라인 체제 : 정보 또는 내용이 통신상에 떠 있는 상태로 정보는 사유(私有)가 아닌 공유임을 기본 전제로 함

(2) 원격교육(우편물로 시작, 현재는 온라인 수업 위주)

① 원격교육이란 교수자와 학습자가 공간적·시간적 분리를 다양한 매체에 의존하여 극복하면서 교수학습 목표를 성취하는 교육활동
② 원격교육의 질은 교수자와 학습자 간의 상호작용을 지원하는 지원체제의 질에 의해 좌우됨(일반교육에서도 지원체제의 영향을 받기는 하지만 원격교육의 경우는 그 영향이 더 커짐)
③ 전통적인 일반 교육에 비해 훨씬 더 많이 학습자 중심의 교육이 이루어지며, 그에 따라 학습통제권이 학습자에게 주어져 성공적인 원격교육을 위해서는 학습자의 자기주도적 학습능력이 일반 교육에 비해 더 많이 요구됨 → 다수대상의 개별학습 촉진
④ 원격교육은 면대면 교수-학습 활동과는 다른 형태의 인프라, 교수설계, 활동, 실행, 평가의 전략을 필요로 함(예 성찰과 협력학습 중심, 수행 중심의 평가)

(3) 블렌디드 학습(Blended Learning, 혼합학습)

① 특징 : e-learning을 효과적인 학습수단으로 하기 위해 온라인과 오프라인에 사용하는 수업 방식의 강점을 적절하게 배합하는 형태
② 구체적 적용방법

탐구학습	과학에서 탐구하는 절차를 e-learning에 적용한 것으로, 가설을 설정하고 검증하는 작업을 온라인 커뮤니티를 통해서 협동학습으로 진행하는 방식
체험학습	주제를 설정한 뒤 오프라인 체험 결과를 온라인상의 학습에 연결하거나 온라인에서 가상 체험활동을 하는 것을 말함
프로젝트 학습	교사가 수행 과제를 주면 모둠별로 온·오프라인 활동을 통해 결과물을 만들어 내는 수업방법
그 외	이 밖에 어떤 쟁점을 놓고 찬반 논쟁을 벌이는 온·오프라인 토론학습, 문제를 주고 해결 방법을 찾아내는 문제 중심 학습 등의 방법도 있음

SEMI-NOTE

유비쿼터스 공간(제3공간)
전자 공간(사이버 공간)과 물리공간의 결합이 이루어지는 새로운 차원의 공간을 의미함

유 러닝(u-learning)의 속성
- 영구적인 학습자원 관리 : 학습자가 의도적으로 삭제하지 않는 이상 결코 그들의 작업내용을 잃지 않음
- 접근성 : 학습자는 어느 곳에서나 자신들이 작성한 문서, 데이터, 비디오 자료에 접속할 수 있으며, 이러한 정보는 학습자의 요청에 의해 제공되므로 자기주도적인 학습이 이루어짐
- 즉시성 : 학습자가 어디에 있든지 학습자는 즉시적으로 원하는 정보를 얻을 수 있음
- 상호작용성 : 학습자는 전문가, 교사, 또래 학습자와 동시적, 비동시적으로 언제나 상호작용할 수 있음
- 학습활동의 맥락성 : 학습은 일상생활 속에 내재되며, 모든 문제나 관련된 지식은 자연스럽고 실생활과 밀접히 연관된 형태로 제시됨

블렌디드 러닝에서 온라인과 오프라인을 통합하는 일반적인 혼합 방식
- 학습공간의 통합으로 오프라인 학습과 온라인 학습을 서로 결합하는 것임
- 학습형태의 통합으로 자기조절학습과 협동학습을 적절히 결합하는 것임
- 학습유형의 통합으로 구조화된 학습과 비구조화된 학습을 적절히 결합하는 것임
- 학습내용의 통합으로 기성형 콘텐츠와 수문형 콘텐츠를 결합하는 것임

(4) 플립러닝(Flipped Learning, 거꾸로 교실)

① 개념 : 학생들은 수업 전에 미리 교과서, 동영상 등의 학습 자료를 예습해오고, 강의실에서는 강의 대신 질문, 토론, 협동학습, 보충 및 심화학습 등을 수행
② 특징

유연한 학습환경	학습자들이 학습하는데 시간, 장소, 내용 등에 제한을 받지 않고 다양한 형태로 수행
학습 문화	교수자 중심의 수업에서 학습자 중심의 수업으로 변화
의도된 학습내용	교수자는 수업 시간에 가르칠 내용을 분명하게 제시하고 계획적으로 수업을 설계
전문적인 교수자	교수자의 역할과 전문성에 관한 것으로, 플립러닝에서 교수자는 지속적이고 즉각적인 피드백을 제공하는 조력자로서의 역할을 수행

(5) 웹기반 수업

① 개념 : 학습을 촉진하거나 지원하는 데 필요한 의미 있는 학습환경을 창조하기 위해 웹의 특성과 자원을 활용한 하이퍼미디어 기반의 교육 프로그램
② 특징 : 어떤 통신 수단보다도 많은 양의 최신 정보를 빠른 시간 내에 교류할 수 있도록 함으로써 효과적인 정보 교류의 수단을 제공함

(6) 웹기반 탐구학습

① 개념 : 인터넷에 존재하는 자료들을 통해 학습에 필요한 일부 또는 모든 학습정보를 제공하는 탐구중심 활동
② 특징 : 학습자의 고차원적 인지능력의 향상을 위한 웹기반 탐구 지향적 접근임

(7) 위키피디아(Wikipedia)

① 개념 : 모두가 함께 만들어 가며 누구나 자유롭게 쓸 수 있는 다(多)언어판 인터넷 백과사전
② 특징 : 누구나 편집과 관리에 참여할 수 있으며, 인터넷을 통해 누구나 글을 고칠 수 있는 체계인 위키로 만들어져 있어 집단 지성적 특성을 가지며 개방성을 지님

(8) 무크(MOOC ; Massive Open Online Course, 온라인 공개수업)

① 개념 : 웹 서비스를 기반으로 이루어지는 상호 참여적 및 거대 규모의 교육으로, 비디오나 유인물, 문제집 등이 보충 자료가 되는 기존의 수업들과는 달리, 인터넷 토론 게시판을 중심으로 학생과 교수, 그리고 조교들 사이의 커뮤니티를 만들어 수업을 진행하는 것(온라인 공개수업은 원격교육이 진화한 형태)
② K-MOOC(한국형 무크, 한국형 온라인 공개강좌) : 온라인을 통해서 누구나, 어디서나 원하는 강좌를 무료로 들을 수 있는 온라인 공개강좌 서비스로 2015년에 시작된 한국형 무크

SEMI-NOTE

사물인터넷
정보통신기술 기반으로 모든 사물을 연결해 사람과 사물, 사물과 사물간에 정보를 교류하고 상호 소통하는 지능형 인프라 및 서비스 기술, 즉 인간과 사물, 서비스 세 가지 분산된 환경 요소에 대해 인간의 명시적 개입 없이 상호 협력적으로 센싱, 네트워킹, 정보 처리 등 지능적 관계를 형성하는 사물 공간 연결망을 의미

ICT 활용교육
ICT란 정보기술과 통신기술을 통합한 것으로 정보 기기의 하드웨어, 소프트웨어와 이동 기술을 이용해 정보를 수집, 생성, 보존, 전달, 활용하는 모든 방법으로, ICT 교육이란 ICT를 교육에 적용하는 것을 말함

MOOC의 유형
- cMOOC : 소셜 미디어, 컨텐츠 공유, 재배포 및 공식 평가가 거의 또는 전혀 없는 참가자가 참여할 수 있는 교육에 대한 연결주의 접근 방식임
- xMOOC : 유료 수업 내용, 상대적으로 고전적인 교사-학생 관계 및 공식 평가가 있는 전통적인 교실 모델을 기반으로 함

9급공무원
교육학개론

나두공

08장 교육평가/교육연구법 및 통계

01절 교육평가

02절 교육연구법 및 통계

08장 교육평가/교육연구법 및 통계

SEMI-NOTE

검사의 종류
지능검사, 학업적성검사, 학업성취도검사, 흥미검사, 직업적성검사 등 측정 내용에 따라 다양함

측정의 예
달리기에서 걸린 시간, 국어시험 점수, 키를 cm로 나타내는 일 등

측정관의 타당도 검증
측정관으로 얻어진 결과의 유의미성은 공인 타당도와 예언 타당도의 형태로 결정됨. 즉, 측정도구의 타당성은 다른 측정이나 평가와 관련하여 결정됨

측정관의 환경적 조건
측정에서 환경이란 성가시고 귀찮은 존재로 간주하고 환경에 어떤 변화가 생겼다면 측정의 정확성을 방해하는 오차변인으로 간주함

평가관의 환경적 조건
환경을 변화의 원천으로 간주함. 환경이란 변화를 일으킬 수 있는 힘으로, 개인은 환경과의 상호작용을 통해 변화한다는 변화관에 핵심을 둠

총평관에서 중요시되는 타당도
- 개인과 환경에 관한 상이한 증거 사이의 합치도, 개인과 환경의 상호작용 분석은 구인에 의존함. 따라서 총평관은 구인 타당도를 중요시함
- 개인과 환경의 구체적인 상호작용을 어느 한쪽의 특성에 관한 정보에 의해 얼마나 예언할 수 있느냐가 중요하므로 예언 타당도에도 관심을 가짐

01절 교육평가

1. 교육평가의 의미

(1) 평가관의 유형

① 검사(test)관 : 인간의 내재된 잠재적 속성은 직접 측정하는 것이 불가능하기 때문에 간접 측정을 해야 하며 이를 위해 사용되는 도구가 검사임

② 측정(measurement)관

개념	• 어떤 대상이나 사건에 대하여 체계적으로 숫자를 부여하는 것 • 여러 가지 특성을 양적으로 기술하는 것, 즉, 수량화하여 나타내는 것
특징	• 인간의 행동특성이 고정적이고 불변하여 안정성이 있으므로 어떤 현상이든 정확하게 측정할 수 있다는 입장 • 어떤 특성을 기술(記述)하고 비교하는 것이 목적 • 측정에 있어 신뢰도와 타당도가 우선하며, 이의 보장을 위해 표준화를 요구 • 측정의 결과는 주로 선발·분류·예언·실험 등의 목적으로 사용되며, 이러한 목적을 위하여 보다 유영하고 정확한 측정단위를 요구

③ 평가(evaluation)관

개념	측정한 결과가 어떤 기준에 비추어 얼마나 바람직한가 하는 가치판단을 하는 것 (평가=측정+가치판단)
특징	• 다양한 변화를 판단하고 효과를 기술하는 일련의 절차를 지칭함 • 양적 기술의 측정뿐만 아니라 질적 기술을 포함하며, 양적·질적 기술에 대한 가치판단까지 포함함 • 평가에 있어서는 무엇보다 중시하는 것은 타당도 • 평가는 자격판정과 배치, 진급 등을 위해 개인을 분류·판단하는 데 주로 활용

④ 총평(assessment)관

개념	개인이 행동특성을 특별한 환경·과업·상황과 관련하여 의사결정을 하려는 목적으로 행하는 전인적 평가
특징	• 판단을 위하여 다양한 측정방법을 사용하며, 측정에만 의존하지 않고 전체적·직관적·질적인 평가방법을 사용함 • 총평의 결과는 흔히 예언·실험·분류에 활용되며, 특히 총평을 통해 환경이 요구하는 준거나 역할에 비추어 개인을 진단하거나 예진하게 됨

(2) 교육평가의 이론적 기초

① 선발적 교육관 : 교육을 통해 달성하고자 하는 교육목적이나 일정한 교육수준에 도달할 수 있는 사람은 어떤 교육방법을 동원하든지 다수 중 일부이거나 소수에 지나지 않는다는 신념을 가진 교육관

② **발달적 교육관** : 모든 학습자에게 각각 적절한 교수-학습 방법만 제시될 수 있다면, 누구나 의도하는 바의 주어진 교육목표를 달성할 수 있을 것이라는 신념을 가진 교육관
③ **인본주의적 교육관** : 모든 교육이 학습자가 원하고, 희망하고, 바라는 것에 의해 이루어져야 한다는 신념을 가진 교육관으로, 교육을 인성적 성장, 통합, 자율성을 통한 자아실현의 과정으로 전제함

실력UP · 선발적 · 발달적 · 인본주의적 교육관 비교

구분	선발적 교육관	발달적 교육관	인본주의적 교육관
기본 가정	특정 능력이 있는 학습자만이 교육을 받을 수 있음	누구나 교육을 받을 능력을 가지고 있음	
관련된 검사관	측정관	평가관	총평관
교육에 대한 책임	학습자(지능)	교사	학습자+교사
강조되는 평가 대상	학습자 개별 특성	교육방법	전인적 특성
관련된 평가유형	규준지향평가(상대평가)	목표지향평가(절대평가)	목표지향평가(절대평가/평가무용론)

2. 교육평가의 대상과 교육평가의 모형

(1) 교육평가의 대상

인적 대상	학생, 교사, 학부모, 학교 행정가, 학교 경영자, 지역 주민 등
물적 대상	• 소프트웨어 : 교수학습 프로그램, 교육과정, 교재, 교구 등 • 하드웨어 : 시설, 환경, 교육예산, 예산집행관계 등
평가	평가도 평가의 대상이 됨(평가에 대한 평가)

(2) 교육평가의 모형

① **개념** : 평가모형이란 평가를 개념화하는 방식으로 평가의 기준을 무엇으로 보는가에 따라 다양한 평가모형이 가능함
② **목표중심 평가**
  ㉠ 목표를 미리 설정한 후 그 목표가 어느 정도 달성되었는지를 판단하는데 초점을 두며, 평가를 통해 얻어지는 정보를 근거로 교육목표와 교육내용 및 평가절차와 평가도구를 개선하게 됨
  ㉡ **대표적 모형** : 가장 대표적인 것은 타일러(Tyler)의 모형이며, 이외에 프로브스(Provus)의 불일치모형, 하몬드(Hammond)의 평가모형, Metfessel과 Michael의 평가모형 등

교육평가의 기능
• 학습결과의 진단, 확인 및 처방
• 교육과정의 목표, 내용 및 학습지도 방법의 개선
• 학습자의 동기유발
• 학습자 자신의 이해
• 교육계획을 수정, 보완, 개조하는 기능
• 교사 자신의 반성과 평가
• 생활지도와 상담의 자료 제공
• 학급편성, 진급, 진학 및 선발의 근거와 기준

타일러(Tyler) 모형의 교육과정과 수업계획의 과정
교육목표의 설정 → 학습경험의 선정 → 학습경험의 조직 → 학습성과의 평가

SEMI-NOTE

형성평가와 총괄평가

형성평가	아직 개발 도중에 있거나 진행 중에 있는 수업과정을 증진시키기 위하여 형성적으로 노력하는 평가
총괄평가	이미 끝났거나 완성된 수업과정의 가치를 총합적으로 판단하려는 평가

스크리븐(Scriven) 탈목표모형 (goal-free model)의 의의

목표에 대한 정보가 전혀 없는 상황에서도 평가를 수행할 수 있다는 것을 입증하였고, 프로그램의 모든 효과를 포괄적인 입장에서 검토할 필요성을 역설함. 목표기준평가를 실시할 때에도 목표 자체의 가치를 판단할 필요성을 강조함으로써 평가의 이론과 실제에 큰 영향을 미침

CIPP모형

③ 스크리븐과 스테이크(Scriven & Stake)의 판단모형
  ㉠ 평가 그 자체의 성질 및 평가 그 자체의 유용성 여부의 판단에 관심을 두는 모형으로, 철학자인 스크리븐(Scriven)과 심리측정 이론가인 스테이크(Stake)가 제안한 새로운 평가 관점
  ㉡ 특징

평가의 외재적 준거 중시	그 동안의 평가가 지나치게 신뢰도·객관도·평가도구·통계적 처리 등의 내재적 준거에 관심을 기울여 왔다고 비판하고, 평가 자체의 효과나 평가의 부작용 및 그 대안 등과 같은 외재적 준거에 관심을 기울여야 한다고 주장
형성평가와 총괄평가의 구분	스크리븐(Scriven)은 평가의 역할에 따라 평가의 기능을 구별할 것을 제안하여 형성평가와 총괄평가를 구분
목표의 질에 대한 평가	스크리븐(Scriven)은 교육평가가 목표의 성취 수준이나 질만을 따지는데 그치는 것이 아니라, 목표 그 자체의 가치를 평가하는 데도 관심을 가짐
비교평가의 도입	스크리븐(Scriven)은 교육평가가 여러 대안들 중 어느 것이 보다 우수하고 어떤 장점이 있으며, 효과가 무엇인지를 비교해 제시할 수 있어야 한다고 봄

④ 스크리븐(Scriven) 탈목표모형(goal-free model)
  ㉠ 프로그램이 의도했던 효과뿐만 아니라 부수효과까지 포함시킨 실제효과를 평가하는 방식을 탈목표평가라고 하며, 이와 같은 취지에 입각하여 프로그램을 평가하는 접근들을 총칭해서 탈목표모형이라 부름
  ㉡ 탈목표평가에서는 프로그램에 대한 부수효과를 확인할 때 목표 대신에 표적집단의 요구를 평가의 준거로 사용(요구기반 평가라고도 함)
  ㉢ 평가에서 고려할 사항

내재적 준거와 외재적 준거	판단을 평가자의 주요 역할로 봄. 판단의 준거를 내재적 준거와 외재적 준거로 구분할 수 있고, 교육평가는 외재적 준거에 관심을 기울여야 하고, 외재적 준거는 의도된 효과뿐만 아니라 의도되지 않은 부수적 효과까지를 포함한다고 봄
형성평가의 중요성	평가의 기능을 형성평가와 총괄평가로 구분하였고, 최종 결과를 확인하는 총괄평가에 중점을 두기보다는 프로그램의 개선에도 관심을 두는 형성평가를 강조
비교평가와 비(非)비교평가	비교평가와 비비교평가를 구별해야 한다고 봄. 교육평가에서는 비비교평가도 중요하지만 여러 가지 프로그램, 교육목표 등의 대안들 사이에 어느, 것이 보다 우수하며, 어떤 장점이 있는지, 또한 그것의 효과는 무엇인지를 비교해서 제시해 주어야 할 필요가 있다고 봄

⑤ 스터플빔(Stufflebeam)의 의사결정촉진모형(CIPP모형)
  ㉠ 평가를 의사결정자에게 필요한 정보를 제공함으로써 의사결정을 도와주기 위한 것으로 봄
  ㉡ 투입, 과정, 산출을 기준으로 운용되는 체제적 접근을 취하며 의사결정자의 관심, 정보에 대한 요구 및 효율성을 위한 준거에 관심을 둠

ⓒ 4가지 평가유형

상황평가	• 교육목표를 결정하는 합리적 기초나 이유를 제공하기 위해 시행되는 것으로, 요구평가(need assessment)라고 불리기도 함 • 맥락평가를 위해 체제분석, 조사, 문헌연구, 면접, 델파이 기법 등이 사용될 수 있음
투입평가	무슨 자원이 활용 가능한지, 프로그램을 위해 어떤 대안적 전략을 고려해야 하는지를 결정하고, 맥락평가에서 확인한 요구를 만족시키기 위해 어떤 계획이 가장 가능성이 있는지를 결정하는 더 도움을 주기 위해 실시하는 평가
과정평가	• 교수 프로그램을 투입한 다음 목표를 달성하는데 적절한지와 그 효율성이 어떠한 지에 관한 정보를 모니터하고 개선하기 위한 것 • 프로그램이 처음 생각한 것만큼 잘 진행되지 않을 경우 그 문제점과 결함 등에 관한 정보를 수집하여 의사결정자에게 제공하려는 것이 주된 목적
산출평가	프로그램에 의해 성취된 결과를 측정하고 해석하려는 평가

SEMI-NOTE

알킨(Alkin)의 CSE모형
- UCLA 대학의 CSE(Center of the Study of Evaluation)의 소장이었던 알킨(Alkin)의 모형으로, 의사결정모형의 일종
- 평가유형을 체제평가 혹은 요구평가, 프로그램 계획평가, 프로그램 시행평가, 개선평가, 프로그램의 확인 평가 등으로 구분

3. 검사문항의 제작과 형태

(1) 검사 문항 제작 시 일반적 유의점

문항제작 시 고려사항	• 교육목표와 교육내용이 무엇인가를 정확히 알아야 함 • 피험자의 독해력과 어휘 수준을 고려해야 함 • 문항유형에 따른 특징, 장·단점, 복잡성 등을 고려해야 함 • 피험자에게 미칠 수 있는 부정적 영향을 고려해야 함
좋은 검사문항의 조건	높은 타당도, 중간 정도의 난이도, 동기 유발 가능성, 낮은 오차(신뢰도), 참신성, 고등정신능력 측정, 문항의 구조화, 편파성 배제

(2) 검사문항의 유형

선택형	• 진위형(2자 택일형) : 피험자에게 진술문을 제시하고 그것의 진위, 정오를 판단하게 하는 문항형식 • 배합형 : 일련의 전제와 답지 그리고 전제와 답지를 배합시키는 지시문의 세 가지로 구성된 문항형식(전제와 답지에는 단어, 어구, 문장, 기호 등 무엇이든 사용 가능) • 선다형 : 문두와 그에 따른 두 개 이상의 답지로 구성되며 피험자가 답을 선택하는 형식으로 객관형 문항 중에서 가장 장점이 많은 문항형식
구성형	• 완성형 : 진술문의 일부분을 비워 놓고 단어, 어구, 숫자, 기호 또는 문장을 써 넣게 하는 문항유형 • 단답형 : 간략한 단어, 구, 문장, 숫자, 그림 등 제한된 형태로 대답하게 하는 문항유형 • 논문형 : 학생이 답을 고르는 것이 아닌 스스로 정답을 만드는 형식으로 한 문장이나 여러 문장으로 학생이 반응을 구성할 것을 요구하고 교사가 이 반응을 읽고 답의 정확성과 질을 주관적으로 판단함

선다형의 장·단점
- 장점
  - 채점의 객관성과 신뢰성이 높음
  - 문항의 내용타당성이 높음
  - 평가하려는 능력의 표본을 포괄적으로 다룰 수 있음
  - 채점과 통계적 분석이 쉬움
- 단점
  - 단순한 상기력 측정에 빠질 위험이 있음
  - 추측의 요인을 제거할 수 없음
  - 표현과 창의의 기회가 제한됨
  - 학습과정에 대한 정보를 제공해 주지 못함

4. 문항분석

(1) 문항분석(문항의 양호도 분석)
① 의미 : 검사의 각 문항이 본래의 기능을 제대로 수행하고 있는지 확인하고 검토해 보는 작업
② 방법 : 질적 분석, 양적 분석

(2) 고전적 검사이론
① 문항 곤란도

개념	한 문항의 쉽고 어려운 정도, 문항의 배열 순서 결정 시 사용 → 전체사례수 중에서 정답을 한 학생의 비율
계산방법	정답에 의한 곤란도(추측요인 배제) : $P=\dfrac{R}{N} \times 100$ (N : 사례 수, R : 정답자 수, W : 오답자 수)
변산범위	0%≤P≤100%(30~70%이면 양호, 50%가 이상적)
해석	문항난이도가 높을수록 쉬운 문항

② 문항 변별도

개념	문항 하나하나가 피험자의 상하능력을 변별해 주는 정도, 상위집단과 하위집단의 구별 정도
계산방법	• 변산 $\dfrac{RH-RL}{\frac{N}{2}}$ (RH : 상위집단 정답자수, RL : 하위집단 정답자수, N : 전체 사례수)
해석	• 상위집단 정답자수=하위집단 정답자수 → 변별도는 0임 • 상위집단이 전원 정답, 하위집단이 전원 오답 → 변별도는 +1임 • 상위집단이 전원 오답, 하위집단이 전원 정답 → 변별도는 -1임(-값을 가지면 '역변별 문항'에 해당) • 변별도가 0 이하인 경우는 나쁜 문항임

③ 문항반응분포 : 문항별 학생들의 반응분포, 정답과 오답이 제구실을 하고 있는가를 알아보는 것 → 정답지에 50% 반응, 나머지 오답지에 골고루 반응할 때, 정답지에는 하위집단 학생수보다 상위집단 학생수가 많을 때 이상적
④ 오답지의 매력도 : 각 오답자들의 매력도는 각 오답지에 대한 응답비율에 의해 결정되며, 오답지에 대한 응답비율이 오답지 매력도보다 높으면 매력적인 답지, 그 미만이면 매력적이지 않은 답지로 평가함
⑤ 교수 민감도 : 문항이 교수 효과를 민감하게 반영하고 있는 정도로, 교수-학습을 실시하기 전에 치르는 사전 검사문항과 교수-학습을 실시한 후에 치르는 사후검사문항의 난이도를 비교함으로써 점검할 수 있음

(3) 문항반응 이론
① 의미 : 20세기 중반 이후 이론적 발전을 가져온 것으로 현재 널리 적용되는 이론이며, 검사 점수는 문항 점수들의 합에 의해 계산된다는 이론임

SEMI-NOTE

질적 분석
문항이 측정의 목적에 부합되게 제작되었는지를 검증하는 것으로 이는 내용 타당도를 확인하는 과정임

양적 분석
문항별로 그 난이도, 변별도, 그리고 추측에 의한 정답 가능성을 중심으로 분석됨

문항 곤란도의 해석과 활용
• 문항 배열의 순서를 정하는데 활용
• 절대평가의 경우 P가 높으면 수업목표 달성이 잘되었음을 의미
• 일반적으로 문항 곤란도 지수가 0.25 미만이면 매우 어려운 문항이고, 0.25 이상 0.75 미만이면 적절한 문항, 0.75 이상이면 매우 쉬운 문항으로 평가

문항 변별도의 활용
• 문항 변별도의 범위는 -1.0≤DI≤+1.0임
• 규준참조검사에서 문항 변별도의 바람직한 분포는 0.30 이상임
• 문항 변별도가 높으면 검사도구의 신뢰도가 높아짐

② 이론적 가정

문항 모수치의 불변성	문항마다 고유의 특성이 있으며, 이러한 특성은 문항분석의 대상이 되는 집단이 달라져도 변하지 않음
능력 모수치의 불변성	피검사자의 능력이 검사문항에 따라 달라지는 것이 아니라 고유한 능력 수준을 가짐

③ 문항특성곡선 : 학생(피험자)의 능력수준에 따라 문항을 맞힐 확률을 나타내는 S자형 곡선

문항난이도	문항특성곡선이 오른쪽으로 위치할수록 어려운 문항
문항변별도	문항특성곡선의 기울기가 가파르면 문항변별도가 높아지는 반면에 기울기가 완만하면 낮아지게 됨
문항추측도	높을수록 좋지 않은 문항이며 4지선다형 문항에서 일반적으로 문항추측도는 0.2를 넘지 않음

문항특성곡선의 형태
피험자의 능력이 높을수록 해당 문항을 맞힐 확률이 증가하므로 성장곡선과 같은 S자 형태임. 문항특성곡선이 오른쪽에 위치할수록 능력 수준이 높은 피험자들에게 기능하는 어려운 문항이 되고, 왼쪽에 위치할수록 능력이 낮은 피험자에게 적합한 쉬운 문항이 됨

5. 측정 및 평가도구의 구비요건

(1) 타당도(validity)

① 개념
  ㉠ 검사도구가 측정하려고 하는 능력이나 특성을 충실하게 재는 정도(검사의 진실성·정직성)
  ㉡ 측정하려고 하는 내용만을 재고, 내용과 관계없는 불순물을 측정하지 않은 정도를 나타내는 지수
  ㉢ '이 검사가 실제 무엇을 재고 있느냐', '능력, 성질, 특성을 어느 정도로 재고 있느냐'와 관련됨

타당도와 준거
검사의 타당도를 파악하는 것은 재려고 의도하고 있는 것에 비추어서 판단하는 것이므로, 타당도의 개념 속에는 반드시 준거의 개념이 수반됨

② 종류

내용타당도 (교과타당도, 안면타당도, 논리적 타당도)	• 개념 : 측정 도구가 가진 내용의 충실도, 즉 검사도구가 수업목표와 수업내용(내적 준거)을 빠짐없이 충실히 측정하고 있는 정도를 말함(과거에는 안면 타당도라는 개념도 사용되었으나 최근에는 사용하지 않음) • 내용 타당도에 영향을 주는 조건 : 선정된 문항이 교육목표나 수업목표에 일치하는가?, 문항이 교과내용을 골고루 포함하고 있는가?, 문항 곤란도가 피험자의 수준에 적합한가?, 문항 표집이 모집단을 적절하게 대표하는가?
예언타당도	• 개념 : 피험자의 미래의 행동이나 특성을 어느 정도 정확하고 완전하게 예언하느냐의 정도(예) 입학성적이 높은 학생이 입학 후에도 학업성적이 높으면 그 입학시험의 예언타당도는 높음) • 추정방법 – 피험자 집단에게 새로 제작된 검사를 실시 – 일정기간 후 검사한 내용과 관계가 있는 피험자들의 행위를 측정 – 검사 점수와 미래 행위의 측정치와 상관 정도를 추정

내용타당도의 특징
• 교사 작성 검사에서 가장 중요시해야 하는 타당도
• 내용 타당도 추정 방법은 검사내용 전문가가 검사에서 측정하고자 하는 속성을 제대로 측정하였는가를 전문지식에 의해 검증됨(그러므로 내용 타당도는 주관적 판단으로 객관적 자료에 근거하지 않음)

예언 타당도의 특징
• 타당도의 준거는 미래의 행동특성
• 선행검사(점수) X와 준거(미래행동특성) Y와의 상관계수로 표시되는데, 상관계수가 크면 그만큼 예언의 정확성이 크고 예언의 오차가 적다는 것을 의미함
• 높은 예언타당도를 얻기 위한 필요충분조건은 두 평가도구의 신뢰도가 모두 높아야 함

SEMI-NOTE

공인 타당도의 특징
- 같은 시기에 행해진 검사 X와 준거 검사 Y의 두 점수간의 상관계수로 나타냄
- 검사 X와 준거 Y가 본질적으로 동시에 측정됨(즉, 한 행동을 측정한 검사 X와 검사 밖에 존재하는 행동준거 Y 사이가 '현재' 어느 정도 잘 일치하는 냐로 판단)
- 준거의 성질이 예언에 있지 않고 공동된 요인이 존재하느냐 여부에 있음(검사 X로 검사 Y가 대체 가능한가 여부)

구인
검사성취에 반영되어 있다고 짐작되는 인간의 가정적·가설적 속성을 말함. 구인들을 측정한 검사점수를 분석하여 이들이 측정하고자 하는 심리적 특성을 제대로 나타내 보여주는지 여부를 판단하는 것이 바로 구인타당도를 확인하는 과정이 됨

타당도와 신뢰도
타당도가 '측정하고자 의도하는 것을 어느 정도 충실하게' 측정하고 있느냐의 개념인 반면, 신뢰도는 '얼마나 정확하게', '얼마나 오차 없이' 측정하고 있느냐의 개념

신뢰도와 타당도의 관계
- 신뢰도는 타당도의 필요조건이며, 충분조건은 아님
- 신뢰도가 낮으면 타당도도 낮음(O)
- 타당도가 높으면 신뢰도가 높음(O)
- 신뢰도가 높으면 타당도도 높음(×) : 신뢰도가 높아도 다른 요인으로 타당도가 낮을 수 있음
- 타당도가 낮으면 신뢰도도 낮음(×) : 타당도가 낮아도 신뢰도는 높을 수 있음

공인타당도	• 개념 : 새로운 검사를 제작하였을 때 기존에 타당성을 보장받고 있는 검사와의 유사성 혹은 연관성에 의해 타당성을 검증하는 방법 • 추정방법 – 피험자 집단에게 새로 제작된 검사를 실시 – 동일 집단에게 동일한 시험 상황에서 타당성을 인정받고 있는 검사를 실시 – 두 검사 점수간의 상관계수를 추정 • 공인타당도와 예언타당도의 관계 : 일반적으로 검사도구의 공인 타당도가 예언타당도보다 높게 추정되며 이는 공인타당도는 동시에 추정되는데 비해 예언타당도는 얼마간의 시간이 지난 후에 행위 변수와의 관계를 추정하기 때문임
구인타당도	• 개념 : 한 검사가 조작적으로 정의되지 않은 어떤 특성이나 성질을 측정하려고 했을 때, 검사가 심리적 특성을 구성하고 구인들을 얼마나 잘 포함하였느냐의 정도 • 특징 – 설정된 가설의 입증을 통해 확인되므로 가장 광범위한 증거를 필요로 함 – 측정하고자 하는 구인들을 정의하고, 그 구인들에 관한 논리적인 가설을 뒷받침해 주는 경험적 자료들을 수집함으로써 검증됨 – 조작적으로 정의되지 않고 과학적으로 이론이 제대로 정립되지 않은 새로운 개념 또는 구인을 측정하는 검사에 과학적 이론과 타당성을 부여하는 과정
결과 타당도	검사나 평가를 실시하고 난 결과에 대한 가치판단으로 평가결과의 평가목적과의 부합성, 평가결과를 이용할 때의 목적 도달, 평가결과가 사회에 주는 영향, 그리고 평가결과를 이용할 때 사회의 변화들과 관련
생태학적 타당도	검사의 내용이나 절차가 검사를 실시하고자 하는 피험자들의 사회, 문화적 배경이나 주변 상황에 타당한가의 정도

(2) 신뢰도(reliability)

① 개념
  ㉠ 한 검사가 측정하고자 하는 내용을 얼마나 안정적으로 일관성 있게 재고 있는 정도
  ㉡ 측정수단으로서의 일관성·일치성을 알아보는 정도이며, 주로 계수로 수량화됨
  ㉢ 한 검사가 재려고 하는 측정대상을 어떻게 어느 정도 정확하게 재느냐에 관심을 가지고, 주로 측정과정에 작용하는 오차만을 문제 삼는 검사의 정확성에 관한 개념

② 종류

재검사 신뢰도	하나의 검사를 같은 대상에게 두 번 실시해서 첫 번째 얻은 검사점수와 두 번째 얻은 검사점수가 일치되는 정도를 의미하며, 이를 기초로 해서 상관계수(안정성 계수)를 산출함
동형검사 신뢰도	문항내용은 다르지만 측정내용, 문항수, 문항형식 등이 같도록 만든 두 개의 동형검사를 동일한 대상에게 연속적으로 실시했을 때 두 개의 검사에서 받은 점수가 일치하는 정도를 의미하며, 이 두 검사점수 간의 상관계수(동형성 계수)를 산출함

반분 신뢰도	• 한 개의 검사를 어떤 대상에게 실시한 후 이를 적절히 두 부분으로 나누어서 두 부분에서 얻은 점수들이 어느 정도 일치하는가의 정도를 의미하며, 이 두 점수의 상관계수(동질성 계수)를 산출함
	• 검사를 두 부분으로 나누는 방법
	  - 전후 절반법 : 한 검사를 검사문항의 배열순서에 따라 전반부와 후반부로 반분하는 방법
	  - 기우(奇偶) 절반법 : 검사문항의 번호에 따라 홀수번호 문제와 짝수번호 문제로 나누어 반분하는 방법

문항내적 합치도
(문항내적 일관성)
	• 검사에 포함된 문항에 대한 반응(정답 혹은 오답)이 일관성이 있는 정도를 의미하며, 문항 사이의 합치성, 동질성, 일치성을 종합하여 신뢰도를 추정함(동질성 계수)
	• 측정방법
	  - KR-20/21 : KR-20은 문항 점수들이 맞고 틀리는, 즉 1점과 0점의 이분문항으로 주어질 때 신뢰도를 추정하는 공식이고, KR-21은 문항 점수가 연속점수일 때 신뢰도를 추정하는 공식임
	  - 크론바흐의 공식 : KR-20 공식의 변형된 형태로 이분문항의 분산이 문항에 정답할 확률과 그렇지 않을 확률의 곱으로 계산됨에 착안하여 신뢰도 계산 공식으로 도출함

SEMI-NOTE

신뢰도를 높이는 방법
• 문항수가 많을수록 우연적 오차(추측)에 의한 영향을 적게 받으므로 신뢰도가 높아짐
• 문항의 난이도가 적절할수록 신뢰도가 높아짐
• 문항의 변별도가 높을수록 신뢰도가 높아짐
• 문항의 출제 범위가 좁을수록 신뢰도가 높아짐
• 검사의 시간이 길수록 신뢰도를 높일 수 있음
• 문항표본이 적절할수록(모집단을 잘 대표하도록 표본될수록) 신뢰도가 높아짐
• 검사 환경이 동질적일수록 신뢰도가 높아짐

(3) 객관도(objectivity) ★ 빈출개념

① 개념 : 채점이 어느 정도 일관성이 있느냐의 정도를 밝혀주는 것으로, 채점자 신뢰도라고도 함
② 논문형 검사에서 객관도를 높이는 방법
   ㉠ 채점의 기준을 미리 정해 두며, 모범 답안지를 만들어 둠
   ㉡ 답안지의 내용만 보고 채점하여 편견이나 오차가 작용하지 않도록 함
   ㉢ 답안지는 학생단위로 채점하지 말고 문항단위로 채점
   ㉣ 가능하면 혼자 채점하지 말고, 여러 사람이 채점해서 평균하도록 함
   ㉤ 문항에 따라 점수 비중을 달리 주어야 할 경우는 미리 계획을 세움

채점자 간 객관도와 채점자 내 객관도
한 문항에 대해 여러 사람의 채점 결과가 일치하는 정도를 '채점자 간 객관도'라고 하며, 한 채점자가 같은 문항에 대해 여러 번 채점한 결과의 일치 정도를 '채점자 내 객관도'라고 함

(4) 실용도(usability)

① 개념 : 실용도란 측정도구의 실용적 가치 정도, 즉 측정도구가 경비, 시간 및 노력을 적게 들여서 측정의 목표를 충실하게 달성할 수 있는 정도를 말함
② 실용성을 높이는 방법 : 실시가 용이할수록, 실시시간이 검사내용에 적절할수록, 채점이 용이할수록 실용도는 높아짐

측정도구가 실용도가 있는 경우
• 검사 실시의 용이성
• 채점의 용이성
• 결과의 해석과 활용의 용이성
• 최소한의 시간, 노력, 비용이 가능한 경우

6. 교수-학습 과정에서의 평가와 평가 유형

(1) 실시 시기에 따른 유형

① 진단평가(diagnostic evaluation)
   ㉠ 개념 : 특정한 수업을 시작하기에 앞서 학생들의 적성, 선수학습 정도, 경험배경 등을 파악해서 학습 성취율을 증진시키기 위한 평가

SEMI-NOTE

스크리븐(Scriven)의 형성평가
스크리븐은 형성평가와 총합평가를 개념 상으로 명백히 구분하고, '형성평가란 교수와 학습이 진행되고 있는 상태에서 학생에게 피드백의 효과를 주고, 교과과정을 개선하며, 수업방법을 개선하기 위해 실시하는 평가'로 정의

형성평가의 기능과 절차
• 기능
  - 학습속도의 개별화(학습자 개개인에 맞는 학습)
  - 피드백과 교정, 학습곤란의 진단
  - 학습동기의 촉진, 교수-학습 방법의 개선
• 절차 : 학습과제 세분화 → 목표의 구체적 진술 → 목표의 위계화 → 평가도구의 제작

규준
원점수의 상대적 위치를 설명하기 위하여 쓰이는 척도로써, 모집단을 대표하기 위하여 추출된 표본에서 산출된 평균과 표준편차로 만들어짐

규준참조평가의 장·단점
• 장점
  - 집단 내에서의 상대적 위치 파악이 용이
  - 평가가 쉽고 객관성이 유지됨
• 단점
  - 서로 다른 두 집단의 비교가 곤란
  - 수업목표의 달성도 파악이 곤란
  - 학생 개인의 학력증진에 대한 명시가 부족
  - 정의적 목표와 심리·운동적 목표를 측정하는데 부적절
  - 지나친 경쟁 조장

ⓒ 실시 목적 : 어떤 교과나 단원의 학습을 위하여 선수(先修)되어야 할 것으로 판단되는 특정 출발점 행동을 학생들이 제대로 갖추고 있는지를 확인함(학습 부진의 원인 진단)

② 형성평가(formative evaluation)
　㉠ 개념 : 교수-학습이 진행되는 과정에서 실시되는 평가로, 학습자의 학습을 증진하고 교사의 교육방법이나 교육내용에 대해 개선하도록 정보를 제공하는 데 중점을 두는 평가
　㉡ 실시목적 : 학습 속조의 조절, 송환(feedback) 효과와 학습동기 유발, 학습 곤란의 진단, 교사의 교수법 개선
　㉢ 유의점
　　• 정의적 영역은 시간상 다루지 않음
　　• 가능하면 형성평가는 객관식 문항이 좋음
　　• 형성평가는 한 교과의 전체 수업목표와 관련된 모든 지식, 운동-기능적 학습 증가를 측정함

③ 총괄평가(summative evaluation)
　㉠ 개념 : 일련의 학습과제나 교과의 학습이 끝난 후에 수업목표의 달성 여부를 총합적으로 판정하기 위해 실시하는 평가, 주어진 학습과제에 대한 일정한 기간(한 단원, 한 학기, 한 학년 등)의 수업이 종결되었을 때, 그동안의 학습성과를 총괄적으로 확인하는 평가형태(월말고사, 학기말고사, 학년말고사 등)
　㉡ 실시목적 및 활용 : 성적 판정, 자격인정, 교수방법에의 활용, 후속학습 성패의 예언, 학생에 대한 피드백, 집단 간 비교

(2) 준거에 따른 유형

① 규준참조평가
　㉠ 개념
　　• 한 학생의 학업 성취도를 학생상호간의 상대적 비교를 통해서 성적을 결정하는 평가방법(신뢰도 중시)
　　• 한 학생의 성취가 얼마나 바람직하냐 하는 정도는 주어진 집단의 점수 분포인 규준에 의해 결정되며, 규준참조평가에서 사용되고 있는 상대적 서열에 대한 변환점수의 예로는 백분위나 표준점수 등이 있음
　㉡ 특징
　　• 한정된 특정 목표를 평가하기보다 광범위한 일반적인 목표를 다룸
　　• 서로 다른 방법으로 복잡한 자료를 공부한 학생들의 전체적인 성취를 측정하는데 유용
　　• 최상위에 속하는 소수 응시자들에게만 프로그램이 허가될 경우 적절한 검사임

② **준거참조평가** ★ 빈출개념
　㉠ 개념
　　• 어떤 기준 또는 교수목표의 달성도에 따라 한 개인의 성적을 결정하는 평가

방법으로서 목표참조평가라고도 함
- 1963년 글레이저(Glaser)가 처음 사용하였으며, 그는 목표참조검사를 '사전에 구체화된 수행 규준에 의거해서 직접적으로 해석할 수 있는 측정을 하도록 의도적으로 제작된 검사라고 정의'함

ⓒ 특징
- 특정한 목표를 달성하였는지를 측정하는데 유리하며, 일정 점수 이상을 획득한 대상에게 자격증을 부여할 때 주로 사용함
- 준거참조검사의 결과는 학생이 최소한 어떤 조건하에서 무엇을 할 수 있고 무엇을 할 수 없는지 정확히 말해줌

SEMI-NOTE

준거참조평가의 장·단점
- 장점
  - 서로 다른 두 집단의 비교 가능
  - 수업목표 달성도 파악이 가능
  - 학생 개개인의 학력증진에 대한 명시 가능
  - 무엇을 알고 무엇을 모르는가 하는 직접적인 정보를 제공
  - 학생들 사이의 지나친 경쟁을 방지
- 단점
  - 평가 기준이 평가자에 따라 다를 수 있음
  - 집단 내에서의 상대적 위치파악이 곤란

실력UP 규준참조평가와 준거참조평가의 비교

구분	규준참조평가	준거참조평가
검사목적	피험자 서열화	학업성취도 도달 확인
검사범위	광범위한 범위	보다 규명된 영역
문항 난이도	다양한 수준(쉬운 문항과 어려운 수준)	적절한 수준
비교내용	피험자와 피험자	피험자의 능력과 준거
기록	퍼센타일(%), 표준점수(Z, T점수)	원점수와 준거점수
검사 양호도	신뢰도 강조	타당도 강조
용도	선발, 분류, 배치	확인, 고정, 개선
장점	광범위한 영역의 평가가능, 개인차 변별	학습 성과에 부합되는 평가 가능, 경쟁완화, 탐구정신 함양, 지적인 성취동기 자극
단점	상대적 위치만 제공하며 낮은 성적을 받는 학생들이 반드시 존재	학습 성과를 명료화하고 수행표준을 설정하기 어려움

③ 능력참조평가
ⓐ 학생이 지니고 있는 능력에 비추어 얼마나 최선을 다하였느냐에 초점을 두는 평가
ⓑ 학생 개인이 지니고 있는 능력을 얼마나 발휘하였느냐에 관심을 두므로 개인을 위주로 하는 평가방법이라 할 수 있음
ⓒ 우수한 능력을 지녔음에도 불구하고 최선을 다하지 않은 학생과 능력이 낮더라도 최선을 다한 학생이 있을 때, 후자의 성취수준이 낮더라도 더 좋은 평가 결과를 얻을 수 있음

④ 성장참조평가
ⓐ 교육과정을 통하여 얼마나 성장하였느냐에 관심을 두는 평가
ⓑ 최종 성취수준에 대한 관심보다는 초기능력 수준에 비추어 얼마만큼 능력의 향상을 보였느냐를 강조하는 평가

능력참조평가와 성장참조평가의 비교

구분	능력참조평가	성장참조평가
교육신념	개별학습	개별학습
강조점	최대능력발휘	능력의 변화
비교대상	수행 정도와 소유 능력	성장, 변화의 정도
개인차	고려하지 않음	고려하지 않음
활용도	교수적 기능 강조	교수적 기능 강조

ⓒ 사전능력 수준과 관찰된 시점의 측정된 능력 수준 간의 차이에 관심을 둠
ⓔ 학생들에게 학업증진의 기회를 부여하고 개인화를 강조

7. 수행평가(performance assessment)

(1) 개념과 특징

① 개념 : 습득한 지식, 기능이나 기술을 실제 생활이나 인위적 평가 상황에서 얼마나 잘 수행하는지(doing) 혹은 어떻게 수행할 것인지(how to go)를 서술, 관찰, 면접 등의 다양한 방법을 통해 종합적으로 판단하는 평가로 지식이나 기능에 의한 정답여부나 산출물에만 관심이 있는 것이 아니라 수행과정과 그 결과를 총체적으로 평가함

② 특징
  ⊙ 학생이 문제의 정답을 선택하게 하는 것이 아니라, 스스로 답을 구성하거나 행동으로 나타내도록 하는 평가방식
  ⓒ 실현하고자 하는 교육목표가 가능한 한 '실제상황' 속에서 직접 달성되었는지를 평가
  ⓒ 작품이나 수행행동의 결과나 질뿐만 아니라 과정도 함께 강조하는 평가방식
  ⓔ 단편적 영역을 일시적으로 실시하는 평가라기보다는 학생 개개인의 변화 · 발달과정을 종합적 · 지속적으로 평가하는 방식
  ⓜ 개인 성적이나 개개인을 단위로 평가하기도 하지만, 개개인이 소속된 집단 활동에 대한 평가도 중시함
  ⓑ 학생의 학습과정을 진단하고 개별학습을 촉진하는데 그 목적이 있음
  ⓢ 학생의 인지적인 영역뿐만 아니라, 정의적인 영역과 신체적인 영역에 대한 종합적이고 전인적인 평가를 중시

(2) 수행평가의 방법

서술형 검사	• 주관식 검사라고도 하며 학생들이 직접 서술(구성)하는 검사의 형태 • 문제 해결의 과정을 제대로 이해하고 있는지를 파악하는데 중점을 두며 질문의 형태도 단편적인 지식을 묻는 것 대신 창의성 등 고등정신능력을 묻는 것이 중시됨
논술형 검사	• 서술형 검사의 일종으로, 서술된 내용의 깊이와 넓이뿐만 아니라 글을 조직하고 구성하는 능력을 동시에 평가 • 학생들의 창의력, 비판력, 조직력, 문제 해결력, 정보수집 및 분석력 등 고등정신능력을 평가할 수 있음
실험 실습법	• 자연과학 분야에서 많이 사용하는 것으로 어떤 과제에 대해 학생들로 하여금 직접 실험 실습을 하게 한 다음 그 결과 보고서를 개인단위 혹은 팀을 구성하여 공동작업 후 제출하게 함 • 평가자는 학생들의 실험 실습 과정을 직접 관찰하고, 제출된 결과 보고서를 동시에 고려해 평가

SEMI-NOTE

수행평가와 관련된 용어

용어	정의
수행평가	지식이나 기능, 혹은 기술의 수행정도를 측정하는 평가
참 평가	실제 상황에서 수행정도를 측정하는 평가
포트폴리오	개인의 작업이나 작품을 모아 둔 자료집이나 서류철
직접평가	표출되는 행위에 대한 직접 관찰을 통하여 실시하는 평가
대안적 평가	기존의 어떤 평가방법을 대치할 수 있는 평가

참평가

학습자들의 지식과 기술을 학교 밖의 실제 세계에서 사용하는 것과 동일한 방식으로 적용하도록 요구하는 평가. 수행평가와 참 평가는 유사한 개념으로 사용되는데, 구분되는 점은 수행평가가 학습자들에게 평가될 구체적인 행동을 수행하도록 요구하는 경우라면, 참 평가에서 학습자는 요구된 행동을 완성하거나 드러내는 것이 아닌 실제 생활의 맥락에서 행동함

실기 시험	수행평가 방법으로서 실기 시험은 기존의 실기 시험에서 평가 상황이 통제되거나 강요되는 것이 아닌, 자연스러운 상황에서 여러 번 관찰함으로써 실제 수행 능력을 평가함
구술시험	학생으로 하여금 특정 교육내용이나 주제에 대해 자신의 의견이나 생각을 발표하도록 하여 학생의 준비도, 판단력, 이해력, 의사소통능력 등을 직접 평가하는 방법
면접법	평가자가 학생과 직접 대면하여 평가자가 질문하고 학생이 대답하는 과정을 통해 지필식 시험이나 서류만으로는 알 수 없는 사항을 알아보는 평가방법
찬반 토론법	사회적·개인적으로 서로 다른 의견을 제시할 수 있는 주제를 가지고 개인별로 찬반 토론을 하도록 하거나 집단으로 나누어 집단별 찬반 토론을 하도록 함
관찰법	관찰을 통해 정보를 수집하는 측정 방법으로 인간 행동을 연구하는 방법으로 가장 오래된 방법임과 동시에 연구의 기본수단이기도 함
보고서법	• 자기평가 보고서법 : 개별 학생 스스로가 특정 주제나 교수·학습 영역에 대해 학습과정이나 학습 결과에 대한 자세한 자기평가 보고서를 작성·제출하도록 한 다음, 그것을 이용해 교사가 평가하는 방법 • 동료평가 보고서법 : 동료 학생들이 상대방을 서로 평가하도록 하여 동료평가 보고서를 작성·제출하도록 하고, 그것을 이용해 교사가 평가하는 방식
루브릭 평가	• 학생의 수행 수준을 기술적으로 진술해 놓은 평가방법 • 평가준거가 표로 만들어졌을 때 표의 왼쪽 칸에 나와 있는 것이 기준이고, 오른쪽에 그 기준에 속한 단계별 설명이 간략하게 또는 상세하게 적혀 있는 서술식 평가기준임
포트폴리오법	• 자신이 쓰거나 만든 작품을 지속적·체계적으로 모아 둔 개인별 작품집이나 모음집을 이용한 평가방식 • 사용목적 : 여러 시점에서 지속적으로 학생의 작품의 질을 평가하며 작품을 통해 학생 각자의 관심과 능력을 표현할 수 있도록 함 • 유형 – 과정중심 포트폴리오 : 학습하는 과정이나 산출물을 만들어 가는 과정의 특징과 범위를 기록하는 학습과정 중심의 평가기법 – 결과중심 포트폴리오 : 학습결과물 자체의 특징과 범위를 기록하고 스스로 평가하는 방법

SEMI-NOTE

구술시험과 면접의 차이점
피험자들에게 특정 주제나 질문을 제시하고 응답하도록 한다는 점에서 면접법과 유사하지만, 면접이 주로 정의적 영역을 중심으로 이루어지는 반면 구술시험은 인지적 영역을 중심으로 이루어진다는 점에서 차이가 있음

면접법의 형태
• **구조화된 면접** : 미리 준비된 질문지에 따라 질문의 내용과 순서를 지키면서 진행되는 면접으로, 모든 피면접자가 동일한 순서로 동일한 문항에 응답함
• **비구조화된 면접** : 면접 계획을 세울 때 면접의 목적만을 명시하고 면접할 내용이나 면접방법은 면접자에게 일임하는 방법으로, 면접의 분위기가 자유롭고 응답의 내용도 자유반응의 형식을 취함
• **반 구조화된 면접** : 사전에 면접에 관해 치밀한 계획을 세우되 실제 면접 상황에서는 융통성 있게 진행하는 방법으로 구조화된 면접과 비구조화된 면접의 장점을 절충한 형태

포트폴리오의 장점 및 교육적 효과
• 학습자들은 종합적인 인지능력을 활용하며, 자신들의 학습을 반성하고, 스스로 학습을 구안하며, 다양한 학습의 형태를 활용할 수 있게 되므로 평가를 수업의 과정으로 인식할 뿐만 아니라 수업의 과제와 학교 밖의 자신들의 생활을 관련시키게 함
• 학습자들은 한 학기 혹은 한 해 동안 모아 온 작품집에서 작품을 선별하여 평가자에게 제출하기 때문에 학습자의 자기반성과 평가의 과정이 포함됨

전통적 평가방법과 대안적 평가방법

구분	전통적 평가방법	대안적 평가방법
학습관	학습결과에 관심	학습과정과 결과에 관심
학습자관	분리된 지식과 기술을 평가	통합된 지식과 기술을 평가
평가형태	지필 검사	수행평가, 프트폴리오, 참 평가
평가내용	단일 속성	다원적 속성(다양한 측면)
평가대상	개인평가 대상	집단평가 강조(협동성)
평가실시	일회적 평가	지속적 평가

SEMI-NOTE

연구방법의 비교
- **양적 연구의 방법** : 실험설계에 의한 실험연구, 설문지를 활용한 조사연구, 점검표를 활용한 관찰연구 등
- **질적 연구의 방법** : 관찰법, 면접법을 활용한 사례 연구, 문화기술적 연구 등

02절 교육연구법 및 통계

1. 교육연구법

(1) 양적 연구와 질적 연구

양적 연구	• 연구의 토대 – 양적 연구는 관찰 가능한 자료에 입각해 일반법칙을 찾아내려는 자연과학적·실증주의적인 패러다임에 근거함 – 인간의 현상도 자연현상처럼 관찰 가능하고 객관적인 법칙의 지배를 받는다는 전제하에 실증적인 근거를 통해 이를 찾아내고자 함 • 특징 : 자료에 대한 양적·통계적 분석, 일반적인 법칙의 도출을 추구
질적 연구	• 연구의 토대 – 질적 연구는 인간의 현상이 나름대로의 독특성을 지니고 있어 객관적·보편적인 법칙의 지배를 받지 않는다고 보는 현상학, 해석학 등에 근거함 – 인간현상은 자연현상과 달라서 객관적 자료에 의해 수량화될 수 없으며, 이를 지배하는 보편적인 법칙은 없다고 주장 • 특징 : 특정한 인간 현상에 대한 심층적 이해에 초점을 둠, 참여관찰이나 비구조화된 심층면접의 방법을 이용

(2) 양적 연구와 질적 연구의 비교

	양적 연구	질적 연구
연구목적	• 일반적 원리와 법칙을 발견 • 인과관계 혹은 상관관계를 파악	• 특정 현상에 대한 이해를 목적으로 함 • 특정 현상에 대한 해석이나 의미의 차이를 이해하려고 함
연구대상	대표성을 갖는 많은 수의 표본으로 확률적 표집방법을 주로 사용함	적은 수의 표본, 비확률적 표집방법을 주로 사용함
연구자와 연구대상과의 관계	• 가치 중립적임 • 연구자와 연구대상의 관계가 밀접하게 되면 연구 자료가 왜곡될 수 있으므로 거리를 유지	• 가치 개입적임 • 연구자와 연구 대상은 서로 밀접한 관계를 유지
자료수집	• 다양한 측정도구를 사용 • 구조화된 양적 자료를 수집	관찰법, 면접법을 활용한 사례 연구, 문화기술적 연구 등을 이용
자료분석	통계적 분석(기술통계, 추리통계 방법 활용)	질적 분석(내용분석) 혹은 기술통계 분석
일반화	일반화가 가능	일반화 시키기가 곤란함

종단 연구와 횡단 연구의 특성
- **종단연구의 특성** : 대표성을 고려하여 비교적 소수를 표집, 성장과 발달의 개인적 변화 파악이 가능, 검사 결과상 비교가 어려워 연구가 일단 시작되면 도중에 사용하던 도구를 바꿀 수가 없음
- **횡단연구의 특성** : 서로 비슷한 변인을 가진 다수를 표집, 시간의 흐름에 따른 성장의 특성을 밝혀 일반적 성향을 알 수 있음, 개선된 최신의 검사 도구를 충분히 활용할 수 있어 비교적 선택이 자유로움

2. 인간 행동에 관한 연구

(1) 관찰법
① 특징 : 인간 행동을 직접적으로 측정하는 방법으로 언제, 어디서나 학생들의 행동을 있는 그대로 생생하게 파악할 수 있음
② 종류

관찰의 통제 여부	통제적 관찰, 비통제적 관찰
관찰의 조직성 여부	자연관찰, 조직적 관찰
연구 참여 여부	참여관찰, 비참여 관찰

(2) 면접법
① 개념 : 조사자(면접자)가 피조사자(피면접자)와 면담을 해 필요한 자료를 수집하는 방법, 즉 조사자가 피조사자와의 대면적 접촉에 의해 피조사자에 대한 자료를 수집하는 방법
② 특징
  ㉠ 정의적 측면을 파악하는 것이 가능하며, 행위 뒤에 숨은 동기 파악이 가능함
  ㉡ 학생을 이해하기 위한 자료를 구하는 방법일 뿐만 아니라 학생을 지도하는 방법이 되기도 하므로 생활지도나 정신분석의 기술로도 활용됨
  ㉢ 평가 대상에 제한을 받지 않고 널리 활용될 수 있음

(3) 질문지법
① 의미 : 개인의 지각, 감정, 기대, 신념, 동기, 계획 등 주로 내적인 자료를 구하는 방법으로 짧은 시간에 많은 사람을 대상으로 어떤 사회문제나 개인의 의견, 태도 등을 알아보고자 할 때 사용
② 특징 : 시간, 노력, 비용이 절약되며, 생활배경에 대한 사실 발견과 자아의 내성적 자료를 구하는데 유리함
③ 유의점 : 응답 내용의 진위 확인이 어려워 결과 해석에 유의해야 함

(4) 사회성 측정법
① 개념 : 집단 내에서의 개인간의 사회적 위치 및 비형식적 집단형성의 구조를 알아내는 방법으로 모레노(Moreno)가 처음 사용함
② 교우도 : 사회성 측정의 결과를 선택을 주고받는 관계, 배척하고 배척당하는 관계, 선택과 피선택의 우선순위 등을 그림이나 도표로 나타낸 것을 '교우도'라고 함
③ 교우도를 통해 분석해 낼 수 있는 것
  ㉠ 집단의 중심 인물 혹은 지도자적 위치에 있는 사람이 누구이며, 그는 어떤 특성을 지닌 인물인가?
  ㉡ 전체 집단 내의 소집단은 몇 개이며, 어떤 성격을 지닌 집단들인가?
  ㉢ 집단 속에서 서로 어울리지 못하고 고립되어 있는 사람은 누구인가?
  ㉣ 두 사람간의 관계형성(서로 선택을 주고받는 관계) 상황은 어떠한가?

SEMI-NOTE

관찰법의 유의점
- 확실한 목적과 계획하에서 실시
- 관찰자의 주관을 최대한 배제한 상황에서 여러 번 관찰한 것을 가지고 판단
- 관찰기록은 관찰과 동시 또는 바로 직후에 함
- 피관찰자가 눈치 채지 않도록 함

면접법의 목적
- 일반적으로 개인의 자료를 수집하기 위해서 사용되나, 개인의 문제를 해결하기 위한 방법으로도 이용됨
- 선발에도 이용되며, 적응상의 실패에서 일어나는 심리적·정서적 문제의 치료에도 사용될 수 있음

질문지법의 용도
- 사실의 발견 : 질문지는 일반적으로 학생의 생활배경에 관한 사실을 수집하기 위해 사용됨(→ 부모의 직업, 가족 수, 수입, 주거지, 지나온 생활사 등)
- 심층적 심리의 파악 : 개인의 심층적 심리, 즉 개인의 의견·태도·가치관 등을 파악하는 데도 이용됨(→ 교사에 대한 태도, 흥미의 방향, 학교에 대한 감정 등)

사회성 측정법의 유의점
- 실시자는 학급담임이 좋음
- 결과는 학생들에게 절대로 알리지 않음
- 집단의 한계가 명시되어야 함
- 한정된 집단 구성원 전원이 조사 대상이 되어야 함
- 한 학기에 한번 정도 실시하는 것이 좋음
- 저학년 아동들은 개별면접으로 하는 것이 좋음

④ **시사점** : 교사는 학생 개인의 사회적 적응을 도울 수 있으며 집단을 조사하거나 재조직하는데 도움을 줌

(5) 평정법

① **개념** : 개인의 어떤 특성을 유목이나 숫자의 연속성 위에 분류하여 측정하는 방법(예) 지도력을 평정할 경우, 지도력의 단계를 최상·상·중·하·최하 등의 유목에 표시하거나, 1·2·3·4·5 등의 숫자로 표시하는 것과 같은 방법임)

② **평정의 오차**

논리적 오차	• 평정요소간 논리적 상관관계에 의한 오차. 즉 어떤 평정요소가 특별히 좋거나 아주 나쁜 점수를 받은 경우 상관관계가 있는 다른 요소도 높게 또는 낮게 평정하는 오차(예) 정직성이 높으면 준법성도 높다와 같이 평정자 자신의 모순된 논리적 판단이 평정결과에 그대로 반영되는 경우) • 제거방법 : 객관적인 자료나 관찰을 통하거나 특성의 의미 변별을 정확히 함으로써 제거될 수 있음
집중경향의 오차	• 평정자의 관용의 심리가 작용하여 대부분의 평점이 평정척도의 중앙부에 몰려있는 경향으로 훈련이 부족한 평정자가 저지르기 쉬운 오차 • 제거방법 : 중간 평정척도의 간격을 넓게 잡고 의식적으로 평정의 범위를 상하로 넓히려고 노력해야 함
인상의 오차	• 평정자의 편견이나 선입관이 작용하여 발생되는 오차(→ 성적이 좋은 학생, 잘 아는 학생, 말썽꾸러기 학생 등 자아관여가 되어 있는 학생의 다른 특성의 평정을 보다 좋게 혹은 나쁘게 평정하는 경향) • 제거 방법 : 모든 피험자에 대해 한 번에 한 가지 특성만 평정할 것, 평정 특성을 조작적으로 정의할 것, 강제선택법을 사용할 것 등
표준 오차	• 두 평정자가 평정의 표준을 어디에 두고 평정하느냐에 따른 오차로 동일학생에 대한 평정 결과가 각각 다르게 나오는 경우를 말함(예) 7단계 평정에서 한 평정자는 4를 표준으로, 다른 평정자는 3을 표준으로 삼아 두 사람의 평정분포는 전혀 다른 결과를 보일 수 있음) • 제거방법 : 척도에 관한 개념을 분명히 정립하고 평정 항목에 관한 오차를 줄여 제거함
근접의 오차	• 시간적, 공간적으로 가깝게 평정하는 특성 사이에 평점의 상관이 높게 나오는 경우를 말함 • 제거방법 : 비슷한 성질을 띤 측정은 시간적으로나 공간적으로 멀리 떨어지게 하는 것이 좋음
대비의 오차	평정자 자신이 자기가 잘하지 못하는 일 또는 자신이 가지지 못한 요인에 대해서는 좋게, 평정자 자신이 잘하는 일을 피평정자가 못하는 경우에는 나쁘게 평정하는 경우를 말함(→ 인상의 오차와 유사)

(6) 투사법

① **개념** : 개인적인 욕구·감정·동기·가치관·인성구조 등이 밖으로 표출될 수 있도록 고안된 자극을 피검사자에게 제시하고, 나타난 반응을 분석하여 인성을 측정하는 방법

SEMI-NOTE

평정법의 유형
• **유목평정척** : 여러 개로 분류된 유목을 정하고, 평정하려는 대상의 행동이나 특성에 가장 잘 맞는다고 생각되는 유목에 표시하는 방법
• **숫자평정척** : 평정하려는 특성의 단계를 숫자로 표시하는 방법으로 가장 많이 사용됨
• **등위법** : 평정하려는 행동의 특성에 관해 평정집단의 개인을 최고에서 최저에 이르기까지 순위를 매기는 방법
• **체크리스트 평정척**
  – 사전에 어떤 행동특성의 일람표를 만들어 그러한 행동특성이 발생하는가 그렇지 않은가를 체크하는 방법
  – 성격에 대해 판단하는 경우, '협동적이다, 게으름뱅이다, 친절하다, 잔인하다, 동정심이 많다' 등의 체크리스트를 만들어 놓고 이에 해당되는 부분에 표시하는 것

투사법의 활용
개인적 욕구, 감정, 지각 등이 밖으로 드러날 수 있는 자극을 피험자에게 제시함으로써 피험자 자신의 내면적 정신세계를 연구하는 목적으로 사용됨(성취동기, 성격, 상상력 검사 등에 주로 사용함)

② 투사법의 종류

주제통각검사 (TAT)	• 프로이드(Freud)의 정신분석학에 근거하여 개인이 지니고 있는 인성의 내용을 상상력을 통해 밝히고자 함 • 주제가 있는 30매의 불명료한 그림과 한 장의 백색카드로 구성된 그림을 보여주고 그 반응을 분석함 • 분석방법 : 주인공, 압력, 욕구, 결과, 관심, 주제 등에 관해서 성격 특성을 해석함(객관도가 문제됨)
로르샤흐 (Rorschach) 잉크반응검사	• 스위스의 정신과 의사인 로르샤흐(Rorschach)에 의하여 고안된 투사법의 하나로 잉크방울을 종이 위에 떨어드리고 종이를 반으로 접어 나타난 대칭적인 도형의 형태에 대해 피험자가 부여하는 의미를 해석하는 방법 • 검사방법 : 대칭적인 잉크 반점으로 구성된 10개의 카드를 한 번에 하나씩 피험자에게 보여주면서 각각의 그림이 무엇처럼 보이는지, 왜 그렇게 생각했는지 등을 물어봄 → 시간 제한은 없고 채점은 반응한 위치, 반응 형태, 반응 내용, 반응의 독창성이며 이를 바탕으로 정신상태, 상호관계성 등을 해석함(객관도가 문제됨)
로렌쯔바이의 그림좌절 검사	• 그림을 25개 제시하고 비어있는 곳에 반응을 하게 하며 결과에 따라 성격을 진단함 • 결과의 해석은 공격의 방향과 공격의 반응형태에 의함
그림 검사	피험자에게 어떤 그림을 그리도록 한 뒤 그려진 그림을 보고 어떤 특성을 지니고 있는 사람들이 그리는 일반적인 그림의 경향에 의하여 분석하는 정의적 행동 특성의 평가방법 가운데 하나임(예) 종이 한 장을 주고 가족에 대해 그리도록 하였을 때 그림을 통해 가족관계를 추측할 수 있음
페인과 로터의 문장완성 검사 (STC)	• 문항의 양식이 일부분만을 제공한 후 나머지 부분을 피험자가 스스로 채우게 하는 검사로 피험자가 완성한 문장을 검토함으로써 피험자의 현재 심리상태를 파악하는 방법 • 일반적으로 개인의 관심사, 미래의 목표, 교육적 열망, 갈등, 두려움, 욕구 등에 관한 다양한 정보를 얻는데 유용함
단어연상 검사	• 처음에 갈톤(Galton)이 시작하였고 그 뒤 융(Jung)이 일반적인 정서적 도착을 검사하기 위해 100개의 단어를 사용하여 연구함 • 단어 100개를 미리 정상인과 비정상인에게 실시해서 그 반응어의 빈도를 정상과 이상의 준거로 삼고, 피험자를 정상인, 비정상인으로 변별하려는 방법
HTP(House/ Tree/Person)	일종의 투사적 성격검사로서 평가자의 지시에 따라 아동이 흰 종이 위에 집과 나무와 사람을 그리고, 이에 대하여 솔직하고 자유롭게 설명하게 됨 → 이 검사는 친숙한 소재를 통해 아동의 생각이나 내부의 욕구상태, 가족관계, 자아개념, 현재 보이는 정서적 상태 등에 대해 알아볼 수 있음

SEMI-NOTE

로르샤흐(Rorschach) 검사의 한계
• 검사의 실시 · 채점을 위해서는 상당한 경험과 기술을 쌓아야 함
• 검사의 채점과 해석이 매우 주관적이어서 신뢰도에 문제가 있음

주제통각검사(TAT)와 로르샤흐(Rorschach) 검사의 비교
• 주제통각검사는 개인의 상상에서 얻은 자료를 기초로 하는 상상적 접근인 반면, 로르샤흐 검사는 무엇을 어떻게 지각하느냐는 지각적 접근임
• 주제통각검사는 인성의 내용, 즉 충동, 욕구, 감정, 갈등, 상상 등을 드러내려 하는 반면, 로르샤흐 검사는 인성의 구조를 드러내려 함

(7) 의미분석법

① 의미 : 사람들이 사용하는 어떤 개념은 같은 용어로 표현해도 그 의미가 각기 다를 수 있는데, 사람에 따라 다르게 받아들여지는 개념의 의미를 양극적으로 대비되는 일단의 형용사를 이용하여 측정하고 그 결과를 삼차원의 의미공간에 표시하려는 방법

② 의미공간 : 의미공간은 평가요인, 능력요인, 활동요인을 각각 X, Y, Z축으로 하는 삼차원의 입체를 가상, 각각의 요인은 3단계 · 5단계 · 9단계를 가진 극단적인 형용사에 의해 측정

(8) 내용분석법

① 의미 : 질문지나 검사 혹은 관찰과 같은 방법을 통해서 필요한 정보를 얻기 어려운 상황, 즉 역사적 고찰이나 사망했거나 접근하기 힘든 인물연구 등에 사용됨 (질적 연구)

② 특징
  ㉠ 연구방법은 역사적 기록, 전기, 연설문, 문학작품, 편지, 교과서, 신문 사설 등 다양한 자료들의 내용을 분석함
  ㉡ 관찰에 의한 측정과 유사하나, 관찰법이 인간의 행동을 직접 관찰하는 반면, 내용분석법은 인간이 이미 만들어 놓았거나 남겨 놓은 자료를 관찰한다는 점에서 구분됨

(9) 델타이 기법(Delphi Technique)

① 의미 : 전문가 집단의 의견과 판단을 추출하고 종합하기 위해 동일한 전문가 집단에게 설문 조사를 단계별로 실시해 집단의 의견을 종합하고 정리한 연구 방법

② 절차 : 체계적으로 구성된 설문지를 동일한 사람에게 3~4회 반복으로 실시하게 되는데, 각 회의 설문지를 전회의 설문조사 결과에 대한 보고와 함께 제시함으로써 응답자에게 다른 사람의 정보와 의견이 환류될 수 있도록 되어 있음

(10) 일화 기록법

① 의미 : 한 개인의 행동을 타인이 제3자의 입장에서 관찰하고 기록하는 방법으로 일화 기록법은 질적인 방법임

② 특징 : 지적 특성을 연구하거나 평가할 때도 사용되지만, 주로 정의적 학습이나 사회적 행동을 연구하거나 평가할 때 활용됨(예 국가관, 애향심, 효도 등과 같은 연구 내용들에 대해 학생행동의 변화를 수량화할 수 없을 때 활용할 수 있음)

(11) 문화 기술법

① 의미 : 문화 인류학에서 널리 사용되는 방법으로 특정 집단의 구성원들의 생활 양식과 문화에 대한 폭넓은 자료를 찾아내기 위해 연구자가 현지에서 장기간 머물면서 참여자의 관점에서 상황을 파악하는 방법

② 기법
  ㉠ 연구자가 특정 집단의 일상 세계에 장기간 참여하여 그들의 삶과 문화를 관찰, 기록, 해석하는 참여 관찰을 시도함
  ㉡ 최근 문화 기술적 연구는 대규모 문화체제의 일부 하위 문화에 초점을 둔 연구가 증가하고 있는 추세

SEMI-NOTE

의미공간의 세 요인
- 평가요인 : '좋은-나쁜, 가치있는-가치없는, 친절한-잔인한' 등과 같은 가치판단적인 형용사군으로 구성
- 능력요인 : '강한-약한, 큰-작은, 굵은-가는' 등과 같은 능력에 관한 형용사군으로 구성
- 활동요인 : '능동적-수동적, 빠른-느린' 등과 같은 활동성과 관련되는 형용사군으로 구성

델타이 기법 활용의 예
- 교육청에서 교육과정 개선을 위해 선정된 교육행정가와 교사들로부터 의견을 추출하기를 원할 때
- 교육청에서 관련자의 요구와 필요성을 상담한 후 건축계획을 결정할 때
- 대학의 장기 확장 계획에서 여러 학과의 의견을 받아들여 우선 순위를 결정할 때
- 교육청에서 각계 각층의 도움을 받아 교육혁신에 관한 종합계획을 수립할 때

문화 기술법의 타당성과 신뢰성
- 타당성 : 연구를 하는 상황이 얼마나 자연적인 상황인가와 관련된 것으로, 인위적으로 조작되거나 연구자나 제3자에 의해 상황이 변화되었을 경우는 연구의 타당성이 상실됨
- 신뢰성 : 연구자 동일한 상황에서 연구를 실시하였을 때 동일한 연구결과를 얻을 수 있는가와 관련된 것으로, 문화 기술적 연구에서 신뢰도를 높이기 위해서는 2인 이상의 연구자가 참여하는 것이 좋음

ⓒ 문화 기술적 연구에서 사용하는 면담은 질문의 내용과 방식을 사전에 한정하지 않음으로써 면담자와 피면담자의 재량권을 극대화하는 비구조적 면담, 심층 면담법 등을 사용함

(12) 실험적 연구

① 특징 : 어떤 변인을 조작하여 이를 적용함으로써 나타나는 변화를 관찰하는 연구방법

② 실험연구의 변인

독립변인	연구자가 임의로 저작하는 변인(처치 변인), 실험결과에 영향을 주는 변인
종속변인	독립변인에 의해 좌우되는 변인으로 연구자가 관심을 가진 변인으로 실험연구에서 처치에 따라 변화가 일어났는지를 규명하는 변인
매개변인	처치변인 이외에 종속변인에 영향을 주는 변인으로, 종속변인에 영향을 주는 독립변인 이외의 변인

③ 실험군과 통제군

실험군	독립변인을 작용시키는 집단
통제군	조건을 가하지 않고 실험군과 비교하는 집단

④ 실험의 타당성에 영향을 주는 조건

㉠ 내적 타당성 : 연구의 진행과정이 얼마나 타당하게 이루어졌느냐 하는 것

역사	최초의 측정과 두 번째 측정간에 나타나는 실험변인 이외의 사건
선정-성숙 상호작용	피험자의 성숙 요인과 피험자 선발 요인이 상호작용하여 실험의 결과가 달라지는 경우
성숙	사건과 관계없이 시간의 경과 그 자체로 인해 나타나거나 작용하는 피험자 내부의 변화(예 피로함, 나이를 더 먹음, 배고픔 등)
검사	처음에 검사 받은 흔적이 두 번째 검사에 미치는 영향을 말함
도구사용	처음에 사용하는 검사도구와 다음에 사용하는 측정도구가 다른 경우, 또는 처음과 나중의 관찰자나 채점자가 서로 다른 경우에 문제되는 경우
통계적 회귀	집단 선정에 있어서 극단적인 점수를 기초로 하여 선정할 때 나타나는 통계적인 현상
선정	통제집단 또는 실험집단의 피험자가 어떤 사정에 의해 탈락하는 현상

㉡ 외적 타당성 : 일반화 가능성을 문제 삼아서 이 실험효과는 어떤 모집단에, 어떤 사태에, 어떤 처치변인에, 어떤 측정변인에 일반화할 수 있느냐하는 문제와 관련

검사실시(측정)와 실험처치(실험조작)간의 상호작용	사전검사의 실시로 인하여 실험처치에 대한 피험자의 관심이 증가되거나 혹은 감소됨으로써 실험결과에 영향을 미치는 경우
피험자의 선정과 실험처치 간의 상호작용 효과	피험자의 유형에 따라 실험처치의 영향을 서로 다르게 받게 되는 경우

SEMI-NOTE

선정-성숙 상호작용

양 집단이 서로 다른 경우 종속변인의 차는 양집단이 처음에 지녔던 차와 양집단의 성숙도의 상호작용에 영향을 받을 수 있음. 처음에는 양 집단이 동질이라 하여도 그 선정이 잘못되어 성숙의 차가 종속변인에 영향을 주는 경우가 있음(예 실험집단은 남학생을, 통제집단은 여학생을 선정하는 경우 사전검사의 측정치는 같아도 사후검사는 성숙의 영향을 받을 수 있음)

외적 타당도의 종류

전집 타당도	실험 대상보다 큰 집단으로 실험 효과가 일반화될 수 있는 정도
생태학적 타당도	실험 결과가 다른 환경 조건에서 어느 정도 일반화될 수 있는가의 정도

SEMI-NOTE

실험상황에 대한 반동효과	실험상황과 실제생활 사이의 이질성 때문에 실험의 결과를 일반화하기 어려운 경우
중다처치에 의한 간섭효과	동일 집단이나 한 피험자에 여러 번의 실험적 처리를 하는 경우 실험조작에 익숙진 경우
호오돈 효과(실험조작의 반응효과)	실험집단이 실험집단임을 자각하고 평상시와는 다른 행동을 보임으로써 등장하는 왜곡
표본의 대표성 부족문제	두 집단의 동질성이 있더라도 사회적 대표성이 없는 경우

3. 표집(sampling)

(1) 관련 용어의 개념

표집의 절차
- 모집단(전집)의 규정 또는 정의
- 표본의 크기 결정
- 표집방법의 선정
- 사전검사 및 실제조사
- 자료분석과 정리

모집단(전집, population)	연구의 주된 대상이 되는 목적집단, 표본을 뽑는 모체
표본(sample)	모집단에서 뽑혀진 소집단으로, 실제 연구대상이 되는 부분집단
표집(sampling)	모집단에서 표본을 뽑는 과정
전수조사(population survey)	연구대상집단 모두를 조사하는 방법
표본조사(sampling survey)	모집단의 일부를 표집하여 조사하는 방법

(2) 확률적 표집방법

표집 시 유의사항
- **모집단의 크기**: 모집단이 충분히 큰 경우에는 표본조사가 바람직하고, 모집단이 적을 경우에는 전수조사가 바람직함
- **표본의 크기**: 표본의 오차를 줄이려면 표본의 크기를 전수에 가깝게 크게 잡을수록 좋고, 표집의 방법이 정확하고 정밀해야 함
- **표본과 모집단의 동질성 정도**: 모집단을 구성하고 있는 요소들의 특성이 표본의 특성과 동질적이어야 오차가 줄어듦
- **표집방법에 대한 이해**: 어떤 표집방법을 사용하느냐에 따라서 표본의 크기가 달라지기 때문에 표집방법에 대한 충분한 이해를 한 후에 적절한 방법을 택해야 함

비확률적 표집
모집단의 개별구성요소가 표본에 포함될 확률이 동일하게 하는 것이 필요하지 않거나 또는 불가능할 경우 사용되는 방법

단순무선표집	• 개념: 확률표집 중 가장 기본적인 유형으로 제비뽑기와 같이 특별한 선정기준 없이 추출하는 방법(난선표집, 제비뽑기식 표집) • 특징: 모집단을 구성하고 있는 모든 구성 요소들의 표집확률이 동일하고 특정 구성요소의 추출이 다른 구성요소의 추출에 아무런 영향을 미치지 않음
체계적 표집 (계통표집)	• 개념: 모집단의 전체 사례에 일련번호를 부여한 후, 일정한 표집 간격으로 연구 대상을 추출하는 방법 • 특징: 표집이 쉽고 빠른 장점이 있으나, 모집단의 표집들이 무선적으로 배열되지 않을 경우 특정 집단이 상대적으로 많이 추출되어 모집단을 대표하지 못할 수도 있음(표집 편파성 발생)
유층표집	• 개념: 모집단에 대한 지식을 전제로 모집단을 동질적인 일련의 하위집단으로 구분한 후(층화한 후), 각 하위집단(유층)에서 적절한 표본을 뽑아내는 방법(→ 가장 많이 쓰이는 표집방법) • 특징: 모집단 내의 하위집단(층)을 알 수 있을 때 사용되며, 선발은 일반적으로 각 층 내에서 무선적으로 이루어짐
군집표집 (다단계 임의표본 추출법)	• 개념: 모집단을 특징이 다른 몇 개의 하위 집단으로 나누고 이 하위 집단을 단위로 표집하는 방법으로, 자연스럽게 형성되어 있는 여러 개의 집단을 분류하고 그 집단들 가운데서 표집의 대상이 될 집단을 먼저 추출한 다음 추출한 집단에 한정하여 표본을 선정 • 특징: 집단 내부는 이질적이나 집단 간에는 동질적임

행렬표집	• 개념 : 표본의 추출이 피험자와 문항에 대해 동시에 실시되는 표본추출방법 • 특징 : 어떤 검사에 대한 한 모집단의 능력을 추정하기 위해서는 추출된 모든 표본들이 검사의 모든 문항을 풀지 않아도 됨

실력UP 현장연구(실행연구)

- 개념 : 교육현장의 개선을 위해 교육실천가들이 수행하는 연구
- 현장연구의 방법 : 현장기록, 참여 관찰, 면담, 문답, 녹음, 문서자료, 학생활동의 수집과 분석 등 민속학적 혹은 현상학적 연구법이 적합함(질적 연구)
- 연구문헌 작성방법 : 연구주제 진술방법, 가설 진술, 연구논문의 글쓰기, 인용과 참고문헌

4. 교육통계

(1) 교육통계의 기초

① 개념 : 통계적 방법을 이용하여 교육사상 및 현상을 정확하고 간결하게 기술·설명·예언하는 방법
② 궁극적 목적 : 교육의 합리화

(2) 측정 및 측정 단위

① 측정 : 인간이나 사물의 특성을 구체화하기 위해 수(數)를 부여하는 절차
② 측정 단위의 종류

명명(命名)척도	• 단지 어떤 사물을 지칭하거나 분류하기 위해 부여한 임의의 수치나 기호 • 분류만을 의미하므로 가감승제가 불가능함(예 운동선수의 등번호나 우편번호와 같이 이름이나 기호의 역할만을 수행함)
서열(序列)척도	• 크기나 중요성에 기준하여 측정결과들에 순위나 서열을 매기는 것으로, 명명척도의 분류기능에다 순위를 나타내는 것을 추가한 것 • 단지 순위만을 나타내 주는 것으로, 척도가 나타내는 속성이 정확하게 얼마나 되느냐는 정보는 알려 주지 못함(예 학생을 키 순서로 번호매기는 것, 성적에 따라 수·우·미·양·가로 분류하는 것 등)
동간(同間)척도 (등간척도)	• 수치의 차가 일정한 간격을 가지고 있는 경우로, 측정치의 순위 뿐 아니라 측정치들이 얼마나 더 크고 작은 지를 알려줌(명명척도와 서열척도를 포함함) • 수치 간의 간격에 관한 정보만 알려줄 뿐이며 비율의 정보는 알려주지 못하므로, 척도를 비교하고자 할 때 가감은 가능하지만 승제는 의미가 없음 • 상대영점을 가짐 → '0'이라는 수치가 측정의 대상이 되는 특성이 하나도 없다는 것을 나타내 주는 절대영점(자연영점)이 아님(예 온도계의 눈금, 시험의 원점수, IQ검사의 원점수, 연령 등)

SEMI-NOTE

통계학의 유형
- 추리 통계학 : 표집에 따른 오차를 고려하여 표집치를 통해 전집의 모수치를 추정하는 통계적 방법
- 기술 통계학 : 대상이 되는 집단 전체를 다 조사하여 집단의 특성을 파악하는데 이용하는 통계적 방법
- 확률 통계학 : 일어날 사상의 확률을 계산하고, 이에 바탕을 둔 의사결정을 위한 통계학

교육에서 활용되는 척도
- 척도 가운데 교육연구에서 일반적으로 서열척도나 비율척도에 의해 측정된 변수들이 주로 사용됨
- 연구에서는 종속변수가 어떤 척도로 측정하였느냐에 따라 자료 분석 방법이 달라짐

각 척도의 특징

구분	특징
명명 척도	대상의 특성을 구분
서열 척도	대상의 특성에 대한 상대적 위치를 판단
동간 척도	임의영점, 임의단위, 가감(加感)만 가능
비율 척도	절대영점, 임의단위, 가감승제 가능
절대 척도	절대영점, 절대단위, 가감승제 가능

비율척도	• 분류, 서열, 동간성, 절대영점을 모두 갖춘 이상적인 척도로 절대영점(수가 '0'일 때 그 속성이 없다는 자연영점)을 가짐 • 측정단위가 가상적 단위이며, 가감승제의 조작이 가능함(예) 길이, 시간, 백분율, 무게, 표준점수 등)
절대척도	영점이 절대 영점이며 측정 단위도 절대 단위임(예) 사람 수, 자동차 수 등이 절대 척도임. 자동차 수를 말할 때 영(0)은 없음을 말하고 두 대, 세 대의 단위에 대해 모든 사람이 협약을 할 필요가 없기 때문임

(3) 점수의 비교를 위한 통계적 방법

① 원점수 : 검사나 고사의 결과로 채점되어 나온 점수
② 등위점수 : 원점수에 비추어 한 집단의 점수 순서대로 배열해 놓은 점수(1, 2, 3, …등으로 순위 붙이는 방법)
③ 백분위(퍼센타일) : 집단의 인원수를 100으로 잡아 등위를 계산하는 방법
④ 표준점수
  ㉠ 의미 : 한 개인의 점수(X)가 분포의 중심이 되는 평균(M)에서 얼마나 떨어져 있는가의 거리를 표준편차(SD)로 재어보는 것
  ㉡ 특징 : 가장 신뢰할 수 있는 점수이며, 동간성과 상대적 위치를 파악할 수 있음
  ㉢ 표준점수의 종류

Z점수	• 계산공식 : $Z=\dfrac{X-\bar{X}}{SD}$ (X : 원점수, $\bar{X}$: 평균, SD : 표준편차) • 평균을 0, 표준편차를 1로 한 점수로 동간성이 있어 Z점수 상호간에 비교가 가능함 • 가감승제, 점수간의 평균 계산이 가능하며, 대부분 소수점으로 나타나고 분포의 절반은 (−) 부호가 붙음
T점수	• 계산공식 : $T=50+10Z$ • 평균을 50, 표준편차를 10으로 한 점수(M=50, SD=10) • Z점수를 변형한 것으로 소수점과 −부호를 없앤 점수이며, 점수분포는 20∼80의 범위임
H점수	• 계산공식 : $H=50+14Z$ • 평균을 50, 표준편차를 14로 한 점수로, 측정 가능한 점수 분포는 0∼100점까지임
C점수	• 계산공식 : $C=5+2Z$ • 평균을 5, 표준편차를 2로 한 점수로, 원점수의 분포를 11개로 나누고 최고점이 10, 최하점이 0, 중간점이 5,5인 점수 • T점수보다 단위가 좁고, 표준점수 가운데 가장 이해하기 쉽고, 활용하기 쉬운 점수임

(4) 정규분포곡선

① 개념 : 각 점수 수준에 대한 상대적인 빈도를 나타낸 그래프가 마치 종을 엎어 놓은 모양으로 좌우대칭인 곡선

SEMI-NOTE

백분위와 백분위 점수

백분위란 점수의 %(비율)를, 백분위 점수는 백분위에 해당하는 원점수를 말함(예) 국어시험에서 70점의 백분위가 80인 경우, 백분위 점수는 70점임)

스테나인(stanine) 점수(표준점수의 한 종류)

• 정규분포 상에서 1점부터 9점까지 한 자리 숫자로 크게 묶을 때 적용됨
• stanine란 stay-in-nine 혹은 standard nine의 약자로 정규분포에서 비추어 9개의 척도치로 원점수를 전환해 표시한 점수
• 평균을 5, 표준편차를 2로 함
• 점보다는 구간으로 묶으며 비율로 구간을 나누고 같은 구간에 속해 있으면 같은 점수를 부여하기 때문에 동간척도에 해당함
• 계산방법
  − 2Z+5로 나온 수치를 반올림함
  − 원점수의 분포를 정규분포로 가정하고 가장 낮은 점수부터 높은 점수로 배열한 후 맨 아래의 4%에 1을, 그 다음 7%에 2를, 그 다음 12%에 3을, 그 다음 17%에 4를, 그 다음 20%에 5를 부여하며 상위 4%에 만점인 9를 부여함. 스테나인 점수 1점과 2점을 구분하는 지점의 Z점수는 −1.75이며 2점과 3점을 구분하는 지점은 −1.25임

정규분포곡선의 특징

• X축과 곡선으로 둘러싸인 면적은 1
• 평균치를 중심으로 대칭적이며, 평균치와 중앙치, 최빈치가 일치함
• 예외적으로 너무 높거나 낮은 수치를 갖기도 하지만 결코 극한치에 닿지 않음
• 연속적인 변인분포의 특징이 있음
• 정상분포곡선의 면적은 사례 수를 나타냄

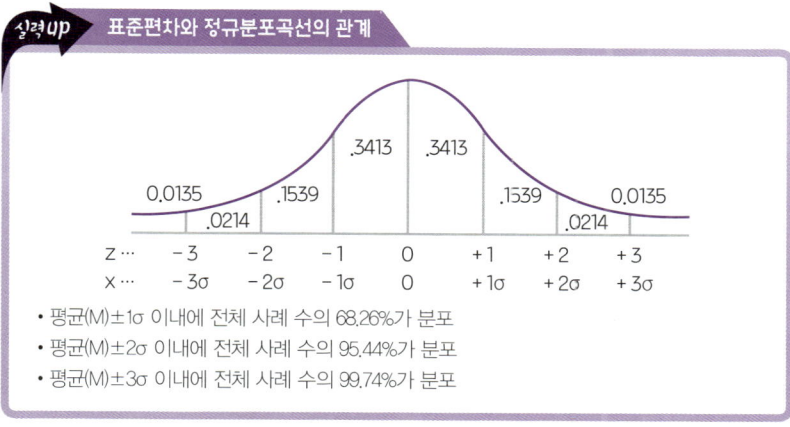

- 평균(M)±1σ 이내에 전체 사례 수의 68.26%가 분포
- 평균(M)±2σ 이내에 전체 사례 수의 95.44%가 분포
- 평균(M)±3σ 이내에 전체 사례 수의 99.74%가 분포

② 정규분포를 가정하는 경우
  ㉠ 가슴둘레, 키, 다리의 길이 등 인간의 신체적 특성을 동일한 성(姓)과 연령의 집단으로부터 표집하여 분포를 낼 때 표집의 크기가 크면 클수록 정규분포에 접근함
  ㉡ 동일한 물체에 대해 무한대로 반복하여 측정하여 이들의 분포를 내면 정규분포를 이룸

③ 정규분포를 가정하기 어려운 경우
  ㉠ 상위나 하위의 한 극단의 분포가 제한을 받는 경우
  ㉡ 서로 다른 특성의 집단이 각각 정규분포를 이루고 있는 경우

(5) 집중경향치

① 개념 : 집단의 특성을 하나의 수치로 대표하여 나타내 주는 것, 즉 한 집단을 구성하고 있는 학생들의 특성을 측정하여 이를 점수화했을 때 이 집단의 점수분포를 하나의 값으로 요약·기술해 주는 것

② 종류

중앙치(Mdn ; Median)	• 개념 : 한 분포 안에 포함된 사례 수를 정확하게 2등분하는 척도상의 점에 해당하는 점수로, 분포를 균등하게 하는 점수(사례 수(n)가 홀수인 경우 중앙치는 $\frac{(n+1)}{2}$ 번째의 점수임) • 특징 : 평균치보다 안정성이 낮고 수리적 조작이 제약됨
최빈치(Mo ; Mode)	• 개념 : 한 점수분포에서 가장 빈도가 많은 점수, 즉 가장 많이 나타나는 점수를 말함 • 특징 : 정규분포에서는 최빈치가 하나뿐이지만, 분포에 따라 최빈치가 여러개 존재할 수 있고, 모든 점수의 빈도가 같을 때는 존재하지 않음
평균치(M ; Mean)	• 개념 : 측정치를 모두 더한 다음 그 집단의 사례 수로 나눈 것 • 특징 : 평균치로부터 모든 점수 차의 합은 0이며, 평균을 중심으로 획득된 편차점수 제곱의 합은 다른 값을 기준으로 하여 획득된 편차점수의 제곱의 합보다 항상 적음 → 평균은 편차범위의 자승화가 최소가 되는 값임(최소자승화의 원리)

중앙치의 용도
- 평균치를 계산할 만한 충분한 시간이 없을 때
- 분포가 심하게 편포되어 있을 때, 또는 극단에(맨 끝) 점수가 하나 둘 있을 때
- 분포의 상반부, 하반부에 관심이 있을 뿐, 중앙에서의 거리에는 관심이 없을 때

최빈치의 용도
- 대표치를 빨리 추정하고 싶을 때
- 대표치를 대략적으로 파악해도 좋을 때
- 가장 흔하게 일어나는 경우를 알고 싶을 때

평균치의 용도
- 가장 신뢰로운 대표치를 원할 때
- 변산도, 상관도 등의 통계적 계산을 해야 할 때
- 분포가 좌우대칭적이어서 정상분포에 가까울 때

③ 분포상의 비교

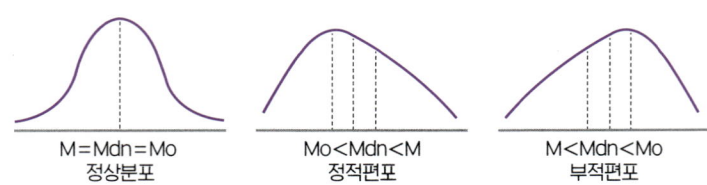

㉠ 정상분포 : 'M(평균치)=Mdn(중앙치)=Mo(최빈치)'가 되는 경우로, 'M−Mo' 가 '0'
㉡ 정적편포 : 'Mo<Mdn<M'이 되는 경우로, 'M−Mo'가 '+'가 됨
㉢ 부적편포 : 'M<Mdn<Mo'인 경우로, 'M−Mo' 가 '−'가 됨

(6) 변산도

① 의미 : 측정치의 분포에서 넓이 혹은 분산의 정도를 기술해 주는 지표로 각 점수의 분산의 정도를 수치로 표시한 것임
② 표준편차(Standard Deviation, SD 혹은 σ로 표시)
㉠ 개념 : 편차(평균치에서 얼마나 떨어져 있는가를 지시해주는 값)를 자승하여 사례 수로 나눈 값의 제곱근
㉡ 계산방법 : $SD = \sqrt{\dfrac{\sum(x-m)^2}{N}}$
㉢ 특징
- 양극단의 점수가 크게 영향을 미치며, 집단에 속한 모든 사례가 영향을 줌
- 각 사례의 점수를 가감해도 변하지 않으며, 각 사례의 점수에 A를 곱하면 A만큼 변함
- 표집에 따른 변화(표집오차가) 가장 적음

(7) 상관도와 상관계수

① 상관도
㉠ 의미 : 한 변인이 변함에 따라 다른 변인이 어떻게 변하느냐의 정도
㉡ 정적 상관과 부적 상관

정적(正的) 상관	두 변수가 함께 증가, 감소하는 관계를 말함(예 음식 섭취량과 체중의 증가)
부적(負的) 상관	한 변수의 높은 값이 다른 변수의 낮은 값과 관련되어 있는 두 변수 간의 관계를 말함(예 신장과 머리끝부터 천장까지의 거리)

② 상관계수
㉠ 상관도는 −1.00~+1.00 사이에 위치함
㉡ pearson(피어슨)의 적률상관계수
- 두 변인 간의 변화 정도를 비율로 나타낸 것으로, 두 변인(변수)이 모두 연속변인이고, 정규분포를 이루며, 동간척도(또는 비율척도)일 때, 두 변인이 선형(線形) 관계에 있을 때 적용됨

표준편차의 용도

- 가장 신뢰할 수 있는 변산도를 원할 때 : 학생들의 완전학습을 위한 교수법을 사용하고 이 교수법의 효과를 알아보고자 할 때 가장 유용한 것이 표준편차
- 정상분포곡선에 관련된 해석을 원할 때 : 정상분포곡선을 전제로 하는 백분율, 백분위 점수, 표준 점수 등은 평균과 표준편차를 통해 구함
- 극단적 점수로 인한 오차를 줄이고자 할 때 : 극단의 점수가 변산도에 영향을 준다고 판단되어 이로 인한 오차를 줄이고자 할 때 이용함

상관계수의 크기와 상관도

0.90	극히 높은 상관
0.70~0.89	높은 상관
0.40~0.69	보통의 상관
0.20~0.39	낮은 상관
0.00~0.19	상관이 없거나 낮은 상관

- 두 변인의 편차점수의 곱을 전체사례수로 나누어 산출하며, 여러 상관계수의 종류 중에서 가장 엄밀하고 정확하여 일반적으로 사용됨
- 편차점수의 곱으로 산출하기 때문에 극단값(outlier)의 영향을 받으며, 두 변인이 직선일 때 상관이 가장 높고, 타원과 곡선일수록 상관은 낮아짐
- 정상분포를 전제하고 있으므로 원점수를 표준점수(Z, T점수)로 변환하여도 두 변인 간의 상관계수는 달라지지 않음

(8) 변량분석

① 의미 : 여러 개의 모집단으로부터 나온 것으로 가정되는 여러 개의 평균치들이 과연 우연 이상의 의미 있는 차이를 보이는지를 종합적으로 검증해 주는 방법

② 종류

1원적 변량분석	하나의 독립변인에 의한 종속변인의 평균치간의 차를 검증하는 방법 (예) 고등학교 1, 2, 3 학년 학생(독립변수)들의 용돈(종속변수)의 평균 금액의 차를 검증하는 경우)
이원변량분석	2개의 독립변인에 의한 영향을 동시적으로 분류하여 분석하는 방법 (예) 학년, 지능(두 개의 독립변수)에 의한 영향을 동시에 분석하는 경우)
다변량분석	종속변인이 두 개 이상의 변인으로 합성되어 있을 때 집단 간 차이가 있는지를 검증하는 방법(예) 3가지 교수법에 따라 어휘발달(문자해독력, 어휘수준, 말하는 빈도 수 등이 혼합되어 있음)에 차이가 있는가를 검증하는 경우

SEMI-NOTE

상관의 방향과 상관의 정도
- '+, -'부호는 상관의 방향을 제시함 : '+(정상관)'일 경우에는 두 변인이 같은 방향으로 증감하는 관계이고, '-(역상관)'인 경우에는 서로 반대방향으로 증감하는 관계이며, '.00'은 상관이 없음을 나타냄
- '+, -'는 상관의 방향을 말해줄 뿐이며, 상관계수의 절대치가 높으면 높을수록 두 변인간의 상관관계가 높음

카이자승법(x^2)

2집단 이상의 사례 수나 백분율의 차 검증(종속변인이 질적 혹은 범주 변인인 경우)

9급공무원
교육학개론

나두공

09장 교육행정 및 교육경영/교육법

01절 교육행정의 의미
02절 교육행정이론의 발달
03절 교육행정 조직 및 동기 이론
04절 지도성 이론 및 교육기획과 교육정책
05절 의사결정 및 교원인사 행정과 장학론
06절 교육재정
07절 학교경영과 학급경영 및 교사론
08절 교육법

09장 교육행정 및 교육경영/교육법

01절 교육행정의 의미

1. 교육행정의 이해

(1) 교육행정의 개념

① **국가통치권론(국가공권설)** : '교육에 관한 행정'으로 교육행정이 일반 행정의 한 영역으로 간주되기 때문에 안정성이 있는 반면 중앙집권적인 형태를 띠고, 교육의 전문성과 특수성을 반영하기 어려운 점이 있음
② **조건정비설(기능주의론)** : 교육행정을 교육의 핵심적 기능인 교수와 학습의 효율화를 위해 필요한 인적·물적·재정적 제반 조건을 정비하는 수단적·봉사적 활동이라고 파악하는 입장을 조건정비설이라고 함
③ **협동행위론** : 교육행정을 교육의 목적을 능률적 효과적으로 달성하기 위한 여러 사람의 협동행위로 보는 견해임. Owens는 행정이란 조직의 목적을 성취하기 위해 다른 사람들과 더불어, 그리고 다른 사람들을 통해 일하는 것이라고 정의함
④ **행정과정론** : 순환적인 행정과정의 경로 속에서 행정가가 실제 수행하는 일련의 기능적인 행정행위 요소에 주목함. 이 관점에서의 교육행정은 교육기획, 조직, 장학, 교육인사와 재정, 시설관리 등 교육목적 달성을 위한 일련의 순환적인 조직운영 활동으로 정의될 수 있음

(2) 교육행정의 기능

① **기획(planning)** : 미래를 예측하고 행동계획을 수립하는 일(예 교육기획, 학교기획, 학교경영)
② **조직(organizing)** : 인적·물적 자원을 조직하고 체계화하는 일(예 학교조직, 관료제)
③ **명령(commanding)** : 구성원으로 하여금 과업을 수행하도록 하는 일(예 변혁적 리더십)
④ **조정(coordinating)** : 모든 활동을 통합하고 상호 조정하는 일, 조정이 잘 되면 노력·시간·재정의 낭비를 막고, 각 부서 간의 부조화 및 직원 간의 갈등을 예방할 수 있음(예 의사소통, 갈등조정)
⑤ **통제(controling)** : 정해진 규칙과 명령에 따라 일이 이루어지고 있는가를 확인하는 일(예 장학, 재정관리)

(3) 교육행정의 특성

① **봉사적** : 교사의 심장이 학생의 가슴 속에서 뛰듯 행정을 담당하는 사람의 마음은 국민에게 있어야 함
② **정치적** : 무상급식의 시행, 고교평준화의 유지와 해제 등의 사회적 이슈가 되는

SEMI-NOTE

교육행정의 개념
- **행정의 개념** : 행정이란 조직목표 달성을 위한 모든 활동을 조정하고 돕는 행위를 말함
- **교육행정의 개념** : 교육활동을 수행하면서 그 활동을 합리적으로 관리·운영하고 조직적으로 지원·발전시키려는 노력과 활동 등을 총칭하는 개념임

국가통치권론(국가공권설)의 교육행정 분류
국가통치권 중 입법·사법을 제외한 행정작용을 내무·외무·군무·법무·재무 등 다섯 가지로 분류하고, 이 중에 내무행정을 보육행정과 경찰행정으로 분류하여 전자인 보육행정 중에 교육행정을 포함시킴

우리나라의 교육행정 일반원리
법치행정의 원리, 민주성의 원리, 능률성의 원리, 자주성의 원리, 지방분권의 원리 등

교육현안들은 교육적 가치와 교육논리만으로 해결하기 어려워 정치적 결정에 의지하는 경우가 많음

③ 민주적 : 민주주의 국가운영에서 모든 권력은 국민으로부터 나옴. 교육행정은 조직, 인사, 내용, 운영 등에서의 자율성과 민주성을 중요시함

(4) 교육행정의 원리 ★ 빈출개념

① 법규면의 원리

자주성 존중의 원리	교육행정이 일반행정으로부터 분리·독립되어 독자성과 자주성이 존중되어야 한다는 원리
집권·분권의 균형원리 (적도집권의 원리)	중앙집권주의(능률성)와 지방분권주의(민주성)와의 적절한 균형을 유지해야 한다는 원리
기회균등의 원리	성별, 신분, 경제, 정치, 문학, 종교 등 모든 면에서 차별을 두지 않고, 모든 국민이 균등하게 교육의 혜택을 누릴 수 있어야 한다는 원리
법치행정의 원리 (합법성의 원리)	모든 교육행정은 법에 의거하여 법이 정하는 범위 내에서 행해져야 한다는 원리
평생교육의 원리	교육은 '요람에서 무덤까지' 평생을 통해 지속되어야 하며, 가정, 학교, 사회를 통하여 일관되기 지속되어야 한다는 원리

② 운영면의 원리

타당성의 원리	목적에 맞고 목적에 비추어 타당한 행정활동이 되어야 하며, 목적과 수단에 괴리가 없어야 한다는 원리
민주성의 원리	교육행정의 실천면에서 독단과 편견을 배제하고 국민의 의사를 반영해야 한다는 원리
능률성의 원리	교육활동에 최소한의 노력과 경비를 투입하여 최대한의 효과를 올려야 한다는 원리
적응성의 원리	새롭게 발전하는 사회에 신축성 있게 대응해 나가야 한다는 원리
안정성의 원리	급격한 환경변화에 대해 교육정책이나 프로그램은 장기적인 안목에서 계속성과 일관성을 유지해야 한다는 원리

2. 교육행정과 교육경영

(1) 행정과 경영

행정	입법·사법·행정이라는 국가권력의 3권 분립에 의한 헌정체제를 갖추게 된 근대 국가의 성립에 따라 국가의 공권력을 배경으로 공익을 위한 공공조직의 관리
경영	산업혁명 이후 대량생산에 의한 시장경제의 경쟁에 대처하기 위한 자원과 조직의 관리

(2) 차이점

① 행정은 공익을 추구하는데 비해, 경영은 이윤의 극대화를 추구함

SEMI-NOTE

교육행정의 조직 측면의 원리
- **계층제의 원리** : 학교조직은 공식조직을 구성하는 성원들의 상하관계로 구성되어 있음
- **분업의 원리** : 분업이란 업무수행의 효율을 높이기 위해 한 사람에게 가능한 한 가지 주된 업무를 분담시키는 것을 말함
- **조정의 원리** : 조직의 목표달성을 위해 구성원들의 노력을 결집시키고 업무를 조정함
- **지휘통일의 원리** : 부하는 그에게 권한과 책임을 부여한 오직 한 사람의 상관으로부터 지시나 지휘를 받고 또 그에게 보고해야 한다는 것을 의미
- **통솔한계의 원리** : 한 사람의 상관이 유효적절하게 통솔할 수 있는 부하의 수는 한계가 있음

교육행정가의 자질
- 캇츠와 데이비스 : 실무적 기술, 인간적 기술, 전체파악 기술(개념적 기술)
- 케이스 : 인간관계 능력, 의사소통 능력, 실무적 능력, 종합적 능력
- 드라가 도우 : 인지적 기술, 사무적 기술, 수업 기술, 인간관계 기술, 전체파악 기술

② 행정은 정치권력을 지니고 있어 강제성을 지닌 반면, 경영은 강제성을 지니지 않음
③ 행정은 독자성을 지니고 있어 경쟁력이 없거나 극히 제한되고 비능률적이며 봉사의 질이 저하되기 쉬우나, 경영은 독점성을 지니기 어려워 경쟁성이 높으며 능률적이고 봉사의 질이 높음

02절 교육행정이론의 발달

1. 고전적 조직이론

(1) 과학적 관리론(1910~1920년대)

① 개념 : 절약과 능률을 실현할 수 있는 표준화된 업무절차를 만들어 업무의 양을 설정하고 생산성과 능률성을 향상시키고자 하는 방법에 관한 관리기술을 말함 → 창시자 테일러(F.W. Taylor)에 의해 체계화되어 테일러시스템이라고도 함
② 과학적 관리론의 원리

시간 연구의 원리	모든 생산적인 노력은 정확한 시간 연구에 의해 측정되어야 하며, 공장에서 행해지는 모든 작업에 대해 표준 시간이 설정되어야 함
성과급의 원리	임금은 산출에 비례하여야 하며, 그 비율은 시간 연구에 의해 결정된 표준에 입각하여야 함
계획과 작업 수행의 원리	경영자는 작업을 계획하고 그 작업 수행을 물리적인 면에서 가능하도록 하는 책임을 노동자로부터 떠맡아야 함
과학적인 작업 방법의 원리	경영자는 작업방법에 관한 책임을 노동자로부터 떠맡아야 하며, 최선의 방법을 결정하고 이에 따라서 노동자를 훈련시켜야 함
관리 통제의 원리	경영자는 경영과 통제에 과학적인 원리를 제공할 수 있는 훈련과 교육을 받아야 함
기능적 관리의 원리	보비트는 학교운영에 있어서 교사나 교육 행정가는 자신들의 수행해야 할 과업이 구체적으로 무엇이며, 과업을 수행하는데 있어 효과적인 방법이 무엇인가를 제시해 주어야 한다고 봄

(2) 페이욜(Fayol)의 행정 관리론

① 개념 : 페이욜은 테일러가 인간을 공장의 기계장치의 일부로 보는 경향과는 달리 작업자보다는 관리자에게 관심을 가짐
② 행정요소 : 행정과정을 생산과 같은 조직 운영에서 분리시켰고, 기업전체의 관리를 어떻게 할 것인가의 법칙적, 원리적 고찰의 결과를 토대로 계획, 조직, 지위, 조정, 통제의 5가지 요소를 제시하였고, 이것을 행정의 과정으로 봄
③ 귤릭과 어윅 : 귤릭(Gulick)은 페이욜의 5가지 요소를 발전시켜 최고관리층의 7대 기능으로 기획(Planning) · 조직화(Organing) · 인사(Staffing) · 기획(Directing) · 조정(Coordinating) · 보고(Reporting) · 예산(Budgeting)을 제시하여, 행정의 관리기술적 특성과 능률 · 절약을 강조함

SEMI-NOTE

테일러의 과학적 관리의 원리
- **최대의 1일 작업량** : 모든 노동자에게 명확하게 최대의 1일 작업량을 정해주어야 함
- **표준화된 조건** : 노동자들이 과업을 성공적으로 수행할 수 있도록 작업조건과 도구를 표준화해 주어야 함
- **성공에 대한 높은 보상** : 노동자들이 과업을 성공적으로 완수한 경우에는 높은 보상을 해 주어야 함
- **실패에 대한 책임** : 노동자가 과업을 달성하지 못한 경우에는 그 실패에 대한 책임을 지도록 해야 함
- **과업의 전문화** : 노동자에게 주어지는 과업은 일류 노동자만이 달성할 수 있을 만큼 어려운 것이어야 함

페이욜(Fayol)의 5가지 행정요소

계획	앞으로의 전망을 연구하여 운영 계획을 마련하는 것
조직	인적 및 물적 업무 조직을 수립하는 것
명령	직원으로 하여금 각자의 일을 시키는 것
조정	모든 활동을 통합하고 상호 관련짓기
통제	제정된 규칙과 주어진 지시대로 일이 이루어지도록 하는 것

(3) 막스 베버(Weber)의 관료제론

① 개념 : 베버는 권위를 '어떤 특정한 명령이 일정한 집단의 사람들에 의해 준수될 가능성'으로 정의하고, 권위가 정당화되는 방법에 따라 전통적 권위, 카리스마적 권위, 합리적(합법적) 권위로 구분함

② 특징

분업과 전문화	조직의 목적 달성을 위한 과업이 구성원의 책무로서 공식적으로 배분됨
몰 인정성	조직의 분위기가 감정에 좌우되지 않고 엄정한 공적(公的) 정신에 의해 규제됨
권위의 위계	부서가 수직적으로 배치되고 하위 부서는 상위 부서의 통제와 감독을 받음
경력 지향성	연공이나 업적 혹은 양자를 조합한 승진 제도를 갖추고 있으며 경력이 많은 사람이 우대됨
규정과 규칙 중시	의도적으로 확립된 규정과 규칙 체계를 통해 활동이 일관성 있게 규제됨

실력up 관료제 모형(막스 베버(Weber))의 순기능과 역기능

관료제의 특징	순기능	역기능
분업과 전문화	빠르고 숙련된 업무처리(전문성)	단조함으로 인한 권태감
몰인정지향성	조직운영의 합리성	구성원의 사기 저하
권위의 위계	조직통솔과 기강확립	의사소통 단절
규율과 규정	조직의 계속성과 통일성	경직성과 목표와 수단 전도
경력 지향	안정적인 업무수행, 유인책	성취와 연공서열 간의 갈등

2. 인간관계론(1930~1940년대) ★빈출개념

(1) 개념
① 조직의 생산성 향상을 위하여 인간의 정서와 감정적·심리적 요인에 역점을 두는 관리기술 내지 방법에 관한 이론
② 관리상의 민주화·인간화를 강조하며, 오늘날 행태과학으로 발전

(2) 메이요(Mayor)의 호손(Hawthorne) 실험
① 개요 : 하버드대학 교수인 메이요(Mayor)를 중심으로 한 연구팀은 서부전기회사의 호손 공장에서 조직 내 인간적 요인에 의해 생산성이 어떻게 달라지는가를 밝히기 위해 실험을 실시(조명실험, 전화계전기 조립실험, 면접프로그램, 건반배선 조립 관찰실험 등)

SEMI-NOTE

관료제론의 주요내용
- **업무의 기능적 분업** : 학교의 업무는 크게 교수-학습 활동을 중심으로 한 수업과 이를 지원하기 위한 각종 행정 업무로 나누어짐
- **공식적 직무로서의 교직원 역할의 정의** : 교장과 교감, 교사, 행정직원과 같은 직원의 역할이 명확하게 규정되어 있음 → 부장교사와 같은 학교의 보직교사의 경우, 그 명칭은 관할 지역교육청이 정하고 업무분장은 학교장이 정하도록 규정하고 있음
- **절차 규정에 따른 운영** : 공식적 행위의 목적과 형태를 상술하여 교사의 재량에 제한을 두는 절차가 존재함
- **직책의 위계구조** : 학교조직은 직제표에 따라 명확하고 엄격한 위계구조를 지니고 있음(예 교장-교감-교과담임의 구조, 교장-교감-학급담임의 구조 등)
- **승진구조** : 교사는 전문적 능력에 따라 채용되고, 승진은 연공서열과 업적에 따라 결정됨

인간관계론의 성립배경
- 과학적 관리론과 강압적 관리방식에 대한 반발
- 1930년대 경제대공황 이후 새로운 관리기법의 필요성
- 사회적 능률관의 등장(인간소외의 극복을 위해 인간의 가치를 중시하는 능률관)
- 메이요(Mayor)가 주도한 호손(Hawthorne) 실험의 영향

SEMI-NOTE

인간관계론의 한계
구성원의 사회 · 심리적인 욕구 충족을 지나치게 강조한 나머지 조직의 합리적인 운영과 의사결정을 소홀히 하여 오히려 능률을 저하시키는 결과를 초래했다는 비판을 받음

체제(System)
일반적으로 복수의 구성요소가 상호의존성·상호작용성과 질서, 통일성을 지니면서 환경과 끊임없이 영향을 주고받는 전체 또는 실체

체제이론
조직을 구성하는 모든 요소들이 유기적으로 연결되어 체제를 이루고 있다는 전제 하에 행정조직의 과정을 설명하고, 효율적인 관리 · 운영 방법을 모색하는 이론

겟젤스와 텔렌 수정모형
- 겟젤스와 구바의 모형에 인류학적, 사회심리학적, 생물학적 차원을 추가하여 더 다양한 사회적 행동을 설명하고 있음
- 추가된 내용
  - 인류학적 차원 : 사회는 여러 제도들로 구성되어 있으며, 한 제도에 소속된 개인의 행동은 보다 큰 차원의 사회의식에 영향을 받음
  - 생물학적 차원 : 유기로서의 인간의 신체구조와 내적 잠재력이 개인의 인성과 욕구에 영향을 주고 사회적 행동에까지 영향을 미침
  - 조직풍토의 차원 : 어떤 조직이든 특수한 조직풍토 혹은 집단의식이 존재하며, 이들에 의해 개인의 사회적 행위는 아주 다르게 나타남

② 결과
  ㉠ 물리적인 조건보다는 응집력 · 소속감 · 사기 · 인정 등과 같은 인간의 사회적 · 심리적 조건의 변화가 생산성에 중요한 영향을 미침
  ㉡ 조직 내의 비공식조직이 조직에 협력적인가 여부에 따라 생산능률이 크게 좌우됨
  ㉢ 영향 : 비공식 조직의 중시, 민주적 · 인간적 지도성의 중시, 의사소통의 중시, 각종 인사제도의 창안
③ 주요내용

조직관의 변화	공식적 조직보다 비공식적 조직 및 소집단에 대한 관심이 증가
인간관의 변화	기존의 X이론적 인간관과 달리 구성원을 사회적 인간으로 파악하여 Y이론적 인간관이 성립하는 토대가 됨
행정의 인간화 · 민주화	민주적 인사관리 정착에 기여, 민주적 리더십을 강조
집단중심의 사기 중시	개인의 사기보다 집단중심의 사기를 중시
행태과학 및 동기부여이론	행태과학 및 동기부여이론의 발달에 공헌

3. 체제이론

(1) 기원과 특징
① 기원 : 1960년대 이후 학교조직을 이해하는 하나의 방법으로 사용되기 시작
② 특징 : 조직을 종합적이고 체계적으로 조망하는 방식이며 조직을 전체적으로 연구하고 조직의 구성요소들 간의 상호관계 그리고 조직과 외부 환경과의 관계를 탐구함

(2) 겟젤스와 구바(Getzels & Guba)의 사회체제이론
① 의의 : 학교 조직을 사회체제로 보고 그 안에서 이루어지는 사회적 행동을 규명
② 특징
  ㉠ 사회체제 내에서의 인간의 사회적 행동은 조직에서의 역할 기대와 개인의 인성, 욕구의 함수관계로 설명함
  ㉡ 지도자는 이 두 요소를 잘 관리해야 함 → 구성원의 동기적 기대를 만족시켜 주면서 조직의 목적을 달성시키는 관리기능을 해야 함

(3) 카우프만(Kaufman)의 체제접근
① 특징 : 더 적합하고도 실질적인 교육성과를 얻기 위해 논리적으로 문제해결을 시행해 나가는 과정을 말하며 구체적으로는 논리적이고 체제적이며, 자기 수정적인 과정임
② 절차

문제 확인	욕구에 근거를 두고 문제를 확인하며, 문제해결을 위한 요건을 구체적으로 서술하는 단계

대안 결정	필요한 요건을 결정하기 위한 분석을 통해 문제를 해결할 수 있는 목표를 설정하는 단계
해결전략 선정	결정된 대안(목표)을 실현할 수 있는 해결전략을 선택하는 단계
해결전략 시행	실제 해결전략과 도구를 실행하고 적절한 실행자료를 수집
성취효과 결정	문제해결 과정의 성과가 어느 정도 성취되었는지를 평가
수정	제5단계에서 성과가 있는 것으로 평가되면 체제접근의 단계가 일단 끝나지만, 실행대로 이루어지지 않았을 경우 필요한 수정을 함

한눈에 쏙~

```
           체제분석         (Feedback)         체제종합
단계:  문제확인 → 대안결정 → 해결전략 선정 → 해결전략 시행 → 성취효과 결정
도구:  필요사정    MBO       PPBS          PERT          검사성과
                행동목표    투입산출        iCPM           평가
                           분석           망분석기법
```

SEMI-NOTE

대안이론(1970년대 이후)
- 해석적 관점 : 조직은 객관적인 실체가 아니고 인간에 의해 창조되고 의미가 부여된 사회 문화적 가공물이므로, 가설 연역적 체계나 정교한 통계적 방법만으로는 이해할 수 없다고 주장
- 급진적 관점 : 조직의 비합리적이고 특수한 측면, 즉 주변적이고 소외된 측면에 초점을 맞추어 조직의 문제를 탐구

03절 교육행정 조직 및 동기 이론

1. 조직

(1) 개념과 특징

① 개념 : 의식적으로 조정된 두 사람 이상의 활동이나 힘의 체계, 즉 의식적이고 심사숙고된 그리고 유목적적인 조정을 통해 달성되는 활동의 체제
② 특징 : 조직은 의도적으로 형성된 사회집단으로 에치오니(Etzioni)는 회사, 군대, 학교, 병원, 교회 및 형무소 등은 조직체이나 부족, 인종집단, 가족 등은 조직에서 제외시킴

(2) 조직의 분류와 형태

① 조직의 분류
  ㉠ 블라우와 스콧(Blau & Scott)의 유형 : 조직 수혜자 기준의 유형

호혜조직(상호조직, 공익결사조직)	조직 구성원이 주된 수혜자가 되는 조직으로, 정당, 노동조합, 이익단체 등이 여기에 해당됨
기업조직(사업조직, 경영조직)	조직 소유자나 투자자가 주된 수혜자가 되는 조직이며, 사기업, 은행, 보험회사, 공장 등이 해당됨
봉사조직 (서비스조직)	조직과 직접 관련되는 고객이 주된 수혜자가 되는 조직이며, 병원이나 학교, 사회사업기관, 상담기관 등이 해당됨

조직의 원리
- 계층의 원리
  - 계층은 조직의 목표를 달성하기 위한 업무를 수행함에 있어 권한과 책임의 정도에 따라 직위가 수직적으로 서열화·등급화 되어 있는 것을 의미
  - 조직구조의 상하관계와 형태를 조직하는 데 요구되는 원리
  - 기능적 분업의 원리(분업의 원리, 전문화 원리)
- 개념 : 조직의 업무를 직능 또는 성질별로 구분하여 한 사람에게 동일한 업무를 분담시키는 것
- 분업화의 목적 : 행정조직의 공동과업을 수행에 있어서 표준화(standardization), 단순화(simplification), 전문화(specialization)라는 3S를 촉진하기 위함

| 공익조직
(공공조직) | 일반대중이 주된 수혜자가 되는 조직을 말하며, 군대나 경찰, 일반행정기관 등이 해당됨 |

ⓒ 에치오니(Etzioni)의 조직유형 : 권력과 복종의 유형 기준

강제적 조직	• 조직은 강제가 주요 통제수단이며, 구성원은 조직에 대하여 소외감을 느낌 • 강제적 권력, 소외적 관여, 질서목표 • 교도소, 강제수용소, 격리적 정신병원 등이 해당
공리적 조직	• 보상이 주요 통제수단이며, 대다수의 구성원은 타산적으로 행동 • 공리적·보수적 권력, 타산적 관여, 경제적 목표 • 사기업, 이익단체, 평시의 군대 등이 해당
규범적 조직	• 규범적 권력이 주요 통제수단이며, 구성원은 조직에 대하여 헌신적 사명감을 지님 • 규범적·상징적 권력, 도덕적·헌신적 관여, 문화적 목표 • 정치단체, 종교단체, 시민단체 등이 해당

ⓒ 칼슨(Carlson)의 봉사조직유형(조직과 고객이 상호 선택할 수 있는 정도)

유형 Ⅰ (야생조직)	• 조직과 고객이 독자적인 선발권 및 선택권을 갖고 있는 조직 • 살아남기 위하여 경쟁을 하지 않으면 안 됨 • 사립학교와 대학교, 개인병원, 공공복지기관 등이 해당
유형 Ⅱ	• 조직이 고객을 선발할 권리는 없고 고객이 조직을 선택할 권리만 있는 조직 • 미국의 주립대학 등이 해당
유형 Ⅲ	• 조직이 고객선발권을 가지나 고객이 참여선택권을 갖고 있지 않는 조직은 봉사조직 • 이론적으로는 가능하나 실제로는 존재하지 않음
유형 Ⅳ (사육조직)	• 조직이나 고객이 선발권 및 선택권을 갖지 못하는 조직 • 법적으로 존립을 보장받고 있음 • 공립학교, 정신병원, 형무소 등이 해당

② 조직의 형태
  ㉠ 계선조직과 참모조직

계선조직	참모조직
지휘체계가 분명한 지휘명령을 가진 수직적인 조직	계선조직이 원만하게 그 기능을 수행할 수 있도록 자문, 권고, 협의, 정보수집, 인사, 연구 등의 기능을 수행하는 조직

  ㉡ 공식적 조직과 비공식적 조직

공식적 조직	비공식적 조직
전통적인 행정조직으로서 조직의 공식적인 조직도표 혹은 명문화된 기구표에 나타나 있는 조직	공식적 조직 속에서의 대인접촉이나 상호작용의 결과, 감정이나 태도, 가치관 등이 유사한 사람들끼리 모여 자연발생적으로 형성된 자생조직

SEMI-NOTE

계선조직의 장·단점
- 장점
  - 권한과 책임의 한계 분명
  - 업무수행의 능률성
  - 정책결정이 신속
  - 업무가 단순하고 비용 절약
  - 강력한 통솔력 발휘 가능
- 단점
  - 업무량 과다
  - 조직의 장에 의해 주관적이고 독단적 조치의 가능성
  - 조직이 경직될 가능성이 있음
  - 특수 분야에서 전문가의 지식과 경험 활용이 어려움

비공식적 조직의 순기능과 역기능
- 순기능
  - 업무의 능률적 수행이 가능
  - 조직 구성원에게 만족감을 주고 직무집단을 안정시킴
  - 구성원이 서로 정보를 교환할 수 있는 의사소통 체계나 그 통로를 확장시켜줌
- 역기능
  - 파벌조성의 위험이 있으며, 조직의 책임을 무효화시킬 우려가 있음
  - 구성원이 불안감을 가질 때에는 이것이 조직 전체에 확대되어 공식조직을 해체할 우려가 있음
  - 비공식적 접촉을 통해 개인적인 이익을 도모하기 쉬우며 사실이 왜곡될 우려가 있음

(3) 학교조직 ★ 빈출개념

① 학교조직에 대한 관점

관료제	• 베버가 체계화한 것으로 운영의 합리성을 최고의 가치로 추구하는 현대적 조직구조 • 특성 : 규칙과 규정, 정책에 기초한 의사결정과 행동의 차원에서 학교조직은 구성원의 행동을 통제하기 위한 일반적 규칙을 사용하고 과제수행에서 일률성을 보장하기 위한 표준을 개발
사회체제	• 겟젤스와 구바가 제시한 것으로 사회체제로서의 학교도 기관의 차원과 개인의 차원을 가짐 • 사회체제로서의 학교조직은 다양한 공식적, 비공식적 사회체제들로 구성됨
이완결합체(Weick)	서로 연결은 되어 있으나 각자가 독립성을 유지, 구조적으로 느슨한 조직 → 연결된 각 사건이 서로 반응하는 동시에 각각 자체의 정체성을 보존하면서 물리적·논리적 독립성을 갖는 조직
조직화된 무질서 (Cohen, March, Olsen)	• 특성 : 목표의 모호성, 불분명한 과학적 기법, 구성원의 유동적 참여 • 의사결정 방식 : 쓰레기통 모형 → 문제, 해결책, 선택기회, 참여자가 우연히 만났을 때 의사결정이 이루어짐(의사결정이 주먹구구식·비합리적으로 이루어짐)

② 민츠버그(Mintzberg)의 조직이론

㉠ 조직의 기본 요소 : 운영핵심층(교사), 중간관리층(교장과 교감), 최고관리층(시·도교육감, 교육위원), 기술구조층(교육과정개발 또는 연수 담당 교사), 지원부서층(보건실, 행정실)

㉡ 학교조직의 형태 : 단순한 구조, 기계적 관료제(기술구조층이 주도), 전문적 관료제(운영핵심층이 주도), 단순관료제(대부분의 초등학교의 경우), 단순 전문적 관료제(대부분의 중등학교의 경우), 준전문적 관료제

2. 조직문화론·조직 갈등이론·조직풍토

(1) 조직문화론

① 맥그리거(McGregor)의 X-Y이론 : 인간 본성에 따른 동기유발

구분	X이론	Y이론
인간 관점	• 성악설 : 인간은 본성적으로 악함 • 본능적으로 행동함 • 일을 싫어함 • 비관적·염세적 인생관 • 타율적 통제가 필요함 → 강제적·외적 동기 • 개인적·이기적·경쟁적 존재 → 개인중시	• 성선설 : 인간은 본성적으로 선함 • 인본주의에 따라 행동함 • 일을 좋아함 • 낙관적·낙천적 인생관 • 자율적 통제가 가능함 → 자율적·내적 동기 • 집단적 협동적 존재 → 집단공동체 중시

SEMI-NOTE

학교조직의 주요부분(Mintzberg)
- 운영 핵심층 : 제품 및 서비스 생산과 직접적으로 관련을 가지는 기본적인 과업과 활동을 수행하는 사람들로 구성
- 전략적 고위층 : 조직의 목적을 달성할 수 있도록 하는 책임을 부여받은 최고 행정가들로 구성
- 중간 관리층 : 고위층과 운영 핵심층을 연계시키는 행정가들로 구성
- 기술 구조층 : 계획을 책임 맡고 있는 행정부서로 구성원들이 과업을 표준화하고 조직을 환경에 적응시키기 위해 기술을 적용하는 분석가들로 구성
- 지원부서 : 조직을 지원해주기 위해 존재하는 세분화된 단위들로 구성(학교의 경우 시설, 재정, 서무, 식당 등이 속함)

학교문화(Steinhoff와 Owens)
- 공립학교에서 발견될 수 있는 4가지의 특유한 문화형질을 통해 가족문화, 기계문화, 공연문화, 공포문화의 4가지로 분류함
- 가족 문화 : 가족으로서의 학교는 애정어리고 우정적이며, 때로는 협동적이고 보호적
- 기계 문화 : 모든 것을 기계적인 관계로 파악하며, 학교는 목표달성을 위해 교사들을 이용하는 하나의 기계로 설명
- 공연 문화 : 교장은 곡마단 단장, 공연의 사회자, 연기주임 등으로 간주되며, 이 문화에서는 공연과 함께 청중의 반응이 중시
- 공포문화 : 교장은 자기 관리를 유지하기 위해 무엇이든지 희생시킬 준비가 되어 있으며, 교사들은 자신의 학교를 밀폐된 상자 혹은 교도소라고 표현

SEMI-NOTE

경영 전략	• 권위주의적 리더십 발휘 • 과학적 관리론적 접근 • 강제, 명령, 통제, 금전에 의한 유인, 위협, 벌칙 등을 사용	• 민주적 리더십 발휘 • 인간관계론적 접근 • 자발적 근무의욕 및 동기 유발 고취 • 사회심리적 욕구충족 중시

② 아지리스(Agyris)의 성숙–미성숙 이론
  ㉠ 조직풍토 개선에 관심
  ㉡ 성숙한 인간의 욕구와 공식조직의 욕구 간 불일치 해소에 중점(구성원을 성숙한 존재로 대우하는 지도력으로의 전환)
  ㉢ 조직 속에서 미성숙한 인간으로 취급받게 되면 공격적이 되거나 냉담한 반응을 나타내며, 성숙한 인간으로 취급받게 되면 신뢰적인 인간관계, 집단간 협동, 융통성 증가, 조직의 효율성이 증대됨

(2) 조직 갈등이론

① 역할 갈등의 유형

역할 내 갈등	특정한 역할 수임자의 역할이 역할 전달자의 역할 기대와 양립할 수 없는 경우에 일어남
역할 간 갈등	특정한 역할 수임자가 맡은 복수의 역할에 대한 기대들이 상충하는 경우에 일어남
역할·인성간 갈등	특정한 역할 수임자의 인성이 그의 역할 수행을 방해하는 경우에 일어남 → 즉 역할 요건이 역할 수임자의 개인적 윤리관이나 가치관에 맞지 않을 때 발생

갈등 처리 기법(Thomas)

경쟁	승패의 상황을 만드는 유형
회피	비협조적이고 비주장적인 행동 유형으로, 행정가는 스스로 치유되기를 바라면서 갈등을 무시함
수용	비주장적이고 협조적인 유형으로, 행정가는 하급자들의 요구에 굴복함(복종형)
협동	주장적이고 협조적이며, 문제 해결적 접근임
타협	조직의 욕구와 개인의 욕구 간에 균형을 지키려는 유형

② 학교조직에서 갈등의 형태

계층 갈등	교장과 교감간, 교장·교감과 교사간, 교사와 학생간, 상급생과 하급생간의 갈등
기능 갈등	학교의 업무분장 상에서 일어날 수 있는 부서간의 갈등
계선–참모 간 갈등	서무 담당자와 교원 간, 학교운영위원회와 교장간의 갈등
공식조직 대 비공식조직 갈등	학교의 공식 조직의 목표 수행과 교원들의 각종 비공식적 모임의 역할 수행간의 불일치에서 오는 갈등

(3) 조직풍토

① 헬핀과 크로프트(Halpin & Croft)의 모형
  ㉠ 교사 대상으로 학교조직풍토 조사 : 조직풍토 기술질문지(OCDQ)
  ㉡ 교사집단의 특징과 교장의 행동 특성을 '교사들의 지각'을 통해서 기술 → 학교조직풍토를 분류·연구

② 연구결과

교사특성	장애, 사기, 친밀성, 자유방임(일탈)
교장특성	초월성(원리원칙), 배려성, 생산성, 추진성(솔선수범, 신뢰)
학교 풍토 유형	개방 풍토, 자율 풍토, 통제 풍토, 친교 풍토, 친권(간섭) 풍토, 폐쇄 풍토

교사특성과 교장특성

• 교사특성
  – 장애 : 교장이 교사의 업무에 방해되는 존재로 여기는 행동특성
  – 사기 : 교사들의 사회적 욕구만족과 업무에서의 성취감
  – 친밀성 : 교사들 상호간의 우호적인 관계와 과업성취에 관계없는 사회적 요구에 대한 만족도
  – 일탈 : 과업에 실질적인 의무감이 없이 움직이는 대로 가는 교사의 경향
• 교장특성
  – 초월성 : 공식적이고 비정적인 교장의 행위(원리원칙)
  – 배려성 : 교장은 교사들을 인간적으로 대우하며 가급적 업무와 무관한 개인적인 면에서도 교사를 도와주려는 정도
  – 생산성 : 교장의 엄격한 감독행동으로 지시적이고 교직원의 피드백에 민감하지 않음
  – 추진성 : 교장이 직접적인 지도감독을 하지 않고 교사들로 하여금 과업지향적으로 행동하도록 동기화시키면서 학교를 운영하는 정도

| 가장 이상적 조직 풍토 | 개방 풍토 → 사기 증진 → 추진성(솔선수범) |

SEMI-NOTE

3. 동기의 내용이론

(1) 허즈버그(Herzberg)의 동기-위생론(2요인설) ★ 빈출개념

① 만족요인(접근욕구, 개인내적요인)과 불만족 요인(회피욕구, 개인외적요인)

만족요인	동기요인(예 일 자체, 성취감, 인정, 책임, 발전가능성(성장가능성))
불만족 요인	위생(환경)요인(예 인간관계, 근무조건, 직무안정성, 봉급)

② 특징 : 위생요인을 좋게 해주는 것이 종업원(교사)이 만족하는 것이 아니며, 불만족이 사라질 뿐임 → 따라서 동기요인을 극대화하고, 위생요인을 제거해주어야 함

> **실력UP 직무풍요화**
>
> - 직무를 수직적으로 확장 → 보다 많은 자유와 권한 부여 → 동기요인 증가
> - 허즈버그의 동기-위생이론에 근거한 직무재설계이론으로, 직무를 수직적으로 확장하여 개인에게 보다 많은 자유와 권한, 피드백을 제공함으로써 직무에 대한 부정적 위생 요인은 감소시키고 직무에 대한 동기 요인을 증가시키고자 함
> - 풍요화의 방향
>   - 높은 수준의 지식과 기술을 요구하는 작업내용 포함
>   - 더 많은 자율성과 책임감 부여: 스스로 계획, 지휘, 통제할 수 있도록
>   - 성장의 기회를 제공
>   - 능력발휘 기회 제공: 직무 속에서 도전, 보람, 흥미, 심리적 보상을 받을 수 있도록 함
> - **직무풍요화의 한 방법-수석교사제** : 경력 15년 이상의 교사 중 선발하여 동료 교사 교수·연구 활동을 지원, 학교·교육청 단위에서 수업컨설팅, 교육과정·교수학습·평가방법 개발보급, 교내연수 주도, 신임교사 멘트 역할 등의 업무를 수행

(2) 매슬로우(Maslow)의 욕구위계(5단계, 만족-진행법)

① **종류** : 결핍욕구(생리적 → 안전·보호 → 애정·소속·사회적 → 존경) → 성장욕구(자아실현욕구, 지적욕구, 심미적욕구)

② **수정** : 포터(Porter)의 수정이론(안전·보호 → 애정·소속·사회적 → 존경욕구 → 자율욕구 → 자아실현욕구)

(3) 앨더퍼(Alderfer)의 생존관계성장이론(ERG이론, 불만족-퇴행법)

① 매슬로우(Maslow)의 5단계 욕구위계이론을 생존-관계-성장욕구의 3단계로 재분류

생존욕구	생리적, 안전·보호욕구(물리적 안전욕구)
관계욕구	대인관계적 안전욕구, 애정·소속·사회적 욕구, 타인존경욕구
성장욕구	자기존경욕구+자아실현욕구

결핍욕구와 성장욕구

결핍욕구	성장욕구
• 회피함으로써 충족됨 • 원하지 않는 긴장의 감소 및 평형의 회복이 목표 • 욕구의 총족은 안도감과 포만감을 유발	• 추구함으로써 충족됨 • 즐거운 형태의 긴장을 유지하려는 것이 목표 • 욕구의 충족은 즐거움과 그 즐거움을 더하려는 욕구를 유발

② 매슬로우(Maslow) 이론과의 비교

공통점	하위수준의 욕구가 충족되면 상위수준의 욕구가 동기 유발의 힘을 얻게 됨
차이점	• 좌절 및 퇴행요소가 있음 → 상위수준의 욕구가 좌절될 때 그보다 낮은 하위수준의 욕구의 중요성이 커짐(불만족-퇴행접근법) • 2~3가지 욕구가 한 번에 충족될 수 있음 • 자기존경욕구(매슬로우(Maslow)의 결핍욕구)를 성장욕구에 포함시킴 • 반드시 하위욕구가 충족되어야 상위욕구가 충족되는 것은 아님 → 하위욕구가 충족되지 않아도 상위욕구가 발생할 수 있음

4. 동기의 과정이론 ⭐ 빈출개념

(1) 브룸(Vroom)의 기대이론(V(유인가)-I(수단)-E(보상기대))

① 개인의 자각 욕구 : 동기는 유인가(2차적 산출(예) 보상, 승진))와 개인의 기대 간의 총합
② 동기의 구성요소 : 유인가(성과, 보상), 수단(보상기대), 성과기대(과업에 관련된 노력이 어떤 수준의 성과를 가져올 것인가에 대한 신념의 강도), 산출(어떤 작업 행동의 최종 결과)

(2) 아담스(Adams)의 공정성 이론

① 개인이 타인에 비해 공정하게 대우받는 쪽으로 동기유발
② 방법 : 투입조정, 자기 자신이나 타인의 투입과 성과를 왜곡, 조직 이탈, 성과 조정, 비교대상 변경 등으로 공정성 회복을 위해 행동

(3) 로크(Locke)의 목표이론

① 의미 : 1970년대, 작업동기에 관한 인지과정 접근으로 인간의 동기는 목표가 분명할 때 잘 일어난다는 입장으로 행정에서 목표관리 기법, 수업에서 행동적 수업목표 제시 등과 관련됨
② 목표의 설정과정 : 상황 발생 → 인지 및 평가 → 정서적 반응 → 목표 → 행동
③ 목표와 관련된 요인 : 목표의 구체성, 곤란성, 목표설정에 참여 등

SEMI-NOTE

포터와 로울러(Porter & Lawler)의 기대이론(수행-만족이론)

• 동기의 과정이론에 속함
• 포터와 로울러는 과업수행이 직무만족을 가져오며 과업수행과 직무만족을 연계시키는 것은 보상이라고 주장 → 이는 기존의 이론이 직무만족이 과업수행을 증진할 것이며, 불만족은 과업수행을 저해할 것이라는 인간관계를 기초로 했던 것을 뒤집는 것임
• 교사가 일을 잘하면 그에 대해 보상을 받고, 그 결과로 만족을 얻으며 과업수행이 독립변인이고 만족은 결과변인이며 보상은 중개변인이 됨
• 개인이 과업의 성취에 필요한 기능과 지식을 이해하도록 하고 의도한 결과를 야기하고 노력을 강화하기 위해 개인의 역할을 정확하게 지각하도록 함

04절 지도성 이론 및 교육기획과 교육정책

1. 지도성 이론

(1) 특성이론
① 지도자는 태어나는 것이지 만들어지는 것이 아니라고 가정(심리학적 접근)
② 지도자와 비지도자와 구별되는 개인의 육체적 및 심리적 혹은 사회적 특성을 확인하는데 관심을 가짐

(2) 상황이론(상황적 특성론, 우발성이론) ★빈출개념
① 피들러(Fiedler)의 우발성이론(상황적 특성론) : 상황의 호의성(지도자와 구성원의 관계, 과업구조, 지도자의 지위권력) 중시 → 상황이 호의적이거나 비호의적일 때는 과업지향적 지도성, 상황이 중간정도일 때는 관계성 지향적 지도성이 효과적임
② 레딘(Reddin)의 3차원 지도성 유형 : 상황에 따른 효과성 → 지도자는 상황에 따라 지도성을 바꿔야 함(지도자의 상황조작 능력 중시)

비효과적 유형(-)	기본적 지도성 유형	효과적 유형(+)
유기자(책임포기자)	분리형(과업-, 관계-)	관료
선교사	관계형(과업-, 관계+)	계발자
독재자	헌신형(과업+, 관계-)	자선적 독재자
타협가	통합형(과업+, 관계+)	경영자

③ 허쉬와 블렌차드(Hersey & Blanchard)의 상황적 지도성이론
 ㉠ 지도자의 행동은 사회적 맥락에 따라 유동적이고 지도성의 효과도 다름
 ㉡ 조직구성원의 성숙 수준을 고려해 효과적인 지도성 유형을 제시
 ㉢ 이 직무 성숙도와 심리적 모형에서 지도성의 효과성을 좌우하는 것은 상황과 적절한 지도성 유형의 결합에 따름
 ㉣ 성숙도의 수준에 따라서 위임형, 참여형, 설득형, 지시형 등이 있음

실력up 허쉬와 블렌차드(Hersey & Blanchard)의 상황적 지도성이론

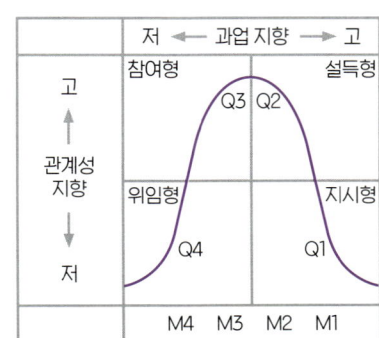

구성원
M1 : 낮은 동기, 낮은 능력
M2 : 높은 동기, 낮은 능력
M3 : 높은 능력, 낮은 동기
M4 : 높은 능력, 높은 동기
지도자
Q1 : 높은 과업 행위, 낮은 관계성 행위
Q2 : 높은 과업 행위, 높은 관계성 행위
Q3 : 낮은 과업 행위, 높은 관계성 행위
Q4 : 낮은 과업 행위, 낮은 관계성 행위

SEMI-NOTE

지도성 이론 中 행동이론
- 레빈(Lewin), 리피트(Lippitt), 화이트(White) : 전제형, 민주형, 방임형의 지도성이 아동에 미치는 영향을 연구
- 탄넨바움과 슈미트(Tannenbaum & Schmidt) : 한쪽 끝은 지배자 중심 지도성(전제형), 다른 한쪽 끝은 구성원 중심 지도성(민주형), 그 사이 연속선 상에 설명형(전제형)-판매형-검사형-상담형-참여형(민주형) 등 5가지 지도성 행위를 구분
- Blake & Mouton의 관리망 이론 : 인간관계를 中 중시하는 측과 직무중심의 지도성을 중시하는 양측에 대한 절충론으로 관리망 이론을 제시하여, 지도성 유형을 무기력형, 사교형, 과업형, 중도형, 팀형 등으로 분류함

지도성 이론 中 상황이론 – 에반스와 하우스의 행로-목표이론
- 기대이론에 기초, 목표달성을 위한 행로를 강조
- 구성 변인 : 지도자의 행위, 상황적 요인(구성원의 특성, 환경적 요인), 구성원의 지각, 효과성
- 지도성의 유형 : 지시적, 지원적, 참여적, 성취지향적, 가치중심적 지도성

지도성 이론 中 교환적 지도성
- 조건부 보상 : 노력에 대해 보상을 한다는 교환적 계약, 좋은 수행에 대한 보상의 약속, 성취의 인정
- 적극적 예외적 관리 : 규칙과 기준으로부터의 이탈을 감시하고 찾아내어 올바른 행동을 취하도록 함
- 소극적 예외적 관리 : 만일 기준에 맞지 않을 때만 관여함
- 자유방임 : 책임을 포기하고 의사결정을 기피함

SEMI-NOTE

새로운 지도성 유형 中 카리스마적 지도성
- **의미** : 개인적인 능력과 신념으로 추종자에게 심대하고 비상한 영향을 미치는 사람
- **특성** : 성취 지향성, 자신감, 창의적이고 개혁적이며 영감적인 성향, 고도의 과업참여와 위기 성향, 추종자의 육성과 추종자에 대해 민감하며 배려를 하는 성향, 도덕적이고 비착취적인 권력 행사와 관련하여 사회적 영향력에 대한 고도의 요구

학교장의 지도자 유형(Sergiovanni)
- 기술적 지도자 : 건전한 경영관리자로서의 역할
- 인간적 지도자 : 인간관리자로서의 역할
- 교육적 지도자 : 일선 실무자의 역할
- 상징적 지도자 : 최고 책임자로서의 역할
- 문화적 지도자 : 고위 성직자로서의 역할

2. 새로운 지도성 유형

(1) 변혁적 지도성(Burns & Bass)

① 고차원적인 변화를 지향하여 비전을 설정하고 이에 따른 장기적 전략계획을 수립하며 구성원들을 동기화시켜 그들이 사명감을 가지고 업무를 수행하도록 함으로써 개인의 행복과 조직의 발전을 동시에 추구하는데 초점을 두는 지도성

② Bass가 제시한 핵심 요소

카리스마적 권위	지도자가 솔선수범하여 윤리적, 도덕적 행위를 보여서 구성원들로부터 신뢰와 존경을 받음
특별한 영감	구성원들로 하여금 조직의 과업이 달성되고 발전할 수 있다는 기대와 도전감을 갖도록 하며, 비전을 공유하도록 구성원들을 동기화함
지적 자극	지도자가 새로운 아이디어를 유입함으로써 구성원들에게 도전감을 느끼게 하고 익숙한 문제에 대해 새로운 방식으로 생각해 보게끔 자극하는 것
개별적 배려	성취하고 성장하려는 개개인의 욕구에 특별한 관심을 보임으로써 새로운 학습 기회를 만들어 구성원이 잠재력을 계발하고 자신의 개인적 발전으로 모색하며, 그에 대해 책임을 지도록 함

(2) 분산적 지도성

① 배경 : 학교조직의 규모와 복잡성이 증대됨에 따라 학교장 한 사람에게 집중된 지도성에 대한 한계가 지적되면서, 학교경영에 대한 책임은 구성원 모두의 책임이라는 인식으로 분산적 지도성이 등장

② 특징

집단적 지도성 강조	구성원들 간 상호협조와 전문적 지식을 공유하는 집단적 리더십 강조
조직 네트워크 활용	전문적 지식을 공유하는 조직 구성원들의 네트워크와 상황적 변화의 상호작용을 통해 지도성을 실행
조직 내 전문성을 활용	조직 구성원들이 지닌 전문성을 토대로 네트워크로 연결하여 조직 역량의 극대화 추구
상향적이고 비위계적 지도성을 지향	조직의 직급 상 하위자들도 조직의 중대한 의사결정에 참여하도록 함

(3) 초우량 지도성(Manz & Sims)

① 의미 : 구성원들이 스스로 지도자로서의 능력을 개발·활용할 수 있도록 하는 지도자의 능력에 초점을 맞춘 지도성

② 특징
  ㉠ 구성원의 지도자로서의 능력 개발·활용에 초점
  ㉡ 구성원의 자율적 지도성을 개발하여 과업수행을 효율화하고 조직의 생산성을 높일 수 있는 방향으로 일할 수 있도록 역량을 발휘

ⓒ 구성원 개개인을 지도자로 성장시킴으로써 지도자의 지도자 육성에 초점
ⓔ 지도자의 특성이나 능력보다 구성원 스스로가 지도자로서의 능력을 계발하고 활용할 수 있도록 함

3. 교육기획과 교육정책

(1) 교육기획

① 의미 : 교육목표의 효율적 달성을 위해 가능한 수단과 방법을 선택하는 사전 준비의 과정, 교육적 문제해결에 필요한 최선의 방안을 선택하는 일련의 의사결정 과정
② 교육기획의 접근방법 : 사회수요 접근법, 인력수요 접근법, 수익률 접근법, 국제적 비교에 의한 접근법

(2) 교육정책

① 의미 : 국가의 공권력이나 국민의 동의를 바탕으로 교육독적 달성을 위해 강제하는 기본적인 교육지침
② 형성과정(Campbell)

기본적 힘의 작용 단계	세계적, 전국적인 사회·경제·정치·기술적 힘의 작용
선행운동 단계	국가수준의 위원회나 조사연구 보고서 등에 의해 선도됨
정치적 활동 단계	전국적이거나 지역 단위의 직능단체 등이 앞장서서 전개
공식적 입법 단계	행정부나 입법부 등에 의한 공식적 결정

05절 의사결정 및 교원인사 행정과 장학론

1. 의사결정

(1) 의사결정의 개념과 특징

① 개념 : 행동 노선에 영향을 주는 모든 판단을 말함
② 특징 : 모든 공식조직은 기본적으로 의사결정을 위한 구조, 지위가 높을수록 의사결정의 업무가 많고 실제로 집행하는 일은 적어지며 정책결정과 동일한 의미로도 사용함

(2) 의사결정의 유형

① 정형화된 결정 : 반복적이며 일상적이고 이미 결정의 절차가 마련되어 있는 경우
② 비정형화된 결정 : 새롭고 중요한 결정으로 발견 또는 문제해결의 과정이 필요

SEMI-NOTE

교육기획의 접근방법

사회수요 접근법	교육에 대한 개인적 또는 사회적 수요(예 취학률)를 기초로 교육기획을 세우려는 방법
인력수요 접근법	경제성장 목표달성에 필요한 인력수요(예 산업사회의 필요 인력)를 예측하여 교육투자 수준을 결정하는 접근법
수익률 접근법	교육에 투입된 경비, 산출된 효과(예 교육 수익률)를 비용으로 계산해 교육투자의 순위결정
국제적 비교에 의한 접근법	여러 나라의 발전단계를 고려해 자기 나라보다 약간 앞선 나라의 교육정책을 바탕으로 교육기획을 수립하는 과정

2. 의사결정의 참여모형

(1) 호이와 타터(Hoy & Tarter)의 참여적 의사결정의 규범모형

① 교장은 특정 사안에 대한 교사의 관련성과 전문성을 확인하여 해당 교사가 속한 수용영역을 판단하며, 이에 따라 의사결정에 대한 교사의 참여 정도를 다양하게 결정
② 수용영역에 따른 의사결정의 4가지 유형

I 상황	• 민주적 상황 : 참여 유도하여 전원 합의 또는 다수결에 의해 결정 • 갈등적 상황 : 조직목표와 개인목표가 갈등을 일으키는 상황일 경우 제한적 참여
II 상황(전문가상황)	제한적 참여 → 구성원이 의사결정에 때때로 참여하고 참여 정도는 제한
III 상황(이해관계자 상황)	구성원의 참여는 제한됨 → 참여자들 결정에 기여할 수 있는 전문성을 가지지 못할 경우 조직 의사결정은 전문가가 내리게 되므로 참여자들이 좌절감을 느끼기 때문
IV 상황(비협력적 상황)	수용영역 내에 있으므로 참여시킬 필요가 없음

(2) 브리지스(Bridges)의 참여적 의사결정

① 참여허용 범위(상황)-수용영역 밖 및 회색영역(한계영역), 참여허용 기준-적절성(이해관계) 및 전문성(능력)
② 상황에 따른 의사결정 유형 : 수용영역 밖(의회주의형 의사결정), 회색영역(민주적 접근형 의사결정)

구분	상황	참여적 의사결정의 유형
수용영역 밖(외부)	적절성有, 전문성有	구성원을 자주 참여시킴 → 의회주의형 의사결정
수용영역의 한계 영역	적절성有, 전문성無	구성원을 제한적으로 참여시킴(참여시키는 목적은 이해를 구하고, 설득·합의를 도출하여 저항을 최소화하기 위함) → 민주적 접근형 의사결정
	적절성無, 전문성有	구성원을 제한적으로 참여시킴(참여시키는 목적은 질 높은 아이디어나 정보를 얻기 위함) → 민주적 접근형 의사결정
수용영역 안	적절성無, 전문성無	구성원을 참여시킬 필요가 없음

(3) 의사결정의 산출모형

합리적(이상적) 모형 (Reitz)	• 모든 대안을 포괄적으로 탐색 평가하여 조직의 목표와 목적의 달성을 극대화할 수 있는 가장 합리적인 대안을 선택할 수 있다고 보는 입장 • 너무 이상적이고 비현실적인 모형이라고 평가

SEMI-NOTE

수용영역
• 구성원이 의사결정 결과에 대해 아무런 관심이 없어 상급자가 어떤 결정을 내리든지 아무런 의심 없이 그 결정을 받아들이는 영역
• 상급자는 수용영역 내에 있는 사항에 대해서는 하급자들을 의사결정에 참여시키지 않고, 수용영역 밖에 있는 사항에 대해 참여시키는 것이 효과적

의사소통의 원칙
• 명료성
• 일관성
• 적정성
• 적시성
• 분포성
• 적응성과 통일성
• 관심과 수용

만족화 모형 (Simon, March)	• 인간이 가지는 한계를 인식하고 인간의 사회심리적인 측면을 고려하여 의사결정 시 최적의 대안을 선택하기보다는 만족할 만한 대안을 선택한다는 것을 강조하는 모형 • 혁신 또는 창의적인 문제해결방안을 기대하기가 어려움
점증적 모형 (Lindbloom, Wildavsky)	• 의사결정 시 현실을 긍정하고 이전의 상태보다 다소 향상된 대안을 추구하는 모형 • 보수적이고 소극적이라는 비판을 받고 있음
혼합모형 (제3의 모형, Etzioni)	합리모형과 점증모형의 약점을 보완하여 전자의 이성적 요소와 후자의 현실적·보수적 특성을 적절히 혼합해 의사결정이 이루어진다고 보는 입장
최적화 모형(Dror)	정책 결정이 합리성에만 근거해서 이루어지는 것은 아니며, 때때로 직관 등 초합리성이 개입되어 이루어짐을 주장한 모형
쓰레기통 모형 (Cohen, March, Olsen)	• 학교조직의 의사결정은 다양한 문제와 해결 방안들 사이의 혼란스러운 상호작용 속에서 비합리적이고 우연적 방식으로 이루어짐 • 조직의 목적은 사전에 설정되는 것이 아니라 자연스럽게 나타남 • 문제와 해결책이 조화를 이룰 때 좋은 의사결정이 이루어짐 • 높은 불확실성을 경험하고 있는 조직에서 가장 많이 일어나는 정책결정 모형

실력UP 의사소통의 기법(조하리의 창)

개방영역 (open area)	• 자기 자신도 알고 있고 타인도 자신에 대해 알고 있는 영역 • 개인에 대한 정보가 자신뿐만 아니라 타인에게도 공개되어 있음 • 개방성과 양립성이 존재하여 방어가 존재하지 않으며, 인간관계와 커뮤니케이션이 막힘이 없음
맹목영역 (blind area)	• 타인은 자기를 알고 있지만 정작 자기 자신은 모르는 영역 • 자기가 알지 못하는 개인의 성격이나 습관 등으로 개인에게 존재하는 맹점부분 • 타인이 맹점부분을 건드리면 우발적으로 화를 낼 수 있고 갈등을 유발할 수 있음
잠재영역 (hidden area)	• 타인은 모르고 자기 자신만 혼자 알고 있는 영역 • 자기에 관한 정보를 타인에게 감추고 타인과 신뢰하는 관계에서만 드러내기도 하지만, 이 부분이 노출되면 타인이 나를 싫어할 수 있을 것이라는 두려움을 갖고 있어 감출 수도 있음
미지영역 (unknown area)	• 자기 자신뿐만 아니라 타인도 모르고 있는 영역 • 이 영역은 인간 내면 깊이 숨겨져 있으므로 심리치료나 잘 알려지지 않았던 정보의 통찰을 통해 다른 영역으로 전이가 가능

SEMI-NOTE

의사소통의 유형
- **하향적 의사소통**: 상의하달(上意下達) 의사소통으로, 위계 또는 명령계통에 따른 지시적 의사소통이 중심을 이룸
- **상향적 의사소통**: 하의상달(下意上達) 의사소통으로, 하급자 주도로 의사소통이 이루어짐
- **수평적 의사소통**: 위계수준이 같은 부서 간에 이루어지는 의사소통으로, 상호작용적·횡적·측면적 의사소통이라고도 함
- **사선적(대각선적) 의사소통**: 조직구조상 집단을 달리하는 사람들 사이의 의사소통
- **포도넝쿨 모형 의사소통**: 비공식적 의사소통으로, 친화관계·학연·지연 등 조직 내부의 인간적 접촉에 의해 자생적으로 형성되는 의사소통

의사소통망의 형태
- **연쇄형**: 정보가 단계적으로 최종 중심 인물에 집결되는 경우로 구성원들 간의 뚜렷하고 엄격한 신분서열 관계가 존재(고리형이라고도 함)
- **수레 바퀴형**: 구성원들 간의 중심 인물이 있어 모든 정보가 집중되는 형태
- **원형**: 개방적인 의사소통 유형으로 중심 인물이 없는 상태에서 의사소통의 목적과 방향이 없고 구성원간의 정보가 전달되는 유형
- **상호 연결형(별형)**: 비공식적인 의사소통에서 형성되는 유형

SEMI-NOTE

인사 행정
유능한 인적 자원을 확보하고 그들의 능력을 개발하며 그들로 하여금 최선을 다할 수 있는 제반 여건을 조성하는 과정

교원연수
- 제도적 연수
  - 직무연수 : 교육의 이론과 방법 및 직무수행에 필요한 능력배양을 위해 실시
  - 자격연수 : 교원의 자격을 취득하기 위한 것으로 2급 정교사 과정, 1급 정교사 과정, 전문상담교사과정, 사서교사 과정, 1급 보건교사 과정, 원장 과정, 원감 과정, 교감과정 및 교장과정으로 구분됨
- 자율연수
  - 교내 자율연수 : 단위학교의 자율연수로는 수업연구 발표, 교과협의회, 동학년 협의회, 기타 특정 주제를 중심으로 여러 형태의 연수나 학교 전체 연수 등이 있음
  - 자기주도적 연수 : 대학원 진학, 사회교육기관의 수강, 각종 학회 활동이나 교직단체 가입하여 활동, 각종 워크숍 등에 참여함

3. 교육공무원의 분류

교원	초 · 중등교육법과 고등교육법에 의해 규정된 바와 같이 각급 학교(유치원~대학)에서 원아 · 학생을 직접 지도 · 교육하는 자를 말함
교육 전문직원	교육기관 · 교육행정기관 · 교육연구기관에 근무하는 장학사 · 장학관 · 교육연구사 · 교육연구관을 말함

4. 교육공무원의 근무조건(교육공무원법 제2조)

임용	신규채용, 승진, 승급, 전직(전직), 전보(전보), 겸임, 파견, 강임(강임), 휴직, 직위해제, 정직(정직), 복직, 면직, 해임 및 파면을 말함
직위	1명의 교육공무원에게 부여할 수 있는 직무와 책임을 말함
전직	교육공무원의 종류와 자격을 달리하여 임용하는 것을 말함(예 초등학교 교감이 장학사가 됨, 초등학교 교사가 중학교 교사가 됨, 중학교 교장이 교육장이 됨)
전보	교육공무원을 같은 직위 및 자격에서 근무기관이나 부서를 달리하여 임용하는 것을 말함(예 중학교 교사가 특성화 고등학교 교사가 됨)
강임	같은 종류의 직무에서 하위 직위에 임용하는 것을 말함
복직	휴직, 직위해제 또는 정직 중에 있는 교육공무원을 직위에 복귀시키는 것을 말함

5. 교육공무원의 징계

(1) 징계사유
① 국가공무원법 및 이 법에 의한 명령에 위반하였을 때
② 직무상의 의무에 위반하거나 직무를 태만한 때
③ 직무의 내외를 불문하고 그 체면 또는 위신을 손상하는 행위를 할 때

(2) 징계종류

파면	공무원으로서의 신분을 박탈하고 공무원직을 5년간 금지
해임	공무원으로서의 신분을 박탈하고 공무원직을 3년간 금지
강등	1계급 아래로 직급을 내리고(고위공무원단에 속하는 공무원은 3급으로 임용하고, 연구관 및 지도관은 연구사 및 지도사로 함), 공무원의 신분은 보유하나 3개월간 직무에 종사하지 못하며 그 기간 중 보수의 3분의 2를 감함
정직	1개월 이상 3개월 이하의 기간으로 하고 정직 처분을 받은 자는 그 기간 중 공무원의 신분은 유지하나 직무에 종사하지 못하며 보수의 3분의 2를 감함(처분기간 동안 경력평정 제외됨)
감봉	공무원으로서의 신분을 유지하고 1~3개월간 보수의 3분의 1을 감함
견책	전과(前過)에 대하여 훈계하고 회개하게 함

6. 장학론

(1) 장학의 개요
① 개념 : 교수-학습의 개선을 위해 교사를 중심으로 한 모든 교육담당자들에게 제공되는 제반 전문적 · 기술적 지도과정
② 역사 : 관리장학(예 시학(視學)으로서의 장학) → 인간관계론적 장학(예 협동장학(동료장학)) → 수업장학(예 임상장학, 마이크로티칭) → 발달장학(수정주의적 장학, 경영으로서의 장학, 인간자원론적 장학)

(2) 조직수준에 따른 장학 유형 ★빈출개념
① 교육장학(중앙장학, 교육부 장학) : 교육부 내에서 이루어지는 모든 장학행정
② 학무장학(지방장학) : 지방교육행정기관인 시 · 도 교육청과 그 하급 교육행정기관(하급교육청)에서 이루어지는 장학행정
③ 수업장학(학교장학, 교내 자율장학, 교내장학)
   ㉠ 학교에서 교장을 중심으로 교육과정 운영과 교수-학습 과정 및 교육환경을 개선하기 위하여 교사를 지도 · 조언하는 장학 → 학교단위의 장학
   ㉡ 목적(핵심) : 수업개선(주로 초임교사, 저경력 교사 등을 대상으로 진행) → 수업장학의 개념과 유사하나 수업장학보다는 보다 광범위한 개념
   ㉢ 유형 : 임상장학, 마이크로티칭, 동료장학, 자기장학, 약식장학, 발전장학, 선택적(차등) 장학, 인간자원장학
④ 임상장학(코간(Cogan)이 개발, 학급단위의 미시적 장학, 수업장학의 한 방법)
   ㉠ 개념
      • 교사의 전문적 성장과 교실수업 기술향상을 목적으로 한 교사와 학생의 상호작용에 초점을 둔 상호작용적, 교사 중심적 장학
      • 교사의 필요에 의하여, 교사의 요청에 의하여, 교사를 중심으로, 교사가 주체가 되어 이루어지는 '교사 중심 장학' → 로저스(Rogers)의 내담자 중심 상담이론의 정신과 목적, 원리에 의해 운영
      • 임상(臨床)은 교사와 장학담당자(예 장학사, 교장, 고감) 간의 대면적 관계성과 교사와 교실 내의 실제 행위에 초점을 둔다는 의미
   ㉡ 목적 : 교사의 전문적 성장과 교실수업의 개선
   ㉢ 특징 : 교사와 장학사 간의 관계는 쌍방적 · 동료적 관계, 장학사와 교사 간의 친밀한 인간 관계 강조, 교사의 자발적인 노력 강조, 즉로 수업분석에 중점을 둔 언어적 상호작용과정

(3) 장학방법에 따른 장학 유형
① 동료장학(협동적 장학, 동료코치)
   ㉠ 소집단(3~4명)의 교사들이 자신들의 성장과 교육활동의 개선을 위해 서로 협동하고 노력하는 동료적 과정
   ㉡ 둘 이상의 교사가 서로 수업을 관찰하고, 관찰사항에 관해 상호 조언하며, 서

SEMI-NOTE

장학 개념의 변화
• 관리 장학 시대(1750~1930) : 장학은 행정의 연장으로 보이며, 권위주의적이고 강제적인 방법으로 장학이 이루어짐
• 협동 장학 시대(1930~1955) : 장학사와의 원만한 인간관계를 통해 교사가 학교에 만족감을 느끼며 헌신하게 함
• 수업 장학 시대(1955~1970) : 교육과정 개발과 장학은 동일시되었고 장학담당자는 각 과목의 전문가로서 교육과정을 편성하고 교사와 함께 새로운 교육 프로그램을 만드는 것이 주요임무가 됨
• 발달론적 장학 시대(현재) : 교사의 전문적 자질의 증진이란 교사 개개인의 가치관과 신념 · 태도 · 지적 이해력이라는 내면적 변화와 더불어 교수의 기술, 문제해결능력, 자율적 의사결정능력, 교사 상호 간의 협동적 사고와 교육실제의 개선이라는 외면적 행동의 변화를 의미함

임상장학의 과정
• 계획협의회(=관찰 전 협의회) → 수업관찰(플랜더스(Flanders)의 수업형태 분석법) → 장학협의회(피드백 협의회)
• 피드백 협의회는 '자료제시 → 분석 → 해석 → 대안결정 → 교사의 대안과 전략을 강화'의 순으로 진행

동료장학의 특징
• 교사들의 자율성과 협동성을 기초로 함
• 동료적 관계 속에서 교사들 간에 서로 가르치고 배우는 활동임
• 학교의 형편이나 교사들의 필요와 요구에 기초해 다양하고 융통성 있게 운영
• 교사관계를 증진할 수 있고, 학교 및 학생 교육에 대한 적극적인 자세와 전문적 신장을 도모할 수 있음

SEMI-NOTE

커플 장학
경력 2년 미만의 초임교사와 경력교사가 짝이 되어 초임교가가 교직 초기 단계에서 자기정체성을 효율적으로 확립하고 교사로서의 전문성을 개발할 수 있도록 지원하고 조력하는 협력적 장학 형태

선택 장학의 사례(카츠(Katz))
- 임상장학 : 초임교사(생존기, 처음 3년 계속, 그 후 3년마다), 경력교사(갱신기, 3년마다)
- 동료장학 : 높은 동료의식을 가지고 있는 경험 있고 유능한 교사(정착기)
- 자기장학 : 혼자 일하기를 좋아하는 경험 있고 유능한 교사(성숙기)
- 약식장학 : 모든 단계의 교사 또는 위 장학 유형을 선택하지 않는 교사

학교컨설팅
- 개념 : 학교교육을 개선하기 위해 일정한 전문성을 가진 사람들이 학교와 학교구성원들의 요청에 따라 제공하는 독립적인 자문활동
- 기본원리
  - 자발성 : 학교장이나 교사가 자발적으로 도움 요청
  - 전문성 : 교육 전문가(컨설턴트)에 의한 지도ㆍ조언 활동
  - 독립성 : 컨설턴트와 의뢰인은 독립적 관계(수직적 관계 ×)
  - 자문성 : 컨설팅은 자문활동에만 한정됨
  - 일시성 : 의뢰인과 컨설턴트와의 관계는 문제해결 때까지만 유효한 일시적 관계
  - 교육성 : 컨설턴트는 의뢰인에게 컨설팅에 관한 교육적 영향력을 행사해야 함

로 전문적 관심사에 대하여 토의함으로써 자신들의 전문적 성장을 위해 함께 연구하는 비교적 공식화된 과정
ⓒ 방법 : 수업연구 중심 동료장학, 협의 중심 동료장학, 연수 중심 동료장학, 커플 장학

② 자기장학(자율장학) : 교사 자신이 스스로 전문성 신장을 위해 노력(예 자기평가, 자기분석 → 메타인지적 강화)

③ 약식장학(전통적 장학, 일상장학) : 학교장이나 교감이 잠깐 수업 참관 후 조언(예 학급순시, 수업참관 → 다른 장학 유형의 보완적 성격)

④ 선택장학(차등장학, 절충적 장학) : 교사의 발전 정도+교사의 필요ㆍ요구ㆍ희망을 고려하여 다양한 형태로 장학(예 임상장학(생존기ㆍ갱신기), 동료장학(정착기), 자기장학(성숙기), 전통적 장학(모든 교사))

⑤ 마이크로티칭(소규모 수업, 수업장학의 한 방법)
ⓐ 교생지도를 위하여 개발된 방법(예 운동선수와 코치가 협동하여 녹화 테이프를 보며 동작을 하나하나 수정해 나감)
ⓑ 교사양성기관에서 교수기술 향상훈련을 위해 개발된 축소된 수업 : 계획 → 교수 → 관찰 → 비평 → 재계획 → 재교수 → 재관찰 → 재비평의 과정을 반복ㆍ훈련
ⓒ 4분에서 20분 정도의 수업시간에 3~10명 규모의 소집단 학생을 대상으로 간단한 내용을 가지고 한두 가지 수업기술 향상에 초점을 둔 축소된 수업 연습

(4) 새로운 장학 유형

① 컨설팅장학(수업컨설팅)
ⓐ 교원의 자발적 의뢰를 바탕으로 교사의 전문성을 계발하기 위해 교내외의 전문성을 갖춘 사람들이 제공하는 조언활동, 교원의 전문성은 교과지도, 생활 및 진로지도, 학급운영 등과 관련된 것으로 범위를 설정할 수 있음
ⓑ 학교컨설팅 중 수업, 학생지도, 교사지도 컨설팅하는 것이 컨설팅장학이며, 수업지도만 컨설팅하는 것을 수업컨설팅이라고 함 → 대표적인 컨설팅장학 실행자로는 학교 내 수석교사, 학교 외 수업전문가(장학사, 교수 등)이 있음
ⓒ 기본원리

자발성의 원리	의뢰인이 컨설팅에 관한 의사결정의 주체가 되어야 한다는 의미
전문성의 원리	의뢰 과제의 해결을 위해 해당 분야에 전문성을 가진 컨설턴트에 의해 조언이 이루어져야 함
자문성의 원리	컨설턴트는 의뢰인의 의뢰 내용에 대해 정답을 제시하는 것이 아니라 의뢰인 스스로 문제를 진단하고 해결할 수 있도록 자문을 해 주는 역할을 해야 함
한시성의 원리	의뢰된 과제가 해결되면 컨설팅은 종료되어야 함(컨설팅장학 협약 단계에서 합의한 기간에 컨설팅이 종료되어야 함)
독립성의 원리	컨설턴트와 의뢰인, 컨설팅 관리자의 관계가 서로 독립적이고 수평적이어서 객관적인 의견교류가 가능해야 함
학습성의 원리	컨설팅장학의 의뢰과정이 의뢰인과 컨설턴트에게 학습의 과정이 되어야 함

② 사이버 장학
  ㉠ 개념 : 인터넷 공간(예 학교 또는 교육청 홈페이지, E-mail)을 활용한 장학
  ㉡ 목적 : 정보화 사회에 부응한 전천후 장학체제로의 전환, 현장방문을 통한 장학지도의 대안으로 장학수혜자의 다양한 욕구충족, 학교현장 교육활동의 문제점 및 발전적 대안의 공유

06절 교육재정

1. 교육경비의 분류

(1) 직접 교육비

① 개념 : 교육활동을 위해 지출되는 모든 비용으로 교육재정의 대상이 되는 비용을 말함 → 공교육비(회계절차를 거치는 비용)와 사교육비(회계절차를 거치지 않는 비용)로 구성됨

② 구분

공교육비	공부담 교육비	국가 및 지방자치단체부담 교육비, 학교법인 교육비 등
	사부담 교육비	입학금 및 수업료, 기성회비 및 학생자율경비, 현장학습, 수련활동비, 특기적성활동비, 급식비 등
사교육비	사부담 교육비	교재비, 학용품비, 생활비, 잡비(과외비, 교통비, 하숙비 등)

(2) 간접 교육비

① 개념 : 일정 단위의 교육서비스의 생산에 있어서 직접비용 이외에 소요되는 경비를 말함
② 구분 : 기회비용, 비영리기관으로서의 학교에 대한 조세감면, 건물 시설의 잠재적 임차료와 감가상각비

실력UP 교육재정 제도와 정책 ★빈출개념

- 사립학교의 재원은 학생등록금, 학교법인으로부터의 전입금, 국고 또는 각종 단체로부터의 전입금, 국고 또는 각종 단체로부터의 원조·보조금으로 구성되어 있음
- 사부담 교육비의 종류 : 입학금, 수업료, 기성회비, 학교운영지원비, 학생활동비, 교재대, 유실소득 등
- 국세교육세 : 교육세법에 의하여 세원과 세율이 결정됨
- 지방교육세 : 지방세법에 의하여 세원과 세율이 결정됨

SEMI-NOTE

교육재정의 조달
- 중앙정부 : 지방교육재정교부금(보통교부금, 특별교부금)
- 국고보조금 : 비율이 일정하지 않아 안정적이지 못함
- 지방자치단체 : 지방자치단체의 전입금

기회비용(포기소득)
실질적으로 교육활동을 위해 투입되는 경비는 아니지만 피교육자가 교육에 종사하기 때문에 포기해야 하는 포기소득과 같이 다른 용도의 사용을 가정한 경비를 말함

국세와 지방세
국세와 지방세의 구분은 부과징수의 주체를 의미하는 것으로, 실제 재정의 규모와는 다른 개념임. 통상 국세의 경우 국세청, 관세청 등 중앙정부기관을 통해 징수되어 한국은행 국고계좌로 수납되고, 지방세의 경우에는 시, 군, 구를 통해 징수되어, 지방자치단체별 은행계좌를 통해 수납되고 있음

SEMI-NOTE

1차 노동시장과 2차 노동시장

1차 노동시장	높은 보수와 수당, 좋은 작업환경, 승진 기회 등이 존재하는 시장
2차 노동시장	저임금, 저수당, 저훈련, 승진 기회의 부족, 열악한 작업환경, 잦은 해고 등이 존재하는 시장

2. 교육과 소득

인간자본론	교육 투자의 결과로 지식과 기술의 형태로 인적자본이 형성되면 일터에서의 노동 생산성이 향상되고 그 결과 노동 소득이 향상됨(결과적 평등 실현)
선발가설	교육은 능력에 따라 개인을 분류하고 그 능력에 합당하는 교육자격증을 부여하는 역할을 함
이중노동 시장론 (구조론)	소득에 미치는 교육의 영향은 인정되지 않으며 소득은 1차 노동시장과 2차 노동시장 중 어느 부분에 편입되는가에 따라 결정됨
비판론	개인의 소득 불평등은 가정의 사회경제적 배경이 결정하며 교육은 상류층으로 하여금 부를 세습하는 수단이며 장치임

3. 교육예산제도

(1) 품목별 예산제도(LIBS ; The Line Item Budgeting System)

① 지출대상을 품목별(예 인건비, 시설비, 운영비)로 세분화하여 그 한계를 명확히 규정
② 예산의 유용이나 부정 방지(통제지향의 예산제도, 점증주의 방식)

(2) 성과주의 예산제도(PBS ; Performance Budgeting System, 실적예산제도)

① 정부가 지출하는 목적에 중점을 두어 정부가 시행하고자 하는 사업(예 교단 선진화 사업, 교육복지투자우선지역사업)의 비용을 명백히 해 주는 예산제도 : 사업별 분류 → 활동별 분류 → 활동별 단위원가 계산 → 예산액(단위원가×업무량) 산출
② 사업계획별 · 활동별로 예산과목 구분, 세부사업별로 예산액 표시, 그 집행 성과를 측정 · 평가 → 예산집행의 효율성 제고
③ 올해의 성과(실적)로 내년 예산을 편성, 관리기능 중심의 예산제도, 점증주의 방식 → 자율성 및 책무성 강화

성과주의 예산제도(PBS)의 장점
- 행정의 투명성 및 신뢰성 확보
- 재정 지출의 효율성 제고
- 행정 서비스의 개선 및 책임행정 구현
- 정부 기능의 핵심역량 강화

(3) 기획예산제도(PPBS ; Planning Programming Budgeting System)

① 중 · 장기적 계획수립과 단기적 예산편성 → 절약과 능률, 효과성, 경제적 합리성, 합목적성, 과학적 객관성 등을 이념으로 함
② 계획기능 중심의 예산제도, 5년짜리 연동예산으로 운용, 중앙집권적 성향이 강함
③ 장기적 기획과 단기적 예산을 세부계획을 통해 유기적으로 연관시켜, 예산배분에 관한 의사결정을 합리적 · 계량적으로 일관성 있게 행하려는 제도

기획예산제도(PPBS)의 장 · 단점
- 장점
  - 계획 지향적인 예산관리 가능
  - 예산의 절약과 지출의 효율화
  - 중앙집권적인 처리를 통해 예산과정에 있어 의사결정 절차의 일원화 가능
- 단점
  - 목표설정 시 의견 조율이 쉽지 않음
  - 정보가 최고의사결정자에게 집중되어 계획기능을 강화함으로써 예산제도에 있어 중앙집권화 성향을 초래할 수 있음

(4) 영기준 예산제도(ZBBS ; Zero Base Budgeting System)

① 전년도 예산은 근거 없는 것으로 간주, 매 회계연도마다 처음 시작한다는 생각으로 새로이 예산편성하는 제도
② 특징 : 전년도 예산내역을 기준으로 가감하는 점증주의 방식을 탈피하여 예산편성의 신축성을 확대, 예산의 관리기능과 계획기능의 조화 강조, 구성원의 참여 조성, 감축기능 중심의 예산제도, 일몰예산 제도 운영 가능

복식예산제도(DBS ; Double Budgeting System, 자본예산제도)
경상예산과 자본예산으로 구분하여 배분 운영하는 제도 → 예산의 장기적인 균형 도모

③ 과정 : 의사결정패키지(요약된 사업계획서) 작성 → 의사결정패키지 순위 부여
④ 장·단점

장점	• 학교경영에 전 교직원을 참여하도록 유도할 수 있음 → Y이론 • 창의적이고 자발적인 사업구상과 실행을 유지할 수 있음 • 학교경영 계획과 예산이 일치함으로써 교장의 합리적이고 과학적인 경영을 지원할 수 있음
단점	• 교원들에게 새로운 과업을 부과하게 되고, 제도에 숙달되기 전의 많은 시행착오를 감수해야 함 • 사업이 기각되거나 평가절하되면 비협조적 풍토가 야기될 수 있음 • 의사결정에 전문성이 부족하면 비용 및 인원 절감에 실패할 수 있음

(5) 학교회계 제도

① 의미 : 학교예산이란 일정기간 동안 학교가 교육활동을 실천해 나가는데 필요한 세입과 세출의 체계적인 계획서를 말하며, 학교회계란 계획을 집행하면서 발생하는 일련의 활동에 대한 구체적인 기록으로서 학교에서의 '수입과 지출의 관리와 운용에 관한 예산제도'를 말함
② 회계연도 : 매년 3월 1일에 시작하여 다음해 2월 말일에 종료되며 예산편성, 예산심의, 예산집행, 결산의 과정을 거침
③ 설치 : 학교회계는 국·공립의 초등학교·중학교·고등학교 및 특수학교에 설치함(2001학년부터 시행)

07절 학교경영과 학급경영 및 교사론

1. 학교경영과 학교경영기법

(1) 학교경영

① 의미 : 학교의 교육목적 달성을 위한 물적·인적 자원과 조건을 정비하는 활동
② 학교경영 조직

교원조직	• 교과경영 조직 : 학급담임제, 교과담임제 • 교무(教務)분장 조직(교육지도 조직, 수평적 관계 조직) : 교장 → 교감 → 수석교사 → 담임교사(교과교사) • 교무(校務)분장 조직(업무·사무 조직, 수직적 관계 조직) : 교장 → 교감 → 보직교사 → 계원교사 • 운영협의 조직 : 교직원의 전문적 참여를 통해 학교운영에 관한 제반 문제 협의 (예) 전체 교직원회의, 보직교사 회의(부장회의), 기획위원회, 각종 운영위원회, 각종 협의회, 교직원 친목회 등) • 교무회의 : 자문기구의 성격
학생회, 학부모회조직	자율적·민주적 단체 → 후원적, 비영리적

SEMI-NOTE

단위학교 예산제도(SSBS ; School Based Budgeting System)
• 개념 : 단위학교에서 교장이 예산과정의 중심적인 역할을 담당하는 분권화된 예산제도
• 단위학교 책임경영 : 단위학교가 지식, 기술, 권력, 자료, 사람, 시간 및 재정 등 자원의 배분과 관련된 의사결정권을 가지고 있으며, 단위학교는 의사결정과정에 교직원과 학부모 등이 이해관계 집단을 참여시킴

학교경영의 규범적 원리
• 합목적성의 원리 : 학교교육목표에 비추어 타당한 경영이 되어야 함
• 합법성의 원리 : 국민의 교육권을 보장하고 국가예산을 효율적으로 집행하며 부당한 직무수행과 행정재량권의 남용을 방지하기 위해 교육관계법령에 의거하여 집행해야 함
• 민주성의 원리 : 학교경영의 제반과정과 영역에 교직원과 학생 그리고 학부모의 광범한 참여를 통해 공정한 의사를 반영해야 함
• 자율성의 원리 : 변화에 신축성이 있게 적응하고 창의적인 민주 시민을 육성하며, 전문성을 발휘하게 하기 위해서는 단위학교의 경영이 자율적으로 이루어져야 함
• 능률성의 원리 : 학교경영은 장기적 평가에 의한 능률을, 그리고 구성원의 만족 혹은 욕구 충족을 높이는 사회적 능률을 강조해야 함
• 과학성의 원리 : 교육실태에 대한 정확한 진단과 전망을 기초로 경영계획을 수립하고 이를 체계적으로 실천하며 그 결과를 객관적으로 평가하여 경영을 관리해야 함
• 지역성의 원리 : 지역사회와 사회적 유대를 형성해야 함

SEMI-NOTE

조직개발기법(OD)의 특징
- 사전에 치밀한 계획에 의해 신중하게 검토되어야 함
- 전체 체제의 변화에 초점을 둠
- 변화 당당자가 참여해야 함
- 행동과학을 활용함
- 계속적인 과정으로 실시되어야 함
- 조직 내 집단간의 상호작용에 역점을 둠(집단 지향적)

총체적 질관리(TQM)를 위한 방법
- **수업평가제도** : 수업효과를 비교적 정확하게 측정하여 수업개선을 위한 객관적인 자료 수집
- **학생대표그룹** : 학생대표그룹을 조직하여, 정기적 만남을 통해 학생들의 의견 수렴
- **멘토링** : 경력교사가 신규교사에게 수업경험을 전수(예 커플장학)
- **벤치마킹** : 자신들의 수업을 국내외의 이상적인 수업모형과 비교하여 장점을 탐구하고 수준을 향상

구축원리(Senge)
- **개인적 숙련** : 학교 조직 구성원들이 자신의 비전과 현재 상태 간의 차이를 지각하고, 차이를 메우기 위해 끊임없이 지식, 기술, 태도의 발전을 위해 학습활동을 전개시켜나가도록 해야 함
- **정신 모형** : 각 개인이 무엇을 어떻게 보고 행동할지를 결정하는 인식의 틀로써 하나의 상황에 대해 자신의 정신모형에 따라 다르게 해석함
- **비전 공유** : 조직이 추구하는 방향이 무엇이며, 그것이 왜 중요한지에 대해 모든 구성원들이 공감대를 형성하도록 해야 함
- **팀 학습** : 구성원들이 팀을 이루어 학습하도록 함으로써 개인수준의 학습을 증진시키고, 대화와 토론을 통해 개인이 해결할 수 없는 복잡한 문제나 핵심적인 문제를 해결하도록 함
- **시스템적 사고** : 조직에서 일어나는 여러 가지 사건들을 부분적으로 이해하고 해결하기보다는 전체적으로 인식하고 부분과 부분들 사이의 순환적 인과관계 혹은 역동적 관계로 해석함

(2) 학교경영기법

조직개발기법(OD ; Organization Development)	행동과학의 개념을 사용하여 공식적 및 비공식적 절차, 과정, 규모 또는 구조의 변화에 표면적으로 초점을 맞추고, 체제의 자체평가 연구와 개선을 위해 집중적이고 체계적이고 계획적인 지속적 노력을 하는 복합적 교육전략
목표관리 기법(MBO ; Management by Objectives)	• 교직원이 공동 참여하여 목표를 설정(민주적 학교경영) • 구체적인 목표를 설정(SMART : 구체적, 측정가능한, 달성가능한, 현실가능한, 목표 달성 시점을 포함하여 목표 설정) • 교직원의 합의로 결정하며, 각자 역할과 책임을 명료화하게 진술 • 목표에 따른 자원 및 예산 배분 • 성과측정 및 보상. 정해진 기준에 따라 자체적으로 평가하고 보상
경영정보체제(MIS ; Management Information System	• 조직의 관리, 분석 및 의사결정 기능을 지원하기 위해 정보를 제공하는 인간과 기계의 통합 시스템 • 주요 처리기능 : 거래 처리 기능, 원본 서류의 유지 기능, 보고서 작성 기능, 상호지원 기능
사업평가검토기법 (PERT ; Program Evaluation and Review Technique)	• 생산의 지체·중단 및 갈등을 최소화하고 전반적 직무의 여러 부분을 조정하여 동시에 이루어지도록 하고, 사업의 완료를 촉진하며, 미리 정해진 일을 예정대로 성취하도록 일정계획을 짜고 예산을 편성하는 방법 • 과정 : 사업기획 → 시간 및 자원 추정 → 기본 일정표 작성 → 시간비용 교환관계 분석 → 사업통제
총제적 질관리(TQM ; Total Quality Management)	• 수요자가 요구하는 질을 가장 경제적으로 생산할 수 있도록 생산 체제의 모든 단계에 통계적 원리와 기법을 적용하는 것 • 관리의 효율성과 탄력성을 전반적으로 향상시키기 위한 접근방법으로 모든 부서, 모든 활동, 모든 수준의 구성원들을 조직화하고 참여시키는 방법 • 총제적 질 관리가 성공하기 위해서는 지도성, 구성원의 참여, 우수한 공정, 고객중심 등의 4가지 구성요소를 갖추어야 함
영기준 예산제도 (ZBBS ; Zero Base Budgeting System)	과거의 실적이나 계획에 관계없이 새로운 관점에서 DP(Decision Package)를 작성하고 그 검토 결과에 따라 동일한 기준에서 신·구 계획을 평가하여 예산의 범위 안에서 순서를 정하고 채택된 계획에 대해서만 예산결정을 하는 제도

실력UP 학습조직(learning organization)

- **의미** : 급변하는 경영 환경 속에서 승자로 살아남기 위해서는 조직원이 학습할 수 있도록 기업이 모든 기회와 자원을 제공하고 학습결과에 따라 지속적인 변화를 이루어 학교의 모습을 지녀야 함
- **구축원리(Senge)** : 개인적 숙련, 정신 모형, 비전 공유, 팀 학습, 시스템적 사고

2. 학급경영

(1) 의미와 원리

① 의미 : 학급의 교육목적을 달성하기 위한 활동 중 교수-학습을 제외한 학급 내의 모든 활동
② 학급경영의 원리 : 타당성, 개별화, 자율화, 사회화, 통합화, 전문화, 협동의 원리

(2) 학급경영의 원칙

교육적 학급경영	모든 학급경영활동이 교육의 본질과 목적(개인의 잠재력 실현, 자아실현)에 부합되도록 운영하라는 원칙
학생이해의 학급경영	학급경영의 구상과 전개가 학생의 이해(학생의 발달단계에 따른 제 특징과 학습능력 및 준비도, 그리고 집단역학과 사회적 심리의 이해)를 기반으로 이루어져야 한다는 원칙
민주적 학급경영	• 민주주의 이념(예 인간존중, 자유, 평등, 참여, 합의 등)에 입각하여 학급을 경영하는 원칙 • 학급 구성원 개개인의 인격이 존중되고, 자유로운 학급분위기가 조성되며, 학생 스스로 결정할 수 있고 책임질 수 있는 자율적 행동을 조성하는 원리
효율적 학급경영	• 효율적이고 능률적으로 학습을 운영하는 원칙 • 학급자원을 경제적으로 사용하여 학급목표를 달성함과 동시에 학급구성원의 심리적 만족을 충족시키는 학급운영이 효율적인 학급경영임

3. 교사론

(1) 교직관의 유형

성직관	소명의식(사랑과 봉사정신), 성인군자적 교사 → 교사의 종교성(윤리성) 중시, 교직기술 경시, 교사의 정치성·노동자성 부정, 물질적 대우 요구를 경시(예 군사부일체, 교직은 천직)
전문직관	교직기술 중시, 자율성(학문의 자유)과 윤리의식 강조
노동직관	정당한 보수와 처우 개선 → 교사의 정치성 및 경제성 중시
공직관	국가공무원 신분에 근거한 것 → 공립학교 교원 및 그에 준하는 사립학교 교원에게도 요구되는 관점

(2) 교원의 기대효과(자기 충족적 예언)

자기 충족적 예언	• 교사가 성적이 올라갈 것이라 기대하는 학생이 실제로 성적이 올라간다는 자기 충족적 예언 주장 • 플라시보 효과(긍정적 자기암시 효과) vs 노시보 효과(부정적 자기암시 효과)
피그말리온 효과 실험	• 학생들의 능력 발휘에 대한 교사의 신념은 학생들의 잠재력에 대한 교사의 기대는 물론 교사 자신의 효능감에도 영향을 미침 • 피그말리온 효과(긍정적 기대효과) vs 골롬효과(부정적 기대효과)

전문직의 특성(Lieberman)
• 심오한 이론적 배경을 가짐
• 고도의 지성을 요구하는 정신적 활동을 위주로 함
• 장기적인 훈련기간이 필요
• 엄격한 자격기준(예 자격증 제도)
• 표준 이상의 능력신장을 위한 계속적인 이론 규명(예 현직교육)이 있어야 함
• 사회봉사적 기능이 강하며, 자체의 행동을 규율하는 윤리강령을 가짐
• 자신의 전문성 제고를 위한 전문적 단체를 가짐

(3) 교원의 윤리

사도헌장(師道憲章)	스승이 나아갈 길을 밝힌 헌장
사도강령(師道綱領)	교원이 지켜야 할 규범

08절 교육법

1. 교육법의 기초

(1) 개념
① 교육법은 교육에 관한 법 규범 또는 교육행정에 관한 법규를 통칭하는 개념
② 교육과 법규는 상호보완·보충적인 관계를 가지며, 양자의 장점을 잘 조화해 가는 것이 교육법의 목표와 기능의 초점

(2) 교육의 법원
① '헌법'은 교육에 관한 최상위규범으로서 국회의 의결을 거쳐 국민투표에 의해서 제·개정되며, 교육에 대해 직접 규정한 헌법 조항은 제31조임
② '법률'은 입법부인 국회에서 정하는 법으로 법률의 명칭은 '~법'이거나 '~에 관한 법률'임 → 대표적인 교육법률로는 '교육기본법, 초·중등교육법, 고등교육법, 평생교육법, 교육공무원법, 사립학교법, 지방교육자치에 관한 법률' 등이 있음
③ '명령'은 행정부에서 만든 법으로, 그 중 교육부장관이 만든 법은 교육부령이라고 하고 대통령령의 명칭은 '~시행령', '~규정' 등이며, 부령의 명칭은 '~시행규칙' 등임 → 교육에 관한 대통령령의 대표적인 예는 '초·중등교육법 시행령'으로서 법률인 '초·중등 교육법'에서 위임한 사항이나 그 시행에 필요한 사항을 규정하고 있음. 부령으로는 '초·중등교육법 시행규칙'이 있는데 이 규칙은 '초·중등교육법' 및 같은 법 시행령에서 위임된 사항과 그 시행에 필요한 사항을 규정하고 있음
④ '자치법규'는 지방자치단체가 만드는 법으로, 지방자치단체는 의결기구(광역자치단체인 시·도 의회와 기초자치단체인 시·군·구 의회)와 집행기구(자치단체장을 말하는데 광역자치단체장인 시장·도지사와 기초자치단체장인 시장·군수·구청장, 교육특별자치단체장인 시·도교육감)로 나뉨 → 이때 지방의회가 만드는 법을 '조례'라 하며, 자치단체장이 만드는 법은 '규칙', 특히 교육감이 만드는 법을 '교육규칙'이라고 함(교육감은 집행기구이지만 두 가지의 입법권을 갖고 있는데, 바로 조례안작성권과 교육규칙제정권임)
⑤ 법의 규율·적용범위에 따라 국내법(외국에서는 적용되지 않는 법)과 국제법(국가 간 인정된 법으로서 해당 국가들에게 적용(예 유네스코 헌장(조약), 세계무역기구(WTO) 협정 등))으로 나뉨

SEMI-NOTE

우리나라 교육법의 구조
- **주요 교육법규** : 헌법, 교육기본법, 초·중등교육법, 고등교육법, 지방교육자치에 관한 법률 등
- **기타 교육관련 법령** : 교육공무원법, 교원의 지위 향상 및 교육활동 보호를 위한 특별법, 교육공무원 승진규정, 교육공무원 징계령, 국가공무원 복무규정, 공무원 보수규정, 공무원수당 등에 관한 규정, 교원의 노동조합 설립 및 운영 등에 관한 법률, 영재교육 진흥법, 과학·수학·정보 교육 진흥법, 산업교육진흥 및 산학연협력촉진에 관한 법률, 도서·벽지 교육진흥법 시행규칙, 유아교육법, 장애인 등에 대한 특수교육법, 평생교육법, 학원의 설립·운영 및 과외교습에 관한 법률, 지방교육재정교부금법, 교육세법, 국가재정법, 정부조직법, 교육부와 그 소속기관 직제, 대학설립·운영 규정, 고등학교 이하 각급 학교 설립·운영 규정 등

법 적용의 우선원칙
- 성문법 우선의 원칙 : 제정법으로서 성문법이 존재한다면 우선적으로 성문법을 따라야 함. 예컨대 행정선례보다는 성문법으로서의 법령이 우선함
- 상위법 우선의 원칙(대통령령(학교장 학생지도권) > 학생인권조례(체벌금지))
- 신법 우선의 원칙
- 특별법 우선의 원칙(노동조합법 < 교원노조법)

교육감 ★ 빈출개념

- 교육지원청에 교육장을 두되 장학관으로 보함
- 교육감은 시·도의 교육·학예에 관한 사무의 집행기관임
- 교육감의 임기는 4년으로 하며, 교육감의 계속 재임은 3기에 한함
- <u>부교육감은 당해 시·도의 교육감이 추천한 자를 교육부장관의 제청으로 국무총리를 거쳐 대통령이 임명함</u>
- 교육규칙의 제정에 관한 사항은 교육감의 관장사무에 해당함
- 주민은 교육감을 소환할 권리를 가짐
- 교육감후보자가 되려는 사람은 당해 시·도지사의 피선거권이 있는 사람으로서 후보자등록신청개시일부터 과거 1년 동안 정당의 당원이 아닌 사람이어야 함
- 정당은 교육감 선거에 후보자를 추천할 수 없음
- 부교육감은 고위공무원단에 속하는 일반직공무원 또는 장학관으로 보함
- 교육감후보자가 되려는 사람은 후보자등록 신청개시일을 기준으로 지방교육자치에 관한 법률 제10조제2항에 따른 교육경력 또는 교육행정경력이 5년 이상 있거나 양 경력을 합한 경력이 5년 이상 있는 사람이어야 함
- 국회의원·지방의회의원·교육의원·국가공무원·지방공무원, 사립학교 교원 및 사립학교 경영자 등은 겸직할 수 없음

(3) 대한민국 헌법 제31조

법령 헌법

제31조 ① 모든 국민은 능력에 따라 균등하게 교육을 받을 권리를 가진다.
② 모든 국민은 그 보호하는 자녀에게 적어도 초등교육과 법률이 정하는 교육을 받게 할 의무를 진다.
③ 의무교육은 무상으로 한다.
④ 교육의 자주성·전문성·정치적 중립성 및 대학의 자율성은 법률이 정하는 바에 의하여 보장된다.
⑤ 국가는 평생교육을 진흥하여야 한다.
⑥ 학교교육 및 평생교육을 포함한 교육제도와 그 운영, 교육재정 및 교원의 지위에 관한 기본적인 사항은 법률로 정한다.

① **교육평등(제1항)** : 교육기회를 평등하게 누릴 수 있게 해야 하는데 그 능력에 따라 교육받게 해야 함을 천명하고 있어 '평등의 원칙'과 '차등의 원칙'을 모두 포함하고 있음 → '같은 것은 같게, 다른 것은 다르게 대우한다'는 원칙을 표현한 것으로서 '교육의 적절성'을 실현하기 위한 것임

② **교육의 자주성·전문성·정치적 중립성 및 대학의 자율성(제4항)** : 교육의 자주성은 '지방교육자치에 관한 법률' 등에 의해 보장되고, 교육의 전문성은 '초·중등교육법'상의 교원자격제도 등에 의해 보장되며, 교육의 정치적 중립성은 '지방교육자치에 관한 법률'에서 교육감의 정당가입 기간을 제한하는 등의 규정에 의해 보장, 대학의 자율성은 '고등교육법' 등에 의해 보장됨

③ **평생교육 진흥(제5항)** : '평생교육법'을 제정하여 평생교육의 진흥에 대한 국가 및 지방자치단체의 책임과 평생교육제도와 그 운영에 관한 기본적인 사항을 규정

SEMI-NOTE

지방자치제도

- 지방 교육행정조직이란 지방의 교육행정을 위한 전반적인 조직과 구조를 의미함
- 우리나라의 지방 교육행정조직은 교육 자치를 기본으로 하고 있음
- 교육자치제도란 교육기관이 행하는 자치적 행정제도를 말함
- 교육의 전문성과 중립성을 보장하고 자율적인 교육활동을 전개할 수 있도록 일반 행정으로부터 분리·독립하여 자치적으로 교육행정을 실시하는 제도를 말함
- 현행 교육자치제는 시·도 단위의 광역 지방교육자치제임
- 교육의 자주성 및 전문성과 지방교육의 특수성을 살리기 위해 지방자치단체의 교육·과학·기술·체육·기타 학예에 관한 사무를 관장하는 기관으로서 각 특별시·광역시·도에 집행기관인 교육감을 두고 있음
- 의결기관으로는 시·도 의회가 있음

교육법의 기본원리

- **법률주의의 원리(합법성의 원리)** : 교육행정의 모든 활동이 합법적으로 개정된 법령 규칙 조례 등에 따라야 하는 법률 적합성을 가져야 함
- **민주성의 원리** : 국민의 의사를 행정에 반영하고 국민을 위한 행정을 해야 함(예 다양한 구성원들의 의사를 반영하기 위해 위원회, 협의회 등을 둠)
- **효율성의 원리** : 행정활동에서 최소한의 인적·물적 자원과 시간을 들여서 최대의 성과를 거둠
- **자주성의 원리** : 교육이 그 본질을 추구하기 위해 일반행정에서 분리 독립되고 정치와 종교로부터 중립성을 유지해야 함
- **안정성의 원리** : 일단 국민적 합의과정을 거쳐 수립·시행되는 교육정책이나 프로그램은 장기적인 안목에서 계속성과 일관성을 유지해야 함
- **기회균등의 원리** : 민주주의의 기본원리로, 교육행정에 있어 가장 강력하게 요청되는 원리
- **전문성 보장의 원리** : 교육행정은 교육을 위한 행정이므로 교육활동의 본질을 이해하고, 교육의 특수성을 체험적으로 인식하고, 교육행정에 관한 이론과 기술을 습득한, 충분한 훈련을 쌓은 전문가가 담당하여야 함

④ 교육제도법정주의(제6항) : '초·중등교육법, 평생교육법, 지방교육재정교부금법, 교원의 지위 향상 및 교육활동 보호를 위한 특별법' 등이 제정됨

2. 교육기본법과 교원의 지위 향상 및 교육활동 보호를 위한 특별법

(1) 교육기본법

① 제14조(교원)

> **법령** 교육기본법
>
> 제14조(교원) ① 학교교육에서 교원(敎員)의 전문성은 존중되며, 교원의 경제적·사회적 지위는 우대되고 그 신분은 보장된다.
> ② 교원은 교육자로서 갖추어야 할 품성과 자질을 향상시키기 위하여 노력하여야 한다.
> ③ 교원은 교육자로서 지녀야 할 윤리의식을 확립하고, 이를 바탕으로 학생에게 학습윤리를 지도하고 지식을 습득하게 하며, 학생 개개인의 적성을 계발할 수 있도록 노력하여야 한다.
> ④ 교원은 특정한 정당이나 정파를 지지하거나 반대하기 위하여 학생을 지도하거나 선동하여서는 아니 된다.
> ⑤ 교원은 법률로 정하는 바에 따라 다른 공직에 취임할 수 있다.
> ⑥ 교원의 임용·복무·보수 및 연금 등에 관하여 필요한 사항은 따로 법률로 정한다.

② 제15조(교원단체)

> **법령** 교육기본법
>
> 제15조(교원단체) ① 교원은 상호 협동하여 교육의 진흥과 문화의 창달에 노력하며, 교원의 경제적·사회적 지위를 향상시키기 위하여 각 지방자치단체와 중앙에 교원단체를 조직할 수 있다.
> ② 제1항에 따른 교원단체의 조직에 필요한 사항은 대통령령으로 정한다.

(2) 교원의 지위 향상 및 교육활동 보호를 위한 특별법

> **법령** 교원의 지위 향상 및 교육활동 보호를 위한 특별법
>
> 제4조(교원의 불체포특권) 교원은 현행범인인 경우 외에는 소속 학교의 장의 동의 없이 학원 안에서 체포되지 아니한다.

3. 학교폭력예방법(학교폭력예방 및 대책에 관한 법률)

(1) 학교폭력예방법의 목적

> **법령** 학교폭력예방 및 대책에 관한 법률
>
> 제1조(목적) 이 법은 학교폭력의 예방과 대책에 필요한 사항을 규정함으로써 피해학생의 보호, 가해학생의 선도·교육 및 피해학생과 가해학생 간의 분쟁조정을 통하여 학생의 인권을 보호하고 학생을 건전한 사회구성원으로 육성함을 목적으로 한다.

SEMI-NOTE

교육직원 분류
- 국공립 계통 교육직원
  - 교육공무원 특경직 : 교원(교장, 교감, 교사, 수석교사), 조교, 특정직(장학관, 장학사, 교육연구관)
  - 일반직 공무원 : 사무계(일반행정, 교육행정, 사서), 기술, 보건, 정보통신계
  - 기타(별정직) : 비서관(비서, 고용직)
- 사립계통 교육직원
  - 교원(교장, 교감, 교사)
  - 조교
  - 특별연수(교육행정직원)

(2) 학교폭력예방법의 정의

> **법 령** 학교폭력예방 및 대책에 관한 법률
>
> 제2조(정의) 이 법에서 사용하는 용어의 정의는 다음 각 호와 같다.
> 1. "학교폭력"이란 학교 내외에서 학생을 대상으로 발생한 상해, 폭행, 감금, 협박, 약취·유인, 명예훼손·모욕, 공갈, 강요·강제적인 심부름 및 성폭력, 따돌림, 사이버 따돌림, 정보통신망을 이용한 음란·폭력 정보 등에 의하여 신체·정신 또는 재산상의 피해를 수반하는 행위를 말한다.

(3) 주요특징

① 교육감은 학교폭력의 실태를 파악하고 학교폭력에 대한 효율적인 예방대책을 수립하기 위해 학교폭력 실태조사를 연 2회 이상 실시하고 그 결과를 공표해야 함 (퇴학처분은 의무교육과정에 있는 가해학생에 대하여는 적용하지 아니함(중학생))
② 교육감은 제12조에 따른 심의위원회가 처리한 학교의 학교폭력빈도를 학교의 장에 대한 업무수행 평가에 부정적 자료로 사용하여서는 아니됨
③ 교육부장관, 교육감, 지역 교육장, 학교의 장은 학교폭력과 관련한 개인정보 등을 경찰청장, 지방경찰청장, 관할 경찰서장 및 관계 기관의 장에게 요청할 수 있음
④ 제1항에 따라 정보제공을 요청받은 경찰청장, 지방경찰청장, 관할 경찰서장 및 관계 기관의 장은 특별한 사정이 없으면 이에 응하여야 함
⑥ 퇴학처분은 의무교육과정에 있는 가해학생에 대하여는 적용하지 아니함(중학생)
⑦ 제 17조(가해학생에 대한 조치)

> **법 령** 학교폭력예방 및 대책에 관한 법률
>
> 제17조(가해학생에 대한 조치) ① 심의위원회는 피해학생의 보호와 가해학생의 선도·교육을 위하여 가해학생에 대하여 다음 각 호의 어느 하나에 해당하는 조치(수 개의 조치를 동시에 부과하는 경우를 포함한다)를 할 것을 교육장에게 요청하여야 하며, 각 조치별 적용 기준은 대통령령으로 정한다. 다만, 퇴학처분은 의무교육과정에 있는 가해학생에 대하여는 적용하지 아니한다.
> 1. 피해학생에 대한 서면사과
> 2. 피해학생 및 신고·고발 학생에 대한 접촉, 협박 및 보복행위의 금지
> 3. 학교에서의 봉사
> 4. 사회봉사
> 5. 학내외 전문가에 의한 특별 교육이수 또는 심리치료
> 6. 출석정지
> 7. 학급교체
> 8. 전학
> 9. 퇴학처분
> ② 제1항에 따라 심의위원회가 교육장에게 가해학생에 대한 조치를 요청할 때 그 이유가 피해학생이나 신고·고발 학생에 대한 협박 또는 보복 행위일 경우에는 같은 항 각 호의 조치를 동시에 부과하거나 조치 내용을 가중할 수 있다.

SEMI-NOTE

학교운영위원회
- 개요
  - 1995년 5월 31일 발표된 교육개혁 방안 중에서 자율과 책무성에 바탕을 둔 학교운영을 위한 구체적인 개혁 방안으로서 교장, 교사 초빙제와 함께 학교운영위원회의 설치가 제안되었음
  - 1995학년도 2학기부터 시험 실시되고 1996년에는 단계적으로 확대 실시하는 것으로 계획되었음
  - 1995년 12월 정기국회에서는 '지방교육자치에 관한 법률'을 개정하여 학교교육위원회의 설치 근거를 마련하였음
- 구성
  - 학교장은 당연직 교직원으로 하고 기타 위원은 선출함
  - 학부모 위원은 학부모 중에서 민주적 대의절차에 따라 학부모 전체회의에서 직접 선출함
  - 교원 위원은 교원 중에서 선출하되 교직원 전체회의에서 무기명 투표로 선출함
  - 지역위원은 학부모 위원 또는 교원 위원의 추천을 받아 학부모 위원과 교원 위원이 무기명 투표로 선출함
  - 구성 비율은 학부모 40~50%, 교원 30~40%, 지역사회 인사 10~30%로 함
- 역할
  - 국립·공립 학교의 경우 교육공무원법 제29조의3제8항에 따른 공모 교장의 공모 방법, 임용, 평가 등을 심의함
  - 국립·공립 학교의 경우 학교의 예산안과 결산, 학교교육과정의 운영 방법, 학교급식 등을 심의함
  - 국·공립학교에서는 대학입학과 관련된 사항을 심의할 수 있음
  - 학교발전기금을 조성할 수 있음
  - 사립의 특수학교도 구성·운영하여야 함

SEMI-NOTE

의무교육
- 국가는 교육기본법 제8조제1항에 따른 의무교육을 실시하여야 하며, 이를 위한 시설을 확보하는 등 필요한 조치를 강구하여야 함
- 지방자치단체는 그 관할 구역의 의무교육대상자를 모두 취학시키는 데에 필요한 초등학교, 중학교 및 초등학교·중학교의 과정을 교육하는 특수학교를 설립·경영하여야 함
- 지방자치단체는 지방자치단체가 설립한 초등학교·중학교 및 특수학교에 그 관할 구역의 의무교육대상자를 모두 취학시키기 곤란하면 인접한 지방자치단체와 협의하여 합동으로 초등학교·중학교 또는 특수학교를 설립·경영하거나, 인접한 지방자치단체가 설립한 초등학교·중학교 또는 특수학교나 국립 또는 사립의 초등학교·중학교 또는 특수학교에 일부 의무교육대상자에 대한 교육을 위탁할 수 있음
- 국립·공립 학교의 설립자·경영자와 제3항에 따라 의무교육대상자의 교육을 위탁받은 사립학교의 설립자·경영자는 의무교육을 받는 사람으로부터 제10조의2제1항 각 호의 비용을 받을 수 없음
- 모든 국민은 그 보호하는 자녀에게 6년의 초등교육과 3년의 중등교육을 받게 할 의무를 짐
- 취학아동명부의 작성을 담당하는 읍·면·동의 장은 입학연기 신청서를 제출받은 경우 입학연기대상자를 취학아동명부에서 제외하고, 입학연기대상자 명단을 교육장에게 통보하여야 함

4. 공교육정상화법(공교육정상화 촉진 및 선행교육 규제에 관한 특별법)

(1) 제1조(목적)

> **법령** 공교육정상화 촉진 및 선행교육 규제에 관한 특별법
>
> **제1조(목적)** 이 법은 「초·중등교육법」에 따라 공교육을 담당하는 초·중·고등학교의 교육과정이 정상적으로 운영되도록 하기 위하여 교육관련기관의 선행교육 및 선행학습을 유발하는 행위를 규제함으로써 「교육기본법」에서 정한 교육 목적을 달성하고 학생의 건강한 심신 발달을 도모하는 것을 목적으로 한다.

(2) 제8조(선행교육 및 선행학습 유발행위 금지 등)

> **법령** 공교육정상화 촉진 및 선행교육 규제에 관한 특별법
>
> **제8조(선행교육 및 선행학습 유발행위 금지 등)** ① 학교는 국가교육과정 및 시·도교육과정에 따라 학교교육과정을 편성하여야 하며, 편성된 학교교육과정을 앞서는 교육과정을 운영하여서는 아니 된다. 방과후학교 과정도 또한 같다.
> ② 제1항 후단에도 불구하고 방과후학교 과정이 다음 각 호의 어느 하나에 해당하는 경우 편성된 학교교육과정을 앞서는 교육과정을 운영할 수 있다.
> 1. 「초·중등교육법」 제2조에 따른 고등학교에서 「초·중등교육법」 제24조제4항에 따른 학교의 휴업일 중 편성·운영되는 경우
> 2. 「초·중등교육법」 제2조에 따른 중학교 및 고등학교 중 농산어촌 지역 학교 및 대통령령으로 정하는 절차 및 방법 등에 따라 지정하는 도시 저소득층 밀집 학교 등에서 운영되는 경우
> ③ 학교에서는 다음 각 호의 행위를 하여서는 아니 된다.
> 1. 지필평가, 수행평가 등 학교 시험에서 학생이 배운 학교교육과정의 범위와 수준을 벗어난 내용을 출제하여 평가하는 행위
> 2. 각종 교내 대회에서 학생이 배운 학교교육과정의 범위와 수준을 벗어난 내용을 출제하여 평가하는 행위
> 3. 그 밖에 이에 준하는 것으로서 대통령령으로 정하는 행위
> ④ 「학원의 설립·운영 및 과외교습에 관한 법률」 제2조에 따른 학원, 교습소 또는 개인과외교습자는 선행학습을 유발하는 광고 또는 선전을 하여서는 아니 된다.

5. 지방교육재정교부금법

(1) 제3조(교부금의 종류와 재원)

> **법 령** 지방교육재정교부금법
>
> 제3조(교부금의 종류와 재원) ① 국가가 제1조의 목적을 위하여 지방자치단체에 교부하는 교부금(이하 "교부금"이라 한다)은 보통교부금과 특별교부금으로 나눈다.
> ② 교부금 재원은 다음 각 호의 금액을 합산한 금액으로 한다.
>   1. 해당 연도 내국세[목적세 및 종합부동산세, 담배에 부과하는 개별소비세 총액의 100분의 45 및 다른 법률에 따라 특별회계의 재원으로 사용되는 세목(稅目)의 해당 금액은 제외한다. 이하 같다] 총액의 1만분의 2,079
>   2. 해당 연도 「교육세법」에 따른 교육세 세입액 중 「유아교육지원특별회계법」 제5조제1항에서 정하는 금액을 제외한 금액
> ③ 보통교부금 재원은 제2항제2호에 따른 금액에 같은 항 제1호에 따른 금액의 100분의 97을 합한 금액으로 하고, 특별교부금 재원은 제2항제1호에 따른 금액의 100분의 3으로 한다.
> ④ 국가는 지방교육재정상 부득이한 수요가 있는 경우에는 국가예산으로 정하는 바에 따라 제1항 및 제2항에 따른 교부금 외에 따로 증액교부할 수 있다.

(2) 제11조(지방자치단체의 부담)

> **법 령** 지방교육재정교부금법
>
> 제11조(지방자치단체의 부담) ① 시·도의 교육·학예에 필요한 경비는 해당 지방자치단체의 교육비특별회계에서 부담하되, 의무교육과 관련된 경비는 교육비특별회계의 재원 중 교부금과 제2항에 따른 일반회계로부터의 전입금으로 충당하고, 의무교육 외 교육과 관련된 경비는 교육비특별회계 재원 중 교부금, 제2항에 따른 일반회계로부터의 전입금, 수업료 및 입학금 등으로 충당한다.
> ② 공립학교의 설치·운영 및 교육환경 개선을 위하여 시·도는 다음 각 호의 금액을 각각 매 회계연도 일반회계예산에 계상하여 교육비특별회계로 전출하여야 한다. 추가경정예산에 따라 증감되는 경우에도 또한 같다.
>   1. 「지방세법」 제151조에 따른 지방교육세에 해당하는 금액
>   2. 담배소비세의 100분의 45[도(道)는 제외한다]
>   3. 서울특별시의 경우 특별시세 총액(「지방세기본법」 제8조제1항제1호에 따른 보통세 중 주민세 사업소분 및 종업원분, 같은 항 제2호에 따른 목적세 및 같은 법 제9조에 따른 특별시분 재산세, 「지방세법」 제71조제3항제3호가목에 따라 특별시에 배분되는 지방소비세에 해당하는 금액은 제외한다)의 100분의 10, 광역시 및 경기도의 경우 광역시세 또는 도세 총액(「지방세기본법」 제8조제2항제2호에 따른 목적세, 「지방세법」 제71조제3항제3호가목에 따라 광역시 및 경기도에 배분되는 지방소비세에 해당하는 금액은 제외한다)의 100분의 5, 그 밖의 도 및 특별자치도의 경우 도세 또는 특별자치도세 총액(「지방세기본법」 제8조제2항제2호에 따른 목적세, 「지방세법」 제71조제3항제3호가목에 따라 그 밖의 도 및 특별자치도에 배분되는 지방소비세에 해당하는 금액은 제외한다)의 1천분의 36
> ③ 특별시장·광역시장·특별자치시장·도지사 및 특별자치도지사(이하 "시·도지사"라 한다)는 제2항 각 호에 따른 세목의 월별 징수내역을 다음 달 말일까지 해당 시·도의 교육행정기관의 장에게 통보하여야 한다.

SEMI-NOTE

지방교육재정교부금 ★ 빈출개념

- 지방자치단체의 교육기관과 교육행정기관 및 그 소속기관을 설치, 경영하는데 필요한 재원의 전부 또는 국가가 교부하여 교육의 균형 있는 발전을 도모하는데 목적을 둔 재원을 말함
- 현행 교육재정의 구조 가운데 지방재정교부금은 보통교부금과 특별교부금으로 구분하고 보통교부금의 재원은 교육세 전액과 당해 년도 총액의 20.79%의 97%, 특별교부금은 내국세 총액의 20.79%의 3%로 구성됨
- 반면 시·도의 교육 및 학예에 필요한 경비는 지방자치단체 교육비특별회계에서 부담하되, 의무교육과 관련된 경비는 교육비특별회계의 재원 중 교부금과 일반회계로부터의 전입금으로 충당하고, 의무교육 외 교육과 관련된 경비는 교육비특별회계재원 중 교부금, 일반회계로부터의 전입금, 수업료 및 입학금으로 충당함
- 지방차지단체 일반회계로부터의 전입금은 지방교육세, 담배소비세의 45%, 시도세의 3.6%로 구성됨
- 중앙정부가 부담하는 지방교육재정교부금 자원은 교육세세입액 중 일부와 내국세의 일정 비율에 해당하는 금액으로 구성됨

ILiberty without learning is always in peril,
learning without liberty is always in vain.

배움이 없는 자유는 언제나 위험하며
자유가 없는 배움은 언제나 헛된 일이다.

– 존 F. 케네디 –

It is confidence in our bodies, minds and spirits that allows us
to keep looking for new adventures, new directions to grow in,
and new lessons to learn - which is what life is all about.
자신의 몸, 정신, 영혼에 대한 자신감이야말로 새로운 모험, 새로운 성장 방향,
새로운 교훈을 계속 찾아나서게 하는 원동력이며, 바로 이것이 인생이다.

− 오프라 윈프리 −